安徽省哲学社会科学成果文库

安徽省非物质文化遗产研究

沈喜彭 —— 编著

安徽历史文化研究专项课题

安徽省哲学社会科学规划项目（AHSKLW2014D03）研究成果

时代出版传媒股份有限公司
安徽教育出版社

图书在版编目（CIP）数据

安徽省非物质文化遗产研究 / 沈喜彭编著. —合肥：安徽教育出版社，2024.9
ISBN 978-7-5336-9616-0

Ⅰ.①安… Ⅱ.①沈… Ⅲ.①非物质文化遗产—保护—研究—安徽 Ⅳ.①G127.54

中国版本图书馆 CIP 数据核字（2021）第 278305 号

安徽省非物质文化遗产研究
ANHUI SHENG FEIWUZHI WENHUA YICHAN YANJIU

| 出 版 人：费世平
| 责任编辑：尤梦婷
| 装帧设计：吴亢宗
| 责任印制：李松伦

出版发行：安徽教育出版社
地 址：合肥市经开区繁华大道西路 398 号 邮编：230601
网 址：http://www.ahep.com.cn
营销电话：(0551)63683012，63683013
排 版：安徽时代华印出版服务有限责任公司
印 刷：安徽联众印刷有限公司

开 本：710 mm×1010 mm 1/16
印 张：22.5
字 数：380 千字
版 次：2024 年 9 月第 1 版 2024 年 9 月第 1 次印刷
定 价：75.00 元

（如发现印装质量问题，影响阅读，请与本社营销部联系调换）

2010年7月,采访耿福兴原总经理郭春林(后排左三)、原白案大师刘扣锁(后排左四)后合影

2010年7月,作者与耿福兴原总经理郭春林(中)、原白案大师刘扣锁(右)座谈

2011年7月,采访国家级非物质文化遗产项目徽墨制作技艺代表性传承人周美洪(后排右三)后合影

2019年8月,作者专访周美洪(左)大师后合影

2019年7月,作者在中国·安徽首届徽学学术大会上偶遇周美洪大师(左)

2011年7月,采访国家级非物质文化遗产项目歙砚制作技艺代表性传承人曹阶铭(右一)

2019年8月,作者专访曹阶铭大师(右)后合影

2011年7月,作者采访国家级非物质文化遗产项目歙砚制作技艺代表性传承人郑寒(左)后合影

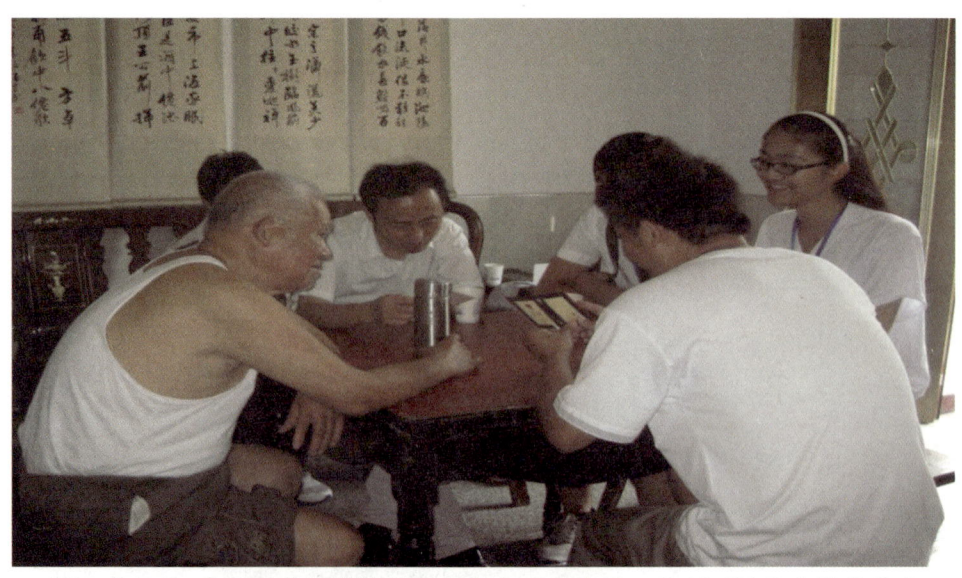

2011年7月,采访国家级非物质文化遗产项目徽州三雕(木雕)代表性传承人王金生(左一)后合影

2011年7月,采访国家级非物质文化遗产项目万安罗盘制作技艺代表性传承人吴水森(后排左四)后合影

2019年8月,专访安徽省省级非物质文化遗产项目万安罗盘制作技艺代表性传承人吴兆光(右)后合影

2019年8月，作者在安徽省非物质文化遗产保护中心查阅的非遗资料

2019年8月，作者与安徽省非物质文化遗产保护中心研究部主任胡迟（左）合影

自　序

摆在读者面前的这本书，系我 2014 年所主持申报的安徽历史文化研究专项课题的最终研究成果之一。我至今犹记得课题初获立项时的那种欣喜。然而，事与愿违，随着时间的流逝，当初的喜悦逐渐成为负担。多项研究课题同时进行，压得我几乎喘不过气来，好在我始终没有真正放弃此课题，毕竟我太爱这个选题了。我也曾做出较大努力，在书稿撰写的最后阶段，利用休息间隙，勇敢地背起行囊，只身前往黄山市，向那里的多位非物质文化遗产大师取经、求教。在多位老师的鼎力相助下，我所主持的课题最终顺利通过了验收。2019 年的夏日，我冒着酷暑，前往位于省城合肥的安徽省非物质文化遗产保护中心查阅资料。在该中心研究部主任胡迟女士的热心帮助下，我顺利查阅并拍摄了中心所藏的各种非物质文化遗产资料。此外，我平日里也有淘书的雅好，为此课题，我前后从各种购书平台购藏不少有关安徽省非物质文化遗产的书籍。现在，它们仍静静地占据我书柜的一角。

然而，搜集资料是一回事，编著图书又是另外一回事。虽然我有幸得到师友们的帮助，但是坦诚而言，此书的完成过程一点儿也不轻松。个中原因主要有两个方面：一是我资质愚钝，生性慵懒，正可谓"先天不足，后天失调"；二是我现在已从先前从事的文化产业管理专业回归到历史学专业，研究方向的改变，迫使我在教学与科研重心方面不得不做出新的调整。

我编著此书的初衷，是希望安徽省也能像其他省份一样有一本覆盖全省范围的非物质文化遗产研究专著，同时也希冀借机表达自己对安徽省非物质文化遗产保护与利用的一孔之见。然而，现在看来，此书本身所存在的问题可能比它试图解决的问题还要多。另需说明的是，书稿约在 2019 年 8 月定稿并交给出版社，但由于种种原因，本书迟迟未能出版发行。然而，安徽省非物质文化遗产却在发生日新月异的变化。其结果便是，书中的许多数据因未能适时更新而显得陈旧。此外，本书所参考的主要文献——"安徽省非物质文化遗产田野调查成果"也系数年前编纂而成，这更使本书的不少内容显得落伍。好在，本书正式出版前，仍有修改机会。趁此机会，我通读了几遍原文，理顺了若干字句。我深知，书中还有许多问题尚未能妥善解决，然而限于时间与精力，我只能向那些关心此书的朋友郑重地说声"抱歉"了。是为序。

沈喜彭

2022年1月30日

目　录

001 **绪　论**
001 　　一、研究现状
033 　　二、研究意义与创新之处

035 **第一章　安徽省非物质文化遗产概况**
036 　第一节　安徽省各级非物质文化遗产项目名录与数量
036 　　一、国家级非遗项目名录与数量
043 　　二、省级非遗项目名录与数量
052 　　三、市、县级非遗项目数量
054 　第二节　安徽省非物质文化遗产的类型与分布
054 　　一、总体类型与分布
056 　　二、各地类型与分布
076 　第三节　安徽省非物质文化遗产的特点与价值
076 　　一、总体特点与价值
079 　　二、各地特点与价值

093 **第二章　安徽省非物质文化遗产的保护与传承**
093 　第一节　保护与传承机构

093	一、各级非遗保护中心
096	二、相关高校与研究机构
099	三、主要传习基地、传习所
102	第二节 保护与传承工作及成绩
102	一、总体工作与成绩
106	二、各地工作与成绩
129	第三节 保护与传承工作之不足
130	一、总体工作之不足
132	二、部分地市工作之不足
140	第四节 保护与传承工作建议
140	一、正视既有问题，广纳各方雅言
147	二、加强政府主导，加大保护力度
148	三、增强保护主体，抢救口述史料
150	四、营造传承氛围，集聚各方力量
151	五、借鉴有益经验，探索保护模式

156	**第三章 安徽省非物质文化遗产的开发与利用**
156	第一节 主要开发与利用工作
157	一、展演展示工作风生水起
161	二、非遗元素已融入各地文化旅游业
163	三、非遗类文化产品与服务更为丰富
164	四、非遗正逐渐融入当代社会生活
165	第二节 目前存在的问题
165	一、挖掘、保护和传承力度不够
166	二、开发过程中存在急功近利现象
167	三、缺乏有效的规划与整合

167	四、非遗的行政保护方式有待改善
168	五、各级政府、各部门目标任务之间存在差异
169	六、交通不便造成的开发困境
170	第三节　加强开发利用之建议
170	一、注重机制建设，尊重市场规律
170	二、加强专业研究，注重人才培养
171	三、借助科技手段，大胆创意创新
172	四、支持企业参与，做强文化旅游
173	五、重视品牌建设，发展影视产业
175	**第四章　安徽省非物质文化遗产的专题研究与调研走访**
175	第一节　专题研究
175	一、论安徽芜湖市非物质文化遗产的保护与利用
180	二、论苏轼与歙砚
185	三、芜湖铁画不能走"兰州拉面"的产业之路
186	四、明清徽州方志中的民俗资料研究综述
188	五、近代徽州茶商的崛起与新变——兼论徽商的衰落问题
201	六、区域交通、地域商人与商业老街之发展——以黄山屯溪老街为中心的考察
208	七、传承发展安徽优秀传统文化的对策
210	八、合肥市建设特色文化创意主题公园路径研究
215	第二节　调研走访
216	一、芜湖市"耿福兴"品牌保护现状调查
219	二、徽州国家级非物质文化遗产调研报告
228	三、周美洪：与徽墨结缘和我的家庭有关
231	四、曹阶铭：和歙砚结缘是一件很普通的事情

235 　五、郑寒：从事砚雕是在学校毕业之后

241 　六、吴兆光：黄山市不少非遗项目都有竞争对象，恰恰罗盘没有

247 　七、方新中：砖雕有一个致命的弱点

251 　八、王金生：徽州三雕指的是木雕、砖雕和石雕

255 　**参考文献**

278 　**附　录**

343 　**后　记**

绪　论

一、研究现状

如众所知，非物质文化遗产（以下简称"非遗"）这一概念在我国提出并广为接受约始于 2005 年。是年 4 月，为了贯彻落实党的十六大关于扶持对重要文化遗产和优秀民间艺术的保护工作的精神，履行我国加入联合国教科文组织《保护非物质文化遗产公约》的义务，国务院办公厅印发了《关于加强我国非物质文化遗产保护工作的意见》（国办发〔2005〕18 号），要求建立中国非遗代表作名录体系，并确定具体的指导方针与工作原则。同年 7 月，安徽省人民政府办公厅印发了《安徽省人民政府办公厅转发国务院办公厅关于加强我国非物质文化遗产保护工作意见的通知》（皖政办〔2005〕35 号），并联合多家单位建立了"安徽省非物质文化遗产保护工作联席会议制度"，以加强对全省非遗保护工作的组织领导。由于各级政府的重视，加之安徽非遗是安徽历史文化遗产的"半壁江山"，因此，较早关注安徽非遗并出力最多者当数安徽省政府文化部门的工作人员。他们在安徽非遗传承与保护方面的贡献至少有以下三个方面：一是上传下达了国家关于非遗保护与利用的多种正式文件；二是倡导成立各级非遗保护中心，制定非遗发展规划，编写非遗类图书；三是落实非遗保护与发展的具体工作，如组织认定非遗代表性项目、代表性传承人等。

近年来，由于种种原因，越来越多的人自愿加入安徽非遗的研究行列。除了地方政府、高等院校与研究机构的有关人员外，不少非遗传承人、文史爱好者等也相继开展了有关安徽非遗研究的各方面工作。因此，在较短的时间里，国内有关安徽非遗的研究便取得了丰硕成果。

需要指出的是，本文虽主要梳理了近 20 年来安徽非遗的相关研究成果，但这并不意味着笔者否定"非遗"概念提出之前的诸多研究成果。① 事实上，无论从何种层面而言，有关安徽非遗的早期研究成果都不该受到忽视。这里之所以避而不谈，主要是出于两种考虑：一是从中华人民共和国成立以来，到2005年为止，在这长达半个多世纪的时间里，相关成果实在太多，难以穷举；二是从实际参引的情况来看，本书总体上"详今略古"，为"名实相符"起见，这里只能对早期论及安徽非遗的著述略而不书了。

（一）著作

2005年以来，有关安徽非遗的著作可谓汗牛充栋、不可尽数。限于篇幅和能力，这里仅就寓目的部分著作做扼要介绍与评论。根据有关非遗的著作的内容与写作目的，大体可以将它们分为相关图书、学术专著、调研报告三类，分述如下。

1. 相关图书

安徽非遗是中国非遗与安徽文化遗产的重要组成部分，它种类繁多，许多著述都或多或少地论及安徽非遗。

其一是宏观层面的研究成果。2006年12月，《国家级非物质文化遗产大观》一书出版。该书图文并茂，对包括安徽省在内的中国首批国家级非遗项目（共518项）进行了较为详尽的介绍和描述。2007年3月，《第一批国家级非物质文化遗产名录图典》一书出版，安徽省首批国家级非遗项目亦被列入其中。此后出版的《第二批国家级非物质文化遗产名录简介》《第三批国家级非物质文化遗产名录图典》都辑录了安徽省国家级非遗项目，并有扼要介绍。2007年4月，郭沫勤、孙若风合作编写了《中国非物质文化遗产2006》一书，该书图文并茂地介绍了包括安徽省在内的全国首批国家级非遗项目与首批省、市级非遗项目。较之《国家级非物质文化遗产大观》一书，该书不但增添了安徽省省、市级非遗项目内容，而且内页插图多为彩色图片，装帧设计亦更为考究。同年5月，《全国非物质文化遗产保护试点工作经验交流材料汇编》出版发行，是书收录了原蚌埠市文化局撰写的《把握规律，创新理念，全面推进花鼓灯保护工程》一文。2008年5月，国家文物局编写了《文化遗产保护地方法律文件选编》一书，其中收录

---

① "非遗"概念提出之前，已有较多相关成果，例如仅马鞍山市在2005年以前的非遗研究成果便有《当涂民歌》（1958）、《中国民间文学集成安徽卷　马鞍山民歌分卷》（1987）、《中国民间文学集成安徽卷　马鞍山故事分卷》（1986）等书以及论文多篇。

安徽省关于文化遗产保护法规文件3份,分别是《安徽省实施〈中华人民共和国文物保护法〉办法》《安徽省皖南古民居保护条例》以及《安徽省建设工程文物保护规定》。此外,继2011年《中华人民共和国非物质文化遗产法》施行之后,我国原文化部非物质文化遗产司于2013年主编了《非物质文化遗产保护法律法规资料汇编》一书。是书共辑录安徽省地方性法规(规章)文件3份,如《淮南市保护和发展花鼓灯艺术条例》《安徽省非物质文化遗产项目代表性传承人认定与管理暂行办法》等。

国内许多非遗研究中心也有大量论及安徽非遗的鸿篇巨制。中国非物质文化遗产保护中心经中央机构编制委员会批准,于2006年在中国艺术研究院挂牌成立。该中心自成立以来全面参与了我国非物质文化遗产保护的各项工作,研究成果丰硕。其中的《中国非物质文化遗产年鉴》系列图书,覆盖面广,社会反响较好。是书对2006—2011年的安徽省部分非遗项目有所着墨。天津大学冯骥才文学艺术研究院在院长冯骥才的带领下,成果丰硕,成绩喜人。近年来,冯骥才领衔主编了"中国非物质文化遗产百科全书"(2015)、《为文化保护立言》(2017)等。上述著述均论及安徽非遗。2011年,中山大学中国非物质文化遗产研究中心开始编写《中国非物质文化遗产保护发展报告》,主编先后为康保成、宋俊华两位教授。是书每年出版一部,坚持至今,它虽属蓝皮书性质,但因其学术性强、质量较高,所以社会影响较大。书中有关安徽非遗的记述多散见于"分题报告"章节中,有时"大事记"中对安徽非遗也有着墨。当然,国内许多高校和研究机构也有相关宏观性著作言及安徽非遗,如安徽省内高校中国科学技术大学、安徽大学、安徽师范大学、池州学院、黄山学院等,此不详述。

国内不少非遗研究专家和非遗爱好者,从各自的兴趣出发,著书立说,编撰了不少精品力作。例如,中国民俗学研究专家刘魁立,出版了诸多有关民俗的研究论著,其中以其主编的"中国民俗文化丛书"影响最大。该丛书自2006年分专题出版以来,总分册数已逾40本。再如,中国艺术研究院的青年学者汪欣,不仅出版了《宣纸》(2014)、《传统村落与非物质文化遗产保护研究——以徽州传统村落为个案》(2014)、《中国非物质文化遗产保护十年(2003~2013年)》(2015)等有关安徽非遗的著作,还主持了2014年度原文化部文化艺术科学研究项目"文化生态保护区建设与传统村落保护研究——以徽州文化生态保护实验区和传统村落为例"等课题。又如,田青主编的《音乐类非物质文化遗产保护的理论和实践——个案调查与研究》、蔡丰明主编的《中国非物质文化遗产资源图谱研究》等，都对安徽非遗有所着墨。此外，还有一些有关安徽非遗的著述正在编撰中，如《中国戏曲剧种全集》等。①

其二是中观层面的研究成果。较之上述较为宏观的研究，不少研究者从安徽文化或安徽文化发展史的中观角度来探究安徽非遗的相关问题，并取得了可喜成果。下面也略举几例。2007年，鲍加、金辉主编的《魅力安徽·安徽优秀文化》开启了"魅力安徽"的研究大幕。该套书虽多达12册之多，但因系教材性质，学术影响力略有欠缺。2009年，安徽省历史学会在原会长王世华教授的带领下，组织编写了《魅力安徽》一书。该书分文明曙光、时代俊杰、经济纵横、文艺荟萃、学术精华、科技英才六大专题，用意是"把安徽历史上最精华的东西展现出来，让读者大众能在较短的时间内了解安徽的历史，领略安徽的魅力"②。2011年，在安徽省各级政府的重视下，又一本《魅力安徽》出版发行。该书图文并茂，在内容上细分为地理交通、人文历史、农工经贸、科教文卫、古今名人、名胜古迹、风物名产等12个部分，其中不少章节事关安徽非遗。2014年，郭因主编的《安徽文化通览简编》出版发行。郭先生在该书的后半部分，不但详细梳理了安徽民俗、安徽画派、新安医学、文房四宝等安徽非遗，而且对制作界首彩陶、芜湖铁画、万安罗盘等的民间技艺大师有较多着墨。

2011年以来，"安徽文化精要""安徽优秀传统文化"以及"品读·文化安徽"等系列丛书陆续出版。这些丛书多围绕安徽文化著书立说，加之出版时间跨度较长，出版数量较多，因而有不少内容都会言及安徽非遗。以"安徽文化精要"丛书为例，该丛书"计划编写26卷……丛书分辑组织编写、出版，每辑5至7卷，每年出版一辑。计划5年内完成丛书编写、出版"③。丛书自2011年起陆续出版，当年共出版《安徽农村改革》《安徽散文小说》《安徽经济》《安徽历史》《安徽考古》5本图书，2012年出版了《安徽诗歌》《安徽哲学》《徽学》《安徽民俗》《安徽科学技术》5本图书，2015年又推出了《安徽文物》《安徽建筑》

---

① 文化和旅游部于2018年启动了《中国戏曲剧种全集》编写工作，安徽省共有黄梅戏等21个剧种入选，其中首批有9个剧种（黄梅戏、徽剧、洪山戏、含弓戏、皖南目连戏、皖南花鼓戏、岳西高腔、文南词、推剧）已和出版方签订了出版协议。详见《安徽日报》，2019年7月19日。
② 安徽省历史学会. 魅力安徽 [M]. 合肥：合肥工业大学出版社，2009：序2.
③ 邢军. 安徽民俗 [M]. 合肥：安徽文艺出版社，2012：总序3.

《安徽宗教》《安徽教育》《安徽非物质文化遗产》5本图书。其中,《安徽诗歌》《徽学》《安徽民俗》等书直接和安徽非遗关联;《安徽非物质文化遗产》一书更是直涉安徽非遗主题,该书"选取十大门类60项第一、二、三批国家级非物质文化遗产项目,进行全面深入的解析……使之成为学术性与可读性兼顾的大众读物"①。全书参考了诸多文献资料,叙述精当,文笔优美,是不可多得的佳作。"安徽优秀传统文化""品读·文化安徽"两套丛书也有不少著作论及安徽非遗,前者如《皖北文化九讲》《徽州文化十讲》《桐城文化八讲》等,后者如《非遗安徽》《戏曲安徽》《物华安徽》等。这些著述多是对安徽非遗资源的介绍与解读,是有关安徽非遗的普及性图书,此不详述。

近年来,随着文化产业的蓬勃发展,有不少著者从文化经济、文化旅游等视角来研究安徽非遗。中国文化产业年鉴编辑部编纂的《中国文化产业年鉴2010》、叶朗主编的《中国文化产业年度发展报告(2012)》且不必说,安徽省社会科学院编的《2010安徽文化产业发展蓝皮书》以及丁进等编著的《安徽文化产业发展报告》等,均有不少文字言及安徽非遗。

2. 学术专著

目前有关安徽非遗整体性研究的学术专著虽然缺乏,但是围绕安徽非遗某一区域、类型、具体项目的研究专著数量并不算少,并且有逐年增加的趋势。简述如下。

2014年,朱万曙教授从"灯与戏"的研究视角,撰写了《灯与戏:关于"非遗"的调查、思考与记录》一书。全书分为调查篇、思考篇、实践篇、延伸篇4个部分,是朱教授多年来从事安徽非遗保护与研究的精品力作。2015年,宣果林主编了《安徽非物质文化遗产:徽菜》一书,该书图文并茂,对我国八大菜系之一的徽菜分15个章节予以详述。该书的不足之处是内容过于简略,并且资料来源未标注出来。同年5月,亳州市演艺公司编著了《安徽二夹弦》一书。该书主要介绍了安徽二夹弦的发展历程,以及安徽二夹弦在各个时期的优秀演员、作品、演出状况等。2016年,高荣生、陈晓合作撰写了《文南词声腔艺术》一书。是书主要从声乐和器乐两个视角对文南词声腔演进的发展阶段、声腔构成、常用曲牌与杂腔小调、新腔赏析、歌曲、伴奏等6个方面进行了梳理与探究。

---

① 张媛媛,江小角. 安徽非物质文化遗产[M]. 合肥:安徽文艺出版社,2015:引言2.

2017年1月，《潜山弹腔》一书出版发行。潜山弹腔于2006年被列入安徽省省级非遗保护名录。该书由原潜山县文化馆馆长芮刘斌主持编写，是关于弹腔的研究文章、曲谱、老剧本、演出剧照等的汇总之作。同年6月，《颍上花鼓灯研究》正式出版。颍上花鼓灯系安徽省国家级非遗项目。该书主要从颍上花鼓灯的起源与历史沿革、艺术形式、艺术特色、生存现状与保护措施等多个方面予以探究，是颍上花鼓灯研究领域的一部力作。

2018年，有多部涉及安徽非遗的学术著作出版发行，内容涉及戏曲、民俗、方言等诸多方面。戏曲方面，2018年3月，谈家胜教授的《宗族社会与池州傩戏的关系研究》一书出版。作者综合应用人类学、历史学等多种研究方法，利用大量历史文献资料，考证了池州傩戏与当地宗族社会之间的关系。同年9月，张友鹤撰写了《泗州戏声腔艺术研究》一书。作者利用比较分析法等研究方法，从泗州戏的起源、传播、发展等多个方面论述了泗州戏的声腔结构的特点与艺术特色。民俗研究方面，茆耕茹的《张渤信仰仪式的跳五猖》一书由论文、调查报告、跳五猖七十问三大部分组成，全面系统地介绍了安徽郎溪县梅渚镇跳五猖的历史渊源、文化内涵、流行区域、仪式概况、仪式流程等，是目前该领域最为系统全面的专著。方言研究方面，胡云峰的《生存的韵味：潜山俚语、韵辞注解》一书，依托安徽省潜山市域内的民间俚语和韵辞，从中提取具有中国传统文化特征的典型符号，对市域内的俗语、俚语、对子、谜语、歌谣、说唱辞等进行整理与注释。全书内容丰富、条理清晰，具有较高的学术价值。此外，《滁州市非物质文化遗产档案建设研究》《皖雕四绝传统技艺研究》等也都在2018年出版。《滁州市非物质文化遗产档案建设研究》共分为5章，作者通过对滁州市非物质文化遗产现有遗存、相关著述等文献资料进行分析，归纳总结了滁州市非遗档案建设的主要成果、面临问题，并提出了应对之策。《皖雕四绝传统技艺研究》通过对皖雕四绝传统手工技艺的实证研究，为安徽特色性传统雕刻技艺类非遗的保护传承提供了理论和实践上的建议，其写作目的是实现安徽传统木、石、根、竹雕技艺的传承创新与社会经济文化协调发展的良性互动。该专著内容翔实，图文并茂，编排合理，论述深刻。

2019年1月，伍德勤、毛新梅合著的《安徽民俗的教育意蕴》一书出版。该书选取100个安徽省内的民俗项目进行德、智、体、美诸方面教育内涵的挖掘和解析，既注重全面收集资料，又兼顾民俗文化的多样性和分布的广泛性，是安徽民俗研究领域的又一重要成果。

3. 调研报告

（1）田野调查

2009年以来，安徽省绝大多数市、县都在调查的基础上，汇编、印制了田野调查成果。尽管各地的图书题名不一，但实际上都可看作非遗名录及相关非遗项目情况的介绍。它们多数没有公开出版，但也偶有例外。详见下表。

表1 安徽省非物质文化遗产田野调查类图书一览表

序号	编著者	书（丛书）名	卷（册）数	成书时间（年）	备注
1	合肥市非物质文化遗产保护中心	非物质文化遗产田野调查汇编（合肥卷）	1	2009	内部资料
2	巢湖市文化广播电视新闻出版局	非物质文化遗产田野调查（巢湖卷）	3	2010	内部资料，各册分别为：居巢篇·无为篇、和县篇、庐江篇·含山篇
3	淮北市非物质文化遗产保护中心	相城印记——非物质文化遗产（淮北卷）	1	2009	内部资料
4	蒙城县文化局	蒙城县非物质文化遗产	1	2009	内部资料
5	涡阳县文化局	涡阳县非物质文化遗产普查成果汇编	—	2009	内部资料
6	利辛县文化体育旅游局、利辛县文化事业发展中心	安徽利辛文化丛书：非物质文化遗产	1	2012	安徽美术出版社

(续表)

序号	编著者	书（丛书）名	卷（册）数	成书时间（年）	备注
7	宿州市文化新闻出版局	宿州印记——非物质文化遗产田野调查汇编	5	2009	内部资料，各册分别为：埇桥篇、灵璧篇、砀山篇、萧县篇、泗县篇
8	泗县文化广电新闻出版局	泗州记忆——非物质文化遗产田野调查汇编	1	2014	内部资料
9	蚌埠市非物质文化遗产保护中心	蚌埠记忆——非物质文化遗产田野调查汇编	3	2009	内部资料，各卷分别为：蚌埠卷、五河卷、怀远卷
10	阜阳市非物质文化遗产保护中心	非物质文化遗产田野调查（阜阳卷）	2	2009	内部资料，两册分别为：临泉篇·太和篇·阜南篇、颍上篇·界首篇·颍州篇·颍东篇·颍泉篇
11	淮南市非物质文化遗产保护中心	淮南市非物质文化遗产调查成果汇编（第一卷）	1	2009	内部资料
12	分别由滁州市及各县（市、区）非物质文化遗产保护中心编	滁州遗韵——非物质文化遗产田野调查汇编	9	2009	内部资料，各卷分别为：滁州卷·滁州市、滁州卷·南谯区、滁州卷·琅琊区、滁州卷·明光市、滁州卷·天长市、滁州卷·定远县、滁州卷·全椒县、滁州卷·来安县、滁州卷·凤阳县

(续表)

序号	编著者	书（丛书）名	卷（册）数	成书时间（年）	备注
13	六安市文化局（新闻出版局、版权局）	六安市非物质文化遗产田野调查汇编	2	2009	内部资料，各卷分别为：六安卷·寿县卷、舒城卷·霍山卷
14	马鞍山市非物质文化遗产保护中心	非物质文化遗产田野调查材料汇编（马鞍山卷）	1	2009	内部资料
15	当涂县文化馆	非物质文化遗产田野调查资料汇编（当涂卷）	1	2010	内部资料
16	芜湖市非物质文化遗产保护中心	鸠兹·符号——非物质文化遗产田野调查（芜湖卷）	4	2009	内部资料，各册分别为：芜湖市篇、芜湖县篇、繁昌县篇、南陵县篇
17	南陵县非物质文化遗产保护中心	春谷遗韵——南陵县非物质文化遗产汇编	1	2010	内部资料
18	芜湖县非物质文化遗产保护中心	鸠兹·遗韵——芜湖县非物质文化遗产田野调查	1	2009	内部资料
19	吴长湖	繁昌文化丛书：非遗卷	1	2011	黄山书社
20	宣城市非物质文化遗产保护中心	人文宣城——宣城市非物质文化遗产普查资料汇编	7	2010	内部资料，各册分别为：宣州区、宁国市、广德县、旌德县、泾县、绩溪县、郎溪县

(续表)

序号	编著者	书（丛书）名	卷（册）数	成书时间（年）	备注
21	安徽省绩溪县文化广播电视局	非物质文化遗产田野调查汇编（宣城卷·绩溪县）	1	2009	内部资料
22	铜陵市非物质文化遗产保护中心	非物质文化遗产田野调查汇编（铜陵卷）	1	2009	内部资料
23	安庆市非物质文化遗产保护中心	安庆非物质文化遗产田野调查	3	2009	内部资料，各卷分别为：宿松·怀宁·潜山·岳西·望江卷、太湖·枞阳·宜秀·大观·迎江卷、桐城卷
24	宿松县文化广电新闻出版局	松兹遗韵——宿松"非遗"田野调查选萃（上、下）	2	2012	黄山书社
25	金涛	徽州记忆	5	2009	内部资料，各册分别为：黄山市·屯溪区、徽州区·黄山区·祁门县、黟县·休宁县、歙县（2册）
26	胡迟	流逝的乡土：安徽非遗个案田野笔记	1	2018	安徽科学技术出版社

（2）图典、图谱

近年来，许多关于安徽非遗的图典、图谱类图书纷纷出版或编印，它们或是对某一非遗项目进行介绍，或是对某一区域、级别非遗进行介绍。不论是何种类型的图书，其共同点是图文并茂、印刷精美。具体图书信息详见下表。

表2 安徽省非物质文化遗产图典、图谱类图书一览表

序号	编著者	书（丛书）名	卷（册）数	成书时间（年）	备注
1	安徽省文化厅	安徽省首批非物质文化遗产名录图典	1	2008	黄山书社
2	安徽省文化厅	安徽省第二批非物质文化遗产名录图典	1	2009	黄山书社
3	安徽省文化厅	安徽省第三批非物质文化遗产名录图典	1	2011	黄山书社
4	王唯唯	薪火相传——安徽省国家级非物质文化遗产传承人谱	1	2008	中国广播电视出版社
5	安徽省文化厅	安徽省非物质文化遗产传承人图谱	2	2010	黄山书社
6	安徽省非物质文化遗产保护中心	安徽省非物质文化遗产保护手册	1	2013	安徽教育出版社
7	安徽省非物质文化遗产保护中心	安徽省非物质文化遗产保护实用手册	1	2018	安徽大学出版社
8	合肥市政协文史资料委员会	合肥非遗	1	2018	安徽文艺出版社
9	淮北市文化广电新闻出版局	相铚拾遗——淮北市非物质文化遗产市级项目名录	1	2014	内部资料
10	涡阳文化局	老子的故事	1	2008	安徽美术出版社
11	阜阳市文化广电新闻出版局	阜阳市非物质文化遗产名录图典	1	2012	黄山书社
12	阜阳市文化广电新闻出版局、阜阳市非物质文化遗产保护中心	阜阳剪纸技艺	1	2015	内部资料

(续表)

序号	编著者	书（丛书）名	卷（册）数	成书时间（年）	备注
13	中国人民政治协商会议界首市委员会文史资料委员会	界首史话——界首市非物质文化遗产专集	2	2012	内部资料
14	寿县文化广电新闻出版局	璀璨寿春——寿县文化遗产精粹	1	2012	安徽美术出版社
15	杨成志	滁州市非物质文化遗产图典	1	2013	安徽人民出版社
16	中国人民政治协商会议凤阳县委员会	凤阳民歌	1	2016	黄山书社
17	六安市文化广电新闻出版局（体育局、版权局）	六安市非物质文化遗产图典	1	2017	安徽人民出版社
18	安徽省舒城县文化馆	舒城县非物质文化遗产系列丛书	4	2009、2014	各册分别为：《舒城民间音乐》（南方出版社，2009）、《舒城民间故事》（南方出版社，2009）、《舒城民间手工技艺》（安徽人民出版社，2014）、《庐剧中路（舒调）唱腔选集》（安徽人民出版社，2014）

(续表)

序号	编著者	书（丛书）名	卷（册）数	成书时间（年）	备注
19	马鞍山市文化委员会	马鞍山市非物质文化遗产名录图典	1	2011	安徽师范大学出版社
20	芜湖市文化委员会、芜湖通俗文化研究会	鸠兹俗俚	2	2013	安徽美术出版社
21	芜湖市文化委员会	芜湖市非物质文化遗产名录图典	1	2015	四川大学出版社
22	芜湖县文化馆	芜湖县民歌选集	1	2014	内部资料
23	铜陵市政协文史资料委员会、铜陵市文化广播新闻出版局	铜陵市非物质文化遗产名录图典	1	2012	内部资料
24	孔令军	枞阳非遗	1	2017	合肥工业大学出版社
25	《池州记忆》编撰委员会	池州记忆·非遗	1	2013	黄山书社
26	叶濒、姚平怀、孙泉等	桐城民俗风情图典	1	2009	黄山书社
27	叶濒、张志鸿	桐城歌	1	2012	黄山书社
28	安徽省潜山县文化馆、安徽省潜山县非物质文化遗产保护中心	桑皮纸	1	2017	团结出版社

（续表）

序号	编著者	书（丛书）名	卷（册）数	成书时间（年）	备注
29	胡建斌等	徽州技艺	7	2014	合肥工业大学出版社，各卷分别为：黄山区卷、徽州区卷、屯溪区卷、歙县卷、休宁县卷、黟县卷、祁门县卷
30	休宁县文化广播电视局	海阳遗韵：休宁县非物质文化遗产普查成果集粹	1	2009	内部资料

此外，还有不少其他类型的图书也涉及安徽非遗，如非遗类的普及读物[①]、教程教材、蓝皮书等。这里不再展开论述。

综上可见，国内有关安徽非遗各方面的研究取得了丰硕成果。然而这些成果多半是宏观的总体论述或微观的个案研究，从全省视角进行"中观"研究的论著为数较少。上述著作，为我们勾勒了安徽非遗的大致研究情况，也为本书的研究提供了重要参考。

（二）论文

1. 期刊论文

（1）总体研究

早在安徽省非物质文化遗产保护中心正式成立前，画家兼作家出身的胡迟女士就已撰文探讨安徽非遗方面的相关问题。在担任该中心研究部主任后，胡迟笔耕益勤，她于2010年撰写的《关于非物质文化遗产保护的多维思考》一文，是

[①] 非遗普及读物类图书较多，例如：阚男男编著的《安徽宣纸、书法、篆刻》，孙跃廷、周士元编著的《经典徽菜》，安徽省非物质文化遗产保护中心编的《安徽省非物质文化遗产乡土读本》皖中卷和皖北卷，沈葵、周红雁编的《文房四宝》，修功军编著的《陈抟传说故事》，中国徽州文化博物馆编的《文博安徽：中国徽州文化博物馆馆藏精品集》等。

国内较早立足省情，系统探讨安徽省非遗保护与传承的论文。其中关于非遗保护怪圈、非遗保护主体职能的相关论述，如"政府部门、文化部门、专家都在充当救世主的角色，而传承人以及遗产所持有的社群的真正需求与他们对于传承项目的认识，却无人倾听"等掷地有声的观点，至今仍振聋发聩。2018年1月，在《非遗传承的现状、问题及对策》一文中，胡迟根据自己12年来从事安徽非遗保护与传承工作的实践，针对安徽非遗的传承情况，总结指出在代表性传承人的认定、传承方式的认识、传承内容的认识方面尚存在较大问题，建议完善传承人的认定与管理机制、界定职业传承和普及传播概念、守护好非遗的核心价值。

中共安徽省直工委党校的许敏娟女士也有多篇论文论及安徽非遗，从总体上对安徽非遗进行考察的论文有《安徽非物质文化遗产保护与推进文化强省建设问题研究》《安徽非物质文化遗产生产性保护中法制建设问题研究》《安徽非物质文化遗产生产性保护问题研究》等。在第一篇文章中，作者在梳理了保护非遗的重要意义、安徽非遗保护现状、安徽非遗存在的不足等问题后，着重强调了安徽非遗保护对促进安徽省政府实施"文化强省"政策的重要意义，建议可从加大宣传力度、提高保护意识、深入挖掘资源、重视整体保护以及制定规章制度等七个方面予以努力。第二篇论文重点探讨了安徽非遗生产性保护的现状、加强安徽非遗生产性保护法制建设的必要性，以及关于建立健全安徽非遗生产性保护法规制度的思考三大方面问题。第三篇论文系许敏娟与他人合写而成，该文针对安徽非遗在生产性保护方面存在的地方政府责任缺位、传承人培养困难、行业监管缺失等问题，提出了制定保护规划、培养特殊人才、建立行业协会、推进品牌建设等可行性建议。

不少研究者从各自研究兴趣出发对安徽非遗进行了总体审视。2013年，井晓旭发表了《试论非物质文化遗产保护的方式——以安徽省非物质文化遗产为例》一文，"试图从非物质文化遗产传承的问题、保护两方面，结合安徽省的非物质文化遗产的现实情况进行探讨"。2016年，邱德昌撰写了《继承与发展安徽省非物质文化遗产之我见》，认为高校是安徽非遗继承与发展的重要阵地，可以采取设立名师流动工作站、培养非遗传承人、开门授徒、与艺术类院校合作等办法。同年，邵卫发表了《论政府主导下的非物质文化遗产保护——以安徽省为例》一文，在指出了政府主导非遗保护的必然性、政府主导下非遗保护所取得的成绩的同时，作者重点论证了安徽省政府主导非遗保护所面临的法规滞后、经费不足、人才匮乏、项目濒危及流失等问题，并提出了五点建议。

近年来，从时空分布及文化旅游等视角来总体审视安徽非遗的论文正与日俱增。2012年，彭伟等合写了《安徽省非物质文化遗产类型结构及空间分布形成机制研究》一文，指出安徽非遗的空间分布呈集聚阶梯性分布格局，"区域国家级非物质文化遗产项目数量与省级非物质文化遗产项目数量成正相关性"，并从"地脉条件""人脉条件"两个方面对造成有关分布格局的原因进行了分析。2016年，白如山、陈鹏合作发表了《安徽省非物质文化遗产时空演化特征及影响机制研究》一文，对列入国家级和省级非遗项目名录的安徽省非遗的类型结构、时空演变特征进行探究。研究认为：安徽非遗在结构类型上主要以技艺、舞蹈、戏剧等传统技艺为主；在空间上呈现由早期的分散式团状集中向团带式非均衡扩散方向演化，南北轴线式带状分布增长态势显著；影响其时空演变特征的因素既包括自然地理因素，也包括人文地理因素。2017年，彭建等人合写的《安徽省非物质文化遗产时空分布特征及影响因素研究》一文，以前四批安徽省国家级非遗与省级非遗项目为依托，运用GIS（地理信息系统）空间分析法探讨了安徽省各市、县国家级与省级非物质文化遗产空间与时间分布特征，分析了影响其分布的主要因素。2018年，邓凯、杨灿灿在合作撰写的《安徽省国家级与省级非物质文化遗产空间分布特征及影响因子研究》一文中，"以安徽省国家级与省级非遗作为研究对象，从地理与文化的视角出发，使用GIS空间分析方法探讨安徽省非物质文化遗产类型结构和空间分布特征，并进一步剖析为何形成该特征的地理原因"。所得结论为：安徽非遗的总体分布特征属于集聚型，虽然空间分布范围较广，但是区域间差异明显。安徽非遗在空间分布上与地理、社会、文化等因子联系紧密。令人遗憾的是，上述几篇文章选题相近，研究方法也有契合之处，然而作者之间似乎并无交流，后写者常常是对既有的相关论文只字未提。

2013年始，随着我国文化旅游业的蓬勃发展，不少研究者开始从文化旅游的视角审视安徽非遗的有关情况。秦珊珊在《安徽省非物质文化遗产保护与旅游开发分析》一文中，总结认为安徽非遗的旅游资源主要有民俗风情型节事活动类、演艺类、旅游纪念品类三种开发模式，认为安徽非遗在保护和旅游开发过程中存在不少问题，如旅游开发过度、游客数量过多、文化底蕴挖掘不够，非遗保护的法律不健全，传承人缺乏等，并有针对性地提出了六点建议。2015年，张莉莉先后发表了《安徽省非物质文化遗产旅游开发 SWOT 分析》《基于 RMP 分析的安徽省非物质文化遗产旅游开发研究》两篇论文。前者主要分析了安徽非遗在旅游开发过程中存在的优势、劣势、机遇与威胁，作者呼吁"加大旅游业招商引资，加快非物质文化遗产的人才队伍建设，从而实现非物质文化遗产的保护和活态化的传承，促进安徽省旅游业的大发展"。后者采用昂普分析（RMP 分析）模式，对安徽非遗旅游资源开发时在资源、市场、产品三个方面的情况进行了概括性论述，认为受多种因素影响，安徽非遗在旅游开发过程中正面临激烈的市场竞争，品牌竞争力较弱。同年，袁海强等发表了《非物质文化遗产与体育旅游融合的现状分析及对策——以安徽省为例》一文。该文通过多种研究方法，总结指出非遗与体育旅游融合发展不仅提高了域内居民对非物质文化遗产的兴趣，也为安徽体育旅游的发展起到了推动作用；同时，针对出现的对经济效益的追逐使得旅游中的体育元素失真等问题，提出了三点应对建议：注重非物质文化表达物的开发与设计、坚持非遗的原真性、培养体育旅游专业人才队伍。2016 年，史杜芳等人合写了《安徽非物质文化遗产旅游可持续发展评价研究》一文。该文综合运用了多种研究方法，在参阅既有成果的基础上，从资源系统、环境系统、社会系统、经济系统、管理系统等五个方面考察了安徽非遗旅游的可持续发展指标，得出了"安徽非物质文化遗产旅游可持续发展处于初级阶段"的结论，并提出了若干改进意见。2017 年，汪静、史杜芳合作撰写了《安徽省非物质文化遗产旅游产品开发模式探析》一文。该文梳理了五种开发模式，即设立非遗博物馆、打造特色旅游商品、利用非遗旅游节庆、进行舞台化表演和创建非遗主题公园，并提出了三条建议：寻求保护与开发的双赢、进行差异化开发、加强非遗传承人队伍建设。2018 年，梁婷玉在《安徽省非物质文化遗产融合体育旅游的问题与对策分析》一文中总结认为，安徽非遗在融合体育旅游时存在四大问题：融合发展的认知尚欠缺，过分追求经济效益而使非物质文化遗产体育旅游愈发失真，社会力量制度性保护与产业政策支持不足，专业人才相对缺失。针对上述问题，作者建议：注重发掘体育旅游项目中的非物质文化表达物及其内涵，加强体育项目开发中的非遗的文化原真性保护，突出安徽各地非遗的地域特色，加强体育旅游专业人才的培育。

此外，还有一些研究者从非遗的会展、活态传承等视角探究了安徽非遗的总体情况。何红艳、朱林聪在论文《安徽省非物质文化遗产保护与传播模式探析——以安徽省文博会为例》中，针对安徽非遗在保护与传播中面临的宣传不足、主题不突出、企业参与度不高等问题，提出了四点建设性意见：有针对性地做好前期宣传工作；开拓主题性较强的研究交流活动；加强企业参与力度，走文博特色产业化道路；建设非遗保护数字化模式。在《安徽省非物质文化遗产活态传承研究》一文中，窦瑾总结指出安徽非遗在活态传承方面面临项目遗失、传承后继乏人、保护意识淡薄、过度开发等问题，并提出了五点建议：因项制宜探索创意提升途径，利用现代科技提升非遗活态传承水平，积极构建非遗传承人才体系，增强各类传承平台支撑作用，创新金融支持模式。

（2）分类研究

在分类研究方面，现有的成果主要集中在传统体育类、传统戏曲类以及工艺美术类三大方面。梳理如下。

传统体育方面，2012 年，徐飞在《非物质文化遗产视角下的安徽省民间传统武术保护现状与对策的几点探讨》一文中，较早探讨了安徽省传统武术的发展现状。针对当时存在的主要问题，作者建议采取以下办法：政府主导，立法保护；以人为本，"活态"保护；与时俱进，进行数字化保护；与地方传统体育和历史文化研究相结合。2015 年，杜卫提、孙珂合写了《传统武术项目非物质文化遗产申报现状与保护研究——以安徽省为例》，针对"第一、二、三批国家级非物质文化遗产名录包括扩展名录在内……其中安徽省无一传统武术项目入选""我省民间传统武术拳种先后有三项入选了省级非物质文化遗产名录"的现状，提出了加大宣传教育、加大财政投入、加快地方立法等具体建议。同年，张照金、汝雷合写了《安徽省传统武术非物质文化遗产在高校的传承路径》一文，认为主要传承路径为：树立传承武术非物质文化遗产的教学理念；构建传承武术非物质文化遗产的教学目标；建设武术非物质文化遗产的课程体系；注重传统武术人才的引进；注重对传统武术非物质文化遗产传承人的培养；加强宣传力度，提高大学生保护意识。2016 年前后，"体育非物质文化遗产"这一名词被广为接受，不少研究者纷纷撰文探讨安徽省体育非物质文化遗产的有关问题，有代表性的论文包括《安徽省体育非物质文化遗产的人文特质与现实价值》《安徽省体育非物质文化遗产的教育传承研究——以华佗五禽戏为例》《安徽省体育非物质文化遗产发展研究》《安徽省体育非物质文化遗产保护与产业化探讨》《安徽省体育非物质文化遗产经济价值的开发与利用》《安徽省体育非物质文化遗产活态传承路径研究》等。这些论文的共同点是不再纠结于空洞的概念，立足省情肯定安徽传统体育所具有的价值和潜能，并提出自己在非遗保护或利用方面的意见和建议。

传统戏曲方面，王长安、黄凌云于2009年撰写了《安徽戏曲现状刍议》一文。作者指出，在安徽省内产生、存在和流行过的地方戏曲剧种有四十多个，影响较大的有二十余种。针对安徽戏曲出现的各种问题，论文给出了以下改革建议：一是戏曲自身要改革，以改革谋生存；二是机制要改革，还戏曲以自由；三是戏曲艺术的评价机制要进行改革，应当坚定地树立为观众服务的思想；四是要理顺产业与事业、文化与市场、国有与民营等之间的关系。

2015年，刘玉龙撰写了《试论安徽地方戏曲非物质文化遗产的传承与保护》一文，针对安徽戏曲发展的现实困难，即各界重视程度不够、地方戏曲自身艺术制约、观众审美需求变化，提出了传承与保护安徽戏曲的有关对策：注重自我提升与及时创新；加强与其他剧种的交流与合作，借鉴其成功经验；坚持扬长避短，兼顾传统与创新。2017年，白佳蕙发表了《浅析安徽地方戏曲非物质文化遗产的民族文化传承与保护》一文。作者对安徽戏曲的保护与传承现状进行了分析，找出了其存在的问题：各界重视程度不足，自身艺术形式的限制，前期投入不足，观众审美需求转变；并提出了应对之策：将地方戏曲文化进行"都市化"处理，自我提升与及时创新，加强与其他剧种的交流合作，政府积极引导与支持。2016—2017年，李楠从影像学、传播学等视角先后发表了多篇论文，其中《安徽传统戏曲的传播现状研究》一文，梳理了安徽传统戏曲的四种主要传播途径——戏院、电视、广播、网络，提出了推动安徽传统戏曲有效传播的三种方案：一是改善传播政策环境以加大传播力度，二是拓展经济发展空间以丰富传播途径，三是适应当前文化环境以优化传播方式。2018年，张秀丽发表了《论"送戏下乡"对安徽省戏曲类非物质文化遗产的传承和保护》一文，从"送戏下乡"视角考察了安徽戏曲的传承与保护情况，并对"送戏下乡"这一做法评价甚高，认为它不仅完善了戏曲类非遗生存和发展的良性文化生态，还凸显了非遗的市场经济效益。

工艺美术方面，孙升、陈彪于2012年合写了《安徽传统工艺发展与非遗保护》一文。作者主要从工艺概况、价值与内涵、传统工艺与非遗之关系三个方面展开论述，总结指出安徽传统工艺在全省乃至全国都占有重要地位，然而从统计数据来看，其发展现状与其历史地位不但不相符，而且落后于国内部分省份。董瑞子于2019年初撰写了《安徽省工艺美术非物质文化遗产的特征探析》，该文从分类特征、历史及地域分布特征、工艺特征、传承特征以及审美特征等五个方面对安徽省工艺美术非物质文化遗产进行了总结与探究。

（3）个案研究

较之上述总体研究与分类研究，国内研究者对安徽非遗的个案研究为数最多，涉及范围与研究视角也更为多元。这里仅遴选部分成果予以介绍。这些研究大致也可以分为三类。

其一是以市、县为单位，对某一行政区划内的非遗进行系统考察。2011年，黄海波、詹向红发表了《传播学视阈下非物质文化遗产保护的媒介建构——以合肥市非物质文化遗产保护为例》一文。文章指出合肥市非遗在媒介建构方面存在的问题：重申报轻宣传，非物质文化遗产信息传播不足；单一性、事件性报道多，综合性、深入性报道少；文化单位与当地媒体缺乏沟通。同时，文章提出如下四点建议：一是建议政府加大对非遗保护媒介建构的政策扶持；二是大众媒介应承担起延续传统文化的责任；三是加强多媒体协调的立体化传播；四是实现从非遗知识普及向文化自觉之转变。2013年，任平撰写了《合肥市非物质文化遗产旅游开发研究》论文。该文主要探讨了合肥市非遗的旅游开发模式，包括展览、节庆表演、文化遗产周、旅游商品等，并提出了有关开发的对策与措施，如以保护为基础、多种模式相结合、注重人才培养、注重遗产的原真性、加强宣传营销等。2016年，王娟、王礼云在合写的《论合肥市非物质文化遗产的保护与利用》一文中指出，合肥市非遗在保护与利用方面虽取得了不少成绩，但也面临一些问题，主要是保护政策不健全、资金持久性投入不足、非遗传承人存在"断代"危机、传承形式单一，并针对上述问题提出若干建议。

2008年起，胡亮等研究者对黄山市非遗的多方面情况进行了探讨。胡亮在《留住"民族记忆的背影" 对黄山市戏剧类非物质文化遗产保护模式的思考》一文中，探讨了戏曲保护的"黄山模式"。作者建议"充分加强保障机制、地方保护法规的建设，在整体保护的环境下实现戏剧类非物质文化遗产与人、社会的和谐发展"，"寻找多种保护方式，在民间、社区活动中保护传承特色戏剧表演艺术，在可持续发展的环境下找到戏剧类非物质文化遗产积极保护的新途径"。确系至论。2017年，陈文苑撰文指出，黄山市市级非遗项目存有伪遗产混入、整体性保护意识欠缺、优秀遗产资源被忽略等问题，倡导"要杜绝这些情况的发生，必须做到规范'非遗'评审制度、强化保护理念、挖掘文化资源"①。2018年，邱燕通过对黄山市8项国家级非遗项目进行实证研究，总结指出这些国家级非遗项目的旅游开发价值较大，但也存有差异，"茶叶制作技艺类项目得分最高，徽州三雕、歙砚、徽墨等传统技艺得分次之，徽剧、道教音乐等传统表演艺术参与性较弱，得分偏低"②。其他论及黄山非遗的文章还有不少，此不详述。③

其他市、县方面，也多有文章论及，这里仅略举几例。2009年，唐艳艳以全椒县非遗为个案探讨了该县民俗型旅游节事活动的有关情况。④ 2012年，笔者以芜湖市为考察对象，探讨了芜湖市非遗的保护与利用概况。⑤ 2015年，崔北军根据蚌埠市关于非遗的实践，论述了非遗的保护与传承问题。⑥ 2017年，姚德健以亳州市为例，探讨了安徽省非遗的保护与开发问题并提出了若干建议。⑦ 2018年，肖铁桥、李保民以绩溪县伏岭镇为例，共同撰文探究了传统聚落在非遗保护中的作用。⑧

其二是对某一特定的国家级、省级非遗项目进行专题探究。这里仅围绕论及

---

① 陈文苑. 反思与进路：市级非物质文化遗产代表性项目名录制度——以安徽黄山市为例 [J]. 长春大学学报，2017，27（03）：63.
② 邱燕. 非物质文化遗产旅游开发适宜性评价研究——以黄山市为例 [J]. 西安石油大学学报（社会科学版），2018，27（06）：36.
③ 还有章咏秋的《非物质文化遗产和新农村文化建设的互动发展研究——以黄山市为例》，陈麦池的《名城旅游的非物质文化遗产整合型保护与创意化开发研究——以黄山市歙县为例》，唐孝中、占辉斌的《黄山市茶非物质文化遗产的保护与传承研究》，邱燕、方亮、汪颖玲的《基于RMP分析的黄山市非物质文化遗产旅游开发研究》，陈桂花、王巧、周东彪的《黄山市文化旅游非物质文化遗产的对外传播》，张孝义、张娜娜、闵思宇的《非物质文化遗产视阈下旅游者满意度、幸福感及景区吸引力研究——以黄山市为例》等。
④ 唐艳艳. 民俗型旅游节事活动探讨——以安徽省全椒县非物质文化遗产为例 [J]. 资源开发与市场，2009，25（04）：381－384.
⑤ 沈喜彭. 论安徽芜湖市非物质文化遗产的保护与利用 [J]. 鸡西大学学报，2012，12（11）：147－148.
⑥ 崔北军. 非物质文化遗产的保护与传承——基于安徽省蚌埠市的实践探索 [J]. 中共山西省委党校学报，2015，38（04）：105－109.
⑦ 姚德健. 安徽省非物质文化遗产保护与开发的问题及对策研究——以安徽省亳州市为例 [J]. 华北水利水电大学学报（社会科学版），2017，33（01）：74－76.
⑧ 肖铁桥，李保民. 传统聚落的非物质文化遗产活化保护研究——以安徽省绩溪县伏岭镇为例 [J]. 安徽建筑大学学报，2018，26（03）：67－71，82.

较多的非遗项目进行扼要梳理。

徽墨研究方面，吴秀云较早从法律保护这一角度对徽墨进行了探究，她认为，徽墨既面临着失传、消亡、仿冒、滥用的现实困境，又面临着缺少专门性私法规范保护的制度困境，建议构建以知识产权法为主导的私法保护体系，将多种知识产权方式并存作为传统知识保护的实施路径。① 孙博文、周小儒共同探讨了徽墨装饰中的文化内涵与民俗寓意，他们认为徽墨装饰不仅具有求财、励志、纳福等文化内涵，还具有吉祥如意、祈福纳寿、子嗣延续、出入平安等民俗寓意。② 姚昱波撰文论述了徽墨的发展现状与前景，他主要从备料、配料、和制、装帧这四道重要制墨工序探讨徽墨的发展特色，继而指出徽墨的发展前景广阔，但应遵循市场运作规律才能做到与时俱进。③ 黄辉从历史与制作技艺两个方面考察了徽墨的有关情况，指出徽墨是我国墨文化的杰出代表，它始于唐、兴于宋、盛于明清，通过历代匠人的不断探索，徽墨在色料配方上不断创新，在外形模制上精益求精，因而别具工艺特色。④

宣纸研究方面，尚倩以泾县宣纸制作技艺为例探讨了商标制度与传统手工技艺的保护关系问题，认为我国现有的商标制度不足以保护包括宣纸在内的非遗项目，建议我国政府制定专门的传统手工技艺保护法规。⑤ 戴健先后撰写了《作为非物质文化遗产的宣纸制作技艺保护与传承》《宣纸制作技艺的文化生态探析》两篇论文。前者探讨和分析了宣纸制作技艺保护与传承的现状和困境，并提出了有关对策；后者探讨了宣纸制作技艺的传承发展与文化生态的关系，作者倡议营造良好的文化生态，使宣纸制作技艺得到有效保护和有序传承，实现宣纸行业的健康和可持续发展。

歙砚研究方面，郑寒根据自己的多年实践经验撰写了《歙砚艺术创作中的继承与创新》一文。该文首先指出继承与创新歙砚艺术的四种情况：样式的继承与创新、设计构思方面的继承与创新、砚雕技法之线条艺术处理的继承与创新、砚

---

① 吴秀云. 生态文明进程中传统知识的法律保护问题研究——以徽墨、歙砚为例 [J]. 学术界，2014 (08)：229—237.
② 孙博文，周小儒. 试论徽墨装饰中的文化内涵与民俗寓意 [J]. 中国民族博览，2017 (12)：9—10.
③ 姚昱波. 徽墨传统制作技艺的现状和发展前景 [J]. 文物鉴定与鉴赏，2018 (23)：76—79.
④ 黄辉. 徽墨的历史与传统制作技艺研究 [J]. 民艺，2018 (04)：20—26.
⑤ 尚倩. 商标制度与传统手工技艺的保护——以安徽泾县宣纸制作技艺为例 [J]. 宿州学院学报，2016，31 (06)：32—35.

雕技法之刀法表现艺术的继承与创新，继而指出"这里的'继承'，绝对不是'一味地模仿'"，"要以意取实、以浅突深、继承创新、和谐自然"。程礼辉也根据自己的亲身实践撰写了《歙砚艺术创作之我见》，文章主要从自然之美、艺术之门以及创作手法三个方面行文。何倩从发展历程与传承现状视角论证了歙砚的有关情况，指出了传承方面存在的问题：传承意识的淡薄、传承梯队的缺失、经济效益与社会效益的失衡，进而建议：加快传承梯队的构建、加强歙砚品牌的建立、提高歙砚保护的多方参与程度。① 胡群以歙砚制作技艺为例探讨了工匠精神与文化认同对非遗项目传承的重要作用，她"基于工匠精神与文化认同对这一非遗项目的意义，试图探寻实现歙砚制作技艺完整传承和可持续发展的路径"。②

黄梅戏研究方面，夏玢较早从非遗研究视角探讨了黄梅戏的文化传承，指出做好黄梅戏的文化传承工作，需要维护相对原生态的文化发展环境，强化群众在文化保护中的核心主体地位以及发挥黄梅戏文化的社会功能。③ 李怡洁以安庆市为例考察了黄梅戏演出市场在安庆的现状，认为黄梅戏演出市场体系完善、演出形式多样、传播渠道多元化，但也存在时代新剧有待挖掘、演出票价偏高等问题。其文章在最后提出了加强人才培养、建立剧目机制、加大资金投入、增强市场竞争力等有关建议。④ 邵敏从文化空间研究视角探讨了黄梅戏的传承与保护问题，她认为乡村社会的"空心化"、传统村落的消失、过度的文化功利主义以及乡村公共文化空间的缺失和错位，都加快了黄梅戏的衰落，并呼吁地方政府重视保护黄梅戏的公共文化空间。⑤ 王懿佳根据自己多年从事黄梅戏演出的经验，撰文讨论了黄梅戏的传承与发展问题。作者认为当前的黄梅戏主要面临内容陈旧、人才缺乏以及投资不足三大问题，建议从四个层面予以加强：一是建立与社会发展相适应的机制和体制；二是加强人才队伍的建设；三是以地方特色为基础，与

---

① 何倩. 浅析歙砚的发展历程与当代传承 [J]. 文物鉴定与鉴赏, 2016 (10): 96-99.
② 胡群. 基于工匠精神和文化认同的非遗传承——以歙砚制作技艺为例 [J]. 艺术百家, 2019 (01): 184-187, 196.
③ 夏玢. 从非物质文化遗产视角看黄梅戏文化传承 [J]. 池州学院学报, 2008, 22 (02): 108-110.
④ 李怡洁. 当代黄梅戏演出市场的现状与前景——以安庆市为例 [J]. 郑州轻工业学院学报（社会科学版）, 2013, 14 (05): 30-34, 39.
⑤ 邵敏. 论文化空间视界下的黄梅戏传承与保护 [J]. 江淮论坛, 2015 (03): 136-139, 159.

时俱进;四是加大资金的投入。①

芜湖铁画研究方面,董松较早从锻造技艺方面对芜湖铁画进行探究,他参阅了安徽省博物院馆藏图文资料,主要从构件制造、焊接组装、整形修正、油漆装框四个方面介绍了芜湖铁画的锻造工序。② 陈旺等从产业化发展视角考察了芜湖铁画的发展情况,认为"目前创意主题较单一,形式与用途变化少……竞争力较弱,销售非常不景气",主张从五个方面进行努力:设计彰显徽文化主题的产品、创新铁画纪念品、研发铁画日用化工艺品、拓展铁画在室内装饰设计中的运用、建设铁画公共艺术品区。③ 肖锋从现代学徒制视角探究了芜湖铁画的传承问题,他认为芜湖铁画开创了一条现代学徒制的有益尝试之路,"传统技艺类非遗现代学徒制的实施离不开传统技艺类非遗企业、职业院校、非遗大师等三大要素"。④

阜阳剪纸研究方面,郭艳、李长福合作撰写了《阜阳剪纸的传承、保护与开发》一文,其中在开发利用方面,他们提出了四点建议:开展剪纸理论研究、扩大载体形式、打造阜阳剪纸品牌、走产业化之路。江文淼以阜阳剪纸为例探讨了民间造型艺术中活态文化基因的提炼问题,她认为民间造型艺术流行于民间社会这一特定生态环境中,阜阳剪纸是"取之不尽用之不竭的活态文化基因库",具有朴实坚韧、中庸适度、求全求美、天人合一等艺术特点。⑤ 王节以阜阳剪纸为研究对象,探讨了非遗品牌的传播策略问题,并针对阜阳剪纸面临的品牌传播方式滞后、传播力度弱、品牌认知度低和经济效益差的现状,提出了四点改善建议:跨媒体融合传播,完善传播方式;加大宣传力度,强化品牌认知;个性化互动传播,稳固品牌关系;探索文创电商,提升品牌效益。⑥

值得一提的是,身为安徽省非物质文化遗产保护中心的工作人员,胡迟撰写

---

① 王懿佳. 谈黄梅戏的传承与发展 [J]. 戏剧之家,2019 (19):50.
② 董松. 铁锤锻造的艺术 芜湖铁画 [J]. 中国文化遗产,2010 (02):92—99.
③ 陈旺,王文浩,储铁艺. 芜湖铁画艺术品产业化发展研究 [J]. 工业设计,2016 (07):91—93.
④ 肖锋. 传统技艺类非物质文化遗产的现代学徒制探析——以芜湖铁画为例 [J]. 中国文化产业评论,2017 (02):303—312.
⑤ 江文淼. 民间造型艺术中活态文化基因的提炼研究——以国家级非物质文化遗产阜阳剪纸为例 [J]. 阜阳师范学院学报(社会科学版),2016 (01):149—152.
⑥ 王节. 非物质文化遗产品牌传播策略研究——以阜阳剪纸为例 [J]. 知识经济,2018 (13):5—6,8.

了多篇有关具体非遗项目的文章,涉及东至花灯舞、砀山唢呐、徽州民歌等。①其他论及安徽非遗具体项目的研究还有很多②,限于篇幅,此不枚举。

其三是对安徽非遗项目传承人的研究。韩杰、徐楠合作撰写了《铁画绝艺有传人——记全国人大代表储金霞》一文。该文高度评价了储金霞在芜湖铁画制作方面的造诣,"这门奇艺,创始于清人汤天池,而在今天最杰出的代表,则是储金霞",并对其父(储炎庆)女二人锻造芜湖铁画的情况进行历史回顾。伍天在《方新中的民间大师路》一文中,对徽州砖雕大师方新中进行了专访和记述,内容涉及方新中的学艺经历、所取成绩、主要作品以及砖雕工作室等。林岩撰写了《漆彩流韵——徽州甘而可的漆器艺术》,对国家级非遗项目徽州漆器髹饰技艺代表性传承人甘而可及其漆器艺术进行了介绍。文章较为全面地记述了甘而可的师承情况及其艺术造诣,其中言及"他立足徽派工艺文化,恪守传统髹饰工艺法则……同时又能够在继承传统徽州髹饰工艺的基础上加以创新,在造型设计、髹饰纹理等工艺上均全面超越传统漆器"。王焕在《融古今开新境——洪建华的竹刻艺术》一文中,对国家级非遗项目徽派竹刻代表性传承人洪建华及其竹刻艺术进行了介绍,她认为"在中国当代竹雕艺术家行列中,洪建华因其高超娴熟的技艺、独特的艺术风格在众多竹雕艺术家中脱颖而出"。

总体而言,现有的研究成果对安徽省非遗项目传承人关注不足,多数传承人尚未成为被研究对象,但有关黄梅戏代表性传承人韩再芬及其戏曲艺术的研究为数不少③;从研究者的视角来看,也有著述颇丰者,如胡迟等。需要指出的是,省内有不少期刊,如《徽州社会科学》《绩溪徽学通讯》《绿潮》等,也有不少论及安徽非遗的文字,限于篇幅,也不细加举例了。

---

① 胡迟的文章有《火老虎:家族的文化图腾》《池州傩戏:人与神的对话》《东至花灯舞:落寞与喧腾》《砀山唢呐:唢呐的江湖》《徽州民歌:湮没于岁月的浅吟低唱》《徽派传统民居营造技艺:人,如何栖息于大地?》《张一帖内科:新安医学的家族链》《余家皮影戏:时代边缘的影像记忆》《徽剧溯源与价值分析》等。
② 如赵丽的《历史与现状——关于安徽省非物质文化遗产"推剧"的调查》,石生的《安徽省非物质文化遗产"五禽戏"的文化价值研究》,石生、季华的《安徽省非物质文化遗产"五禽戏"的健身推广》,陈元贵的《"非遗"保护与敬畏传统——安徽芜湖铁画衰落与振兴的文化反思》,汤虹的《非遗文化生态保护理念下的安徽花鼓灯》,李乔的《安徽非遗民间美术"凤阳凤画"发展与创作现状研究》,刘晓甜的《非遗视角下安徽花鼓灯的保护与传承研究》等。
③ 如柏岳的《她为黄梅戏而生——韩再芬戏曲表演艺术散论》、胡亏生的《韩再芬的舞台风貌与徽州女人》、汪志耿的《韩再芬:让世界了解黄梅戏》、方可的《韩再芬,一路上有戏》等。

2. 学位论文

近年来，有不少硕士、博士学位论文探讨了安徽非遗的保护与传承问题，这些论文虽然多数尚未正式出版，但是在研究深度与研究方法上都有颇多可以借鉴之处。由于相关研究成果较多，这里仅根据检索的部分论文，按时间与类别进行简要梳理。

（1）硕士学位论文

一是综合性研究。仅 2014 年就有多篇论文涉及安徽非遗。是年，章欢以《桐城歌研究》为题，探讨了桐城歌的传承历史与艺术价值，继而从保护和利用的角度谈及了自己的观点。针对国家级非遗项目桐城歌面临的问题，如普及活动和宣传工作问题、政策制定问题、文化认同问题以及运作资金等，作者都提出了针对性解决办法与发展建议：继续搜集桐城歌曲目、建立桐城歌档案数据库、成立桐城歌专业研究小组、创编新时期桐城歌以及创建专门的桐城歌网站。王玮撰写了题名为《安徽凤阳凤画的数字化保护与开发研究》的硕士学位论文。凤阳凤画系安徽省首批省级非遗项目。该文以相关资料为依托，经过田野调查和实地走访，提出了一系列适用于凤阳凤画数字化保护与开发的方法，在理论分析之后又提出了若干保护与开发建议，如建立凤阳凤画资源数据库系统等。赵伟以阜南、霍邱两县为例探讨了安徽淮河柳编的制作工艺等问题。作者详细记述了淮河柳编的编制过程、工艺特色和文化价值等，并在传承与经营方面提出了建议，如扩大传授面、创新传授方法、实施"龙头企业＋合作社＋农户"的现代经营模式等。[①]李奇辰撰文探究了市级非遗项目合肥火笔画的保护与开发问题。作者不仅对合肥火笔画的历史与现状进行了梳理，分析了其文化底蕴及艺术价值，还根据火笔画传承与发展的具体困境，提出了创新性设计、数字化保护、产业化开发以及品牌推广等建议。[②]

2015 年，胡志安以国家级非遗项目望江挑花为选题，探讨了望江挑花的发展历程与应用价值。其中，在论及望江挑花在服饰品上的应用时，作者指出应在图案、面料等方面进行创新。[③]

[①] 赵伟. 安徽省淮河柳编的制作工艺及相关问题研究——以阜南、霍邱两县为例 [D]. 合肥：安徽医科大学，2014.
[②] 李奇辰. 合肥火笔画的保护与创新设计开发研究 [D]. 芜湖：安徽工程大学，2014.
[③] 胡志安. 望江挑花的研究及其在服饰品上的创新设计 [D]. 芜湖：安徽工程大学，2015.

2016 年，也有多篇学位论文以安徽非遗为研究主题。裴世东以蚌埠五河县非遗为例，考察了淮河流域县域非物质文化遗产的类型与特点。他在肯定了五河县在非遗保护与利用方面取得七大方面成绩的同时，也指出其面临的若干问题：保护制度及观念尚未完善、保护资金捉襟见肘、专业人才队伍匮乏、社会保护意识淡薄等。① 陈子润以安庆怀宁县非遗为研究对象，对整个怀宁县非遗项目的有关情况进行了记述和考证。作者根据怀宁县政府公布的非遗资料和自己的多次调研，分析了怀宁县政府在非遗保护工作中存在的问题，并提出了相应建议。② 鲍方旋以铜陵市为例，从经济学研究视角对该市的非遗项目进行了总体分析与论证。作者呼吁保护和利用好铜陵市非遗，建议做好如下一些工作：提高社会群体保护和开发意识、建设专业的人才培养机制、拓宽资金供应渠道、建立法律制度等。③

二是保护传承方面研究。比较而言，从保护与传承角度探讨安徽非遗的学位论文所占比重最高，并且研究成果有逐年增加的趋势。2010 年，朱米娜探讨了徽州雕刻艺术的传承与创新问题。④ 2013 年，周邵年也从技艺传承与生产性保护视角探讨了徽州竹雕的传承与保护。⑤ 此后，"生产性保护"论题广为接受，出现了多篇有关安徽非遗的研究论文，如鲍婧的《"非遗"生产性保护政策研究——以安徽省部分企业为例》、伍梦尧的《宣纸的生产性保护问题研究》、张向军的《芜湖铁画生产性保护研究》等。

2016 年前后，文化空间的总体保护理论也较受学界推崇，刘燕的《非物质文化遗产在传统村落保护中的传承研究——以安徽省泾县黄田村为例》、徐夏青的《基于非物质文化遗产下冯嘴子村空间形态保护研究》都以特定的文化空间为研究对象，考察了整体保护的重要性。

当然更多的成果仍是以具体非遗个案为选题，从或保护或传承的视角探讨了相关主题。代表性成果如孟俊峰的《万安罗盘的制作工艺与传承研究——以吴鲁

---

① 裴世东. 淮河流域县域非物质文化遗产研究——以安徽省五河县为例 [D]. 合肥：安徽大学，2016.
② 陈子润. 怀宁县非物质文化遗产保护研究 [D]. 合肥：安徽大学，2016.
③ 鲍方旋. 经济学视野下的非物质文化遗产保护与开发研究——以安徽省铜陵市为例 [D]. 南京：南京财经大学，2016.
④ 朱米娜. 徽州雕刻艺术传承与创新 [D]. 芜湖：安徽工程大学，2010.
⑤ 周邵年. 徽州竹雕技艺的传承与生产性保护的研究 [D]. 合肥：安徽医科大学，2013.

衡罗经老店为中心》、王依妮的《当传统遭受现代文化的冲击——"太和清音"生存困境与发展方式的调查与研究》、汤家骏的《安徽当涂民歌的历史人文价值与当代传承研究》、张艳的《三河羽毛扇制作工艺的传承与保护研究》等。

三是开发利用层面的研究。近年来，随着文化产业、旅游业等产业的迅猛发展，不少研究者从各自的专业出发撰文探讨了安徽非遗的开发利用问题。

在文化产业研究方面，朱晓莉以滁州来安县的民俗文化资源为研究对象，重点探讨了来安县民俗文化资源的开发利用问题。作者认为来安县民俗文化资源不仅丰富，而且具有较高的开发价值，建议从娱乐休闲、广告会展、特产开发等方面进行产业开发。① 动漫业是文化产业的重要组成部分。吴晴以池州傩戏为研究对象，从动漫业角度撰文探讨了戏曲资源的利用问题。作者在文中对池州傩戏中的动漫元素及其角色创意进行了认真研究和探讨，并对开发傩戏及其相关产业的可行性进行了论证，指出池州傩戏的动漫形象开发可以从形象宣传类、服饰品类、地方土特产品包装类与旅游纪念品类四个方面率先入手。② 徐婧以无为鱼灯为例考察了非遗资源的产业化问题。其文章认为"将非遗资源进行整理，建设地方性文创产业，既可以起到保护、宣传非遗文化的作用……与此同时，以文创的方式构建地方特色形象"。文章最后着重从图形符号学的角度论证了如何利用无为鱼灯开发文创产品之构想。③ 杜金玲则主要针对徽州地区的非物质文化元素，论及其在旅游文创产品设计中的运用问题。文章归纳了徽州非遗的艺术门类、文化内涵和元素，分析了徽州非遗在旅游文创产品设计中应用的原则、方法和手段，并探讨了徽州非遗文化元素的应用领域与方法。④

在旅游业方面，季晓雪以徽州文化生态保护实验区为例，探究了非遗资源在旅游业中的应用问题。针对试验区"主客本身特征与发展非物质文化遗产旅游带来影响的感知之间的关系"，作者建议从政府、景区、居民与旅游者四个方面予

---

① 朱晓莉. 来安县文化产业研究——以民俗文化资源的开发为例 [D]. 合肥：安徽大学，2011.
② 吴晴. 动漫角色创意与产业开发研究——以池州傩戏为例 [D]. 芜湖：安徽工程大学，2016.
③ 徐婧. 用非遗资源构建地方特色文创的研究——以无为鱼灯为例 [D]. 芜湖：安徽工程大学，2018.
④ 杜金玲. 徽州非物质文化元素在旅游文创产品设计中的运用研究 [D]. 天津：天津工业大学，2018.

以解决,并详述了具体方案。① 马琪以合肥市包公文化中的物质文化遗产与非物质文化遗产为研究对象,探讨了如何从文化旅游角度对其进行开发利用。文中,作者特别指出要讲好包公故事,"开发包公文化的深度内涵"。② 聂天洋撰文论述了宣城市的非遗资源与旅游开发问题。在该市非遗旅游资源的开发方面,作者提出了四种模式:专题博物馆等样式的静态旅游开发模式,皖南花鼓戏旅游生态园区等样式的动态旅游开发模式,结合宣城特色设立"文房四宝节"等样式的综合开发模式,结合市场需求的物品开发模式。③

以非遗个案为研究视角,探讨非遗项目的开发利用问题的选题自然较多。例如,丁梦云从产业化开发视角审视了芜湖铁画,认为群众参与度低、经费投入不足、企业间凝聚力不强、产学研销结合不够、政府重视不足等是影响芜湖铁画产业化开发的不利因素,并从产业、市场、管理三个方面提出了三种开发模式。④ 再如,冯爱花以"徽州三雕"为研究对象,探讨了它们在现代室内陈设中的运用问题。⑤ 其他如武莹的《徽州楹联的当代价值研究》、李文迪的《身份与名分:合肥瑶海青年庐剧团音乐人类学研究》、林苏的《非物质文化遗产融入高校思想政治教育的若干问题研究——以安徽省国家级非物质文化遗产项目为重点》等,此不详述。

四是戏曲类研究。在诸多有关安徽非遗的学位论文中,有一种现象特别有趣,那就是有关安徽戏曲的文章为数众多。考虑到其研究视角比较多样,大都涉及戏曲的保护、利用等诸多方面,这里单独予以罗列。

从选题来看,戏曲类研究中有关黄梅戏、庐剧的研究为数较多。例如,孟春的《安徽戏曲旅游资源的利用与保护模式研究——以黄梅戏为例》、严伟英的《论黄梅戏与新农村文化建设——以安庆市黄梅村为例》、刘葳的《地方戏曲情系民歌——以安徽省"黄梅戏"为例》及张朗的《安庆市黄梅戏的传承与保护研究》等都先后探讨了与黄梅戏有关的论题。余亚飞的《从倒七戏到庐剧——一个

---

① 季晓雪."主客"视角下非物质文化遗产旅游感知比较研究——以徽州文化生态保护实验区为例[D]. 合肥:安徽大学,2015.
② 马琪. 合肥市包公文化旅游发展对策研究[D]. 合肥:安徽大学,2016.
③ 聂天洋. 宣城非物质文化遗产保护与旅游开发研究[D]. 金华:浙江师范大学,2017.
④ 丁梦云. 非物质文化遗产产业化开发研究——"芜湖铁画"个案分析[D]. 芜湖:安徽师范大学,2014.
⑤ 冯爱花. 徽州三雕在现代室内陈设中的运用研究[D]. 合肥:安徽建筑大学,2017.

地方剧种的传承与变迁》、石瑾的《庐剧剧本文化解析》、胡彧洁的《地方戏剧庐剧的传承与创新研究——以合肥市庐江县为例》等，则围绕庐剧进行探究。

有关徽剧、亳州二夹弦的研究数量次之。王兵、胡惠子分别以《徽剧艺术研究初探》《传统徽剧服装艺术元素在时装设计上的时尚化应用》为选题，探讨了徽剧的表演艺术与市场开发问题。王伟、刘小蕊先后撰写了《非物质文化遗产视阈下的亳州二夹弦研究》《亳州二夹弦传承与发展研究》学位论文，主要从非遗保护与传承的视角对亳州二夹弦予以探究。

还有少量论文涉及安徽戏曲的其他剧种。如周庆恬关于安徽推剧的研究、李虎关于洪山戏的研究以及刘畅对含弓戏的研究等。[①] 上述爬梳，只是出于参考的需要，将既有的硕士学位论文研究成果进行大致分类。实际的研究情况，自然是更为丰富和多元的。[②]

（2）博士学位论文

较之硕士学位论文，以安徽非遗作为研究对象的博士学位论文在数量上要少很多。这里大致按论文完成时间的先后顺序简要梳理如下。

2004年，王义彬撰写了博士学位论文《池州傩戏艺术及其文化研究》。作者通过实地调研，获取了诸多一手资料与口述史料，并参考了国外文化研究领域的理论与方法，探讨了池州傩戏的历史传承、社会功能和文化意义。该论文结构严谨、图文并茂，后经作者修改于2014年由厦门大学出版社出版。[③] 2007年，孟凡玉撰写了《假面真情——安徽贵池荡里姚傩仪式音乐的人类学研究》一文。文章选取安徽贵池地区的荡里姚山区村落作为研究对象，在宏观背景下展开微观研究，试图在深入、细致的个案研究中展示其丰富多彩的文化世界，并进一步管窥较为宏观的文化规律。该论文图文并茂，正文内容达9章之多。

时隔多年，2013年始有两篇博士学位论文以安徽非遗为选题。它们是支运波的《发现文化：淮河花鼓的景观与理解》与戎龚停的《沿淮玩灯人——民族音乐学视野中的花鼓灯演艺群体》。前者在注重学科相关性、研究对象独特性和现

---

① 如周庆恬的《推剧发展现状研究——兼及戏曲进高校的可行性探索》，李虎的《安徽省非物质文化遗产——洪山戏研究》，刘畅的《含弓戏传统剧目研究》等。
② 如徐湧的《探析滁州来安白曲的特征及演唱形式》，王倩的《凤阳凤画艺术表现语言研究》，雷柠檬的《天长天官画与灵璧钟馗画比较研究》，程皖豫的《基于分形学的望江挑花图案设计研究》等。
③ 王义彬. 喧闹的遗产——以池州傩戏为案例的研究 [M]. 厦门：厦门大学出版, 2014.

实性的基础上，以文化为引线，试图呈现淮河花鼓的整体性景观，同时也在探究研究对象的美学价值和意义维度。论文的正文共有5章，作者从文化研究视角比较全面地探讨了淮河花鼓的景观与自我见解。后者以沿淮花鼓灯非遗传承人群体为研究对象，从人类社会学、文化学等层面研究了玩灯人的历史生存情况、群体现状、歌舞音乐生活等。作者力图通过自己的研究，描绘玩灯人主体群落在沿淮地区呈现大众化趋势之全貌并探寻形成这一趋势全貌的原因和规律。

2016年，陈继华以《黄梅戏传播形态研究》为博士论文选题，从文化传播学的研究视角进行探讨，根据黄梅戏早期传播的地理走向和传播方式的不同，分别对黄梅戏的水路传播、舞台传播、电影传播和电视传播等方面作了认真梳理。作者力图阐明在不同的传播渠道和传播方式作用下黄梅戏艺术形态的变化和发展，进而丰富和完善黄梅戏史的有关研究。除7条附录外，全文共分为5章。

2017年，秦枫撰写了博士学位论文《非物质文化遗产数字化生存与发展研究——以徽州区域为例》。作者主要以古徽州地区为例，从非遗数字化的相关概念与理论基础、徽州非遗的现状与问题、数字环境对非遗的影响、非遗的数字化生存、非遗的数字库建设以及非遗数字化道路的意义等方面进行探讨。论文虽局限于徽州地区，文中提出的理念与方法对安徽省其他地区进行非遗的数字化保护与利用却有一定的参考价值和借鉴意义。

无论是硕士学位论文还是博士学位论文，其共同点是选题明确、结构完整、行文规范。因此，无论是在方法论还是在内容考证上，上述硕士、博士论文对本书的撰写都具有较大助益。

3. 会议论文

一些会议论文也经常论及安徽非遗，这里仅对笔者所见且已公开出版的几本会议论文集略加介绍。毫无疑问，未公开出版的会议论文集事实上会有更多。

2004年11月，"非物质文化遗产保护国际学术研讨会"在北京召开。次年12月，《非物质文化遗产保护国际学术研讨会（2004）论文集》[①]正式出版。文集中收录的三篇论文《关于花鼓灯保护情况的汇报及对非物质文化遗产保护工作的认识与建议》《中国传统建筑技艺亟待保护》《戏曲与民俗文化论》都直接论及安徽非遗。

---

① 王文章. 非物质文化遗产保护国际学术研讨会（2004）论文集[C]. 北京：文化艺术出版社，2005.

2007年9月,《中国花鼓灯学术论文集》① 在安徽人民出版社出版。该论文集是2006年在蚌埠市举办的"中国花鼓灯高端学术研讨会"的智慧结晶。时任中国非物质文化遗产保护中心副主任的谢克林积极支持安徽花鼓灯的保护与发展,他在参会文章《花鼓灯保护及其现实发展研究》中,积极肯定了安徽花鼓灯的保护工作。赵新盟撰写的《安徽花鼓灯生命力所在》等有关安徽花鼓灯的文章被收录在这本文集中。

2009年8月,程必定、王世华主编的《皖江文化与区域创新——"第三届皖江地区历史文化研讨会"论文选编》② 出版发行。该论文集依据论文的选题共分5个专题:皖江文化研究的意义、皖江文化综合研究、皖江文化与经济和社会研究、皖江文化与文学艺术和教育研究以及皖江文化与历史人物。黄梅戏、当涂民歌、傩戏等诸多题材的论文被收入该论文集中。

2010年11月,安徽省社会科学界联合会编的《面向十二五:新起点·新跨越——安徽省社会科学界第五届(2010)学术年会文集》③ 正式出版。书中涉及安徽非遗内容的论文有多篇,如《建立宣纸产业多层次保护的构想》《中国文化生态保护区建设中存在的问题及其解决对策——以徽州文化生态保护实验区为例》等。2012年11月,安徽省社会科学界联合会编的另一本论文集《美好安徽:新征程·新跨越——安徽省社会科学界第七届(2012)学术年会文集》④ 在合肥工业大学出版社出版。《"非物质文化遗产"庐剧的保护与传承的调查研究》《安徽民俗体育项目"凤阳花鼓"的特征与文化价值》等论文被辑录其中。

尤值一提的是,2013年10月,由黄先有主编的《中国非物质文化遗产保护黄山论坛论文集》⑤ 在安徽教育出版社出版。是书系2012年12月在黄山市召开的"非物质文化遗产保护黄山论坛"会议成果。此书不仅收录了安徽省原副省长谢广祥、原安徽省文化厅厅长杨果、安徽省非物质文化遗产保护中心原主任黄先

---

① 谢克林. 中国花鼓灯学术论文集[C]. 合肥:安徽人民出版社,2007.
② 程必定,王世华. 皖江文化与区域创新——"第三届皖江地区历史文化研讨会"论文选编[C]. 合肥:合肥工业大学出版社,2009.
③ 安徽省社会科学界联合会. 面向十二五:新起点·新跨越——安徽省社会科学界第五届(2010)学术年会文集[C]. 合肥:合肥工业大学出版社,2010.
④ 安徽省社会科学界联合会. 美好安徽:新征程·新跨越——安徽省社会科学界第七届(2012)学术年会文集[C]. 合肥:合肥工业大学出版社,2012.
⑤ 黄先有. 中国非物质文化遗产保护黄山论坛论文集[C]. 合肥:安徽教育出版社,2013.

有等的专题发言，还辑录了乌丙安、刘魁立等国内知名非遗研究专家的文章。

需要指出的是，还有许多刊登在《人民日报》《光明日报》《中华文化报》《安徽日报》《新安晚报》等诸多报刊的文章也论及安徽非遗各方面的问题。限于篇幅和能力，这里不具体论述了。

二、研究意义与创新之处

研究意义：在取得了上述诸多研究成果的情况下继续开展有关安徽非遗的研究，是出于以下几方面考虑。一是既有的研究多是微观层面的研究，少宏观视角的研究，相关出版物多是介绍性或普及性读本，尚没有一本真正意义上的学术专著。

二是上述论著为我们勾勒了安徽非遗的大致研究情况。然而，与学术界对省外非遗的研究相比，关于安徽非遗的传承、保护与利用方面的研究，尚有更多的领域需要开拓与深入探究。譬如，安徽非遗保护的民间参与、安徽非遗的活态传承与转型发展、安徽非遗的科技应用与产业运作、安徽非遗项目的比较研究与文化传播等。根据新近搜集的非遗资料，结合安徽非遗的历史文献及传承人的访谈资料，笔者尝试对上述问题略作探索，以期推动安徽非遗的保护与研究工作。

三是有益于探索安徽非遗在传承、保护和发展中所面临的问题并寻求其解决方案。与其他省非遗一样，安徽非遗面临保护与利用层面的各种问题。对此，笔者一方面对旧有的问题进行了梳理与总结，另一方面也归纳了若干国内外应对各式问题的成功办法与经验。

创新之处：一是资料层面，我们参阅了诸多有关安徽非遗的一手资料，如各地的非遗田野调查报告、非遗项目名录图典及非遗项目申报书等。这些资料或查阅于安徽省非物质文化遗产保护中心，或翻拍于各市、县文化馆，或购置于旧书网。除了充分利用网络资源，广泛参阅中国非物质文化遗产网、安徽各地的政府信息公开网等数据资料库和政府公文外，我们还走访了多位非遗传承人，获得了宝贵的口述资料。

二是在研究方法、意见与建议上存有创新。例如，安徽省四级非遗名录虽然已经广为人知，并且许多著述中均有详细介绍，但是很少有人按地区来予以整理、研究，我们在写作过程中，出于实际参考的需要，对安徽省各级非遗名录，重新进行了编排和制表。在意见与建议层面,尽管我们才疏学浅,但是我们不忘初心、不遗余力,在安徽省非遗的保护与利用方面尝试着提出了一些有针对性的意见和建议。

第一章

安徽省非物质文化遗产概况

安徽省襟江带淮、物阜民丰，是中华文明的重要发祥地之一，拥有为数众多的物质文化遗产与非物质文化遗产。安徽省地处华东地区，全省共有16个地级市[①]，除省会城市合肥外，其他15个地级市分别是淮北市、亳州市、宿州市、蚌埠市、阜阳市、淮南市、滁州市、六安市、马鞍山市、芜湖市、宣城市、铜陵市、池州市、安庆市、黄山市。长期以来，安徽省的乡村人口所占比例较大，而大多数非遗与乡村生活息息相关，因此安徽省的非遗不但为数众多，而且保护传承情况整体较好，安徽是公认的非遗资源大省。此外，安徽省的不少非遗还具有知名度较大等特点。例如，徽剧、黄梅戏、庐剧等古老剧种曾在中国戏剧史上产生过重要影响；当涂民歌、繁昌民歌、大别山民歌、凤阳花鼓、颍上花鼓灯等别具特色的歌舞曾大放异彩；宣纸、宣笔、徽墨、歙砚、芜湖铁画、界首彩陶、舒席等传统手工技艺都曾在我国的传统文化生活中占据过重要地位。现根据相关资料，将近20年来安徽省非遗的有关概况简述如下。

---

① 近年来，安徽省行政区划有所调整：2011年8月，撤销原地级巢湖市居巢区，设立县级巢湖市，以原居巢区的行政区域作为新设的县级巢湖市的行政区域，新设的县级巢湖市由安徽省直辖，合肥市代管；原地级巢湖市管辖的庐江县划归合肥市管辖，无为县划归芜湖市管辖，和县的沈巷镇划归芜湖市鸠江区管辖，含山县、和县（不含沈巷镇）划归马鞍山市管辖。2015年10月，原安庆市枞阳县划归铜陵市管辖；2015年12月，原六安市寿县划归淮南市管辖；等等。故本章第一节在摘录国家级非遗项目名录和省级非遗项目名录时均按照新行政区划做了调整。

第一节　安徽省各级非物质文化遗产项目名录与数量

截至 2022 年 1 月，安徽省共拥有国家级非遗项目 99 项（第一至第五批），省级非遗项目 479 项（第一至第五批）；拥有国家级非遗传承人 119 人（第一至第五批），省级非遗传承人 792 人（第一至第六批）。① 此外，宣纸传统制作技艺、中国传统木结构建筑营造技艺以及中国珠算等 3 个项目入选联合国教科文组织人类非物质文化遗产名录，徽州文化生态保护实验区建设工程项目入选 2010 年十大"国家文化创新工程"，成为我国第一个跨省文化生态保护区，并于 2019 年 12 月顺利通过验收，成为"国家级文化生态保护区"。

一、国家级非遗项目名录与数量

国家级非物质文化遗产代表性项目（简称"国家级非遗项目"）是我国国内最高级别的非遗保护项目，因此，各个省均将入选国家级非遗项目名录数量的多寡视为衡量它们非遗总体质量的显性标志之一。国务院先后于 2006 年、2008 年、2011 年、2014 年以及 2021 年公布了五批国家级非遗项目名录②，共计遴选了 1557 个国家级非遗项目，子项目 3610 项。

前五批名录中，安徽省被列入国家级非遗项目名录者 99 项，其中入选第一批国家级非遗项目名录 26 项，入选第二批国家级非遗项目名录 34 项（含 6 项扩展项目），入选第三批国家级非遗项目名录 14 项（含 8 项扩展项目），入选第四批国家级非遗项目名录 14 项（含 8 项扩展项目），入选第五批国家级非遗项目名录 11 项（含 7 项扩展项目）。安徽省第一至第五批国家级非遗项目名录情况详见下表。

---

① 2022 年 5 月，安徽省第六批省级非遗项目名录公布，共 147 项。其中新入选项目 131 项，扩展项目 16 项。
② 前三批名录名称为"国家级非物质文化遗产名录"，第四批及之后批次名录名称改为"国家级非物质文化遗产代表性项目名录"。

表 1-1 安徽省第一批国家级非遗项目名录

序号	项目序号	编号	名称	类别	公布时间（年）	类型	申报地区或单位
1	36	Ⅱ－5	当涂民歌	传统音乐	2006	新增项目	马鞍山市
2	37	Ⅱ－6	巢湖民歌	传统音乐	2006	新增项目	巢湖市
3	109	Ⅲ－6	花鼓灯（蚌埠花鼓灯）	传统舞蹈	2006	新增项目	蚌埠市
4	109	Ⅲ－6	花鼓灯（凤台花鼓灯）	传统舞蹈	2006	新增项目	凤台县
5	109	Ⅲ－6	花鼓灯（颍上花鼓灯）	传统舞蹈	2006	新增项目	颍上县
6	150	Ⅳ－6	青阳腔	传统戏剧	2006	新增项目	青阳县
7	151	Ⅳ－7	高腔（岳西高腔）	传统戏剧	2006	新增项目	岳西县
8	173	Ⅳ－29	徽剧	传统戏剧	2006	新增项目	安徽省
9	173	Ⅳ－29	徽剧	传统戏剧	2006	新增项目	黄山市
10	201	Ⅳ－57	庐剧	传统戏剧	2006	新增项目	合肥市
11	201	Ⅳ－57	庐剧	传统戏剧	2006	新增项目	六安市
12	204	Ⅳ－60	黄梅戏	传统戏剧	2006	新增项目	安庆市
13	206	Ⅳ－62	泗州戏	传统戏剧	2006	新增项目	宿州市
14	206	Ⅳ－62	泗州戏	传统戏剧	2006	新增项目	蚌埠市
15	231	Ⅳ－87	目连戏（徽州目连戏）	传统戏剧	2006	新增项目	祁门县
16	233	Ⅳ－89	傩戏（池州傩戏）	传统戏剧	2006	新增项目	池州市
17	272	Ⅴ－36	凤阳花鼓	曲艺	2006	新增项目	凤阳县
18	336	Ⅶ－37	徽州三雕	传统美术	2006	新增项目	黄山市
19	352	Ⅷ－2	界首彩陶烧制技艺	传统技艺	2006	新增项目	界首市
20	389	Ⅷ－39	芜湖铁画锻制技艺	传统技艺	2006	新增项目	芜湖市
21	399	Ⅷ－49	万安罗盘制作技艺	传统技艺	2006	新增项目	休宁县
22	415	Ⅷ－65	宣纸制作技艺	传统技艺	2006	新增项目	泾县

(续表)

序号	项目序号	编号	名称	类别	公布时间（年）	类型	申报地区或单位
23	423	Ⅷ－73	徽墨制作技艺	传统技艺	2006	新增项目	绩溪县
24	423	Ⅷ－73	徽墨制作技艺	传统技艺	2006	新增项目	歙县
25	423	Ⅷ－73	徽墨制作技艺	传统技艺	2006	新增项目	黄山市屯溪区
26	424	Ⅷ－74	歙砚制作技艺	传统技艺	2006	新增项目	歙县

表1-2 安徽省第二批国家级非遗项目名录

序号	项目序号	编号	名称	类别	公布时间（年）	类型	申报地区或单位
1	566	Ⅰ－79	桐城歌	民间文学	2008	新增项目	桐城市
2	575	Ⅱ－76	五河民歌	传统音乐	2008	新增项目	五河县
3	576	Ⅱ－77	大别山民歌	传统音乐	2008	新增项目	六安市
4	577	Ⅱ－78	徽州民歌	传统音乐	2008	新增项目	黄山市
5	638	Ⅱ－139	道教音乐（齐云山道场音乐）	传统音乐	2008	新增项目	休宁县
6	110	Ⅲ－7	傩舞（祁门傩舞）	传统舞蹈	2008	扩展项目	祁门县
7	642	Ⅲ－45	灯舞（东至花灯舞）	传统舞蹈	2008	新增项目	东至县
8	645	Ⅲ－48	火老虎	传统舞蹈	2008	新增项目	凤台县
9	698	Ⅳ－97	坠子戏	传统戏剧	2008	新增项目	宿州市
10	712	Ⅳ－111	文南词	传统戏剧	2008	新增项目	宿松县
11	713	Ⅳ－112	花鼓戏	传统戏剧	2008	新增项目	宿州市
12	713	Ⅳ－112	花鼓戏	传统戏剧	2008	新增项目	淮北市
13	713	Ⅳ－112	花鼓戏	传统戏剧	2008	新增项目	宣城市
14	714	Ⅳ－113	二夹弦	传统戏剧	2008	新增项目	亳州市
15	823	Ⅵ－51	马戏（埇桥马戏）	传统体育、游艺与杂技	2008	新增项目	宿州市埇桥区

(续表)

序号	项目序号	编号	名称	类别	公布时间（年）	类型	申报地区或单位
16	315	Ⅶ—16	剪纸（阜阳剪纸）	传统美术	2008	扩展项目	阜阳市
17	324	Ⅶ—25	挑花（望江挑花）	传统美术	2008	扩展项目	望江县
18	350	Ⅶ—51	竹编（舒席）	传统美术	2008	扩展项目	舒城县
19	870	Ⅶ—94	盆景技艺（徽派盆景技艺）	传统美术	2008	新增项目	歙县
20	420	Ⅷ—70	桑皮纸制作技艺	传统技艺	2008	扩展项目	潜山市
21	420	Ⅷ—70	桑皮纸制作技艺	传统技艺	2008	扩展项目	岳西县
22	910	Ⅷ—127	漆器髹饰技艺（徽州漆器髹饰技艺）	传统技艺	2008	新增项目	黄山市屯溪区
23	912	Ⅷ—129	纸笺加工技艺	传统技艺	2008	新增项目	巢湖市
24	913	Ⅷ—130	宣笔制作技艺	传统技艺	2008	新增项目	宣城市
25	931	Ⅷ—148	绿茶制作技艺（黄山毛峰）	传统技艺	2008	新增项目	黄山市徽州区
26	931	Ⅷ—148	绿茶制作技艺（太平猴魁）	传统技艺	2008	新增项目	黄山市黄山区
27	931	Ⅷ—148	绿茶制作技艺（六安瓜片）	传统技艺	2008	新增项目	六安市裕安区
28	932	Ⅷ—149	红茶制作技艺（祁门红茶制作技艺）	传统技艺	2008	新增项目	祁门县
29	961	Ⅷ—178	徽派传统民居营造技艺	传统技艺	2008	新增项目	黄山市
30	988	Ⅹ—81	灯会（肥东洋蛇灯）	民俗	2008	新增项目	肥东县
31	994	Ⅹ—87	抬阁（芯子、铁枝、飘色）（肘阁抬阁）	民俗	2008	新增项目	寿县

(续表)

序号	项目序号	编号	名称	类别	公布时间（年）	类型	申报地区或单位
32	994	Ⅹ－87	抬阁（芯子、铁枝、飘色）（肘阁抬阁）	民俗	2008	新增项目	临泉县
33	1009	Ⅹ－102	界首书会	民俗	2008	新增项目	界首市
34	1026	Ⅹ－119	珠算（程大位珠算法）	民俗	2008	新增项目	黄山市屯溪区

表1-3　安徽省第三批国家级非遗项目名录

序号	项目序号	编号	名称	类别	公布时间（年）	类型	申报地区或单位
1	68	Ⅱ－37	唢呐艺术（砀山唢呐）	传统音乐	2011	扩展项目	宿州市
2	1070	Ⅱ－140	凤阳民歌	传统音乐	2011	新增项目	滁州市
3	642	Ⅲ－45	灯舞（无为鱼灯）	传统舞蹈	2011	扩展项目	无为市
4	201	Ⅳ－57	庐剧（东路庐剧）	传统戏剧	2011	扩展项目	和县
5	204	Ⅳ－60	黄梅戏	传统戏剧	2011	扩展项目	安徽省黄梅戏剧院
6	1105	Ⅳ－143	嗨子戏	传统戏剧	2011	新增项目	阜南县
7	1117	Ⅳ－155	淮北梆子戏	传统戏剧	2011	新增项目	宿州市
8	1117	Ⅳ－155	淮北梆子戏	传统戏剧	2011	新增项目	阜阳市
9	1129	Ⅴ－105	渔鼓道情	曲艺	2011	新增项目	萧县
10	1146	Ⅵ－63	华佗五禽戏	传统体育、游艺与杂技	2011	新增项目	亳州市
11	831	Ⅶ－55	柳编（黄岗柳编）	传统美术	2011	扩展项目	阜南县
12	831	Ⅶ－55	柳编（霍邱柳编）	传统美术	2011	扩展项目	霍邱县
13	441	Ⅸ－2	中医诊法（张一帖内科疗法）	传统医药	2011	扩展项目	黄山市

(续表)

序号	项目序号	编号	名称	类别	公布时间（年）	类型	申报地区或单位
14	991	Ⅹ－84	庙会（九华山庙会）	民俗	2011	扩展项目	池州市九华山风景区

表1-4　安徽省第四批国家级非遗项目名录

序号	项目序号	编号	名称	类别	公布时间（年）	类型	申报地区或单位
1	1224	Ⅰ－130	孔雀东南飞传说	民间文学	2014	新增项目	怀宁县
2	1224	Ⅰ－130	孔雀东南飞传说	民间文学	2014	新增项目	潜山市
3	1225	Ⅰ－131	老子传说	民间文学	2014	新增项目	涡阳县
4	68	Ⅱ－37	唢呐艺术（灵璧菠林喇叭）	传统音乐	2014	扩展项目	灵璧县
5	107	Ⅲ－4	龙舞（手龙舞）	传统舞蹈	2014	扩展项目	绩溪县
6	110	Ⅲ－7	傩舞（跳五猖）	传统舞蹈	2014	扩展项目	郎溪县
7	194	Ⅳ－50	四平调	传统戏剧	2014	扩展项目	砀山县
8	345	Ⅶ－46	竹刻（徽州竹雕）	传统美术	2014	扩展项目	黄山市徽州区
9	1324	Ⅶ－120	刻铜（杜氏刻铜）	传统美术	2014	新增项目	阜阳市
10	1180	Ⅷ－200	毛笔制作技艺（徽笔制作技艺）	传统技艺	2014	扩展项目	黄山市屯溪区
11	1346	Ⅷ－232	豆腐传统制作技艺	传统技艺	2014	新增项目	淮南市
12	1346	Ⅷ－232	豆腐传统制作技艺	传统技艺	2014	新增项目	寿县
13	441	Ⅸ－2	中医诊疗法（西园喉科医术）	传统医药	2014	扩展项目	歙县
14	997	Ⅹ－90	祭祖习俗（徽州祠祭）	民俗	2014	扩展项目	祁门县

表 1-5 安徽省第五批国家级非遗项目名录

序号	项目序号	编号	名称	类别	公布时间（年）	类型	申报地区或单位
1	1381	Ⅰ-164	包公故事	民间文学	2021	新增项目	合肥市
2	107	Ⅲ-4	龙舞（徽州板凳龙）	传统舞蹈	2021	扩展项目	休宁县
3	231	Ⅳ-87	目连戏（南陵目连戏）	传统戏剧	2021	扩展项目	南陵县
4	1117	Ⅳ-155	淮北梆子戏	传统戏剧	2021	扩展项目	亳州市谯城区
5	1448	Ⅵ-87	西凉掌（亳州晰扬掌）	传统体育、游艺与杂技	2021	新增项目	亳州市
6	1469	Ⅵ-108	临泉杂技	传统体育、游艺与杂技	2021	新增项目	临泉县
7	431	Ⅷ-81	制扇技艺（王氏制扇）	传统技艺	2021	扩展项目	广德市
8	881	Ⅷ-98	陶器烧制技艺（痘姆陶器烧制技艺）	传统技艺	2021	扩展项目	潜山市
9	927	Ⅷ-144	蒸馏酒传统酿造技艺（古井贡酒酿造技艺）	传统技艺	2021	扩展项目	亳州市
10	1516	Ⅷ-270	徽菜烹饪技艺	传统技艺	2021	新增项目	安徽省
11	441	Ⅸ-2	中医诊疗法（祁门蛇伤疗法）	传统医药	2021	扩展项目	祁门县

从上述表格中不难看出，在 99 项国家级非遗项目中，新增项目 70 项，扩展项目 29 项，新增项目所占比重较大，这说明安徽省的国家级非遗项目，如宣纸制作技艺、徽墨制作技艺等属于国内罕见非遗项目。从入选项目的类别来看，安徽省的国家级非遗项目主要集中在传统戏剧与传统技艺领域；从申报地区来看，安徽省的国家级非遗项目主要集中在皖南地区，尤以黄山市、宣城市两地为多。

二、省级非遗项目名录与数量

截至 2022 年 1 月,安徽省已公布了五批省级非遗代表性项目(简称"省级非遗项目")名录,共计 479 项。各批次的省级非遗项目名录与数量情况分述如下。

2006 年 12 月,安徽省人民政府公布了首批共 10 个类别的省级非遗项目名录(共计 83 项),此前安徽入选首批国家级非遗项目名录的 19 个项目(合并同一编号项目)被自动列入省级非遗项目名录。

在全省首批省级非遗项目名录中,民间文学 6 项,分别是鞭打芦花(宿州市萧县)、孔雀东南飞传说(安庆市潜山市、怀宁县)、桐城歌(安庆市桐城市)、六尺巷传说(安庆市桐城市)、徽州民谣(黄山市)、徽州楹联匾额(黄山市)。

传统音乐 12 项,分别是五河民歌(蚌埠市五河县)、皖西大别山民歌(六安市)、寿州锣鼓(淮南市寿县)、金寨古碑丝弦锣鼓(六安市金寨县)、繁昌民歌(芜湖市繁昌区)、铜陵牛歌(铜陵市义安区)、贵池民歌(池州市贵池区)、石台唱曲(池州市石台县)、九华山佛教音乐(池州市九华山风景区)、潜山弹腔(安庆市潜山市)、徽州民歌(黄山市)、齐云山道教音乐(黄山市休宁县)。

传统舞蹈 10 项,分别是卫调花鼓(蚌埠市龙子湖区)、临北狮子舞(蚌埠市五河县)、火老虎(淮南市凤台县)、秧歌灯(滁州市来安县)、肘阁抬阁(淮南市寿县、阜阳市临泉县)、十兽灯(芜湖市南陵县)、竹马灯(铜陵市义安区)、东至花灯(池州市东至县)、黎阳仗鼓(黄山市屯溪区)、祁门傩舞(黄山市祁门县)。

传统戏剧 12 项,分别是淮北花鼓戏(宿州市埇桥区、淮北市)、亳州二夹弦(亳州市谯城区)、坠子戏(宿州市)、嗨子戏(阜阳市阜南县)、推剧(淮南市凤台县、阜阳市颍上县)、洪山戏(滁州市来安县)、含弓戏(马鞍山市含山县)、梨簧戏(芜湖市)、南陵目连戏(芜湖市南陵县)、皖南花鼓戏(宣城市)、石台目连戏(池州市石台县)、文南词(安庆市宿松县、池州市东至县)。

曲艺 5 项,分别是门歌(合肥市包河区)、淮北大鼓(淮北市濉溪县)、清音(阜阳市太和县)、渔鼓(阜阳市界首市)、锣鼓书(六安市金安区)。

传统体育、游艺与杂技 2 项,分别是华佗五禽戏(亳州市)、民间杂技马戏

（阜阳市临泉县、宿州市埇桥区）。

传统美术9项，分别是火笔画（合肥市）、灵璧钟馗画（宿州市灵璧县）、萧县农民画（宿州市萧县）、民间剪纸（阜阳市）、凤画（滁州市凤阳县）、青阳农民画（池州市青阳县）、望江挑花（安庆市望江县）、徽派版画（黄山市歙县）、徽州篆刻（黄山市黟县）。

传统技艺15项，分别是宿州乐石砚制作技艺（宿州市）、紫金砚制作技艺（淮南市、淮南市寿县）、豆腐传统制作技艺（淮南市寿县、淮南市）、竹编（舒席制作技艺）（六安市舒城县）、太平府铜壶技艺（马鞍山市当涂县）、传统加工纸制作技艺（合肥市巢湖市）、无为剔墨纱灯技艺（芜湖市无为市）、徽墨制作技艺（宣城市绩溪县、黄山市歙县、黄山市屯溪区）、石台油坊榨制技艺（池州市石台县）、桑皮纸制作技艺（安庆市潜山市、岳西县）、徽州漆器制作技艺（黄山市屯溪区）、徽州建筑技艺（黄山市）、徽派盆景技艺（黄山市歙县）、祁门红茶制作技艺（黄山市祁门县）、绿茶制作技艺（黄山毛峰、太平猴魁、屯溪绿茶、松萝茶、六安瓜片、霍山黄芽）（黄山市徽州区、黄山市黄山区、黄山市屯溪区、黄山市休宁县、六安市裕安区、六安市霍山县）。

传统医药1项，即新安医学（黄山市）。

民俗11项，分别是洋蛇灯（合肥市肥东县）、涂山禹王庙会（蚌埠市怀远县）、界首苗湖书会（阜阳市界首市）、走太平（滁州市全椒县）、霸王祠三月三庙会（马鞍山市和县）、九华山庙会（池州市九华山风景区）、跳五猖（宣城市郎溪县）、徽菜（宣城市绩溪县、黄山市）、程大位珠算法（黄山市）、徽州祠祭（黄山市祁门县、黟县）、轩辕车会（黄山市黄山区）。①

2008年12月，安徽省人民政府公布了第二批省级非物质文化遗产项目名录（共计90项）和第一批省级非物质文化遗产扩展项目名录（共计10项）。

新增项目中，民间文学2项，分别是老子传说故事（亳州市涡阳县）、涂山大禹传说（蚌埠市怀远县）。

传统音乐8项，分别是砀山唢呐（宿州市砀山县）、淮河锣鼓（阜阳市颍上县）、谢郢锣鼓（淮南市凤台县）、丰收锣鼓（滁州市明光市）、凤阳民歌（滁州

---

① 安徽省人民政府．安徽省人民政府关于公布安徽省第一批省级非物质文化遗产名录的通知（皖政〔2006〕106号）[EB/OL]．（2007-01-23）[2019-08-15]．https://www.ah.gov.cn/public/1681/7937761.html．

市凤阳县)、思帝乡锣鼓(六安市金寨县)、无为民歌(芜湖市无为市)、断丝弦锣鼓(安庆市宿松县)。

传统舞蹈16项,分别是棒鼓舞(亳州市涡阳县)、钱杆舞(蚌埠市五河县)、旱船舞(蚌埠市五河县)、太和狮子灯(阜阳市太和县)、马戏灯(淮南市毛集区)、手狮灯(滁州市来安县)、采石跳和合(马鞍山市雨山区)、无为鱼灯(芜湖市无为市)、云舞(宣城市郎溪县)、舞回(宣城市绩溪县)、火狮舞(宣城市绩溪县)、平安草龙灯(池州市东至县)、十二月花神(安庆市潜山市)、花梆舞(安庆市太湖县)、徽州板凳龙(黄山市休宁县、黄山市徽州区)、采茶扑蝶舞(黄山市祁门县)。

传统戏剧6项,分别是淮北梆子戏(宿州市、阜阳市)、灵璧皮影戏(宿州市灵璧县)、余家皮影戏(蚌埠市禹会区)、皖南皮影戏(宣城市宣州区)、鸡公调(池州市东至县)、曲子戏(安庆市太湖县)。

曲艺10项,分别是庐州大鼓(合肥市肥东县、合肥市肥西县)、花腔渔鼓(宿州市萧县)、萧县坠子(宿州市萧县)、灵璧琴书(宿州市灵璧县)、淮河琴书(蚌埠市、阜阳市阜南县)、端公腔(蚌埠市怀远县)、扁担戏(阜阳市界首市)、端鼓(滁州市明光市)、白曲(滁州市来安县)、小调胡琴书(六安市舒城县)。

传统体育、游艺与杂技3项,分别是晰扬掌(亳州市)、六洲棋(淮南市)、叶村叠罗汉(黄山市歙县)。

传统美术10项,分别是吴山铁字(合肥市长丰县)、葫芦烙画(合肥市瑶海区)、民间扎彩(合肥市包河区、马鞍山市含山县)、萧县石刻(宿州市萧县)、杨氏微雕(蚌埠市)、天官画(滁州市天长市)、羽毛画(马鞍山市和县)、皖南木雕(宣城市宣州区)、徽州根雕(黄山市)、徽州竹雕(黄山市徽州区)。

传统技艺19项,分别是临涣酱培包瓜制作工艺(淮北市)、千年古井贡酒酿造工艺(亳州市)、符离集烧鸡制作技艺(宿州市埇桥区)、临泉毛笔制作技艺(阜阳市临泉县)、淮河柳编工艺(黄岗柳编、霍邱柳编)(阜阳市阜南县、六安市霍邱县)、滁菊制作技艺(滁州市)、大救驾制作工艺(淮南市寿县)、迎驾酒传统酿造技艺(六安市霍山县)、博望打铁工艺(马鞍山市当涂县)、传统钾明矾制作技艺(合肥市庐江县)、宣酒纪氏古法酿造技艺(宣城市)、铜陵白姜制作技艺(铜陵市)、铸胎掐丝珐琅制作技艺(安庆市桐城市)、痘姆陶器手工制作技艺(安庆市潜山市)、顶谷大方制作技艺(黄山市歙县)、观音豆腐制作技艺(黄山市歙县）、五城米酒酿制技艺（黄山市休宁县）、五城豆腐干制作技艺（黄山市休宁县）、皖南火腿腌制技艺（兰花火腿腌制技艺、汤口火腿腌制技艺）（黄山市休宁县、黄山市黄山区）。

传统医药2项，分别是张一贴内科（黄山市）、西园喉科（黄山市歙县）。

民俗14项，分别是九曲黄河阵（亳州市利辛县）、大班会（亳州市谯城区）、清明庙会（蚌埠市五河县）、大黄庙会（阜阳市界首市）、天长孝文化（滁州市天长市）、琅琊山初九庙会（滁州市琅琊区）、四顶山庙会（淮南市寿县）、繁昌县中分村徐姓祭祖习俗（芜湖市繁昌区）、安苗节（宣城市绩溪县）、赛琼碗（宣城市绩溪县）、花车转阁（宣城市绩溪县）、福主庙会（池州市东至县）、上九庙会（黄山市徽州区）、婆溪河灯（黄山市黄山区）。

扩展项目计有10项，分别是民间文学（1项）：徽州民谣（绩溪民歌民谣）（宣城市绩溪县），传统舞蹈（1项）：卫调花鼓（凤阳花鼓戏）（滁州市凤阳县），传统戏剧（2项）：庐剧（东路庐剧）（马鞍山市和县）、徽剧（徽戏童子班）（宣城市绩溪县），曲艺（2项）：淮北大鼓（亳州市利辛县）、清音戏（亳州市利辛县），传统美术（2项）：剪纸（亳州剪纸、萧县剪纸）（亳州市谯城区、宿州市萧县）、竹编（王河舒席、徽州竹编）（安庆市潜山市、黄山市屯溪区），传统技艺（1项）：红茶制作技艺（葛公红茶制作技艺）（池州市东至县），民俗（1项）：抬阁（肘阁、湖村抬阁、隆阜抬阁）（阜阳市颍州区、宣城市绩溪县、黄山市屯溪区）。①

不难看出，在安徽省第二批省级非遗入选项目中，传统项目如传统技艺、传统舞蹈、传统戏剧等仍然保持数量优势。曲艺类非遗项目数量有较大突破，有庐州大鼓等10项入选。传统医药和传统体育、游艺与杂技项目占比依然偏低。

2010年9月，安徽省人民政府公示了第三批省级非遗项目名录，共选定71项非遗项目，其中，新入选项目66项，扩展项目5项。

在新入选项目中，民间文学10项，分别是小孤山传说（安庆市宿松县）、管仲的传说（阜阳市颍上县）、包公故事（合肥市）、刘铭传故事（合肥市肥西县）、捻军歌谣（亳州市涡阳县）、伍子胥过昭关的传说（马鞍山市含山县）、梁山伯与

---

① 安徽省人民政府. 安徽省人民政府关于公布第二批省级非物质文化遗产名录和第一批省级非物质文化遗产扩展项目名录的通知（皖政〔2008〕93号）[EB/OL].（2008-12-08）[2019-08-15]. https://www.ah.gov.cn/public/1681/7937161.html.

祝英台的传说（六安市舒城县）、皇藏峪的传说（宿州市萧县）、垓下民间传说（蚌埠市固镇县、宿州市灵璧县）、安丰塘的传说（淮南市寿县）。

传统音乐4项，分别是凉亭锣鼓（滁州市定远县）、灵璧菠林喇叭（宿州市灵璧县）、云梯畲族民歌（宣城市宁国市）、大小锣鼓（宣城市郎溪县）。

传统舞蹈9项，分别是莲湘舞（安庆市望江县）、二龙戏蛛（滁州市定远县）、流星赶月（滁州市明光市）、抛头狮（合肥市蜀山区）、采莲灯（淮南市潘集区）、藤牌对马（淮南市田家庵区）、手龙舞（宣城市绩溪县）、火马舞（宣城市绩溪县）、跳钟馗（黄山市徽州区）。

传统戏剧2项，分别是木偶戏（安庆市潜山市）、砀山四平调（宿州市砀山县）。

曲艺4项，分别是酉华唱经锣鼓（池州市青阳县）、四弦书（六安市霍山县）、寿州大鼓（淮南市寿县）、淮词（淮南市寿县）。

传统体育、游艺与杂技6项，分别是东乡武术（铜陵市枞阳县），永京拳（淮南市），游龙舟、抬五帝、跳旗（宣城市绩溪县），三阳打秋千（黄山市歙县），湖阳打水浒（马鞍山市当涂县），铜城火叉、火鞭（阜阳市临泉县）。

传统美术3项，分别是砀山年画（宿州市砀山县）、灵璧磬石雕刻（宿州市灵璧县）、黟县彩绘壁画（黄山市黟县）。

传统技艺15项，分别是秋石制作技艺（安庆市桐城市）、大九华水磨玉骨绢扇制作技艺（池州市青阳县）、阜阳刺绣（细阳刺绣、界首刺绣）（阜阳市太和县、阜阳市界首市）、口子窖酒酿造技艺（淮北市）、寿州窑陶瓷制作技艺（淮南市八公山区、大通区）、泗县药物布鞋制作技艺（宿州市泗县）、中国传统失蜡法（铜陵市）、古南丰徽派本坊小缸酿造技艺（宣城市郎溪县）、大王冲佛香制作技艺（芜湖市南陵县）、耿福兴传统小吃制作技艺（芜湖市镜湖区）、徽州毛笔制作技艺（黄山市屯溪区）、利源手工制麻技艺（黄山市黟县）、余香石笛制作技艺（黄山市黟县）、杜氏刻铜技艺（阜阳市）、石斛泡制技艺（六安市霍山县）。

民俗13项，分别是王圩灯会（安庆市桐城市）、畲族婚嫁习俗（宣城市宁国市）、祭社（宣城市绩溪县）、小马灯（宣城市郎溪县）、八社神灯（芜湖市湾沚区）、九连麒麟灯会（芜湖市繁昌区）、广济寺庙会（芜湖市镜湖区）、群龙朝神山（芜湖市繁昌区）、齐云山道场表演（黄山市休宁县）、五福神会（黄山市黄山区）、邀大岭（六安市金安区）、送春（芜湖市南陵县）、紫蓬山庙会（合肥市肥西县)。

扩展项目5项，分别是传统戏剧类的泗州戏（拉魂腔）（亳州市利辛县），传统美术类的剪纸（和县剪纸、皖南剪纸）（马鞍山市和县、宣城市宣州区）和竹编（徽州竹编）（黄山市黄山区），传统技艺类的绿茶制作技艺（岳西翠兰、舒城小兰花、涌溪火青）（安庆市岳西县、六安市舒城县、宣城市泾县）与徽墨制作技艺（古法油烟墨制作技艺）（宣城市旌德县）。①

2014年5月，安徽省第四批省级非遗项目名录确定并公示。其数量与第三批省级非遗项目名录数量相仿，此次非遗名录共计70项，其中新入选项目65项，扩展项目5项。

新入选项目中，民间文学4项，分别是庄子传说（亳州市蒙城县）、蒙城歌谣（亳州市蒙城县）、张孝祥与镜湖的故事（芜湖市镜湖区）、九井沟传说（安庆市宿松县）。

传统音乐6项，分别是全椒民歌（滁州市全椒县）、六安灯歌（六安市金安区）、和县民歌（马鞍山市和县）、美溪唢呐（黄山市黟县）、广德民歌（宣城市广德市）、宿松民歌（安庆市宿松县）。

传统舞蹈1项，为独杆轿（蚌埠市固镇县）。

曲艺2项，分别是颍上大鼓书（阜阳市颍上县）、岳西鼓书（安庆市岳西县）。

传统体育、游艺与杂技4项，分别是陈抟老祖心意六合八法拳（亳州市）、五音八卦拳（阜阳市阜南县）、吴翼翚华岳心意六合八法拳（淮南市）、徽州武术（黄山市）。

传统美术7项，分别是庐州木雕（合肥市肥西县、合肥市包河区）、淮北泥塑（淮北市濉溪县）、殷派面塑（淮北市相山区）、花山剪纸（马鞍山市）、旌德漆画（宣城市旌德县）、徽州墙头画（宣城市绩溪县）、皖南根雕（宣城市广德市）。

传统技艺32项，分别是庐州吴氏船模制作技艺（合肥市蜀山区）、三河羽扇制作技艺（合肥市肥西县）、高炉家传统酿造技艺（亳州市涡阳县）、卢家笙制作

---

① 安徽省人民政府. 安徽省人民政府关于公布第三批省级非物质文化遗产名录和扩展项目名录的通知（皖政〔2010〕72号）[EB/OL].（2010-09-03）[2019-08-15]. https://www.ah.gov.cn/public/1681/7935671.html.

技艺（亳州市蒙城县）、砀山毛笔制作技艺（宿州市砀山县）、埇桥唢呐制作技艺（宿州市埇桥区）、醉三秋酒传统酿造技艺（阜阳市）、文王贡酒酿造技艺（阜阳市临泉县）、运酒传统酿造技艺（马鞍山市含山县）、无为板鸭制作技艺（芜湖市无为市）、宁国龙窑制陶技艺（宣城市宁国市）、水东蜜枣制作技艺（宣城市宣州区）、花砖制作技艺（宣城市泾县）、宣纸制品加工技艺（宣城市泾县）、后山剪刀制作技艺（宣城市泾县）、榔桥木梳制作技艺（宣城市泾县）、皖南木榨油技艺（宣城市宣州区）、铜陵凤丹制作技艺（铜陵市义安区）、石台雾里青绿茶制作技艺（池州市石台县）、胡玉美蚕豆辣酱制作技艺（安庆市）、徽州楹联匾额传统制作技艺（黄山市黟县）、徽州顶市酥制作技艺（黄山市屯溪区）、徽作家具制作技艺（黄山市徽州区）、太平曹氏纸制作技艺（黄山市黄山区）、黄山玉雕刻技艺（黄山市黄山区）、徽州手工瓷制作技艺（黄山市祁门县）、安茶制作技艺（黄山市祁门县）、吴鲁衡日晷制作技艺（黄山市休宁县）、徽州烧饼制作技艺（黄山市）、黄山贡菊（徽州贡菊）制作技艺（黄山市歙县）、明德折扇制作技艺（宣城市广德市）、青铜器修复技艺（安徽博物院）。

传统医药4项，分别是砀山王集王氏接骨膏药（宿州市砀山县）、戴氏正骨法（马鞍山市含山县）、野鸡坞外科（黄山市）、祁门胡氏骨伤科（黄山市祁门县）。

民俗5项，分别是吴山庙会（合肥市长丰县）、张家祠祭祀活动（阜阳市临泉县）、降福会（宣城市）、郭村周王会（黄山市黄山区）、许岭灯会（安庆市宿松县）。

扩展项目5项，分别是传统戏剧类的淮北梆子戏（亳州市谯城区），曲艺类的淮北大鼓（亳州市蒙城县），传统美术类的徽州三雕（宣城市绩溪县），传统技艺类的髹漆技艺（宣城市绩溪县）、铸胎掐丝珐琅制作技艺（安庆市宜秀区）。[1]

此次公布的非遗项目具有以下四个特点：一是在同一类型中具有代表性；二是在某一区域内具有影响力；三是具有鲜明的地方特色；四是处于濒危状态，需要特别保护。[2]

---

[1] 安徽省人民政府. 安徽省人民政府关于公布第四批省级非物质文化遗产名录的通知（皖政〔2014〕38号）[EB/OL]. (2014—05—19) [2019—08—15]. https://www.ah.gov.cn/public/1681/7931381.html.

[2] 李跃波. 第四批省级非遗名录公布 [N]. 安徽日报，2014—06—04 (02).

2017年11月，安徽省人民政府批准原省文化厅提出的安徽省第五批省级非遗项目名录共计135项，其中，新入选项目123项，扩展项目12项。

新入选项目中，民间文学5项，分别是陈抟传说（亳州市）、祠山张勃传说（宣城市广德市）、有巢氏传说（合肥市巢湖市）、柳下惠传说（亳州市利辛县）、二乔传说（安庆市潜山市）。

传统音乐8项，分别是九华民歌（池州市九华山风景区、青阳县）、石台民歌（池州市石台县）、官港民歌（池州市东至县）、临涣唢呐（淮北市濉溪县）、夏派唢呐（淮北市濉溪县）、坟台唢呐（阜阳市太和县）、楼西回民锣鼓（滁州市凤阳县）、杜村十番锣鼓（池州市青阳县）。

传统舞蹈14项，分别是休宁得胜鼓（黄山市休宁县）、红灯舞（阜阳市阜南县）、五河打铁舞（蚌埠市五河县）、绩溪草龙舞（宣城市绩溪县）、罗汉除柳（安庆市太湖县）、黟县傩舞（黄山市黟县）、八朵云（滁州市全椒县）、雉山凤舞（黄山市黟县）、赶黑驴（亳州市利辛县）、火狮灯（宣城市广德市）、西坞马灯（宣城市广德市）、将兵摔跤（淮南市潘集区）、三圣傩舞（马鞍山市当涂县）、新市滚龙（马鞍山市博望区）。

传统戏剧4项，分别是皖北曲剧（阜阳市）、马派皮影戏（合肥市庐阳区）、梅街目连戏（池州市贵池区）、泗县瑶剧（宿州市泗县）。

曲艺4项，分别是颍上琴书（阜阳市颍上县）、灵璧大鼓（宿州市灵璧县）、淮河大鼓（淮南市凤台县）、程岭大鼓书（安庆市宿松县）。

传统体育、游艺与杂技5项，分别是蚌山心意六合拳（蚌埠市蚌山区）、太和武当太极拳（阜阳市太和县）、张氏大洪拳（合肥市瑶海区）、牛门洪拳（合肥市肥东县）、韩氏阴阳双合拳（合肥市）。

传统美术16项，分别是徽州沉香雕刻（合肥市）、浅绛彩瓷画（蚌埠市）、溪口堆木画（宣城市宣州区）、庐州核雕（合肥市瑶海区）、皖南竹刻（宣城市广德市）、巢湖树雕画（合肥市巢湖市）、利辛面塑（亳州市利辛县）、商派面塑（淮北市濉溪县）、墨模雕刻（宣城市绩溪县）、石弓石雕（亳州市涡阳县）、高峰唐氏竹编（宣城市广德市）、玉顺行玉雕（合肥市）、庐州蛋雕（合肥市蜀山区）、淮南紫金印雕刻（淮南市谢家集区）、大别山盆景技艺（六安市裕安区）、临淮泥塑（六安市霍邱县）。

传统技艺40项，分别是珠兰花茶制作技艺（黄山市歙县）、黟县石墨茶制作技艺（黄山市黟县）、金不换酒酿造技艺（亳州市）、金裕皖酒酿造技艺（阜阳市界首市）、彩曲原酒酿造技艺（亳州市谯城区）、红曲酒酿造技艺（宣城市宁国市）、季氏古籍修复技艺（安徽新华发行集团）、陈氏锡包壶制作技艺（亳州市蒙城县）、青阳生漆夹纻技艺（池州市青阳县）、九华布鞋制作技艺（池州市青阳县）、庐州土陶烧制技艺（合肥市蜀山区）、徽州漆砂砚制作技艺（黄山市屯溪区）、徽州古建砖瓦制作技艺（黄山市徽州区）、叶集木榨油技艺（六安市叶集试验区）、一品斋毛笔制作技艺（六安市金安区）、砀山兰花印染技艺（宿州市砀山县）、宣砚制作技艺（宣城市旌德县）、益寿堂古法印泥制作技艺（宣城市绩溪县）、泾县油布伞制作技艺（宣城市泾县）、丫山藕糖制作技艺（芜湖市南陵县）、琴鱼干制作技艺（宣城市泾县）、涡阳苔干制作技艺（亳州市涡阳县）、颍州枕头馍制作技艺（阜阳市颍州区）、淮南牛肉汤制作技艺（淮南市）、姚村闷酱制作技艺（宣城市郎溪县）、大红袍油纸伞制作技艺（六安市金安区）、横望山米酒酿造技艺（马鞍山市博望区）、正兴隆酱菜制作技艺（宣城市泾县）、宣纸帘制作技艺（宣城市泾县）、采石矶茶干制作技艺（马鞍山市雨山区）、含山封扁鱼制作技艺（马鞍山市含山县）、乌江霸王酥制作技艺（马鞍山市和县）、阚疃大块板鸡制作技艺（亳州市利辛县）、嵌字豆糖制作技艺（黄山市祁门县）、甘露饼制作技艺（滁州市天长市）、蒙城油酥烧饼制作技艺（亳州市蒙城县）、王魁知麻花制作技艺（亳州市谯城区）、一闻香糕点制作技艺（亳州市）、绩溪挞粿制作技艺（宣城市绩溪县）、四季春传统小吃制作技艺（芜湖市镜湖区）。

传统医药 10 项，分别是新安王氏医学（安徽中医药大学）、祁门蛇伤疗法（黄山市祁门县）、吴山铺伤科（黄山市歙县）、余良卿鲫鱼膏药制作技艺（安庆市）、张恒春中医药文化（芜湖市镜湖区）、华佗夹脊穴灸法（亳州市）、周氏梅花针灸（合肥市庐阳区）、沛隆堂程氏内科（黄山市休宁县）、怀宁中医骨伤疗法（安庆市怀宁县、迎江区）、浔衡钝斋医学（六安市霍山县）。

民俗 17 项，分别是庄子祭祀大典（亳州市蒙城县）、花园胡氏龙灯（安庆市）、茅坦杜祭茅镰（池州市贵池区）、南谯二郎庙会（滁州市南谯区）、临涣茶饮习俗（淮北市濉溪县）、鹊江龙舟赛（铜陵市郊区）、许村大刀灯（黄山市歙县）、九十殿庙会（芜湖市湾沚区）、陆家湾老龙灯会（铜陵市枞阳县）、灵璧古庙会（宿州市灵璧县）、岳西灯会（安庆市岳西县）、打棍求雨习俗（宣城市旌德县）、马氏社火（亳州市利辛县）、游太阳习俗（黄山市祁门县）、萧县伏羊宴习俗（宿州市萧县）、陡岗板龙灯（芜湖市无为市）、朱桥板龙灯（宣城市宣州区）。后新增一项为二十四节气（淮南市寿县）①。

扩展项目共12项，分别是传统舞蹈（3项）：手狮灯（滁州市全椒县）、莲湘舞（和县打莲湘）（马鞍山市和县）、跳钟馗（黄山市歙县），传统戏剧（2项）：泗州戏（淮北泗洲戏）（淮北市濉溪县）、黄梅戏（怀腔）（安庆市怀宁县），曲艺（1项）：扁担戏（利辛扁担戏）（亳州市利辛县），传统体育、游艺与杂技（1项）：六洲棋（六国棋）（亳州市蒙城县），传统美术（2项）：剪纸（徽州剪纸、张氏剪纸、庐阳剪纸、翁墩剪纸）（黄山市歙县、淮北市相山区、合肥市庐阳区、六安市金安区）、葫芦烙画（临泉葫芦烙画）（阜阳市临泉县），传统技艺（3项）：红茶制作技艺（池州润思）（池州市）、绿茶制作技艺（桐城小花、金山时雨、瑞草魁、宿松香芽、塔泉云雾）（安庆市桐城市、宣城市绩溪县、宣城市郎溪县、安庆市宿松县、宣城市宣州区）、皖南木榨油技艺（歙县木榨油、休宁木榨油、芜湖木榨油）（黄山市歙县、黄山市休宁县、芜湖市湾沚区）。②

第五批省级非遗项目呈现三个特点：一是项目名称更加规范、科学，本次入选项目涉及行业众多，在项目名称的征集与梳理上，其深度与广度前所未有；二是项目数量与往年相比大幅增加，特别是传统技艺类项目达到40个，为安徽省执行《中国传统工艺振兴计划》增加存量、打下基础；三是传统医药类项目数量增长明显，契合安徽省作为医药大省，南有新安医学、北有药都的现实状况。③

综上可见，安徽省前五个批次的各类省级非遗项目有近500项。从入选的非遗项目类别来看，传统技艺类项目居多；从申请地区来看，皖南地区的省级非遗项目明显偏多。

三、市、县级非遗项目数量

据统计，至2017年2月，全省共有市级项目（包含入选上级名录的项目）

---

① 2019年2月，安徽省文化和旅游厅对"二十四节气"入选省级非遗项目名录进行公示。公示期满后，该项目被列入第五批省级非遗项目名录。
② 安徽省人民政府.安徽省人民政府关于公布第五批省级非物质文化遗产代表性项目名录的通知（皖政秘〔2017〕203号）[EB/OL].（2017-11-14）[2019-08-15]. https://www.ah.gov.cn/public/1681/7927461.html.
③ 晋文婧.第五批省级非遗名录公布[N].安徽日报，2017-11-17（05）.

第一章　安徽省非物质文化遗产概况

1086项。较之国家级、省级、市级非遗项目，安徽省的县级非遗项目虽然数量繁多，但是良莠不齐。

据原安徽省文化厅2011年1月的统计资料，当时全省共有县级非遗项目1728项，其中民间文学295项，传统音乐187项，传统舞蹈243项，传统戏剧92项，曲艺71项，传统体育、游艺与杂技56项，传统美术117项，传统技艺338项，传统医药16项，民俗313项。① 它们在各地的分布情况详见下表。

表1-6　2011年安徽省各地区县级非遗项目数量一览表

地区	合肥市	淮北市	亳州市	宿州市	蚌埠市	阜阳市	淮南市	滁州市	六安市	马鞍山市	巢湖市	芜湖市	宣城市	铜陵市	池州市	安庆市	黄山市
数量（项）	41	39	69	141	232	89	17	205	72	24	89	61	227	29	56	194	143

另据安徽省非物质文化遗产保护中心工作人员于2017年2月所做统计，安徽省县级非遗项目总数已达3401项。② 县级非遗项目所在地区的具体情况见下表。

表1-7　2017年安徽省各地区县级非遗项目数量一览表

单位	合肥市	淮北市	亳州市	宿州市	蚌埠市	阜阳市	淮南市	滁州市	六安市	马鞍山市	芜湖市	宣城市	铜陵市	池州市	安庆市	黄山市	宿松县	广德县
数量（项）	199	70	137	620	145	118	53	222	146	115	169	334	52	112	479	318	51	61
备注																	省直管县	省直管县

---

① 参见原安徽省文化厅2011年1月所编内部资料《安徽省非物质文化遗产资料汇编（未定稿）》第60—102页。
② 安徽省非物质文化遗产保护中心. 安徽省非物质文化遗产保护实用手册[M]. 合肥：安徽大学出版社，2018：356.

注：2019年，经国务院批准，民政部批复同意撤销广德县，设立县级广德市。广德市由安徽省直辖，宣城市代管。此处沿用原书表述。

近年来，安徽省各市又在进行市、县级非遗项目的申报和评选工作。例如，2019年1月，休宁县人民政府下文增补了海阳镇申报的"徽州楮皮纸制作技艺"为休宁县第四批县级非遗项目。再如，潜山市于2019年3月公布了潜山市第五批县级非遗项目名录，入选项目有源潭刷子手工制作技艺、灯笼手工制作技艺、圩猪古法牧养、糍粑手工制作技艺以及珠心算。因此不难判断，安徽省各市、县级非遗项目数量正在逐年增多。

第二节 安徽省非物质文化遗产的类型与分布

一、总体类型与分布

有论者指出，安徽省的非遗分布整体呈现南多北少的特征，并形成了"一核、两区、一带"的分布格局，"其中以黄山市、宣城市西部为中心的古徽州地区非遗分布非常密集，形成一个核心聚集区，可见非遗受文化影响非常大；同时安庆和阜阳市非遗数量较多，成为两个侧翼聚集区；此外，合肥市、淮南市、六安市东北部、宿州市西南部、蚌埠市西部形成了一条非遗聚集带"。[①] 确是至论。

我们可以从具体的国家级、省级非遗项目及其分布中得出这一结论。2006年至2009年，安徽省多数市、县在进行首次非遗项目田野普查时，主要将被普查对象细分为15种类型，即民间文学（口头文学），民间美术，民间音乐，民间舞蹈，戏曲，曲艺，民间杂技，民间手工技艺，生产商贸习俗，消费习俗，人生礼俗，岁时节令，民间信仰，民间知识以及游艺、传统体育与竞技。后来，为了和国家级非遗项目申报条件中所规定的十大类别相一致，全省非遗项目采用了新的分类标准，按照民间文学、传统舞蹈、传统戏剧等十分法进行归类。无论是何

---

① 彭建，王艳平，阮盛楠，孙辉. 安徽省非物质文化遗产时空分布特征及影响因素研究[J]. 乐山师范学院学报，2017，32（05）：62.

种分类方法，安徽省都有相应的非遗项目入选，这说明安徽省非遗资源十分丰富。为了方便起见，本书主要采取后一种分类标准，对安徽省非遗项目的总体类型与分布予以考察。

在安徽省的99个国家级非遗项目中，共有民间文学（桐城歌等）5项，传统音乐（当涂民歌等）9项，传统舞蹈（龙舞等）10项，传统戏剧（青阳腔等）25项，曲艺（凤阳花鼓等）2项，传统体育、游艺与杂技（马戏等）4项，传统美术（剪纸等）9项，传统技艺（界首彩陶烧制技艺等）25项，传统医药（中医诊疗法等）3项，民俗（灯会等）7项。它们在各市的分布数目如下：合肥市5项，淮北市1项，亳州市6项，宿州市9项，蚌埠市3项，阜阳市10项，淮南市5项，滁州市2项，六安市5项，马鞍山市2项，芜湖市3项，宣城市7项，铜陵市0项，池州市4项，安庆市10项，黄山市24项。另外，安徽省黄梅戏剧院1项，安徽省2项。

在安徽省的479项省级非遗项目中，计有民间文学（鞭打芦花等）29项，传统音乐（五河民歌等）40项，传统舞蹈（卫调花鼓灯等）56项，传统戏剧（淮北花鼓戏等）39项，曲艺（门歌等）29项，传统体育、游艺与杂技（华佗五禽戏等）21项，传统美术（火笔画等）52项，传统技艺（宿州乐石砚制作技艺等）135项，传统医药（新安医学等）17项，民俗（洋蛇灯等）61项。它们在各市的分布数目如下：合肥市32项，淮北市12项，亳州市38项，宿州市32项，蚌埠市19项，阜阳市37项，淮南市25项，滁州市23项，六安市23项，马鞍山市23项，芜湖市24项，宣城市65项，铜陵市8项，池州市27项，安庆市37项，黄山市80项。另外，安徽省1项，安徽新华发行集团1项，安徽博物院1项，安徽中医药大学1项。

不难看出，无论是国家级还是省级非遗项目，安徽省的传统技艺及民俗类非遗所占比重较大，非遗项目分布较多的地区是黄山市、宣城市等，而淮北市、铜陵市等地非遗项目分布较少。

二、各地类型与分布

本部分内容主要依据安徽省各市、县编印的非遗田野调查资料[①]对各地各级非遗项目予以整理、介绍。虽然这些田野调查资料中的数据已陈旧，无法反映最新的非遗级别等实际情况，有些资料可能还存在一些偏差，但作为总体的非遗统计资料，仍不失其参考价值和权威性。

（一）合肥市

据《非物质文化遗产田野调查汇编（合肥卷）》记载，合肥市非物质文化遗产保护中心共普查了合肥市四区三县（瑶海区、庐阳区、蜀山区、包河区、长丰县、肥东县、肥西县）的非遗项目，普查登记的项目共计12类242项。

在12类非遗普查项目中，各门类分布比例大致如下：民间文学35.9%，民间音乐8.3%，民间舞蹈11.1%，戏曲2.1%，曲艺6.2%，民间美术9.9%，民间手工技艺9.5%，消费习俗8.3%，人生礼俗1.7%，民间信仰4.1%，民间知识2.1%，游艺、传统体育与竞技0.8%。[②] 具体类型与分布情况如下。

1. 民间文学。共有87项。类型主要有神话、传说、故事、歌谣、谚语等，尤以传说、谚语居多。它们在合肥市域内均有分布，受众面广。

2. 民间音乐。共有20项。以流传于民间、口头传唱的民歌小调居多，多分布在三县地区。此外，三县地区的唢呐等和民间祭祀仪式相关的音乐与乐曲影响较大，深受当地群众欢迎。

3. 民间舞蹈。共有27项。包括生活习俗舞蹈、岁时节令舞蹈、生产习俗舞蹈等，在合肥四区三县均有分布。其中，旱船、舞龙、舞狮等舞蹈群众基础好，遍布全市。

4. 戏曲。共有5项。如庐剧、夫妻观灯戏等。庐剧剧团主要分布在合肥市

[①] 据笔者咨询安徽省非物质文化遗产保护中心办公室原主任胡迟（现为研究部主任），得知除亳州市外，全省各市都进行普查并编制了报告，但池州市的普查报告未上交保护中心，具体原因不知。另外，这些田野调查资料编印之后，部分市、县行政区划有所调整，如有些地区撤县设市。本书在介绍及摘录田野调查资料的过程中，为不影响原书统计数据及相关表述，故不做调整。

[②] 参见合肥市非物质文化遗产保护中心2009年所编内部资料《非物质文化遗产田野调查汇编（合肥卷）》第3页。

区，夫妻观灯戏主要盛行于蜀山区等地。

5. 曲艺。共有15项。以门歌、大鼓为主，多分布在三县地区。

6. 民间美术。共有24项。以绘画、雕塑等为主，主要有火笔画、铁塑、剪纸艺术等。其中，火笔画在包括合肥在内的江淮地区流传甚广。

7. 民间手工技艺。共有23项。主要集中在装帧、编制扎制两大领域。装帧方面，如洪氏装裱等；编制扎制方面有纸扎工艺、手工编织等。洪氏装裱主要分布在瑶海区，编制扎制技艺在合肥大部分地区均有分布。

8. 消费习俗。共有20项。主要集中在饮食方面的消费上，如肥东县的石塘驴巴、"公和堂"狮子头、梁园"三绝"，肥西县的桂花汤圆、三河米饺等。有特色的消费习俗项目主要分布在三县地区。

9. 人生礼俗。共有4项。如回族人生礼俗、支客（习俗）、周岁庆等，主要分布在肥东县牌坊乡、庐阳区大杨镇、蜀山区井岗镇等。

10. 民间信仰。共有10项。以庙会为主，如周氏仙姑庙会等，主要分布在三县地区。

11. 民间知识。共有5项。如无借助算万年历、药王庙中医诊法等，主要分布在庐阳区。

12. 游艺、传统体育与竞技。共有2项。其中一项蹴球也称"踢石球"，主要传承于肥东地区。[①]

（二）淮北市

据淮北市非物质文化遗产保护中心2009年8月编印的内部资料《相城印记——非物质文化遗产（淮北卷）》一书，淮北市的非遗普查工作范围为全市三区一县，普查登记的成果共157项，涉及民间文学、民间美术、戏曲等12大类。各类非遗项目分布比例大致如下：民间文学58.6%，民间美术7.6%，民间音乐2.5%，民间舞蹈0.6%，戏曲1.9%，曲艺1.3%，民间手工技艺7.0%，消费习俗3.8%，人生礼俗5.1%，民间信仰6.4%，民间知识3.2%，游艺、传统体育与竞技1.9%。普查报告分析认为，从区域分布来看，淮北市的非遗主要集中在

---

① 参见合肥市非物质文化遗产保护中心2009年所编内部资料《非物质文化遗产田野调查汇编（合肥卷）》第3页。另，各地编写田野调查资料的工作人员在整理非遗项目类别和统计数据时可能没有约定统一的标准，故各地田野调查资料中相关内容的表述、格式并不完全一致；同时，原书有些数据不够准确。本书在摘录中，遵循尊重原书的原则，除明显错误外，其余均不作调整。

濉溪县、烈山区、杜集区。其中，濉溪县又集中了全市大部分的资源与类别，基本涵盖了所有大类；烈山区、杜集区则主要以民间故事为主。① 具体的非遗类型与分布情况如下。

1. 民间文学。共有 92 项。有故事、歌谣、谚语等，尤以故事、歌谣居多，分布在全市各地。

2. 民间美术。共有 12 项。为绘画、雕塑、书法类项目，主要集中在市区。

3. 民间音乐。共有 4 项。以流传于民间、口头传唱的一些民歌小调、唢呐曲为多，分布在全市各地。

4. 民间舞蹈。仅 1 项，为流行于淮北地区的农民秧歌。

5. 戏曲。共有 3 项。为淮北花鼓戏、濉溪泗州戏、丝弦。其中，淮北花鼓戏流行于苏、皖北部边界，在宿州、浍河以北这一区域内影响较大。

6. 曲艺。共有 2 项。为淮北大鼓和乔装戏消翢会。淮北大鼓主要流行于苏、鲁、豫、皖接壤地区。

7. 民间手工技艺。共有 11 项。主要是农畜产品加工中的食品加工类，分布广泛。

8. 消费习俗。共有 6 项。主要为淮北地区的服饰、饮食消费习俗等，其中以临涣茶馆的消费习俗最具特色。这些茶馆创始于明代，地处苏、鲁、豫、皖贸易往来的交通要埠的临涣古镇，以独有的回龙泉泡茶而远近闻名。

9. 人生礼俗。共有 8 项。主要为淮北地区的生育、婚嫁等生活习俗、传统礼仪，全市皆有分布。

10. 民间信仰。共有 10 项。主要为各种庙会，分布在相山、临涣、烈山、杜集等地。

11. 民间知识。共有 5 项。如烫伤、接骨、刮痧、针灸等传统民间医药知识，主要分布在市区。

12. 游艺、传统体育与竞技。共有 3 项。为当地流传的两种酒令拳和放风筝活动，盛行于全市各地。②

---

① 参见淮北市非物质文化遗产保护中心 2009 年所编内部资料《相城印记——非物质文化遗产（淮北卷）》第 2—3 页。此处各类非遗项目分布比例相加为 99.9%，系计算时保留小数点后一位之故。
② 参见淮北市非物质文化遗产保护中心 2009 年所编内部资料《相城印记——非物质文化遗产（淮北卷）》第 6—8 页。

(三）亳州市

"十一五"期间，亳州市未有全市范围内的非遗调查报告编印出来，但利辛、涡阳、蒙城三县都进行了较为全面的非遗普查工作，并汇编了各自的非遗项目名录。

截至2022年1月，亳州市已有国家级非遗项目6项，分别为华佗五禽戏、二夹弦、老子传说、西凉掌（亳州晰扬掌）、淮北梆子戏、古井贡酒酿造技艺；省级非遗代表性项目38项，市级非遗代表性项目178项。

（四）宿州市

《宿州印记——非物质文化遗产田野调查汇编》是原宿州市文化新闻出版局于2009年编制的非遗调查丛书，共有5册，细分为埇桥篇、灵璧篇、砀山篇、萧县篇、泗县篇，内容涵盖民间文学、民间音乐、民间美术、传统舞蹈、民间手工技艺等16大类，共1204项，计150多万字，对宿州市非遗项目进行了全方位、原生态记录。遗憾的是该套书未有全市范围内整体的普查概况与普查报告，我们只能从各县、区的资料中略窥其全貌。其中，砀山县共有201项非遗项目，内容涉及12大类：民间文学（60项），民间美术（5项），民间音乐（5项），传统舞蹈（6项），戏曲（1项），曲艺（5项），民间手工技艺（5项），消费习俗（5项），人生礼俗（74项），岁时节令（14项），民间知识（18项），传统体育、游艺与竞技（3项）。[①]

至2022年1月，宿州市拥有国家级非遗项目9项，省级非遗项目32项，市级非遗项目174项。

（五）蚌埠市

根据2009年11月编印的《蚌埠记忆——非物质文化遗产田野调查汇编》（蚌埠卷）一书，蚌埠市非物质文化遗产保护中心主要普查的范围是蚌埠市四区一县（蚌山区、禹会区、龙子湖区、淮上区和固镇县）。调研人员分析指出，蚌埠市虽然建市历史较短，但是所辖各县及周边乡镇具有深厚的历史渊源，因此也拥有不少传统文化资源。从包含的门类来看，有民间文学、民间美术、民间消费习俗、民间知识等；从区域分布来看，主要分布在环绕蚌埠市区的各县乡，城市

---

① 参见原宿州市文化新闻出版局2009年所编内部资料《宿州印记——非物质文化遗产田野调查汇编》（砀山篇）第7—13页。

中心区域非物质文化遗产资源相对较少。普查登记的项目共有119项，分属民间文学、民间杂技、民间知识等12大类。主要内容与分布如下。

1. 民间文学。共有91项。主要是传说、故事和谜语。民间文学分布较广，是普查工作的重要关注对象。民间文学在固镇县的湖沟镇、连城镇、濠城镇等地分布较广，其中又以濠城镇的民间文学数量最多。谜语主要分布在龙子湖区长淮卫镇。

2. 民间美术。共有2项。为面塑与葫芦雕刻，两者均分布在蚌山区。

3. 民间音乐。仅有1项。为花鼓灯锣鼓，分布在蚌山区。

4. 民间舞蹈。共有9项。主要表演内容有花鼓灯、小车舞、旱船、抬花轿、猪八戒背媳妇、大头娃娃、骑黑驴、鹬蚌相争等，分布广泛。

5. 戏曲。共有2项。分别是禹会区的余家皮影戏和龙子湖区的长淮卫调花鼓戏。

6. 民间杂技。共有2项。主要分布在蚌山区和禹会区。其中以蚌山区的魔术手绢戏法、烟头戏法、箱子戏法等较为知名。

7. 民间手工技艺。仅有1项。为蚌山区的民间刺绣。

8. 民间消费习俗。共有2项。一是老字号"雪园小吃"，二是传统食品玉兰斋梨膏糖，均分布在蚌山区。

9. 人生礼俗。共有4项。有拜师礼、婚嫁习俗和丧葬习俗等，主要分布在蚌山区和龙子湖区。

10. 岁时节令。仅有1项。为春节习俗，主要分布在龙子湖区。

11. 民间信仰。共有2项。和庙会相关，分布在蚌山区和龙子湖区。

12. 民间知识。共有2项。为分布于蚌山区和禹会区的两种骨伤疗法。[①]

近年来，蚌埠市在非遗保护工作方面成绩显著，截至2022年1月，蚌埠市共有国家级非遗项目3项，分别是花鼓灯、五河民歌和泗州戏；省级非遗项目16项；市级非遗项目54项。[②]

---

① 参见蚌埠市非物质文化遗产保护中心2009年所编内部资料《蚌埠记忆——非物质文化遗产田野调查汇编》（蚌埠卷）第8—13页。
② 蚌埠市人民政府.蚌埠16个项目列入第五批市级非物质文化遗产代表性项目[EB/OL].(2021—07—20)[2022—01—20]. https://www.bengbu.gov.cn/ywdt/bbxw/49046471.html.

（六）阜阳市

2009年5月,《非物质文化遗产田野调查（阜阳卷）》编印完成。据该书记载，阜阳市共有民间文学、民间美术、民间音乐、民间舞蹈等15大类。具体情况抄录如下。

1. 民间文学。共有63项。主要有神话、传说、故事、歌谣、谚语等，分布地区广泛。

2. 民间美术。共有13项。以剪纸、泥塑、绘画为主，主要分布在阜阳市区、太和县、界首市、颍上县等地。

3. 民间音乐。共有9项。如唢呐、淮河锣鼓等，多分布在颍上县、阜南县等地。

4. 民间舞蹈。共有51项。如花鼓灯、肘阁抬阁、狮子灯等，分布广泛，如颍上县、临泉县、太和县等地。

5. 戏曲。数目不详。如阜南嗨子戏、阜阳梆剧、太和清音、颍上推剧等，分布广泛。

6. 曲艺。共有12项。有淮词、清音、琴书等，主要分布在界首市、颍上县等地。

7. 民间杂技。如临泉杂技、临泉马戏、界首扁担戏等，主要分布在临泉县、太和县、界首市等地。

8. 民间手工技艺。有彩陶、彩塑、柳编、黑陶等，主要分布在界首市、阜南县、颍上县、太和县等地。

9. 生产商贸习俗。仅有1项，系界首市骡马物资交流会相关习俗。

10. 消费习俗。仅有1项，系临泉县上元节消费习俗。

11. 人生礼俗。共有9项。如葬礼、剃辫子、认干亲、回族礼仪等，分布广泛。

12. 岁时节令。数目不详。如颍上县正月十五送老雁馍习俗等。

13. 民间信仰。共有8项。如界首市苗湖书会、大黄庙会、临泉白庙庙会等。

14. 民间知识。数目不详，如流行于颍上县民间的土药方等。

15. 游艺、传统体育与竞技。共有4项，即心意六合拳、查拳、地棋、华佗五禽戏，主要分布在阜南县、颍上县等地。①

（七）淮南市

据《淮南市非物质文化遗产调查成果汇编（第一卷）》一书，淮南市非物质文化遗产保护中心共普查汇总了145项非遗项目，涉及民间文学、人生礼俗、民间信仰等7大类。② 具体情况抄录如下。

1. 民间文学。主要有神话、传说、故事、歌谣、谚语等，在市区及其周边地区分布较广，题材丰富。民间文学以民间传说和民间故事为主，大多分布在八公山、潘集、谢家集、大通四区和凤台县及沿淮区域。其中，八公山的传说、舜耕山传说等在当地流传甚广，谚语和歇后语也颇具特色。

2. 民间音乐。以民间口头传唱的花鼓灯灯歌为主。全市境内尤其是花鼓灯兴盛区（民间称"灯窝子"）均有传唱。此外，谢郢锣鼓、唢呐等部分民间吹打乐影响颇大。

3. 民间舞蹈。民间舞蹈以花鼓灯、火老虎、采莲灯、藤牌对马、小马灯为代表。其中，生产生活习俗舞蹈以小车灯、跑旱船、小黑驴、龙灯、狮子灯、大头和尚戏柳翠、跑马灯等为代表，它们不但种类繁多，而且遍布全市乡村。

4. 戏曲。推剧是本区域内唯一戏曲剧种，也是全国稀有剧种之一，主要分布在凤台县。

5. 人生礼俗。基本涵盖了中国的所有人生礼俗（包括岁时节令习俗），分布在全市各地。

6. 民间信仰。有宗族祭祀、茅仙洞庙会、清泉集庙会等，分布范围较广。

7. 民间手工技艺。主要有顾桥陈醋、淮南牛肉汤、马店羊肉汤、老虎堂膏药等，分布范围较广。③

调研报告分析认为，淮南市非遗项目的分布具有如下特点：(1) 民间文学类的传说、神话、故事以八公山区域较为丰富。(2) 民间舞蹈以凤台县为中心，沿

---

① 参见阜阳市非物质文化遗产保护中心2009年所编内部资料《非物质文化遗产田野调查（阜阳卷）》（第一册）第6—11页。
② 参见淮南市非物质文化遗产保护中心2009年所编内部资料《淮南市非物质文化遗产调查成果汇编（第一卷）》第10页。
③ 参见淮南市非物质文化遗产保护中心2009年所编内部资料《淮南市非物质文化遗产调查成果汇编（第一卷）》第7—9页。

淮各县、区均有分布，但侧重点各有不同。（3）民间手工技艺全市均有分布，如豆腐制作工艺、各类圆子的制作技艺等，但因各地配料、水质的差异而风味各有不同。（4）非遗类别的分布大致以淮河为界。民间手工技艺方面，淮河以南多以非饮食类手工技艺为主，如紫金砚制作技艺；而淮河以北多以饮食类手工技艺为主，如各类圆子制作技艺等。民间音乐、舞蹈方面，淮河以南多以民间吹打乐锣鼓为主，淮河以北则以花鼓灯舞蹈为主，等等。①

（八）滁州市

根据2009年编制的《滁州遗韵——非物质文化遗产田野调查汇编》（滁州卷·滁州市）一书，滁州市非遗的普查范围为全市的四县（全椒县、来安县、定远县、凤阳县）、二市（天长市、明光市）、二区（琅琊区、南谯区）。通过全面普查，全市共查出非遗项目882项，涉及民间美术、民间舞蹈、戏曲等15大类。

1. 民间文学。共有541项。包括神话、故事、传说、歌谣、谚语等，尤以故事、传说为多，如朱元璋的故事、乌衣镇的传说、韩湘子出世等，分布于全市城镇乡村。

2. 民间美术。共有10项。以绘画、剪纸、线绣、鱼骨画、花布印染为主，其中凤阳县的凤画、天长市的天官画最具有代表性。

3. 民间音乐。共有133项。以民歌、小调、打击乐为主。民间音乐，特别是民歌流传于全市城镇乡村。有的民歌地域性很强，如全椒县民歌分为东部民歌、西部民歌、山区民歌、圩区民歌。有些民间音乐流传分布较广，如凤阳的回民锣鼓、明光的丰收锣鼓、定远的凉亭锣鼓、来安的民间小调、全椒的民歌、天长的锣苏、南谯区的山歌等。

4. 民间舞蹈。共有45项。分布于全市乡镇，并传至淮河、长江两岸及江苏省盱眙县、泗洪县、六合县、扬州市等地。例如，打对子流传于天长市；手狮灯流传于来安县；五马破曹流传于全椒县；流星赶月流传于明光市；二龙戏蛛流传于定远县；九狮一吼流传于南谯区；凤阳花鼓流传于凤阳县，并传到全国各地。

5. 戏曲。共有8项。东部以扬剧、洪山戏为主，分布于天长市、来安县及江苏省扬州市、镇江市、仪征市、六合县一带；南部以庐剧为主，分布在全椒县

---

① 参见淮南市非物质文化遗产保护中心2009年所编内部资料《淮南市非物质文化遗产调查成果汇编（第一卷）》第4页。

一带；西部以黄梅戏为主，分布在定远县一带；北部以凤阳花鼓戏、泗州戏为主，分布在凤阳县、明光市一带。

6. 曲艺。共有27项。白曲分布在来安县水口镇、大英镇一带，端鼓分布在明光市女山湖镇一带，凤阳花鼓分布在凤阳县燃灯、小溪河等乡镇。

7. 民间杂技。共有2项。马叉分布在凤阳县刘府镇一带，镇舞分布在来安县水口镇一带。

8. 民间信仰。共有21项。如以琅琊山正月初九庙会、定远县令狐塔庙会为代表的宗教文化活动，以全椒县正月十六"走太平"、明光市都天庙会为代表的民俗文化活动，天长市传统的孝文化活动，等等，分布于全市各城乡。

9. 民间手工技艺。共有49项。其中食品工艺占六成以上。有以凤阳县的酿豆腐、天长市的烩鱼羹为代表的烹饪技艺，有以滁州市琅琊区的酥糖、定远县雪片糕、全椒县的酥笏牌为代表的副食品加工制作技艺，有以滁州市南谯区和全椒县茶叶、滁菊为代表的农产品加工技艺，有以明光市木器镂雕、角雕为代表的雕刻技艺，还有竹编、柳编等手工编织技艺等。

10. 人生礼俗。共有15项。涉及生育礼俗、满月礼俗、百日礼俗、周岁礼俗、剃头、盖房、祝寿与嫁娶及丧葬的程序和仪式等，分布于全市的城镇乡村。

11. 游艺、传统体育与竞技。共有4项。如龙舟会、高跷、摇花糊子等，分布在全椒县二郎口镇和十字镇一带及天长市境内。

12. 生产商贸习俗。共有4项。有天长市的开秧门、敬牛栏与喂牛饭，凤阳县的独山庙会和九华山庙会，主要涉及农业生产和农业生产资料交易活动。

13. 民间知识。共有18项。以民间特色中医药知识为主，如专治刀伤、专治水火烫伤、中草药治疗泌尿系统结石、腹蛇咬伤治疗等，主要分布在明光市张八岭镇、三界镇与天长市汊涧镇、铜城镇一带。

14. 岁时节令。共有4项。如春节拜年习俗和元宵灯会习俗等，分布在滁州市各地区。

15. 消费习俗。仅有1项，天长市的待客宴饮筵席风俗。①

调研报告分析认为，从非遗的区域分布看，滁州市的非遗项目分布在全市城乡，相对来说较为均衡，它们在全市城乡同时存在并传承着。调研报告同时指

---

① 参见滁州市非物质文化遗产保护中心2009年所编内部资料《滁州遗韵——非物质文化遗产田野调查汇编》（滁州卷·滁州市）第28—51页。

出,由于受长江文化和淮河区域文化双重影响,滁州市形成了特色鲜明的非遗文化分布地带或称"文化丛":(1) 地处江淮之间的区域,可归为江淮流域文化丛;(2) 以凤阳县、明光市、定远县为主体的沿淮河流域,形成的是淮河流域文化丛;(3) 以全椒县、来安县为主体的沿江(长江)流域,形成的是沿江文化丛;(4) 以天长市为主体,与扬州毗邻形成的是淮扬文化丛;(5) 以滁州市为中心,融汇江淮和沿江文化,形成的是江淮文化丛。①

(九) 六安市

据《六安市非物质文化遗产田野调查汇编》记载,六安市经普查共得非遗项目973项,涵盖15个资源类别。主要情况如下。

1. 民间文学。共有481项。如梁山伯与祝英台的传说等,分布广泛。

2. 传统音乐。共有224项。如大别山民歌等,分布在各县、区。

3. 传统舞蹈。共有34项。影响较大的传统舞蹈有正阳关抬阁肘阁、狮子舞、舞龙灯、鸬鹚理窝、打莲湘等,分布广泛。

4. 传统戏剧。共有7项。传统戏剧主要有庐剧、黄梅戏、长集皮影戏等,分布广泛。

5. 曲艺。共有12项。主要有六安锣鼓书、小调胡琴书、大鼓书、四弦书等。

6. 杂技。仅有1项,即白马挡杂技。

7. 传统美术。共有14项。主要有剪纸、泥塑、木雕等。其中,以张玉柱的剪纸撕纸艺术较为著名。

8. 传统技艺。共有70项。主要有制茶技艺、酿酒技艺、豆腐技艺、紫金砚制作技艺、小吃制作技艺、编制技艺、印染技艺、推光漆制作技艺、火纸制作技艺等。

9. 生产商贸习俗。仅有1项。没有明确的传承谱系,只作为普查对象。

10. 消费习俗。共有26项。消费习俗基本上以饮食消费习俗为主,主要集中在霍山县、舒城县、金安区。

11. 人生礼俗。共有27项。涉及人类成长过程中的所有仪式活动,包括诞

---

① 参见滁州市非物质文化遗产保护中心2009年所编内部资料《滁州遗韵——非物质文化遗产田野调查汇编》(滁州卷·滁州市) 第17—19页。

生习俗、成人礼习俗、结婚习俗、死亡习俗等。

12. 岁时节令。共有 28 项。如春节、元宵节、三月三、清明节、端午节、中元节、中秋节、腊八节等，分布广泛。

13. 民间信仰。共有 18 项。主要有佛教、道教、基督教等宗教信仰，以及祭祖等其他方面的信仰。

14. 民间知识。共有 17 项。主要集中在气象常识等方面，多分布在舒城县。

15. 传统体育、游艺与竞技。共有 13 项。多为民间流传的健身运动和小游戏。[1]

（十）马鞍山市

据《非物质文化遗产田野调查材料汇编（马鞍山卷）》记载，马鞍山市非遗的普查范围为一县三区（当涂县、花山区、雨山区、金家庄区），普查登记的非物质文化遗产项目除生产商贸习俗外共 284 项，涉及民间文学、民间音乐、人生礼俗等 13 大类。非遗项目在全市的分布情况如下。

1. 民间文学。共有 224 项。主要有神话、传说、故事、歌谣、长诗、谚语等，尤以神话、传说、故事为多，如流传广泛的当涂县名的由来、大禹开天门、子重兵败横山、钟村传说、天仙配传说、姑孰的来历、和合二仙传说、秦始皇过丹阳、马鞍山传说、温瞬机巧走姑孰、三千红粉舞姑孰、周兴嗣与《千字文》、昭明太子传说、"以纸代简"令发姑孰、李白醉青山、红杨树王的传说、李之仪与"卜算子"词、徐琨墓所引发的故事、济美坊下话邢珂、红嘴绿鹦哥传说、徐文靖不肯做官的故事、李白跳江捉月、太白酒、采石茶干、三元洞等。另外，马鞍山地区的儿歌、歌谣也较多，分布广泛。

2. 民间美术。共有 4 项。以绘画、雕刻为主，主要有姑孰画派、当涂剪纸、新市刺绣、石雕石刻，分布在当涂县部分乡镇和马鞍山市郊。

3. 民间音乐。共有 4 项。其中仅当涂民歌 1 项就有 220 首左右的曲目。

4. 民间舞蹈。共有 17 项。涉及岁时节令习俗舞蹈、宗教信仰舞蹈、民俗舞蹈，带有浓厚的地域特色和乡土气息。民俗舞蹈，如跳加官、跳三星等；岁时节令习俗舞蹈，如跳狮子、耍皮老虎、跑马灯、接三姑娘、划龙船等。

---

[1] 参见原六安市文化局（新闻出版局、版权局）2009 年所编内部资料《六安市非物质文化遗产田野调查汇编》（六安卷·寿县卷）第 9—11 页。

5. 戏曲。共有 3 项。即当涂县的梨簧戏、采茶灯和当涂县太白镇塔桥村的"跳脸子"。

6. 曲艺。共有 3 项。有当涂县的鼓书类安徽大鼓等。

7. 手工技艺。共有 11 项。主要是农畜产品加工以及金属制品制作和编织扎制技艺等。如太平府铜壶制作技艺、博望打铁工艺、湖阳羽毛扇扎制技艺、濮塘竹器编织技艺等，另外还有薛津镇臭豆腐干制作技艺、丹阳镇羊肉火锅制作技艺、新市镇粉丝制作技艺、霍里镇羊糕制作技艺、采石茶干制作技艺等，分布广泛。

8. 生产商贸习俗。数目不详。主要是有关农业种植生产的习俗。

9. 人生礼俗。共有 6 项。如婴儿出生后的命名、办满月酒、抓周等，婚嫁中的订婚、新郎抱门礼、开门礼、改口礼、下床礼、闹房、听夜等，葬礼中的停棺三日、忌属相、五锤送丧等，全市皆有分布。

10. 岁时节令。共有 4 项。主要是传统节日，如春节、清明节、四月初八乌饭节、湖阳六月初六龙船节，分布面广。

11. 民间信仰。共有 6 项。如年陡镇的三仙菩萨会、新市镇的三月十五行宫（庙）菩萨会、年陡镇的杨祠姥会、湖阳镇中徐村的祠山菩萨会、湖阳镇大邢村的大王菩萨会等。

12. 民间知识，仅有 1 项，即花山区霍里镇苏里村的医药卫生知识。

13. 游艺、传统体育及竞技。仅有 1 项，即湖阳打水浒。[①]

调研报告分析认为：（1）当涂县非物质文化遗产各种类别项目所占比重较大，遍布全县城乡各地。目前该县已建档入库的非物质文化遗产共有 12 个大类，224 个小项。全县除了国家级非物质文化遗产代表性项目当涂民歌以外，还有省级非物质文化遗产代表性项目太平府铜壶技艺、博望打铁工艺 2 个。（2）马鞍山市区域内，以采石矶为中心的周边地区的非物质文化遗产也比较多。主要是人们津津乐道的故事、传说。另外，向山镇石马村的跳狮子、霍里镇的耍皮老虎等民间舞蹈，也有一定的数目。霍里镇的民歌数量也很多，传唱十分广泛，是当涂民歌的重要组成部分。时至今日，该镇杨坝村有一支民间秧歌队，逢年过节和闲暇

---

① 参见马鞍山市非物质文化遗产保护中心 2009 年所编内部资料《非物质文化遗产田野调查材料汇编（马鞍山卷）》第 13—18 页。

时仍十分活跃。①

和县现已划归马鞍山市管辖。据该县的非遗普查报告，和县全县非遗项目共有 14 类 234 项。依据普查人员分析，和县非遗资源各门类所占比例如下：民间文学 43%，传统美术、传统手工技艺共占 6%，传统音乐 2%，传统舞蹈 3%，传统杂技、传统戏剧、曲艺合占 1.5%，生产、消费习俗共占 12%，人生礼俗 19%，民间信俗 4.5%，民间知识 4%，传统体育、游艺与竞技 5%。②

报告分析认为，从区域分布看，和县的非遗项目在全县城乡的分布较为均衡。这说明和县人民看重文化交融，生活交往也比较频繁，如生活习俗、节时习俗、民间艺术等大同小异；几种传说，如番王传说等，民众也大多知晓；历史悠久的和县民歌、号子、山歌、小调，如《打茼蒿》《暮稻歌》《放牛对歌》《车水歌》等，也大都能完整地被演唱、传承。③

（十一）芜湖市

据《鸠兹·符号——非物质文化遗产田野调查（芜湖卷）》一书，芜湖市在 3 年左右的时间里，共普查了辖境三县四区（芜湖县、繁昌县、南陵县和镜湖区、鸠江区、弋江区、三山区）的非遗资源，普查登记的非遗项目共有 743 项，涉及民间杂技、民间手工技艺、生产商贸习俗等 15 大类 51 个细类。各门类所占比例如下：民间文学 64.2%，民间美术 2.4%，民间音乐 3.8%，民间舞蹈 3.1%，戏曲 0.9%，曲艺 0.5%，民间杂技 0.5%，民间手工技艺 5.8%，生产商贸习俗 0.4%，消费习俗 3.5%，人生礼俗 4.7%，岁时节令 1.5%，民间信仰 3.4%，民间知识 3.4%，游艺、传统体育与竞技 1.9%。④ 具体项目与分布情况摘录如下。

1. 民间文学。共有 477 项。数量多，题材丰富，主要有神话、传说、故事、歌谣、谚语等，尤其以故事、传说居多。在芜湖分布面广，在市区及三县分布相对均衡。

---

① 参见马鞍山市非物质文化遗产保护中心 2009 年所编内部资料《非物质文化遗产田野调查材料汇编（马鞍山卷）》第 13—18 页。
② 参见原巢湖市文化广播电视新闻出版局 2010 年所编内部资料《非物质文化遗产田野调查（巢湖卷）》（和县篇）第 6—7 页。
③ 参见原巢湖市文化广播电视新闻出版局 2010 年所编内部资料《非物质文化遗产田野调查（巢湖卷）》（和县篇）第 6—7 页。
④ 参见芜湖市非物质文化遗产保护中心 2009 年所编内部资料《鸠兹·符号——非物质文化遗产田野调查（芜湖卷）》（第一册）第 11 页。

2. 民间美术。共有18项。在芜湖市区和各县都有分布。从民间美术分类来看，主要是绘画、雕刻等，如国画、壁画、漆画、堆漆画、玻璃画、木雕、石雕、根雕、剪纸、鞋样等。

3. 民间音乐。共有28项。分布在芜湖地区南北两部，北部以大桥民歌为主体，南部以繁昌民歌为代表。

4. 民间舞蹈。共有23项。主要是生活习俗舞蹈、岁时节令舞蹈，市区和各县均有分布，如繁阳镇的群龙朝神山，南陵县丫山的十兽灯等。

5. 戏曲。共有7项。它们是梨簧戏、目连戏、周桥帮腔花鼓戏、陶辛倒七戏、黄梅戏、平铺庐剧、秧歌戏，分布在市区和各县。

6. 曲艺。共有4项。主要是安徽大鼓和皖南大鼓。安徽大鼓多在南陵县、芜湖县一带流行，皖南大鼓在南陵三里一带流行。

7. 民间杂技。共有4项。主要有罗汉灯、踩高跷等，集中在市区和芜湖县。

8. 民间手工技艺。共有43项。包括工具和机械制造、农畜产品加工、金属工艺、造纸、印刷和装帧、织染缝纫、编制扎制等方面，如芜湖铁画锻制技艺和芜湖三刀等，主要分布在市区，芜湖县、繁昌县、南陵县也有分布。

9. 生产商贸习俗。共有3项。主要是十里牌古集上的"洋子会"，峨桥茶市和官陡门的民俗文化集，主要集中在市区。

10. 消费习俗。共有26项。主要是对芜湖臭干子、芜湖臭菜炖豆腐、芜湖五香豆、芜湖腰子饼、芜湖五香螺蛳、芜湖冰糖螺蛳、芜湖蓝义兴卤鸭、芜湖老濮凉粉、金隆兴牛肉汤包、芜湖蟹黄汤包、芜湖酥烧饼、芜湖虾子面、芜湖冰糖烤酥梨、三月三弄菜粑粑、芜湖清真板鸭、南陵界山老鸭汤、南陵弋江羊肉、南陵奎湖漂鱼等的消费习俗。这些习俗遍布市区大街小巷，各县也都有自己独特的项目。

11. 人生礼俗。共有35项。主要是分娩、诞生、命名、满月、百日、婚礼、做寿、葬礼等方面的习俗，市区和各县均有分布。

12. 岁时节令。共有11项。基本上涵盖了中国的所有传统节日，如春节、元宵节、清明节、中秋节、重阳节等。各地岁时节令基本相同，只是在具体习惯上略有不同。

13. 民间信仰。共有25项。大多数属俗神信仰，主要分布在市区和芜湖县。另有繁昌县中分村徐氏祭祖习俗，该习俗表现的应是祖先信仰。

14. 民间知识。共有 25 项。主要是民间医药卫生知识，如苍耳蠹虫治疗疥疮、痈肿、无名肿毒，蜘蛛网止血，中医治内外风湿病，红老鼠治疗烫伤，治疳积，祖传秘方治腮腺炎、蛇头疮，黄氏少林推拿法，汪子全息脉诊法，韭菜治扭伤等，分布在全市各地。

15. 游艺、传统体育与竞技。共有 14 项。主要项目如孙村龙舟赛、斗蟋蟀、抵棍、押加、龙狮舞、双滚灯、攒泥巴炮、斗老牛窝、放风筝、板灯、吃石子、划龙舟、走灯等，分布在市区和各县。①

调研报告分析指出，芜湖市的非遗项目在各区域分布相对均衡。除芜湖铁画锻制技艺等传统民间手工技艺、生产商贸习俗相对集中于市区外，其余绝大多数项目都可以在各县、区找到传承者。民间文学、民间美术、民间音乐、民间舞蹈、人生礼俗、岁时节令、民间信仰等都分布较为广泛，且大同小异。②

（十二）宣城市

据《人文宣城——宣城市非物质文化遗产普查资料汇编》记载，宣城市普查登记的非遗项目有 916 项，涉及 14 大类，其主要分布比例为：民间文学 55.13%，民间美术 1.42%，民间音乐 15.07%，民间舞蹈 4.59%，戏曲 1.31%，民间杂技 0.22%，民间手工技艺 6.22%，生产商贸习俗 0.22%，消费习俗 4.80%，人生礼俗 2.40%，岁时节令 3.49%，民间信仰 2.29%，民间知识 1.09%，游艺、传统体育与竞技 1.75%。从区域分布来看，绩溪县非遗数量最多，占 29.80%；其次是泾县，占 18.45%；再次是旌德县占 17.47%，郎溪县占 13.43%，宁国市占 9.17%，宣州区占 6.33%，广德县占 5.35%。③ 其中民间文学 505 项，民间美术 13 项，民间音乐 138 项，民间舞蹈 42 项，戏曲 12 项，民间杂技 2 项，民间手工技艺 57 项，生产商贸习俗 2 项，消费习俗 44 项，人生礼俗 22 项，岁时节令 32 项，民间信仰 21 项，民间知识 10 项，游艺、传统体育与竞技 16 项。全市主要非遗种类、数量、分布情况如下。

---

① 参见芜湖市非物质文化遗产保护中心 2009 年所编内部资料《鸠兹·符号——非物质文化遗产田野调查（芜湖卷）》（第一册）第 17—28 页。
② 参见芜湖市非物质文化遗产保护中心 2009 年所编内部资料《鸠兹·符号——非物质文化遗产田野调查（芜湖卷）》（第一册）第 11 页。
③ 参见宣城市非物质文化遗产保护中心 2010 年所编内部资料《人文宣城——宣城市非物质文化遗产普查资料汇编》（宣州区）第 5 页。

1. 民间文学。共有505项。内容丰富,有传说、故事、民谣、楹联、农谚、俗语等,尤以传说、农谚、民谣居多,主要分布在绩溪县、旌德县、广德县等地。

2. 民间美术。共有13项。以雕刻、剪纸等为主,主要有徽州三雕、剪纸、年画等。这些民间美术普遍用在建筑、房屋装饰上,分布广泛,表现了宣城人的审美情趣和生活追求。

3. 民间音乐。共有138项。有流传于民间、口头传唱的一些民歌小调及与民间祭祀、节庆相关的音乐与乐曲等,各县(市、区)均有分布。

4. 民间舞蹈。共有42项。包括生活习俗舞蹈、生产习俗舞蹈、岁时节令舞蹈,其中各种形式的龙灯、花灯等舞蹈遍布全市。

5. 戏曲。共有12项。有花鼓戏、徽剧、皮影戏等,皖南花鼓戏社会影响较大,各县(市、区)均有分布。

6. 民间手工技艺。共有57项。各县(市、区)都有分布,门类繁多,涉及面广,特点鲜明。

7. 民俗。共有100项。包括生产商贸习俗、消费习俗、人生礼俗、岁时节令,一般形式多样,内容丰富,各县(市、区)均有分布。

8. 民间信仰。共有21项。以庙会为主,各县(市、区)均有分布,它们是古代宣城人的精神食粮,体现了宣城悠久的民间文化历史。①

(十三)铜陵市

据铜陵市非物质文化遗产普查报告,铜陵市对本市三区一县(铜官山区、狮子山区、郊区、铜陵县)进行了非遗项目普查,共获取7大类98项非遗项目。②项目内容及分布摘录如下。

1. 民间文学。共有66项。主要有故事、谚语、民谣等,分布于铜陵市区及周边地区。

2. 民间美术。共有1项。系铜陵市区居民汪玉坤传承的剪纸项目。

3. 民间音乐。共有18项。最有代表性的项目是铜陵牛歌,分布在铜陵市区

---

① 参见宣城市非物质文化遗产保护中心2010年所编内部资料《人文宣城——宣城市非物质文化遗产普查资料汇编》(宣州区)第11—14页。
② 参见铜陵市非物质文化遗产保护中心2009年所编内部资料《非物质文化遗产田野调查汇编(铜陵卷)》第10页。

及周边地区。

4. 民间舞蹈。共有 3 项。如竹马灯等，分布在铜陵县钟鸣镇。

5. 民间手工技艺。共有 6 项。有郊区的白姜、麻油制作技艺，铜官山区的野雀舌茶制作技艺，铜陵县的凤丹、太平臭干、太平烧饼制作技艺。

6. 岁时节令。共有 1 项。

7. 游艺、传统体育与竞技。共有 3 项。如铜陵县顺安三月三庙会和郊区大通鹊江龙舟赛等。①

（十四）池州市

根据池州市的普查结果，至 2012 年，池州市非物质文化遗产中被列入国家级非遗项目名录的有 4 项，占安徽省国家级非遗项目总数的 6.67%。17 项入选省级非遗项目名录，占安徽省省级非遗项目总数的 6.23%。池州市有 29 个市级非遗项目，85 个县级非遗项目，全市非遗保护四级名录体系基本建立。②

至 2014 年，池州市计有国家级非遗项目 4 项，分别是池州傩戏、青阳腔、东至花灯、九华山庙会。省级非遗项目 17 项（含国家级），包括贵池民歌、石台唱曲、九华山佛教音乐、石台目连戏、文南词、青阳农民画、石台油坊榨制技艺、平安草龙灯、鸡公调、红茶制作技艺、福主庙会、大九华水磨玉骨绢扇、西华唱经锣鼓等。市级非遗项目 40 项（含国家级、省级）。③ 截至 2022 年 1 月，池州市拥有国家级非遗项目 4 项，省级非遗项目增至 27 项。

（十五）安庆市

据《安庆非物质文化遗产田野调查》一书，2006—2009 年，安庆市对全市非遗进行了普查，普查范围为全市一市七县三区（桐城市、岳西县、望江县、怀宁县、宿松县、枞阳县、潜山县、太湖县、迎江区、大观区、宜秀区），被普查的非遗项目涉及民间文学、民间美术、民间音乐等 15 大类 548 项。④ 其类型、内容

---

① 参见铜陵市非物质文化遗产保护中心 2009 年所编内部资料《非物质文化遗产田野调查汇编（铜陵卷）》第 10—11 页。
② 王铿. 池州非物质文化遗产现状与思考［J］. 文化纵横，2012（07）：66.
③ 池州市文化和旅游局. 池州市各级非物质文化遗产名录项目［EB/OL］.（2014-01-08）［2019-08-15］. http://whhlyj.chizhou.gov.cn/News/show/171987.html.
④ 参见安庆市非物质文化遗产保护中心 2009 年所编内部资料《安庆非物质文化遗产田野调查》（第一卷）第 6 页。

及分布抄录如下。

1. 民间文学。共有216项。主要有传说、故事、歌谣、谜语等，尤以故事、传说居多，如孔雀东南飞的传说、雷池典故、三孝的故事、李白与司空山的故事等，分布在全市各地。

2. 民间音乐。共有155项。以口头传唱的民歌和流传于民间的吹打乐居多，分布于全市各乡镇。其中十番锣鼓、桐城歌等与民间风俗紧密相连的音乐的社会影响较大。

3. 民间美术。共有11项。主要有挑花、剪纸刻纸、建筑雕刻、蝴蝶字、鸟形字、都贻杰缩微艺术等，其中都贻杰缩微农具别具特色。

4. 民间舞蹈。共有16项。多为岁时节令舞蹈，带有浓厚的地方特色和乡土气息，主要有取材于日常生活故事、体现生活情趣的"十二月花神"、"大红伞"、花梆舞、采茶舞、"渔翁戏蚌"以及舞龙、舞狮、挑花篮、骑竹马等，分布在全市各乡镇。

5. 戏曲。共有16项。有曲牌体制、板腔体制、傀儡戏曲三大类。主要有黄梅戏、岳西高腔、弹腔、文南词、二扬子、木偶戏等，分布在全市各乡镇。

6. 民间杂技。共有2项。高跷和耍马叉。高跷也称"乔装戏"，主要分布在太湖县小池镇；耍马叉主要传承于岳西县包家乡。

7. 民间手工技艺。共有67项。有桑皮纸手工制作技艺、王河舒席手工制作技艺、制茶技艺、制陶技艺、铸胎掐丝珐琅制作技艺、布鞋制作技艺和油坊榨制技艺等，分布在全市各乡镇。

8. 曲艺。共有12项。以鼓书、胡琴书为代表，分布于太湖、宿松、岳西、望江、枞阳等地。

9. 生产商贸习俗。共有14项。以灯会习俗为主，分布在全市各乡镇。每年都有部分乡镇群众自发组织灯会。

10. 人生礼俗。共有16项。有诞生礼、百日礼、结婚礼（择偶、迎娶）、葬礼等，分布范围广泛。

11. 消费习俗。共有4项。即桐城茶俗、拉饭习俗、三牲席、乡村宴规，均分布于桐城市。

12. 岁时节令。共有15项。基本上涵盖了中国的所有传统节日，分布在全市各乡镇。

13. 民间信仰。共有2项。即"老爷"收兵和岳王庙会，主要分布于太湖县山区。

14. 民间知识。共有1项。内容为医药类秋石的知识，主要分布在桐城市。

15. 游艺、传统体育与竞技。共有1项，即划龙舟，主要分布在宜秀区。①

调查报告分析认为，从区域分布来看，安庆市的非遗虽然在全市分布较为均匀，但是不同地区的非遗还存有一定差异，全市形成了明显的各具特色的非遗文化丛，其具体分布脉络：(1) 以"黄梅戏"为代表的遍布全境、影响全国的戏剧文化丛；(2) 以桐城为中心的"桐城派文化"文化丛；(3) 以岳西、太湖、潜山、枞阳为中心的禅宗文化丛；(4) 以城区为中心的名人逸事文化丛；(5) 以皖山皖水为对象的皖江文化丛；(6) 以望江为中心的慈孝文化丛。②

（十六）黄山市

根据《徽州记忆》，黄山市非遗普查范围为全市三区四县（屯溪区、徽州区、黄山区、歙县、黟县、休宁县、祁门县），普查登记的非遗项目共有1305项，涉及民间文学、民间美术、民间手工技艺等14大类。主要门类的分布比例如下：民间文学72.26%，民间美术1.76%，民间音乐1.23%，民间舞蹈2.30%，戏曲0.38%，民间杂技0.77%，民间手工技艺4.06%，生产商贸习俗1.53%，消费习俗2.30%，人生礼俗2.84%，岁时节令3.83%，民间信仰5.52%，民间知识0.84%，游艺、传统体育与竞技0.38%。从区域分布上看，非遗项目在全市分布均衡，其中以古徽州府所在地歙县项目最多，徽州区作为原歙县所辖地项目数量次之。③ 具体情况摘录如下。

1. 民间文学。共有943项。民间文学题材丰富，在古徽州分布面广、受众面多。从类别上分，主要有神话、传说、故事、歌谣、谚语等，尤以传说、故事居多。有家喻户晓的《斩尾龙挂纸》《寄信割驴草》等警示寓意传说，众多记人叙事的民间传说《胡开文的来历》等，故事如广为流传的目连戏故事、郑节妇与大洪岭的故事等，反映徽州人道德观的典故，反映人类对自然敬畏心理的谈鬼说

---

① 参见安庆市非物质文化遗产保护中心2009年所编内部资料《安庆非物质文化遗产田野调查》（第一卷）第8—14页。

② 参见安庆市非物质文化遗产保护中心2009年所编内部资料《安庆非物质文化遗产田野调查》（第一卷）第6页。

③ 参见金涛2009年所编内部资料《徽州记忆》（黄山市·屯溪区）第10—13页。

怪故事《鬼魂怪异十则》等，还有在徽州区广为流传、被大家津津乐道的宣扬光荣革命传统、讲述南方八省游击健儿在徽州集中整编期间经历的红色革命故事《叶军长在岩寺》等。此外，还有反映相邻两地农民和平相处等传统美德的《太平岗的传说》等极具地域文化特色的民间文学。另外，谚语也颇有特色。

2. 民间美术。共有23项。以绘画、建筑、工艺为主，主要有新安画派及徽州盆景、徽州三雕、徽州根雕、徽州竹雕、古黟剪纸艺术等，其中尤以依附于古建筑的徽州三雕最有特色，在全市范围内均有分布。

3. 民间音乐。共有16项。以流传于民间、口头传唱的一些民歌小调居多，其中以歙县南乡、杞梓里镇、岔口镇、上丰乡的最具特色，特别是杞梓里的苏村民歌有一定的社会影响，如《四季探妹》《卖丝线》等。源自黄山区广阳秧溪一带的秧溪山歌、耘田山歌、放牛山歌等也充分反映了当地的风情。除此之外，休宁县的齐云山道教音乐、祁门县的十番锣鼓调、黄山区的新丰唢呐曲牌等与民间宗教或祭祀仪式相关的音乐，歙县的送灶司爷等与民间风俗相关的音乐，影响也极其深远。

4. 民间舞蹈。共有30项。包括生活习俗舞蹈、岁时节令舞蹈、宗教信仰舞蹈、生产习俗舞蹈等，带有浓厚的地方特色和乡土气息。其中反映傩文化的祁门傩舞《游太阳》和《跳钟馗》等宗教信仰舞蹈主要分布在歙县、徽州区、休宁县境内，傩舞在祁门县独树一帜；采茶扑蝶舞、渔翁戏蚌等取材于日常生活故事、体现生活情趣的民间舞蹈和舞龙、舞狮等生活习俗舞蹈则遍布全市。

5. 戏曲。共有5项。以曲牌体制的戏曲剧种、傩及祭祀仪式性的戏曲剧种、民间小剧种为主，主要有徽州目连戏、徽剧、地戏等。

6. 民间杂技。共10项。集中在歙县境内，以叠罗汉为代表。

7. 民间手工技艺。共有53项。主要包括髹漆、制墨，农畜产品加工中的制茶、腌制，编织扎制中的竹编等类别。其中，制墨有徽墨模雕刻技艺、徽州印模、胡开文刻墨技艺等7项；制茶有黄山银钩茶、顶谷大方、徽州贡菊、祁门安茶制作技艺等8项；腌制有休宁兰花火腿腌制、徽州火腿腌制等3项；竹编有屯溪竹编、彩灯竹编等7项；等等。

8. 生产商贸习俗。共有20项。涉及林业、狩猎、商贸等领域，主要集中在休宁县境内。

9. 消费习俗。共有30项。主要体现在对饮食的消费上。这些饮食既有在全市范围内具有普遍性的徽菜,也有各县、区各具特点的饮食,如黄山区的樵山香榧,祁门的嵌字豆糖,黟县的米塑,歙县的清明粿、徽州金丝琥珀蜜枣,屯溪区的徽墨酥、顶市酥等。

10. 人生礼俗。共有 37 项。有分娩习俗（接生婆、生子）、诞生、命名（添丁进喜）习俗,满月礼、百日礼和周岁礼（洗染周岁）,婚礼（女婿上门、送花灯、婚聚、婚嫁、哭嫁、闹洞房）,寿诞礼（开寿、合寿材）,葬礼（殡葬祭祀即堂祭、安葬、丧葬程序等）以及徽俗宴席礼仪等其他人生礼俗。

11. 岁时节令。共有 50 项。基本上涵盖了中国的所有传统节日。

12. 民间信仰。共有 72 项。有以田干拣日子为代表的原始信仰,以上九庙会、轩辕车会为代表的庙会信仰,以徽州宗族祠祭为代表的祖先信仰,以梅朵灯为代表的俗神信仰等。

13. 民间知识。共有 11 项。主要是医药卫生、数理知识、纪事等。医药卫生有涵盖全市的新安医学、歙县郑村的西园喉科、白杨的疯狗药、上路街的蛤蟆药、吴山铺的跌打药等,数理知识有程大位珠算,纪事有休宁"鱼鳞册"。

14. 游艺、传统体育与竞技。共有 5 项。庭院游戏有开栅、投叉,助兴游戏有杞梓里猜拳,其他有开锁、放灯等,分布广泛。①

第三节 安徽省非物质文化遗产的特点与价值

一、总体特点与价值

（一）典型的中原文化特色

安徽省在地理位置上承东启西,地形、地貌南北迥异,复杂多样。由于历史地理环境的不同,安徽各地生产、生活习俗亦各有差异,又由于从不同地方来的移民带入的外来文化和土生土长原生态文化的融合、变异,安徽文化呈现出中华文化特有的丰富性与多元性:皖江地区有吴楚文化的瑰丽多姿,皖南徽州文化是儒家文化的典型缩本,皖北则是儒、释、道合流的思想源地,故吴越文化、三楚

---

① 参见金涛 2009 年所编内部资料《徽州记忆》（黄山市·屯溪区）第 8—17 页。

文化、儒家文化和佛道文化均在安徽的非物质文化遗产的形成和发展中烙下了深深的印记。南北文化的交汇交融，孕育了灿烂辉煌的安徽文化：道家学派、建安文学、新安理学、桐城文派，别具一宗，闻名天下；北方奔放豪迈的淮河文化、中部兼容并蓄的皖江文化、南方婉约细腻的徽州文化，各具特色，和谐共生。要之，璀璨厚重的安徽文化孕育了丰富的非物质文化遗产。

举例来说，在传统舞蹈方面，安徽民间舞蹈在品种和风格上呈多元化的特点，即所谓"风谣歌舞，各附其俗"。按风格特色大致可分为五个不同的色彩区：淮北及淮河两岸的舞蹈风格粗犷炽热，注重技巧，代表性项目有花鼓灯、火老虎等；皖西山区舞蹈风格明快，代表性项目有鹆鹆理窝、十把小扇、十二月梳等；安庆及长江两岸舞蹈风格秀丽文静，代表性项目有无为鱼灯、十二条手巾、十二月花神、抛球舞等；皖南地区舞蹈风格古老刚健、节奏深沉缓慢，代表性项目有东至花灯舞、傩舞、游太阳、得胜鼓等；皖东南地区舞蹈风格柔美，表现情感细腻，代表性项目有双条鼓、秧歌灯、打对子等。[①]

（二）传统戏剧与传统技艺项目突出

安徽省传统戏剧和传统技艺种类丰富，数量众多。有论者曾指出："国家级非物质文化遗产中，传统戏剧23项、传统技艺21项，共占全部国家级非遗项目的50%。省级非物质文化遗产中，传统技艺类最多，占到全部省级非遗项目的31%。"[②] 确是至论。

首先，安徽是戏曲资源大省，以徽（徽剧）、黄（黄梅戏）、庐（庐剧）、泗（泗州戏）、花（花鼓戏）为代表，兼有岳西高腔、青阳腔、含弓戏、目连戏、梨簧戏、二夹弦、坠子戏、嗨子戏、梆子戏、清音戏等，其中不少是本土剧种和稀有剧种，还有傩戏、皮影戏、灯棚坐唱和抬阁戏、地戏等，传统戏剧在全省遍地开花。不仅如此，许多戏剧在中国戏剧史上都产生过重要影响，如徽剧是京剧的前身；清阳腔的滚调将中国戏曲声腔的演进推进了一个新高度；黄梅戏经过100多年的发展，已成为中国五大戏曲剧种之一；目连戏、傩戏也已成为民俗学家关注较多的戏剧剧种。安徽传统戏剧充分体现了我国戏曲的多样性特征，在戏剧学、历史学和民俗学上都有较大研究价值。其具体表现为：第一，戏曲剧种存留

---

① 张媛媛，江小角. 安徽非物质文化遗产[M]. 合肥：安徽文艺出版社，2015：46.
② 窦瑾. 安徽省非物质文化遗产活态传承研究[J]. 文化创新比较研究，2019，03（07）：41.

较多,且具有本土特色的剧种比例偏大。目前全国现存的270多个剧种中,安徽省存留了30多个。其中,徽剧、庐剧、岳西高腔、青阳腔、含弓戏、梨簧戏、目连戏等都是独具特色的地方剧种。第二,安徽传统戏剧历史悠久,大多有几百年的流传时间,有许多被称为传统戏曲的"活化石",如岳西高腔、青阳腔、目连戏等。第三,一些地方戏曲在当地具有深厚的文化土壤与群众基础。比如在合肥市肥东县、肥西县等地,许多老百姓至今对庐剧不离不弃;在安庆民间,黄梅戏班仍十分活跃;在皖北,听泗州戏、梆子戏仍是民众最喜欢的娱乐方式之一;在绩溪,徽戏童子班历久不衰。

其次,受农耕社会影响,传统技艺分布于安徽人生产生活的各个方面,如制茶技艺、酿酒技艺、肉类加工技艺、编制技艺、印染技艺、髹漆制作技艺、笔墨纸砚制作技艺,甚至包括一些特殊器具(如罗盘)的制作技艺等。上述许多传统技艺在历史上产生过巨大影响。随着时代的发展,有些技艺虽已经淡出生活的范畴,但仍有许多传统技艺被一些群体和家族传承下来,到今天还在人们的生活中占有重要地位,如绿茶制作技艺、祁门红茶制作技艺、宣纸制作技艺、徽墨制作技艺、徽派传统民居营造技艺、界首彩陶烧制技艺、芜湖铁画锻制技艺、古井贡酒酿造技艺、豆腐制作技艺等,它们具有极其重要的历史文化价值、工艺价值和科学价值。其主要特色:第一,遍布于衣食住行和文化生活的各个方面;第二,蕴含丰富的历史文化,具有很高的文化价值和艺术价值。尤其是文化类用品的制作技艺,在全国范围内独领风骚。例如,宣纸是传统手工纸品中最为杰出的代表,居"文房四宝"纸类之首,它的手工制作和纸质特点体现了传统技艺的长处。这一技艺至今尚不能用机器代替。徽墨制作技艺是我国制墨技艺中的一朵奇葩,在中国制墨史上占有重要地位。宣笔制作已有2000多年的历史,唐时的安徽宣城成为全国的制笔中心,所制宣笔深为士林称道乐用,并成为朝廷贡品。南唐时期,歙砚制作技艺冠绝天下。

值得一提的是,由于传统技艺类项目已经融入本地百姓的日常生活,成为当代国人生活的重要组成部分,因此它们的市场化前景普遍较好。

(三)民间文化多样,乡土气息浓厚

安徽境内民间文学的形式丰富多样,有神话、传说、民间故事、史诗、歌谣、民间笑话、民间谚语、谜语等。此外,安徽境内的民间文学还有如下一些特点:第一,民间文学数量庞大,一般都有久远的流传历史,有较高的历史价值。

比如有关老子的故事、庄子的传说、大禹的故事、孔雀东南飞的传说等，这些传说和故事将地域文化与中国历史有机结合起来，以草根讲述方式赋予历史以别样的情致。第二，民间文学的构成凸显中原文化特质。在安徽民间文学种类中，与地方历史事件、历史人物及风土人情相关联的民间传说和故事占比较高，农业谚语、生产生活民谣也占有一定比例，而远古神话、寓言、史诗占比较少。因而民间文学的构成呈现典型的中原文化特质与农业文明色彩。第三，民间文学中的民间歌谣如桐城歌、徽州民谣等体量丰富，传播面广，已成为地方文化的重要组成部分。民间谚语、民间俗语则涉及训诫、方言、气象、农时等诸多方面，言简意赅，朗朗上口，通俗易懂，幽默诙谐，既具有知识性、哲理性、科学性，又具有实用性，如"一天一暴，田埂收稻""天上鲤鱼斑，明天晒谷不用翻"等谚语通过对事物、现象的简洁描述，揭示生产生活与大自然之间的规律，直到今天仍有重要作用。①

民俗方面，由于地形地貌的多样性，加之移民带来的文化和本土原生地文化的融合、变异，安徽文化呈现出丰富性与多元性特点。例如，安徽民俗具有鲜明的地域特征。在漫长的历史长河中，从生产商贸到岁时节令，从人生礼俗到民间信仰，不仅形成了南北相异、多元多姿的民俗风情，也形成了安徽特有的一些民俗事项。在现有的国家级非遗项目名录中，历史悠久、影响深远的安徽民俗有九华山庙会、程大位珠算法等；民间娱乐性强、辐射范围广泛的有寿县和临泉的肘阁抬阁；地域特色鲜明的则有肥东洋蛇灯和界首书会等。②

此外，安徽省非遗项目还具有新增项目较多、徽文化色彩浓厚等特点。安徽省的文房四宝在国内扬名，徽州文化中的诸多文化形态，如徽派传统民居营造技艺、程大位珠算法等，其影响更是涉及中国传统文化诸多领域。由于许多地方都论及有关非遗项目，这里不展开论述。

二、各地特点与价值

前已论及，2009 年前后，安徽省多数地市都在广泛的田野调查的基础上，汇编或出版了各自的调研成果。在这些成果的清单前，多附有各地的"非物质文

---

① 张媛媛，江小角. 安徽非物质文化遗产［M］. 合肥：安徽文艺出版社，2015：1—2.
② 张媛媛，江小角. 安徽非物质文化遗产［M］. 合肥：安徽文艺出版社，2015：296.

化遗产概况"或"非物质文化遗产普查报告",这些"概况"或"报告"对安徽省各市、县非遗项目的特点与价值均有详尽说明。虽然时代在不断变迁,但是有关记录仍然具有重要参考意义。由于亳州市、宿州市以及池州市的田野调查资料不全或未能查阅到,这里仅就所见资料,爬梳合肥市、黄山市等13个地市的有关非遗特点与价值的资料。现择其要点,摘录部分内容如下。

(一)合肥市

据《非物质文化遗产田野调查汇编(合肥卷)》记载,合肥市共有非遗项目12类242项,总体上以民间文学、民间舞蹈与民间美术类项目为多且分布广泛。① 不过,全市各区、县的非遗又有其各自的特点与价值。

在全市四区(瑶海区、庐阳区、蜀山区、包河区)中,共普查非遗项目79项,其中,瑶海区10项,庐阳区43项,蜀山区8项,包河区18项。②

较之市区,合肥市三县地区的非遗数量较多。肥东县共有非遗项目8大类57项,其中以洋蛇灯、旱船两个项目较为有名,具有较高的社会价值与文化价值。总体上主要有三个特点:(1)承载历史特征;(2)民间信仰特征;(3)原生态特征。③

肥西县共有非遗项目9类27项,其中以紫蓬山庙会较为知名,群众基础较好。全县的各类非遗项目"区域分布松散交叉","均衡普遍是肥西非遗分布的特征"④。

长丰县共普查登记的非遗项目有8大类142项,总体特点也有三个方面:(1)吸纳交融的特点;(2)浓郁的生活特点;(3)原生态特点。⑤

---

① 参见合肥市非物质文化遗产保护中心2009年所编内部资料《非物质文化遗产田野调查汇编(合肥卷)》第3页。
② 参见合肥市非物质文化遗产保护中心2009年所编内部资料《非物质文化遗产田野调查汇编(合肥卷)》第248—374页。
③ 参见合肥市非物质文化遗产保护中心2009年所编内部资料《非物质文化遗产田野调查汇编(合肥卷)》第38—39页。
④ 参见合肥市非物质文化遗产保护中心2009年所编内部资料《非物质文化遗产田野调查汇编(合肥卷)》第118—119页。
⑤ 参见合肥市非物质文化遗产保护中心2009年所编内部资料《非物质文化遗产田野调查汇编(合肥卷)》第163页。另外,根据当年的普查结果,合肥市非遗项目有12类242项,但笔者在综合整理时发现,材料记载全市四区及三县非遗项目的总数有305项。由于当年的工作人员已联系不上,具体情况不得而知,故本文无法对数据进行核查纠正,列出仅供参考。

就全市范围而言，普查报告分析认为合肥市戏曲类的庐剧、徽剧等有较大特色与价值，并认为庐剧是"合肥地区影响深远的地方小戏"，拥有较大的人文价值、历史价值与艺术价值。①

(二) 淮北市

据淮北市非物质文化遗产田野调查资料，该市的非遗资源具有以下一些特点和价值。

一是酒文化源远流长、色彩浓厚。资料指出，淮北市的酒文化历史可以追溯到商周时期，并且延续至今。明末清初，淮北一些地区酿酒作坊有20余家，到清嘉庆七年（1802年）发展到30余家，其中较知名者有"俊源""源丰""福泉"等。所产濉溪大曲酒，通过水陆交通向北销往济南、天津、北京、张家口、抚顺等地，向南销往上海、无锡、南京、芜湖、武汉等地。1912年，津浦铁路通车，为濉溪酒的外销创造了有利条件，濉溪口曾出现72家酒坊争雄的局面。目前淮北市所产口子窖酒（也称"口子酒"）在国内较为知名，该酒酿造技艺也已被列入省级非遗项目名录。

二是境内的民间传说数量较多。先秦时代，淮北因地处卫、宋、楚、鲁诸国边缘，是邹鲁（儒家）文化、三秦（法家）文化、楚文化几大文化板块相交接的地区，学术思想异常活跃。本市拥有数量可观的人名、地名的故事或传说，如因孝子蔡顺故里而得名的"蔡里"、东方朔隐居的"朔里"，还有关于临涣城墙的故事《临涣城夜转亳州》等。在淮北市烈山区的龙脊山，至今流传着张果老的传说，并有相关故事景点10余处。

三是消费习俗类项目较有特色。以境内非遗项目分布较多的濉溪县为例，因水运便利，濉溪县的服务业相对发达，物资交流频繁。自明代一位糕点师制作的酥糖被当作贡品以来，至清代，糕点花色品种不断增加，有大京蜜、蜂糕、寸金、口酥、三刀子、花生糖等数十种。临涣包瓜、各种酱菜也是馈赠佳品。此外，濉溪县王毛的羊肉汤、百善硬面大卷，临涣集的油酥烧饼、马蹄烧饼，五沟镇的泡条馓子等，均是较为知名的传统食品。

四是戏曲、曲艺一直在传承中，虽有兴衰，却未曾间断。花鼓戏是淮北地区

---

① 参见合肥市非物质文化遗产保护中心2009年所编内部资料《非物质文化遗产田野调查汇编（合肥卷）》第7页。

的民间剧种，乡土气息浓厚。演唱时无音乐伴奏，用锣、鼓、梆子击打出节奏。善演悲剧，唱腔如泣如诉，跌宕婉转，句间以吸气浊音或衬音相连，若行云流水，连绵不断。常用板式有大颠板、直板、小颠板等。曲调有赶脚调、平板调、寒板调、浍板调、浍南调数种。花鼓戏传统剧目有《龙庆海吊孝》《蜜蜂记》等。曲艺在濉溪县流行甚广。演唱曲种有大鼓、丝弦、扬琴、渔鼓、评书、坠子等。此外，乐器唢呐在淮北地区使用较为广泛。①

普查报告重点记述了已被列入第一批国家级非遗项目名录的淮北花鼓戏，"淮北花鼓戏的130余个剧目，题材丰富广泛……开展对淮北花鼓戏的剧目和表现特征的研究，对于发扬民族戏曲传统，推动戏曲创作，打造戏曲艺术精品都有十分重要的价值"②。

（三）蚌埠市

根据蚌埠市非物质文化遗产田野调查资料，蚌埠市的非遗在整体上具有三大特点。

一是非遗统计制约因素多。因地理条件、历史条件的不同，民间所传承的非遗在收集、整理方面受到一些因素的制约。诸如市区区划变动、人口移动、居点变动、知情老人去世等。有的非遗传承人缺乏文字书写能力，因而无法撰文申请保护。

二是文学、习俗类非遗多。在十大类型的非遗项目中，以民间文学、民俗两类项目数量偏多，而传统音乐，传统舞蹈，传统戏剧，曲艺，传统体育、游艺与杂技，传统美术，传统技艺，传统医药等类型的项目数量偏少。

三是原生态非遗数量少。由于蚌埠地处交通要道，经济较为发达，容易与外来文化接触，原汁原味、土生土长的文化发生变异，导致原生态的文化遗产较少，这是必然现象。③

普查报告重点强调了蚌埠花鼓灯与余家皮影戏两项非遗的价值。报告认为，

---

① 参见淮北市非物质文化遗产保护中心2009年所编内部资料《相城印记——非物质文化遗产（淮北卷）》第3—4页。
② 参见淮北市非物质文化遗产保护中心2009年所编内部资料《相城印记——非物质文化遗产（淮北卷）》第263页。
③ 参见蚌埠市非物质文化遗产保护中心2009年所编内部资料《蚌埠记忆——非物质文化遗产田野调查汇编》（蚌埠卷）第5—6页。

蚌埠花鼓灯是淮河文化在舞蹈方面的集中表现，是民间舞蹈的杰出代表，它对淮河流域文化的发展和传播，特别是对淮河中段文化的发展和传播起到积极的推动作用。蚌埠花鼓灯内容丰富、形式活泼、舞姿优美，是我国民间文化的一块绚丽的瑰宝，是不可多得的人类优秀文化遗产。[①]

余家皮影（影人）的造型融民间美术、戏曲、民俗等方面于一体，制作生动精美，它蕴含着许多极具历史价值的信息。余家皮影戏的音乐融合了南北地区民间曲调，在音乐领域里自成一体。人们从中可以了解中国的民俗和民间文学、美术、音乐以及衣、食、住、行等方面，它对丰富广大人民群众的文化生活至今仍发挥着重要作用。[②]

（四）阜阳市

根据阜阳市非物质文化遗产田野调查资料，阜阳市非遗资源具有如下一些特点。

一是种类繁多。大多是民众中流传的"活态"文化。有流传于民间的传统舞蹈花鼓灯、舞狮、高跷、旱船等，有充满艺术魅力的民间剪纸、彩塑、年画、刺绣等，有被誉为颍河流域"活化石"的界首渔鼓，有流传千余年历史的界首彩陶烧制技艺，有享誉鲁、皖、豫三省的界首书会，有风格独特的扁担戏等。

二是风格独特。阜阳地处黄淮流域，各种文化表现形式在这里都有充分的展现，民间艺术风格更为突出。这里不仅有着黄土魂式的高亢激昂的乡土风格，又因地理位置接近南方，同时也受长江文化的影响，兼有阴柔之美。在南北文化交融中，阜阳非遗形成刚柔并济、粗细结合、阴阳交替的特殊风格。如界首彩陶秉承"唐三彩"遗风，又吸收了剪纸、木版年画的艺术风格，在制陶技艺中自成流派。其主要材料取自颍河两岸的胶泥层，因此具备了本土的特点，从而形成了具有个性的"界首彩陶"。界首盛行的沙河渔鼓（界首渔鼓），据云系河南梆子沿沙河流域传入，受方言、风俗等多种因素影响而成，说白很少，唱词与说白都加韵脚，唱腔多用颤音，曲调优美婉转，可达到声情并茂的艺术境界。因此，这里的梆剧、曲剧、清音等地方戏曲，既不像秦腔、晋剧那样铿锵有力，也不同于越

---

① 参见蚌埠市非物质文化遗产保护中心 2009 年所编内部资料《蚌埠记忆——非物质文化遗产田野调查汇编》（蚌埠卷）第 10 页。
② 参见蚌埠市非物质文化遗产保护中心 2009 年所编内部资料《蚌埠记忆——非物质文化遗产田野调查汇编》（蚌埠卷）第 11 页。

剧、庐剧的柔婉之美，而是具有鲜明的地方印记，更为广大劳动人民所接受。

三是民俗项目丰富。阜阳民俗文化源远流长，丰富多彩。庙会、灯会等在广大乡村地区流传不衰。随着社会经济的发展，具有时代特色的新民俗到处可见，苗湖书会就是其中之一。它由农民自办，为当地和周边群众送去了丰富的精神食粮。同时，春节期间的传统灯会、斗鸡会、高跷、肘阁等民俗活动，也广泛分布于阜阳境内。①

（五）淮南市

根据淮南市非物质文化遗产田野调查资料，由于淮河流域是中国南北地理、气候的交会处，且南北商贸、文化亦在淮河一带有着大交流、大融合的过程，因此淮南非遗具有自己的特殊风格和特征。

一是兼容性。由于淮河从市区穿过，南北文化在此交流、碰撞，淮南非遗的第一个显著特点就是兼容性。各类文化、艺术种类较齐全，相互之间不但不排斥，而且相互学习，取长补短，兼容并蓄，共同进步。如凤台茅仙洞千年来由佛、道两家交替主持。各类民间艺术也多相互吸取精华以补充自身营养，从而更加健康发展。如凤台推剧在花鼓灯的基础上衍生而来，以淮河地方民歌、民间小调为基础，又兼收了山东吕剧、安庆黄梅戏的音乐元素，使自身唱腔不断丰富。这些都证明了淮南非遗具有兼容性特征。

二是多样性。淮南非遗的第二个显著特征是多样性。蔡楚文化、中原文化、吴越文化、齐鲁文化，甚至北方的游牧文化在此均有反映。如花鼓灯的"三道弯"动作，显然是受楚舞"三道弯"的影响。东部的凤阳花鼓独具吴越文化特色，田家庵连岗村的民间舞蹈《摔跤》无疑是游牧文化的反映，而花鼓灯中的"鼓架子"风格更是中原文化粗犷、豪放特征的真实体现。正是这些多种类、多式样、多风格的特点构成了淮南非遗的多样性特征。

三是创新性。淮南非遗的第三个显著特征是创新性。大多数传承人并不完全拘泥于死守"原生态"，而是在保留原始状态的情况下不断丰富、发展，完善非遗的艺术风格。例如淮南花鼓灯，一大批传承人在继承的基础上丰富和发展了它

---

① 参见阜阳市非物质文化遗产保护中心 2009 年所编内部资料《非物质文化遗产田野调查（阜阳卷）》（第一册）第 4 页。

的表现手法、艺术手段，使花鼓灯的影响不断扩大，越来越生机勃勃，靓丽夺目。①

（六）滁州市

滁州地处江淮之间的丘陵地带，受长江文化和淮河文化双重影响。受地域条件和历史条件影响，其所传承的各项非物质文化遗产，显现出多元化与个性化相结合之特点。据滁州市非物质文化遗产田野调查资料记载，该市非遗资源大致有如下特征。

第一，承载历史文化特征。滁州历史文化底蕴深厚，在这块土地上曾经创造过的或者曾经大规模出现过的文化活动和生产活动丰富。惊心动魄的军事活动、丰富多彩的文化活动和名人往来等，都对滁州非物质文化遗产的形成和发展产生了重要影响。现有的非遗已经成为人们能够享受到的一笔珍贵的文化财富，具有明显的历史积淀和人文精神印记。比如，明初朱元璋为充实凤阳人口，从全国各地移民数十万人到凤阳，这在中国移民史上是罕见的。这些云集凤阳的移民自然将原籍的文化艺术、风俗习惯、家乡方言等文化基因带至凤阳。明王朝后期的社会政治经济逐渐衰弱，自正统年间起，凤阳移民在频繁的自然灾害的侵袭和官吏的层层欺凌下，开始了大规模的逃亡。移民们（主要是江南一带移民）采用返乡探亲省墓的方法逃离凤阳，一路以乞讨为生。为了有利于乞讨，移民们口唱民间小曲，用一鼓一锣作为演奏乐器，他们走到哪儿就把那儿最流行的小调学会，然后经过加工改造成自己的歌调。于是，在这种情况下诞生了闻名中外的"凤阳歌"，即"凤阳花鼓"。其中有云："说凤阳，道凤阳，凤阳本是个好地方，自从出了朱皇帝，十年倒有九年荒。大户人家卖骡马，小户人家卖儿郎，奴家没有儿郎卖，身背花鼓走四方。"数百年来，凤阳歌以通俗、流行的艺术表演形式，唱遍了全国各地。它生动反映了明、清时期滁州市的社会状况及民众的悲惨生活与境遇，等等。总之，滁州在南北文化与本土文化的大碰撞、大交流、大融合中，形成了一种独特的当地文化。许多非遗项目就是在这样的历史背景和文化环境中得以传承和发展的。

第二，原生态特征。滁州市非遗根植于民间，它不是固态停滞的，而是变化

---

① 参见淮南市非物质文化遗产保护中心2009年所编内部资料《淮南市非物质文化遗产调查成果汇编（第一卷）》第5页。

发展的。虽然土生土长的文化不断受外来文化影响，但是许多原汁原味的非遗项目仍然大量存留下来。如人生礼俗、民间文学、民间知识及民间手工技艺等，都有着一套独特的文化存在形式，它们普遍存在于该市城乡之间。诸多非遗项目不仅体现着滁州市非遗的原生态特征，同时也反映出滁州人对传统文化内涵的吸纳和学习精神。

第三，不断继承与发展的特征。滁州市的许多非遗项目，经过专业和民间艺人的创作，在原汁原味的基础上得到了不断继承与发展。如凤阳花鼓现已有了一大批传承人，通过整理编排，它早已走向全国，参加许多城市的重大演出活动，深受欢迎；并且每次活动都有多家新闻媒体跟踪报道，在全国产生了较大影响。再如天长的孝文化，其主要内容是孝亲敬老。1985 年以来，天长人民每年都开展评选孝子、孝媳和孝亲之家活动，举办孝文化艺术节，并将每年的 4 月 18 日定为"孝敬日"，在这一天演孝戏，唱孝歌，吟孝诗，颂扬孝子，还在校园内开展孝文化教育。再如较有影响的民俗活动正月初九"琅琊山庙会""正月十六走太平"等，每年都由当地政府主导筹办，参与人数多达 10 万人。①

（七）六安市

据六安市非物质文化遗产田野调查资料记载，该市非遗资源主要有三大方面特征。

一是内容丰富，分布广泛。六安市非遗资源种类繁多，覆盖面广，主要分为传统戏剧、曲艺、传统音乐、传统舞蹈、传统美术、传统技艺、民间文学等。传统戏剧有庐剧，而皖西是庐剧的发祥地，在这里，庐剧形成了独特的西路唱腔风格；曲艺主要有锣鼓书、四弦书、小调胡琴书等；由于六安市特殊的地理环境，传统音乐更是丰富多彩，主要有山歌、秧歌、茶歌、民间小调，还有思帝乡锣鼓、古碑丝弦锣鼓等民间吹打乐；传统舞蹈有正阳抬阁肘阁、十二月梳、打五扇、连响舞等；传统美术有剪纸等；还有舒席、柳编、一品斋毛笔制作技艺等传统技艺；民间文学主要有朱元璋的传说、梁山伯与祝英台的传说等；具有浓郁地方特色的文化空间主要有金寨双河庙会等。

二是喜闻乐见，群众喜爱。六安市的非遗项目多与劳动人民的生产、生活联

---

① 参见滁州市非物质文化遗产保护中心 2009 年所编内部资料《滁州遗韵——非物质文化遗产田野调查汇编》（滁州卷·滁州市）第 4—10 页。

系紧密，乡土气息浓厚，深受广大人民群众的喜爱。特别是在传统的节庆活动中，一些传统的民间艺术形式仍展现出其独特的魅力，发挥着积极的作用。经过长期的传承和发展，全市的非物质文化遗产已形成了一批在省内外乃至全国都享有较高知名度的特色品牌项目。如抬阁肘阁参加了多届安徽省花鼓灯会，以及2000年六安撤地建市庆典活动、2002年南京旅游博览会等。寿县寿州锣鼓（寿县原属六安市，后划归淮南市管辖）先后参加了上海国际旅游节、上海农产品交易会等活动，其演出团队在2004年第六届安徽省花鼓灯会上获奖；2006年，在安徽省第二届淮河风情文化节上获得金奖；2007年，在云南昆明举办的首届中国·福保乡村文化艺术节中，再获金奖；2008年11月，应邀参加首届中国农民歌会开幕式，以前所未有的规模展示了寿州锣鼓特有的艺术魅力，蜚声海内外。六安瓜片制作技艺、霍邱柳编、剪纸、张玉柱的剪纸撕纸艺术等一批民间技艺及民间美术正逐步形成产业。

三是强烈的地域性和原生态性。全市的非物质文化遗产具有浓郁的地方特色和原生态性。如庐剧，它是安徽主要的地方戏之一，不仅六安有庐剧，合肥等其他地方也有庐剧。但是，六安庐剧与其他地方的庐剧有不一样的地方，因此，六安一带的庐剧即皖西庐剧又称"西路庐剧"。再如皖西民歌有"挣颈红""慢赶牛"等独特的曲调，声音高亢、嘹亮，具有很强的穿透性和不可复制性。它们在地域性和原生态性方面尽管很"土"，但也正是其特色所在。皖西文化源远流长，特色鲜明。皋陶文化从这里播向华夏，传向世界。"生长于江汉，扎根于江淮"的楚文化在这里成熟。从春秋战国到西汉中期，这里一度为道家、农家和儒家学派研究和教育活跃的地区。南宋时寿春府发明的"突火枪"，是管状兵器的始祖。明末六安人喻本元、喻本亨兄弟的《元亨疗马集》，被后世称为兽医学界的"《本草纲目》"。皖西文化艺术门类丰富，民歌、民舞、曲艺、灯会和民间戏剧种类繁多，折射出江淮地区和大别山区劳动人民的勤劳与智慧。[①]

（八）马鞍山市

马鞍山市非遗普查报告中未有全市的非遗特点分析资料，这里将现已划入马鞍山市的和县的有关调研情况抄录如下。

[①] 参见原六安市文化局（新闻出版局、版权局）2009年所编内部资料《六安市非物质文化遗产田野调查汇编》（六安卷·寿县卷）第6页。

调研报告分析认为，和县因受地域、历史等诸多因素的制约和影响，该区域所传承的各项非遗，具有明显的个性化特征。

一是承载历史的特征。"和县猿人"打破了和县的蛮荒时代，历史的长河在此山此水间流淌至今。曾经发生过的、创造过的那些轰轰烈烈的大规模的文化活动和生产活动，如惊心动魄的军事活动、丰富的文化活动与名人往来等，虽有史料文字记载，但更多的活生生的记忆只能存遗于和县民间，成为现在仍可以触摸到的一笔文化财富。具有明显历史及人物印记的项目如西楚霸王的传说、鸡笼山的传说、刘禹锡的传说、一品玉带的传说等约占到全县总数的 35%。

二是典型的楚文化特征。和县历史最早可以追溯到春秋战国时期。无论是故事传说、衣食住行，还是时令节气、庙会娱乐等，和县的上述非遗项目大多都与楚文化紧密相关。这类非遗项目的比例最高，约占到 40%。①

（九）芜湖市

据芜湖市非物质文化遗产田野调查资料，该市非遗资源有如下几方面特征。

一是承载历史特征。在芜湖建城 2000 多年的历史长河中，这里不仅多次发生大规模的生产活动，也多次出现惊心动魄的血腥厮杀，同时也有数不清的文人骚客、商贾官吏、佛道高人到这里吟诗议事、拨琴作画、传经布道。这些丰富的历史文化活动，多数遗存在民间，遗存在口头传承的非物质文化遗产中，如鸠兹的传说、鱼市街周瑜墓的传说、儒林街的故事、九莲塘的传说、东门渡万佛塔的传说、乾隆皇帝在湾沚的传说、大成殿的传说等，无不反映了芜湖悠久的历史和深厚的文化积淀。

二是青铜文化特征。西周至宋代大规模采铜于南陵县，南陵县是中国青铜文化的发祥地之一，有"古铜都"之誉称，长达千年的炼铜历史在该县留下了举世罕见的古铜矿遗址。遗留下来的南陵大工山古铜矿遗址与千峰山土墩墓群同被列为国家级重点文物保护单位。此外，南陵县出土的吴王光剑、青铜龙耳尊等被指定参加 1990 年北京亚运会、2008 年北京奥运会的文物精品展。民间刻铸的丹阳镜、青羊镜，更是造型别致、工艺精巧。由于铜可铸钱币、造兵甲、制器皿，攸关军政国计，为争夺铜资源，自商周以后，南陵历代战乱不断，成为征战杀伐之

---

① 参见原巢湖市文化广播电视新闻出版局 2010 年所编内部资料《非物质文化遗产田野调查（巢湖卷）》（和县篇）第 8—10 页。

地，因而留下了许多传说，如干将莫邪的传说等。这类非遗项目占南陵非遗项目的1％左右。

三是商业文化特征。长期以来，芜湖一直是长江沿岸的一个重要商埠和物资集散地，商业和手工业较为发达。反映商业经济的非遗项目随处可见，如芜湖铁画、芜湖三刀、芜湖老虎灶、芜湖杂货、芜湖浆染、芜湖街头叫卖、芜湖花街竹编等，它们反映了历史上芜湖繁荣的商贸经济。

四是文化多元化特征。芜湖历史上的三次人口大迁徙和清末的被迫开放通商，使芜湖逐渐对南北、中外各种文化兼收并蓄，形成了自己特有的多元文化。仅以宗教文化为例，当佛教最盛时，芜湖有上百座寺庙，赭山广济寺更是中外扬名；道教在芜湖流传了1500多年，在群众中有着广泛的影响；伊斯兰教、天主教、基督教等在芜湖都有教堂和信众。此外，芜湖的习俗礼仪多样，民间艺术也风格各异，多带有各种文化和谐共融的区域特征。

五是消费文化特征。芜湖商业发达，自然也是一个消费型城市。从吃、穿、用、到医、乐、行，消费习俗五花八门。例如，芜湖人民创制的小吃名目繁多，口味各异，如小笼包、虾子面、酒酿水子、酥烧饼、煮干丝、臭豆腐、五香螺蛳、腰子饼等，都是有名的特色小吃。①

（十）宣城

据宣城市非物质文化遗产田野调查资料，宣城市非遗资源的特色十分鲜明。

一是种类繁多。据不完全统计，宣城市非物质文化遗产主要有民间文学、民间舞蹈等。例如，有流传于民间的传统舞蹈云舞、火马舞、手龙舞等；有凝聚了劳动人民智慧的徽菜制作技艺、宣酒古法酿造技艺、古南丰徽派本坊酿造技艺、涌溪火青制作技艺等。尤其是驰名中外的"文房四宝"之宣纸、宣笔、徽墨、宣砚的制作技艺，更因其独一无二的文化性和地域性而在人类艺术史上扮演了举足轻重的角色。

二是具有地域色彩。宣城地处吴楚文化交会、融合的长江中下游地区，数千年来创造了丰富多样的灿烂文化。民歌、采茶调、号歌等民间音乐曲词优美，生动活泼，风格独特；各种形式的龙灯、狮灯、花灯等舞蹈蕴含了多种文化元素，具有古典韵味和浓厚的乡土气息；皖南花鼓戏粗犷、质朴、明快，具有鲜明的乡

---

① 参见芜湖市非物质文化遗产保护中心2009年所编内部资料《鸠兹·符号——非物质文化遗产田野调查（芜湖卷）》（第一册）第8—12页。

土色彩,在宣城各地影响深远;绩溪县伏岭镇等地的徽剧留存了徽剧剧本、表演程式、技艺与行头道具,成为徽剧的活化石;古徽州地区流传的木雕、砖雕和石雕,与建筑整体配合得严密稳妥,其布局之工、结构之巧、装饰之美、营造之精、内涵之深,令人叹为观止。最有代表性的是种类繁多、涉及面广、特点鲜明的传统手工技艺。这些手工技艺是宣城人民聪明才智和创造能力的集中反映,具有浓郁的地域风格,尤其是以宣纸、宣笔、徽墨、宣砚为代表的"文房四宝"制作技艺为最;另外,跳五猖、安苗节、赛琼碗等丰富多彩的民俗活动,充分反映了宣城独特的自然环境、人文特色和生活习惯,承载着农村社会、农民生活与农业生产的历史信息,具有重要的历史价值、文化价值和经济价值。

三是民俗资源丰富。宣城民俗文化源远流长,丰富多彩。庙会、灯会等习俗文化在广大农村地区长盛不衰。春节期间的传统灯会、高跷、抬阁等民俗活动,广泛分布于宣城境内。长期以来,全市非遗以人们喜闻乐见的艺术形式融入人们的日常文化生活中,并因其自身教化与娱乐的双重功能而深受人民喜爱。[①]

调查报告重点论述了宣纸与皖南木雕的价值。宣纸是传统手工纸品中最为杰出的代表,居"文房四宝"纸类之首,它的手工制作和纸质特点体现了传统技艺的长处,这一技艺至今尚不能用机器代替。自唐代以来,宣纸一直为人们所喜爱,其生产至清代臻于鼎盛,出现了许多著名品牌,在国内外屡获大奖。

皖南木雕起源于版画,到了明代初具规模,后来中国画家们的介入,使得皖南木雕更趋装饰性与美术性。皖南木雕的题材内容广博,造型精巧,艺术风格独特,技艺精湛。其手工平凿拉丝法的特殊工艺是皖南木雕区别于其他木雕的最为典型的特征。此外还有凝聚了宣城人的智慧和劳动的花砖、绿茶、宣酒等制作技艺,均与当地群众日常生活密切相关,极大地丰富了人民群众的物质、文化生活,具有较高的历史、文化、工艺和经济价值。[②]

(十一)铜陵市

据铜陵市非物质文化遗产田野调查资料,铜陵市大致形成了三种文化形态。

一是以铜矿采冶生产为基础的矿山文化形态。它主要围绕铜陵南部山区分

[①] 参见宣城市非物质文化遗产保护中心2010年所编内部资料《人文宣城——宣城市非物质文化遗产普查资料汇编》(宣州区)第8—10页。

[②] 参见宣城市非物质文化遗产保护中心2010年所编内部资料《人文宣城——宣城市非物质文化遗产普查资料汇编》(宣州区)第8—9页。

布。先民们在长期的铜矿采冶活动中，在创造了灿烂铜文化的同时也孕育了丰富的非遗。如钟鸣镇的竹马灯和铜陵白姜、铜陵凤丹制作技艺等。

二是沿江南岸圩区的渔牧农耕文化形态。这一地区自然资源匮乏，人们主要靠农耕渔牧，在这平静的生产生活中创造出了"牛歌"等地方民歌。

三是城镇商贸文化形态，主要以铜陵县、顺安、大通、太平为中心。例如，顺安镇地处山区和圩区的交界处，为两地人们的生活物资交流提供了最佳地域平台。唐贞观年间（公元627—649年），朝廷在顺安设有驿站，取名"临津驿"，在此基础上顺安三月三庙会这项民俗活动日益盛行。大通和太平地处江边，是长江水道上的天然避风港，在长期对外交流中，创造出丰富的地域文化，如鹊江龙舟赛、太平臭干制作技艺等。①

（十二）安庆市

根据《安庆非物质文化遗产田野调查》一书记载，受政治、经济、历史、地域等因素影响，安庆市的非遗具有鲜明的地域文化特色。具体而言，有以下几点。

一是具有独特的地方色彩。诸多戏曲、民间音乐具有浓郁的乡土气息和地方特色，如黄梅戏用的是安庆地方官话念唱，难以模仿。

二是历史积淀性。几千年的文化积淀在皖山皖水间传承至今，各种非遗项目中保存了极为丰富的政治、经济、社会、历史、文化信息，具有鲜明的人文历史印记。

三是综合包容性。安庆历史上重要的地理区位特点，造就了安庆丰富的地域语言和包罗万象的文化风采，传承发展至今的全市的非遗项目大部分在中原文化中都能找到。

四是原生态性。从原汁原味的黄梅戏、岳西高腔、潜山弹腔、桐城山歌，到传承千年的安庆风土人情，大都保留了原来的风貌，仿佛让人们看到了一幅幅安庆先民的生活画卷。②

（十三）黄山市

据《徽州记忆》等资料记载，黄山市非遗资源具有如下一些特点。

---

① 参见铜陵市非物质文化遗产保护中心2009年所编内部资料《非物质文化遗产田野调查汇编（铜陵卷）》第6页。
② 参见安庆市非物质文化遗产保护中心2009年所编内部资料《安庆非物质文化遗产田野调查》（第一卷）第6—7页。

一是鲜明的地域性。全市民间流传的故事和传说，大多无文字记载，而是人们在生产生活中凭借记忆口头流传至今。不同的内容反映不同时期的现象，也体现当时人们对各种人、事、物的评价，它们是本地区一部活生生的文明史，如万年桥三姑定名等。民间手工技艺是黄山市非遗的重中之重，也是最具乡土特色的项目，既有顶谷大方制作、五城米酒酿制、休宁兰花火腿腌制等农畜产品加工技艺，又有竹编等编制扎制技艺，还有麻布制作等织染缝纫技艺，它们都与古徽州人民的日常生活息息相关，与徽州资源丰富的自然环境、人多地少的社会现实密不可分。随着徽州人外出经商、游学、做官，徽州民间手工技艺在全国声名鹊起，影响甚广。

二是具有儒家文化特征。由于新安理学的长期浸渗，黄山市的非遗处处蕴含着儒家思想。民间信仰、民俗、民间故事等深受儒家文化影响，徽文化追求儒家传统、讲究中庸平和的特点在艺术上也多有体现。例如，新安画派苍凉、冷漠、幽寂的意境；徽州篆刻以儒雅为宗旨的创作风格；徽派版画线条一丝不苟，构图繁而不密，境界恬静安乐等。

三是具有兼容性。徽州文化是徽州本土文化与移民文化的结合。几次大迁徙使中原的士族定居徽州，他们一方面有保持原有名门望族的社会心理，另一方面又努力适应当地的风土民俗。他们制定的族规家法有别于他族，无形中促使了徽州文化的形成。徽州文化注意兼收并蓄，广泛吸纳各种文化的优点，形成自己的特色。例如，徽剧声腔是在广泛吸收了弋阳腔、昆腔、秦腔等唱腔优点的基础上形成的，在表演上继承了目连戏飞叉、滚打等武打和杂耍技巧；徽派版画融诗文、书法、印章和图画于一炉。这都是兼容性的表现。古徽州非物质文化遗产不仅仅存于古徽州区域，而是随着徽商足迹遍及天涯，具有全国意义与世界影响，这样就提高了其区域文化的影响力。徽剧一开始仅在徽州邻县流传，清代中叶走出徽州地域，进入皇都，逐渐演变成京剧，风靡全国，成为国粹，是最为典型的例子。①

---

① 参见金涛 2009 年所编内部资料《徽州记忆》（黄山市·屯溪区）第 5—6 页。

第二章

安徽省非物质文化遗产的保护与传承

与国内多数省份一样,安徽省非遗的保护与传承工作带有鲜明的政府主导色彩。安徽省政府在省城合肥设立了安徽省非物质文化遗产保护中心,所辖各市、县也纷纷设立了非遗保护中心等非遗保护传承机构。经过多年的建设,安徽省非遗的保护与传承工作虽取得了可喜成绩,但仍面临一些问题。本章在认真梳理安徽省非遗的主要保护与传承机构、安徽省非遗保护与传承工作取得的成绩与存在问题的同时,尝试提出了若干或许有利于加强安徽省非遗保护与传承工作的意见和建议。

第一节 保护与传承机构

一、各级非遗保护中心

(一)安徽省非物质文化遗产保护中心

2007年2月,安徽省非物质文化遗产保护中心在省文化馆挂牌,标志着安徽省非遗工作专门机构的正式成立。同年5月,安徽省文化遗产保护领导小组成立。随着安徽省各项非遗工作的陆续开展,原安徽省文化厅于2009年9月正式设立了安徽省非物质文化遗产处。2011年5月,安徽省机构编制委员会下发公文,同意单独设立安徽省非物质文化遗产保护中心(简称"省中心")。省中心为全额财政拨款事业单位,核定事业编制15名,办公地选定在合肥市安庆路,办公所用楼系安徽省博物院(旧馆)院内北楼。是年7—8月,原安徽省文化厅党组先后下文任命黄先有、俞勇为中心正、副主任。① 2018 年，黄先有主任调离省中心工作。省中心现任主任为宋磊。省中心内设办公室、保护部和研究部，各部门现任主任分别是傅茂林、王广宝、胡迟。

省中心承担着全省非遗保护的各项具体工作，如：负责制定安徽省非遗信息采集与保护技术标准和工作规范；对省内非遗保护和传承工作进行专业指导和业务培训；组织开展非遗信息采录、整理和编辑工作；组织开展非遗课题研究相关工作；策划组织非遗相关宣传和展演、展示活动；省非遗数据库建设与管理工作；非遗项目名录、代表性传承人申报、保护、管理、服务等具体工作。

省中心建有工作网站，即"安徽省非物质文化遗产网"。该网站于 2011 年底筹建，2012 年上半年正式开通。除新闻动态、政策法规、通知公告等基础板块外，省中心网站主要有四大重点功能性板块：其一录入了全省国家级、省级非遗项目与传承人的基本信息，方便社会各界查询；其二可令保护单位、传习基地等通过网站直接投稿，在线互动，并实现投稿时关联相关非遗项目、传承人等，方便及时统计信息；其三形成了非遗数字地图，直观、有效地将非遗项目、传承人信息关联起来，有利于非遗的宣传推广；其四建立了申报资料内部管理系统，便于资料的查询、管理与更新修正。②

据闻，省中心成立之初，存在物力、人力条件十分不足的情况，能快速进入保护、采录等工作的人员十分有限。基于此，省中心始终把队伍建设作为根本任务之一，努力打造一支高素质的非遗保护队伍。其主要做法如下：

首先是尝试使用"借力同行"的非遗数字化工作新模式，与原文化部全国文化信息资源共享工程安徽省级分中心合作，约定在非遗专业力量、广播电视专业力量及硬件设施、数据资源等方面资源共享，用三年时间对省内国家级、省级非遗项目进行采录。其次，省中心全员全程参与了两届中国（黄山）非物质文化遗产传统技艺大展的筹划布展和论坛组织等工作。在业务理论培训上，省中心组织《中国非遗保护黄山论坛论文集》、《安徽省非物质文化遗产乡土读本》（皖北卷、皖中卷、皖南卷）、《安徽省非物质文化遗产保护手册》等的编写工作。

---

① 安徽省非物质文化遗产保护中心. 安徽省非物质文化遗产保护实用手册 [M]. 合肥：安徽大学出版社，2018：282.
② 中国非物质文化遗产网·中国非物质文化遗产数学博物馆. 专访安徽非遗保护中心主任黄先有 [EB/OL]. (2017—04—27) [2019—08—15]. http://www.ihchina.cn/luntan_details/7631.html.

安徽省非物质文化遗产保护中心的工作千头万绪。仅以2016年为例，该年省中心的工作主要集中在以下几个方面：

一是根据原文化部下发的《关于开展国家级非物质文化遗产代表性传承人抢救性记录工作的通知》，启动了安徽省的抢救性记录工作，对10位国家级非遗传承人进行了采录。二是继续与原文化部全国文化信息资源共享工程安徽省级分中心合作，开展安徽省非遗项目的采录工作。三是积极办展参展，宣传推介安徽的非遗项目。四是努力提升省内非遗工作队伍的综合素质，主办了全省非遗业务工作专题培训班。五是积极配合原省文化厅，开展第五批省级非遗项目申报评审和非遗教育传习基地评审工作。

《中华人民共和国非物质文化遗产法》公布实施后，安徽省非遗保护的贯彻落实工作主要通过以下几个方面展示出来：一是在全省范围内组织学习、宣传《中华人民共和国非物质文化遗产法》；二是推进非遗保护地方性法规的制定，研究制定了《安徽省非物质文化遗产保护专项资金管理办法》；三是开展非遗调查与采录工作，建立国家、省、市、县四级非遗名录保护体系，建立非遗档案及相关数据库；四是认定非遗代表性传承人，设立非遗展示传承场所，支持非遗的传承、传播。①

（二）各市、县非物质文化遗产保护中心

目前，安徽省16个地级市及其所辖各县（市、区）大多设立了非遗保护中心或非遗保护办公室。安徽省各地设立非遗保护中心的时间虽早晚不一，但多数非遗保护中心设立于2009年。据有关资料，滁州市设立非遗保护中心的时间较早，"2008年滁州市及各县、市、区相继成立了非物质文化遗产保护中心，同时成立了各自的非物质文化保护工作专家组"②。滁州市下辖的明光市于2008年4月成立明光市非物质文化遗产保护中心，该中心设在明光市文化馆，并着手将有关非遗保护经费纳入财政账目。③

---

① 中国非物质文化遗产网·中国非物质文化遗产数字博物馆. 专访安徽非遗保护中心主任黄先有[EB/OL].（2017—04—27）[2019—08—15]. https://www.ihchina.cn/luntan_details/7631.html.
② 参见滁州市非物质文化遗产保护中心2009年所编内部资料《滁州遗韵——非物质文化遗产田野调查汇编》（滁州卷·滁州市）第19页。
③ 参见滁州市非物质文化遗产保护中心2009年所编内部资料《滁州遗韵——非物质文化遗产田野调查汇编》（滁州卷·滁州市）第12页。

2009年6月，黄山市"已在黄山市文化馆加挂黄山市非物质文化遗产保护中心机构牌子，一套人马两块牌子，并在市文化局成立非遗科"①。2009年6月，马鞍山市市、县两级人民政府均成立了非物质文化遗产保护中心，乡镇政府成立了非物质文化遗产保护小组。②宣城市非遗保护机构成立较晚，据该市2010年非遗普查资料所述，"安徽省非物质文化遗产保护中心于2007年在省文化馆挂牌成立，目前全市、县尚未成立，应尽快成立四级保护中心"③。

尽管面临办公条件、资金、人手不足等诸多问题，但毋庸置疑的是安徽各市、县（市、区）非遗保护中心及有关机构是安徽省非遗保护的重要力量。安徽省在非遗的普查、申报、传承人保护以及非遗的展演展示等方面能取得较大的成绩，是和安徽省各级非遗保护中心工作人员的辛勤付出密不可分的。

二、相关高校与研究机构

（一）黄山学院安徽非物质文化遗产研究中心

黄山学院安徽非物质文化遗产研究中心（简称"研究中心"）成立于2009年5月，系安徽省教育厅人文社会科学重点研究基地之一。国家非遗保护工作专家、时任黄山学院副院长的樊嘉禄教授担任该研究中心主任。2015年4月始，黄山学院马勇虎教授被聘任为该研究中心主任。

该研究中心致力于安徽省非遗的发掘、研究和保护工作，并设立四个研究方向：非遗保护理论研究、安徽非遗的调查与利用研究、徽州文化生态保护实验区专题研究以及徽州非遗传承人口述史研究。中心主要研究人员承担的重要非遗类课题有方利山教授主持的国家社科基金项目"徽州文化生态保护研究"，樊嘉禄教授主持的教育部人文社会科学研究规划基金项目"徽州乡土文献中民间信仰研究"，赵士德副教授主持的教育部人文社会科学研究规划基金项目"基于文化生态区的徽州三雕传统手工技艺生态保护研究"，樊嘉禄教授主持的安徽省社科规划项目"非物质文化遗产合理利用模式研究"，樊嘉禄教授主持的安徽省软科学

---

① 参见金涛2009年所编内部资料《徽州记忆》（黄山市·屯溪区）第17页。
② 参见马鞍山市非物质文化遗产保护中心2009年所编内部资料《非物质文化遗产田野调查材料汇编（马鞍山卷）》第10页。
③ 参见宣城市非物质文化遗产保护中心2010年所编内部资料《人文宣城——宣城市非物质文化遗产普查资料汇编》（宣州区）第15页。

研究项目"地区传统技艺保护与地方经济发展"等。该研究中心计划用5年时间建设一个综合全省非遗科研人才、学术资料和调查网络的高水平学术平台，并提出要努力为安徽省文化大发展大繁荣工作作出较大贡献的目标。①

(二) 池州学院皖南民俗文化与旅游发展研究院

皖南民俗文化与旅游发展研究院（简称"研究院"）成立于2015年9月，由学校先前设立的皖南民俗文化研究中心、资源环境与旅游发展研究中心合并而成。2011年4月，安徽省教育厅正式批准"池州学院皖南民俗文化研究中心"为安徽省高等学校人文社会科学重点研究基地建设单位。该研究基地挂靠在皖南民俗文化与旅游发展研究院，研究方向为皖南民间风俗研究、皖南民间戏曲研究和皖南宗教文化研究三个方向。研究院的职能定位：在校分管领导的直接领导下，立足学校的办学定位和地方经济社会发展之需，依托校内文学、史学、哲学、艺术、旅游等相关学科专业力量，团聚校内外从事皖南历史文化研究和旅游发展研究的专家学者，积极开展皖南深厚的历史文化资源的发掘与整理、保护与传承及旅游开发利用研究，夯实学校的特色科研，扩大学校的学术影响，咨政地方经济社会发展之需；积极协助校教务处及相关二级学院，做好皖南优秀传统文化的教育传习工作，服务学校教学与人才培养。

研究院现任院长为谈家胜教授，现有专兼职研究人员23人，其中教授10人，副教授8人，科研力量较强。②

研究院设有皖南民俗文化馆，藏品丰富，该馆已成为该研究院开展公共交流、实践教学、科学研究的重要平台。研究院研究成果有《池州民间故事》《青阳腔研究》等著作多部，《贵池傩的文化人类学分析》《论皖南目连戏与青阳腔滚调的关系》等论文数篇。

(三) 安徽大学徽学研究中心

安徽大学徽学研究中心是1999年重组的实体性研究机构，是教育部批准的首批15个普通高等学校人文社会科学重点研究基地之一。现任中心主任为周晓光教授。

---

① 黄山学院. 安徽非物质文化遗产研究中心简介 [EB/OL]. (2016－06－06) [2019－08－15]. http://fyzx.hsu.edu.cn/6d/d9/c1074a28121/page.htm.
② 皖南民俗文化与旅游发展研究院. 皖南民俗文化与旅游发展研究院简介 [EB/OL]. [2019－07－01]. http://wannly.czu.edu.cn/yjyjj.htm.

徽学研究中心现藏有丰富的徽州民间历史文献，其中徽州原始文书档案近8万份（册），各类原始抄本、谱牒、徽人文集500余种。为加强对所藏徽州文书的保护与利用，徽学研究中心在成立之初还专门设立了文书特藏室（即"伯山书屋"）。2007年底，徽学研究中心申报的中央和地方共建优势特色学科重点实验室项目获准立项，顺利建成徽学研究中心重点实验室。

徽学研究中心现有讲席教授2人，专职研究人员20人，兼职研究人员30人，中心下设徽商与徽州经济史研究室、徽州文书与文献研究室、徽州宗族与社会史研究室、徽州学术与思想史研究室、徽州文化资源研究与开发研究室。徽学研究中心除开展日常的学术研究活动外，还编辑《徽学》集刊，招收中国历史专业（专门史方面）博士与硕士研究生。[①]

（四）安徽师范大学皖南历史文化研究中心

皖南历史文化研究中心是以安徽师范大学社会学院（现更名为历史学院）历史学博士后流动站、中国古代史博士点和多个相关硕士点为支撑，以安徽省重点学科中国古代史为依托的安徽省级人文社会科学重点研究基地。现有徽州商帮研究、徽州学术思想史研究、徽州教育史研究等三个较为稳定且颇具影响的研究方向，并逐步拓展新的研究领域；有专兼职研究人员13人（教授11人，副教授2人），其中具有博士学位者8人。

近几年，皖南历史文化研究中心研究人员中有多人获国家社科基金资助，先后出版学术专著26部，在国内外权威学术期刊发表论文近百篇，获省部级以上奖励近10项。[②]

（五）阜阳师范大学皖北文化研究中心

皖北文化研究中心是在整合阜阳师范大学"四所"（古籍研究所、老庄研究所、皖西北历史文化研究所、汉语言研究所）和文科"七系"（中文、历史、政法、教育、外语、美术、音乐）学术资源，并与阜阳、亳州等地方政府签订联合共建协议的基础之上，经安徽省教育厅批准，于2003年10月正式成立的，是安徽省高等学校人文社会科学首批10所重点研究基地之一。

---

① 中国徽学网. 中心简介［EB/OL］.［2019-07-01］. http://huixue.ahu.edu.cn/16601/list.htm.
② 皖南历史文化研究中心. 中心概况［EB/OL］.［2019-07-01］. https://wannan.ahnu.edu.cn/zxgk.htm.

该中心拥有一支以中青年为主、科研结构合理的学术队伍，现有校内外专职、兼职研究人员35人，为中心的人文社会科学研究构筑了一个良好的学术平台。目前，该中心设置颍淮文化研究、阜宿方言研究、管子经济思想研究等具有地方特色的研究方向，在历史文化、民间艺术、宗教信仰等领域亦有很大突破。[①]

此外，还有许多高校与研究机构正在从事包括安徽非遗在内的各项研究工作，如中国科学技术大学、安徽财经大学、合肥工业大学、安徽黄梅戏艺术职业学院、安徽省社会科学院等。此不一一展开论述。

三、主要传习基地、传习所

2011年5月，原安徽省文化厅公布了32处非遗传习基地，这是安徽省评审认定的首批省级非遗传习基地。它们是五河县文化馆、当涂县文化馆、安徽艺术职业学院、安徽省花鼓灯歌舞剧院、冯嘴子村花鼓灯生态保护村、安徽花鼓灯陈氏流派原始生态村、安徽省花鼓灯艺术中专学校、安徽省黄梅戏剧院有限责任公司、安徽省徽京剧院、安徽艺术职业学院、安徽省宿州市泗州戏剧团、安徽省绩溪县实验小学、安庆再芬黄梅艺术剧院、安徽黄梅戏艺术职业学院、岳西高腔传承中心、凤阳县花鼓艺术团、亳州传统华佗五禽戏养生俱乐部、休宁县德胜鲁班木工学校、黄山市徽派雕刻研究所、黄山市竹溪堂徽雕艺术有限公司、界首市彩陶研究所、芜湖市储金霞铁画艺术有限公司、安徽省宣州宣笔厂、中国宣纸集团公司、绩溪胡开文墨业有限公司、歙砚世家暨黄山市王祖伟砚雕艺术中心、黄山市徽漆工艺有限公司、安徽省歙县工艺厂、安徽省行知中学、万安吴鲁衡罗经老店有限公司、安徽徽厨技师学院、屯溪区大位小学。[②] 后增加一处为铜陵江南文化园。

2015年1月，原安徽省文化厅公布了安徽省第二批非物质文化遗产传习基地名单，35处基地入选，它们是肥东县文化馆、合肥演艺有限责任公司、巢湖市掇英轩文房用品厂、亳州市传统华佗五禽戏俱乐部、宿州市坠子剧团、怀远县常

---

① 阜阳师范大学皖北文化研究中心. 中心简介 [EB/OL]. [2019－07－01]. http://www.fynu.edu.cn/whzx/index.htm.
② 潜山文化馆. 安徽省首批非物质文化遗产传习基地一览表 [EB/OL]. (2014－09－04) [2019－07－01]. http://qswhg.cn/display.asp?id=86.

坟镇花鼓灯培训中心、安徽省泗州戏剧院有限责任公司、阜阳开源剪纸艺术有限公司、安徽华宇工艺品集团有限公司、界首市卢氏刻花彩陶有限公司、安徽临潭笔莊有限公司、六安市皖西演艺传媒集团有限公司、六安市裕安区龙凤山六安瓜片生产专业合作社、舒城县城关镇苏成军舒席制造厂、和县天门演艺有限公司、安徽泾县三兔宣笔有限公司、铜陵新九鼎铜文化产业有限公司、潜山县天柱陶瓷有限公司、潜山县"星杰"桑皮纸有限公司、桐城市佛光铜质工艺品有限公司、安徽省祁门县祁红茶业有限公司、安徽省祁门红茶发展有限公司、安徽省黄山市屯溪胡开文墨厂、黄山市歙县徽韵工艺品厂（紫墨轩）、黄山歙县牌坊群鲍家花园开发有限公司、黄山市归根堂文化艺术发展有限公司、黄山市而可漆艺工作室、黄山徽州竹艺轩雕刻有限公司、歙县正辉砖雕艺术研究所、黄山市黟县金星工艺有限公司、黄山光明茶业有限公司、黄山市休宁科兴名优茶厂、黄山区猴坑茶业有限公司、黄山区仙源镇综合文化站、广德县朝晖文化艺术有限公司。①

安徽省省级非遗传习所19处，分别是繁昌县非物质文化遗产保护中心、阜南县嗨子戏艺术传承培训学校、颍上县鼓韵文化演艺有限公司、安徽省郎溪县梅渚镇周家村五猖馆、黄山市西园喉科药物研究所、祁门县祁门傩学会、皖南皮影戏曲艺术团、寿县楚风演艺有限公司、黄山市郑寒砚雕艺术中心、绩溪县伏岭镇复兴徽剧研习社、巢湖市苏湾镇中心学校、亳州市谯城区梆剧团、黄山市徽剧艺术传习所、贵池区贵池民歌传习所、池州傩传习所、亳州市谯城区文化馆、五河县临北回族乡狮子舞传习所、亳州市谯城区双沟镇大班会传习基地、石台县牯牛降同乐班。②

2016年6月，原安徽省文化厅公布了安徽省非物质文化遗产教育传习基地名单，宿州学院、滁州学院等30所学校入选。蚌埠、安庆、黄山3市入选的传习基地较多，详见下表。

---

① 潜山文化馆. 安徽省第二批省级非物质文化遗产传习基地名单［EB/OL］.（2015－06－22）［2019－07－01］. http://qswhg.cn/display.asp? id=95.
② 潜山文化馆. 安徽省非物质文化遗产传习所名单［EB/OL］.（2015－06－22）［2019－07－01］. http://qswhg.cn/display.asp? id=96.

表2-1 安徽省非物质文化遗产教育传习基地名单

序号	所在地	申报单位名称	传习非遗项目名称
1	合肥市	安徽三联学院	阜阳剪纸
2	合肥市	巢湖市苏湾镇司集初中	巢湖民歌
3	宿州市	宿州学院	泗州戏
4	蚌埠市	怀远师范学校	花鼓灯
5	蚌埠市	蚌埠市花郢小学	花鼓灯
6	蚌埠市	蚌埠市新城区实验学校	花鼓灯
7	蚌埠市	五河县实验小学	五河民歌
8	蚌埠市	蚌埠市凤阳路第一小学	花鼓灯
9	阜阳市	阜阳科技工程学校	界首彩陶烧制技艺
10	阜阳市	阜阳市北京路第一小学	淮北梆子戏
11	淮南市	谢家集区李郢孜回民小学	永京拳
12	滁州市	滁州学院	凤阳花鼓
13	滁州市	安徽科技学院	凤阳花鼓
14	马鞍山市	当涂实验学校	当涂民歌
15	芜湖市	芜湖职业技术学院	芜湖铁画锻制技艺
16	芜湖市	安徽机电职业技术学院	芜湖铁画锻制技艺
17	宣城市	宣城市皖南花鼓戏艺术学校	皖南花鼓戏
18	宣城市	绩溪县伏岭镇中心小学	徽剧
19	宣城市	宣城市工业学校	宣纸制作技艺
20	池州市	池州学院	池州傩戏
21	安庆市	安庆师范学院	黄梅戏
22	安庆市	太湖县新城小学	花梆舞
23	安庆市	桐城师范高等专科学校	桐城歌
24	安庆市	岳西县田头乡田头中心学校	岳西高腔
25	安庆市	安庆皖江中等专业学校	望江挑花
26	黄山市	歙县新安小学	徽州民歌
27	黄山市	黄山市屯溪荷花池小学	徽剧

(续表)

序号	所在地	申报单位名称	传习非遗项目名称
28	黄山市	黄山职业技术学院	徽州三雕、漆器髹饰技艺
29	黄山市	黄山区仙源中心学校	轩辕车会
30	黄山市	歙县深渡中心学校	徽派版画

资料来源：安徽省非物质文化遗产保护中心. 安徽省非物质文化遗产保护实用手册[M]. 合肥：安徽大学出版社，2018：352.

第二节 保护与传承工作及成绩

一、总体工作与成绩

21世纪以来，安徽省认真贯彻"保护为主、抢救第一、合理利用、传承发展"的非遗保护工作方针，形成了全新理念保护、工作快速推进、传承成效显著、全国位次靠前的良好局面，初步构建起一套非物质文化遗产保护体系和机制，有效保护了一批珍贵的非物质文化遗产，开展了一系列影响广泛的特色非遗活动，营造了一种非遗保护深入人心、社会尊重优秀传统文化的良好氛围。具体而言，安徽省全面建立了国家、省、市、县四级非遗名录体系；建立了中国第一个跨省文化生态保护实验区——徽州文化生态保护实验区。该保护区规划在全国率先获批，该项目建设工程入选2010年度"国家文化创新工程"；中国宣纸集团公司、安徽省绩溪胡开文墨业有限公司获批首批国家级非物质文化遗产生产性保护示范基地。①

2011年，安徽省全省共有国家级非遗代表性项目60项，省级非遗代表性项目273项，市级非遗项目641项，县级非遗项目1728项，其中宣纸传统制作技艺、中国传统木结构建筑营造技艺（徽派传统民居营造技艺）入选联合国教科文

---

① 安徽省非物质文化遗产保护中心. 安徽省非物质文化遗产乡土读本·皖中卷[M]. 合肥：安徽大学出版社，2015：序2.

组织"人类非物质文化遗产代表作名录"。① 作为非物质文化遗产资源大省，安徽省高度重视非遗保护工作，认真贯彻"保护为主、抢救第一、合理利用、传承发展"的工作方针，以继承和弘扬中华优秀传统文化，促进社会主义精神文明建设为工作核心，成立了领导协调机构，群策群力，2005年至2012年，逐步实现了安徽省非遗保护工作"十有"目标。一有健全的四级非遗项目：国家级60项，省级273项，市级641项，县级1728项，还有世界级文化遗产2项。二有规范的代表性传承人队伍：国家级53人，省级409人。三有翔实的普查基础：普查协查10万余人，文字记录1981万字，录音记录1641小时，摄影记录3249小时，拍照记录29976张，征集实物1521件，资料汇编839册。四有各级传习基地：省级传习基地33个，国家级非遗生产性保护示范基地2个。五有跨省级的文化生态保护区——徽州文化生态保护区，它是我国第二个国家级保护实验区，是我国第一个通过保护规划的跨省级示范区，涉及二省三市。六有专题展示场所：有非遗展示馆26个，民俗馆15个。七有专业机构人员：原安徽省文化厅设立了非遗处，还有具备15个编制名额的省非遗中心。八有大型展示活动：中国（黄山）非物质文化遗产传统技艺大展、安徽省民俗文化节等节庆活动，凡有演出必有非遗展示。九有固定经费保障：项目保护、传承人传承、保护区示范、理论研究均有专项经费保障。十有广泛支持与参与：政府相关部门高度重视，人大代表、政协委员做专题调研，文化工作者积极努力，干部群众热情参与。② 其中，在非遗传承人保护方面，安徽省共有国家级非物质文化遗产项目代表性传承人3批53人；省级非物质文化遗产项目代表性传承人4批409人，其中民间文学12人，传统音乐40人，传统舞蹈58人，传统戏剧64人，曲艺22人，传统体育、游艺与杂技13人，传统美术53人，传统技艺99人，传统医药7人，民俗41人。③

2014年，安徽省非物质文化遗产保护的阶段性成果如下。

---

① 谢广祥. 守护精神家园　建设文化强省——在中国非物质文化遗产保护黄山论坛上的讲话[C]//黄先有. 中国非物质文化遗产保护黄山论坛论文集. 合肥：安徽教育出版社，2013：1.
② 杨果. 承继传统，拓展创造：在中国非物质文化遗产保护黄山论坛上的讲话[C]//黄先有. 中国非物质文化遗产保护黄山论坛论文集. 合肥：安徽教育出版社，2013：10.
③ 杨果. 承继传统，拓展创造：在中国非物质文化遗产保护黄山论坛上的讲话[C]//黄先有. 中国非物质文化遗产保护黄山论坛论文集. 合肥：安徽教育出版社，2013：11.

项目方面，共有国家级非物质文化遗产代表性项目 74 项，省级非物质文化遗产代表性项目 343 项，市级非物质文化遗产项目 934 项，县级非物质文化遗产项目 3174 项，其中宣纸传统制作技艺、中国传统木结构建筑营造技艺（徽派传统民居营造技艺）、珠算（程大位珠算法）3 项入选联合国教科文组织"人类非物质文化遗产代表作名录"。

传承人方面，共有国家级非遗项目代表性传承人 75 人，省级非遗项目代表性传承人 576 人。

传习基地方面，共有 10 个徽州文化生态保护实验区非遗传习基地，33 个首批省级非遗传习基地，54 个第二批省级非遗传习基地（所），其中，中国宣纸集团公司、安徽省绩溪胡开文墨业有限公司获批首批国家级非物质文化遗产生产性保护示范基地，黄山徽州竹艺轩雕刻有限公司获批第二批国家级非物质文化遗产生产性保护示范基地。

生态保护区方面，安徽省建立我国第一个跨省文化生态保护区——徽州文化生态保护区，保护区规划在全国率先获批，并入选"国家文化创新工程"。

专题博物馆方面，共有省、市、县三级非物质文化遗产专题博物馆 26 个、民俗博物馆 15 个。

出版物方面，省中心先后组织编写《中国徽班》、《中国黄梅戏》、《中国花鼓灯》、《安徽省非物质文化遗产保护手册》、《徽州文化生态保护论文集》、《安徽省首批非物质文化遗产名录图典》、《安徽省第二批非物质文化遗产名录图典》、《安徽省第三批非物质文化遗产名录图典》、《安徽省非物质文化遗产传承人图谱》（上下册）、《中国非物质文化遗产保护黄山论坛论文集》、《安徽省非物质文化遗产乡土读本·皖北卷》等各类出版物。另有关于市级非遗的出版物累计 100 余套，关于县级非遗的出版物 1300 余套。①

安徽省非遗保护工作自启动至 2017 年，共有国家级非遗项目 88 项，其中 3 项被列入联合国教科文组织"人类非物质文化遗产代表作名录"，国家级传承人 74 人，国家级非遗生产性保护示范基地 3 个②，国家级文化生态保护实验区 1

---

① 安徽省非物质文化遗产保护中心. 安徽省非物质文化遗产乡土读本·皖中卷 [M]. 合肥：安徽大学出版社，2015：12—13.
② 3 个国家级非遗生产性保护示范基地分别是安徽省绩溪胡开文墨业有限公司（徽墨制作技艺）、中国宣纸集团公司（宣纸制作技艺）、黄山徽州竹艺轩雕刻有限公司（徽州三雕）。

个，国家级非遗研究基地 1 个，国家级传统工艺工作站 1 个；省级非遗项目 343 项，省级传承人 576 人，省级非遗传习基地 68 个，省级非遗传习所 19 个，省级非遗教育传习基地 30 个，各类专题博物馆、民俗博物馆、专题展示厅共 313 个。①

近年来，安徽省始终大力开展非物质文化遗产保护与传承工作，主要工作与成绩表现在以下几个方面。

其一，展示展演促交流。原安徽省文化厅与故宫博物院、黄山市政府联合举办了徽剧进故宫展演系列活动，组织专业团队在故宫上演 5 台精品剧目。故宫文化创意馆徽派传统工艺馆开馆后，200 余件来自徽州的文创系列产品进驻其中。在西藏山南市举办的"徽风皖韵——安徽省文创作品展"，促进了两地的文化交流。原安徽省文化厅主办全国非遗传统戏剧惠民演出、安徽省非遗文化展、非遗进校园等活动，组织开展了文化和自然遗产日传统技艺类非遗项目及民俗项目展演活动，组织非遗项目参加中国非遗博览会、中国（淮安）大运河文化带城市非遗项目大展、全国非遗曲艺周活动等 10 余个高规格非遗展演展示活动。

其二，研修培训提工艺。实施非遗传承人群研修研习培训计划，与安徽省相关高校联合办好各类非遗传承人群研修班、培训班。每年分别与中国科学技术大学、黄山职业技术学院联合举办"传统纸加工技艺研修班"以及"歙砚制作技艺培训班""绿茶制作技艺培训班"，共培训学员 100 余人。举办"中国非遗造纸、制墨传承人与书画、修复、印刷材料专家面对面"活动和故宫博物院驻黄山市徽派传统工艺工作站传承人对话活动等，整合文创设计、非遗传承、市场营销、行政管理等资源，合力提升安徽省传统工艺水平。组织安徽省非遗传承人走出去，与兄弟省、市加强互动。推荐安徽省多名非遗传承人参加中国戏曲学院、景德镇陶瓷大学、武汉纺织大学、浙江农林大学研修培训班。

其三，行业研究出成果。推进"安徽非物质文化遗产丛书"编撰工作，编写了《安徽省非物质文化遗产保护手册》，并推出《非遗视界》专辑。安徽非遗保护中心研究部主任胡迟的研究课题《流逝的乡土：安徽非遗个案田野笔记》顺利结项并由安徽科技出版社于 2018 年出版。

其四，打造典型作示范。经文化和旅游部批准，在歙县设立了安徽省唯一一

---

① 中国非物质文化遗产网. 专访安徽非遗保护中心主任黄先有［EB/OL］.（2017—04—27）［2019—08—15］. https://www.ihchina.cn/luntan_details/7631.html.

个非遗保护传承观察点，用于掌握歙县各级非遗代表性项目的存续状态与变化情况，为制定完善非遗保护传承政策法规提供参考和依据。歙县文化部门深入调研，开展座谈会，反复征求专家意见，最终形成传承观察点建设报告上报文化和旅游部并受到认可。安徽省非遗保护传承观察点建设的成功做法被作为典型经验，在全国非遗保护工作会议上进行交流。①

二、各地工作与成绩

本节主要是根据安徽省16个市的田野调查资料内容，对各地的非遗保护工作与成绩进行汇编。需要说明的是，个别地市如池州市的有关非遗资料有所缺失，只能依据近几年公开的有关数据予以补充。

（一）合肥市

据《非物质文化遗产田野调查汇编（合肥卷）》，2005—2009年，合肥市在非遗的保护与传承工作方面，主要有以下工作与成绩。

1. 成立并完善了非遗普查机构和队伍，抓好普查工作。根据原安徽省文化厅、安徽省财政厅提出的《关于我省民族民间文化保护工程的实施意见》有关要求，原合肥市文化局、合肥市财政局于2005年9月8日联合下发了《关于合肥市民族民间文化保护工程的实施意见》，并成立了由原合肥市文化局、合肥市财政局、原合肥市规划局、原合肥市民族事务委员会、合肥市文学艺术界联合会等有关部门与组织组成的"市非遗保护工程"领导小组，确定了合肥市民族民间文化保护的基本思路和总体目标，确定了保护工程各个阶段的主要任务，并于2006年9月在合肥市文化馆设立了非遗领导小组。随后，合肥市在全市范围内启动了民族民间文化资源普查工作。

普查工作自2006年起至2008年末结束，以"无形文化遗产"即非遗为主要普查对象，同时兼顾散落在民间的有形文化资源和遗产。合肥市非遗普查工作队以各县、区文化局、文化馆和各乡镇、街道文化站工作人员为主。主要做法：各县、区文化馆确定1名总联络员，各乡镇、街道文化站确定1名联络员，各乡镇

---

① 中华人民共和国文化和旅游部. 安徽大力开展非物质文化遗产保护与传承工作［EB/OL］.（2019－05－29）［2019－08－15］. https://www.mct.gov.cn/whzx/qgwhxxlb/ah/201905/t20190529_843975.htm.

行政村、各街道社居委分别确定 1 名兼职普查员；然后将各县、区总联络员、联络员、兼职普查员名单汇总、归类并整理成册。可见，合肥市民族民间文化资源普查员队伍遍及各县、区、乡镇、街道，在全市形成了一个点、线、面全方位结合的普查网络。至 2009 年 6 月，合肥市共搜集、整理民族民间文化资源 242 项，并在此基础上参与建立了较为完整的国家、省、市、县四级非遗名录体系。

2. 开展非遗系列宣传活动，扩大非遗的社会影响。合肥市文化部门每年都会开展一系列非遗项目的宣传活动。如在文化和自然遗产日举办宣传及展览活动，或在春节的新春文化庙会上开展合肥市非遗保护项目的现场展示活动等。

3. 举办"合肥市民族民间文化资源普查培训班"，提高普查队伍的工作素质。自 2006 年起，合肥市每年都要举办数期"合肥市民族民间文化资源普查培训班"，全市文化局、文化馆及城乡基层文化站先后参加培训者达 200 余人次。

4. 收集、整理、建立非遗项目档案，并将普查成果编纂成册。合肥市在普查的基础上，已初步完成全市非遗项目的档案整理、存档工作，同时合肥市文化馆还组织编撰了《合肥市民族民间文化资源普查汇编》一书。①

2010 年以来，合肥市政府多措并举，不断健全机制，强化实施措施，在非遗保护和传承方面取得了诸多成效。主要表现在以下方面。

1. 深入普查，全面摸清了非遗资源状况。按照"试点先行、由点到面、整体推进"的工作思路，合肥市积极动员社会力量，开展田野调查，形成文字记录 10 万字，普查项目共 10 大类、321 项。建立了市级非遗项目数据库，抢救了一批濒危的非遗项目，较为全面地掌握了全市非遗资源的种类、数量、分布状况、生存环境、保护现状等，并将普查成果汇编成册，编印了《非物质文化遗产田野调查汇编（合肥卷）》。

2. 夯实基础，健全非遗名录体系。建立非遗名录体系是非遗保护工作的重要内容和基础工作，合肥市早在 2008 年就建立了国家、省、市、县四级非遗名录体系，并不断加以完善。

3. 分类指导，科学保护非遗项目。根据非遗项目的特征、生存状态、传播途径之不同，合肥市相关部门制定了多种保护方案，采取抢救性保护、馆藏性保

---

① 参见合肥市非物质文化遗产保护中心 2009 年所编内部资料《非物质文化遗产田野调查汇编（合肥卷）》第 5 页。

护、生产性保护、传承性保护等方式，分级分类保护非遗项目。对于濒危的、活态传承较为困难的非遗项目，采取抢救性保护，利用文字记录及录音、录像等方式，将项目内容编写成册或制成影音资料，加以保护；对在长期发展和传承过程中留下大量珍贵物质载体的非遗项目，采取馆藏性保护，依托展厅、展览馆、传习所等进行展示和传承；对具有市场开发潜质的传统手工技艺和民间艺术，采取生产性保护，合理开发利用，在生产中加以保护；传承性保护则依托传习所、学校、培训班等非遗传习基地，进行非遗技艺的传承和传播，在民间建立起广泛的传播途径和保护队伍。

4. 注重活态传承，开展非遗传承人保护工作。非遗保护重在活态传承，活态传承重点在传承人。本着"以人为本，见物见人"的原则，合肥市不断创新保护机制，加强对非遗代表性传承人的保护。一是建立传承档案。用文字、图片、录音、录像等方式对传承人的基本信息、技艺特点、传承活动等进行真实记录，以建立较为完整的传承人档案。二是搭建传承平台。通过建立传习所、传习基地，为传承人搭建传承平台，便于他们开展传习活动。至2018年1月，合肥市共建有省级传习所1个、传习基地3个、市级传习基地10个。三是给予经费补助。自2017年始，国家级非遗传承人每人每年补助2万元，省级非遗传承人每人每年补助4000元。合肥市主要采取活动补助的方式对市级传承人进行资助，主要通过开展非遗进校园、进企业、进社区等活动，对参加活动的非遗传承人给予经费补助。

5. 加强宣传推广，扩大非遗的社会影响。合肥市采取多种措施，大力宣传非遗。一是借助各种节庆活动进行不同主题、不同类型的非遗项目展示、展演。二是积极开展非遗进校园、进企业、进社区等活动，已连续多年开展"合肥市非遗暑期免费培训班"，并将非遗技艺纳入中小学生手工课内容，积极推进非遗进校园、进课堂、进教材。非遗成为对青少年进行传统文化教育和爱国主义教育的生动载体。三是开展舆论宣传，利用报纸、杂志、广播、电视、网络等媒体，全面、深入地宣传非遗。四是通过编写非遗类书籍，加强关于非遗的研究和知识普及工作。五是注重对外交流，合肥市政府先后推荐了葫芦烙画、土陶烧制技艺等非遗项目赴俄罗斯、埃及等国家进行技艺展示和教学活动。①

---

① 安徽省非物质文化遗产网. 合肥市多措并举推进非物质文化遗产保护和传承［EB/OL］. （2018—01—31）［2019—08—15］. http://www.anhuify.net/Page/Content? ContentId=2299.

（二）淮北市

据《相城印记——非物质文化遗产（淮北卷）》，2005—2009 年，淮北市共有国家级非遗项目 1 项，省级非遗项目 2 项，市级非遗项目 12 项，县级首批已公布的非遗项目 44 项。根据该书《淮北市非物质文化遗产普查工作报告》一文记载，"十一五"期间淮北市主要开展的非遗保护工作如下。

1. 成立了淮北市非物质文化遗产保护领导小组。

2. 2008 年 4 月，成立了淮北市非物质文化遗产保护中心。

3. 加大对非遗保护工作的经费投入。2007 年，淮北市政府拨付专项非遗保护经费 4 万元；2008 年拨付专项保护经费 5.8 万元；2009 年开展淮北市非遗普查工作，动用专项资金 2 万元。

4. 重点扶持国家级和省级非遗项目。淮北市政府每年在组织全市文化活动时，都要安排淮北市国家级非遗项目淮北花鼓戏和省级非遗项目淮北大鼓进行展演，目的是扩大非遗的影响力，激发淮北市民众对非遗保护的意识。

5. 公布了淮北市第一批市级非遗名录和县级非遗名录。并计划根据已普查的非遗项目情况，分批次陆续公布市级非遗名录和县级非遗名录。

6. 建立了市级非遗资料数据库，添置了部分器材和设备，搜集整理了国家级非遗项目淮北花鼓戏传统剧目 40 多本，音像资料 30 多盒。[1]

此外，为深入开展非遗项目的传承活动，培养新人，淮北市有关部门领导带队开展走访活动，对传承人的生活及健康状况进行了解，为他们争取专项经费，开拓演出市场，让传承人能够继续带徒授艺，把自己的精湛技艺传给后人，以便非遗更好地保存和流传。[2]

2010 年以来，淮北市政府在非遗保护上加力、在传承上加速、在创造上转化，推动各种形式的"非遗进校园"活动，让非遗进入百姓视野、融入当代生活，进一步坚定了市民的文化自信。[3]

---

[1] 参见淮北市非物质文化遗产保护中心 2009 年所编内部资料《相城印记——非物质文化遗产（淮北卷）》第 4—5 页。

[2] 参见淮北市非物质文化遗产保护中心 2009 年所编内部资料《相城印记——非物质文化遗产（淮北卷）》第 8 页。

[3] 淮北市人民政府. 淮北市非物质文化遗产保护工作情况简介 [EB/OL]. （2018—12—25）[2019—08—15]. https://wlt.huaibei.gov.cn/zwgk/public/64/13704691.html.

(三) 亳州市

"十一五"期间，亳州市未有全市范围内的非遗调查报告编印出来，但利辛、涡阳、蒙城三县地区都进行了较为全面的非遗普查工作，并汇编了各自的非遗项目名录。

"十二五"期间，亳州市在非遗保护与传承工作方面多管齐下，取得了较大成绩。具体表现在如下方面。

1. 深入挖掘，认真做好资源普查工作。为全面摸清亳州市非遗资源状况，亳州市三县一区文化工作者深入田间地头，广泛开展了非遗资源大调查，仅华佗五禽戏一个项目就录制了几百兆视频、音频资料。通过普查，认定和抢救了一批濒危的非遗项目，较为全面地掌握了亳州市非遗资源的种类、数量、分布状况、生存环境、保护现状及存在的问题。原亳州市文化局已组织开展了两批市级非遗项目评定工作，共公布确定了38项市级非遗项目。

2. 政府主导，切实抓好传承保护。亳州市委、市政府高度重视非遗的传承和发展，要求把华佗五禽戏作为全市各武术学校必修课程，在全市积极开展华佗五禽戏"五进"活动：进学校、进社区、进农村、进企业、进机关。华佗五禽戏成为全市中小学生的课间操。在全市开展的各级全民健身运动活动中，华佗五禽戏表演均被列为主要活动内容。自2009年起，亳州市政府与安徽省体育局、国家体育总局健身气功管理中心举办全国"华佗五禽戏养生健身节"，同时举办"华佗五禽戏养生论坛"，对华佗五禽戏的弘扬与传承起到很好的推动作用。2011年，亳州市政府把弘扬与传承二夹弦、华佗五禽戏等非遗编入《亳州市国民经济和社会发展第十二个五年规划纲要》和《亳州市文化体制改革和发展"十二五"规划纲要》。

3. 创新方法，注重保护与利用相结合。一是坚持项目传承与保护相结合。近年来，亳州市非遗保护从最初的唤起民众保护意识的宣传，到非遗普查与名录的建立；从各级项目代表性传承人的认定与保护，到非遗生态保护的建立与整体保护，非遗保护理念不断深入人心。同时，积极探索非遗项目和演艺、旅游结合发展的路子。在花戏楼、华祖庵、粮坊会馆等景区内开展五禽戏、二夹弦等展演，进一步向公众普及非遗。二是加强非遗传习基地建设。"亳州传统华佗五禽戏养生俱乐部"被批准为省级非遗传习基地。谯城区文化馆开设了"亳州剪纸"培训班；利辛县程家集镇依托淮北大鼓、拉魂腔等组建了"非遗艺术说唱团"，该团长期活跃在基层,被评为全省民营艺术院团"百佳院团"。传习基地、培训班的建设,为众多非遗项目搭建了保护传承的平台,为传承人提供了传道授业的舞台。三是加强交流展示,凸显亳州文化特色。近年来,原亳州市文化局充分把握时机和节点,加强了非遗的交流和展示。2012年6月,第七个中国文化遗产日活动在安徽省主场城市亳州市举办,活动以"保护文化遗产,健康快乐旅游"为主题,精心组织了启动仪式暨文艺演出、全省文博知识竞赛、"鉴宝江淮行"走进亳州、现场咨询展示活动等五大活动。亳州市政府与原省文化厅签署了《安徽省文化厅 亳州市人民政府加快发展亳州文化遗产保护事业合作协议》。亳州市政府还组织华佗五禽戏、二夹弦、亳州剪纸等项目参加第九届安徽省花鼓灯会、第六届中国(安庆)黄梅戏艺术节暨全省民营戏剧院团优秀剧目展演、首届中国(黄山)非遗传统技艺大展等活动,均获好评。2013年,亳州剪纸走进安徽省文化馆安徽画廊,五禽戏、二夹弦参与拍摄《安徽省非物质文化遗产》专题片等。这些活动展示了亳州文化的独特魅力。[1]

(四)宿州市

宿州市在非遗的保护与传承方面也做了大量工作,取得了较好成绩。

一是学习、宣传、落实《中华人民共和国非物质文化遗产法》《安徽省非物质文化遗产条例》。自2011年6月《中华人民共和国非物质文化遗产法》施行后,原宿州市文广新局(旅游局)在全市进行了宣传、学习,并结合全市实际情况,将各项工作与法律条文认真比照,特别是针对存在的差距和不足,提出了一系列整改意见,从而有效保证了法律的贯彻执行。

二是出台非物质文化遗产法配套法规。非遗资源是不可再生的珍贵的文化资源,必须致力于对它们的保护。要实施好这项工程,仅有应急性措施是远远不够的,必须有坚实的法律和政策的规约和保障。

三是将非遗的保护、保存工作纳入本级国民经济和社会发展规划,并将保护、保存经费列入本级财政预算。

四是开展非遗调查,建立非遗项目档案及相关数据库。自2006年起,宿州市在全市范围内启动了非遗采录工作,在各级党委、政府的重视和支持下,积极

---

[1] 凤凰安徽. 亳州市保护发展非物质文化遗产的措施及成效[EB/OL]. (2015-04-14)[2019-08-15]. http://ah.ifeng.com/human/detail_2015_04/14/3784288_0.shtml.

稳步推进，取得了一定成果。第一，制定采录计划。成立了市非遗保护工作领导小组和市非遗保护机构（市非遗保护中心），逐年制定宿州市年度采录计划，要求各级非遗保护单位征集音像资料，制作光盘，编写非遗书籍，并将相关信息录入非遗数字化管理系统。第二，全面采录，完成采录任务。完成全市国家级、省级非遗项目的挖掘整理、录制专题片、知名曲谱的编写等工作，如砀山唢呐《叫句子》《凡字调》《焗锅》等；完成知名戏曲的完整拍摄工作，如砀山四平调《小包公》《小姑贤》《陈三两爬堂》等。第三，完成多项非遗项目实物保护工作和技巧技法的拍摄。共广泛征集已有音像资料 1000 余分钟，制作光盘 1200 余盘，编写非遗书籍 100 余本，录入非遗数字化管理系统里的信息达到 100 多条，录入各种图片 3000 多张。

五是建立非遗代表性项目名录及开展保护工作。2008 年开始，原宿州市文广新局（旅游局）在全市范围内先后开展两次非遗调查，通过摸家底、强保护、塑品牌、展形象等举措，积极推进宿州市非遗的保护与利用工作，形成了比较丰富的调查报告，实现了全市非遗项目的全部核查，并相应建立了各大类别的非遗的档案数据库。至 2016 年 8 月，全市有国家级非遗项目 9 项，省级非遗项目 27 项，市级非遗项目 52 项，县级非遗项目 620 余项。

六是认定非遗代表性传承人及支持其开展传承、传播活动。宿州市多次召开全市非遗工作会议，对全市代表性传承人的基本情况进行了登记，并对部分非遗项目的传承情况进行了系统且深入的调研，非遗传承人申报工作取得了显著成绩。至 2016 年 8 月，有国家级传承人 5 人，省级 42 人，市级 137 人。近年来宿州市保护和培养非遗传承人的主要措施包括扩大宣传、营造良好的舆论氛围以及增强传承人保护力度、完善保护体系等。

七是设立非遗保护与传承场所。2013 年 6 月，宿州市泗州戏剧团入选安徽省首批非遗传习基地名单；2015 年 3 月，宿州市坠子剧团入选安徽省第二批非遗传习基地名单；2016 年 6 月，宿州学院入选安徽省非遗传习教育基地名单，为众多非遗项目搭建了保护与传承的平台，为传承人提供了传道授业的场所。同时，宿州市积极开展市级非遗传习基地申报工作，于 2014 年开展第一批市级非遗生产性保护示范基地的申报工作，安徽省宿州市梆子剧团、宿州市坠子剧团、宿州市乐石工艺品有限公司、符离集烧鸡传习基地、砀山县文化馆和砀山县演艺公司等六家企业和单位被命名为市级非物质文化遗产生产性保护示范基地。①

宿州市无全市统一的非遗普查报告，因此具体的工作情况不得而知。但近年来，在宿州市委、市政府的高度重视下，在安徽省非遗保护中心的关心支持下，宿州市本着"保护为主、抢救第一、合理利用、传承发展"的工作方针，加大政策支持和资金保障力度，广泛开展非遗进校区、进企业、进社区活动，扎实做好非遗项目保护和传承人培养工作。

（五）蚌埠市

据《蚌埠记忆——非物质文化遗产田野调查汇编》记载，"十一五"期间，蚌埠市在保护非遗方面做了大量工作。2007年，原蚌埠市文化局成立非遗保护工作领导小组，领导小组下设"保护中心"和"专家评审委员会"。"保护中心"设在蚌埠市文化馆，负责非遗的日常普查、确认、登记、立档，加强非遗的挖掘、整理、研究、保护、抢救及人才培养，编制本行政区域非遗保护规划，建立本级非遗保护名录等方面的工作。"保护中心"在工作中积极开展全市非遗保护工作，与各县、区非遗保护中心共同构建起全市非遗保护工作的网络，指导各县、区建立并完善非遗数据库及开展非遗资源普查工作。几年来，花鼓灯、泗州戏、五河民歌相继进入国家级非遗项目名录。冯国佩、郑九如、李宝琴、鹿士彬等被评选为国家级非遗项目代表性传承人，大批非遗项目进入省级保护名录。蚌埠市成功举办了多届中国花鼓灯歌舞节和中国花鼓灯高端学术研讨会，建立了花鼓灯博物馆、花鼓灯传习所，创建了花鼓灯生态保护村和培训基地。通过几年的努力，蚌埠市初步构建起非遗资源保护、传承展示、合理利用、宣传推广、保护制度等体系，使得全市大批优秀的非遗项目得以发掘，大量的民间艺术传承人得到保护。蚌埠市长期坚持利用节假日广场演出活动展演各类优秀的民间文化艺术，充分做到让大家共同享受非遗保护的成果，共同感受中华民族优秀的传统文化。②

（六）阜阳市

据《非物质文化遗产田野调查（阜阳卷）》一书，2005年6月起，原文化部

---

① 宿州市文化和旅游局. 宿州市关于开展非物质文化遗产法贯彻落实情况自查报告［EB/OL］. (2016-08-01) [2019-08-15]. https://ct.ahsz.gov.cn/wldg/shwh/14363344.html.
② 参见蚌埠市非物质文化遗产保护中心2009年所编内部资料《蚌埠记忆——非物质文化遗产田野调查汇编》（蚌埠卷）第2—8页。

在全国开展了第一批国家级非遗代表性项目申报工作。按照普查和申报工作的要求，阜阳市各级文化部门积极行动，夜以继日，全力推进，从项目筛选、田野采集、资料整理到形成文本、修改完善、摄制录像等，完成了大量工作。此次非遗普查共涵盖 15 大类别。在文化工作者的辛勤努力下，阜阳市一批批国家级、省级、市级、县级非遗代表性项目相继诞生。界首彩陶烧制技艺、颍上花鼓灯、阜阳剪纸、界首书会、肘阁抬阁入选国家级非遗项目名录；太和清音、狮子灯、肘阁、界首渔鼓、大黄庙会、扁担戏、临泉杂技马戏、临泉毛笔制作技艺、淮河琴书、颍上推剧、淮河锣鼓入选省级非遗项目名录；三仙会、龙舞、狮子灯、赶犟驴、猫头鞋制作技艺、颍上剪纸、阜南道道黑陶、太和剪纸、木雕制作技艺入选市级非遗项目名录。此外，临泉县、界首市、太和县分别因杂技马戏、彩陶、书画艺术入选 2011—2013 年度"中国民间文化艺术之乡"名单，阜南县（柳编）、临泉县（杂技）持续入选 2014—2016 年度、2018—2020 年度、2021—2023 年度"中国民间文化艺术之乡"名单。

保护工作情况：1. 各级政府相继成立了非遗保护领导小组和保护、研究机构。通过全面普查，初步掌握了资源存量、藏量，摸清了历史和现状，厘清了保护范围，确立了保护内容。目前，全市已经建立了"政府主导、社会参与、保护为主、抢救第一、合理利用、传承发展"的非遗保护工作格局。

2. 初步建立起国家、省、市、县四级非遗保护名录体系。各级文化部门在对全市非遗的起源、范围、影响、传承人、现状等情况进行普查的基础上，开展了对相关项目的文字记录、拍照、录像、整理、存档等工作。

3. 各级政府不断加大对非遗的保护力度。2006 年，阜阳市首届非遗民间传统文艺调演活动成功举办；2007 年国庆节期间，阜阳市非遗保护中心在市博物馆展厅组织了"全市非遗项目精品展"，此次展览展出国家级、省级非遗项目，配以数万字的申报材料及多张珍贵的图片；2008 年，阜阳市政府划拨非遗保护专项资金，对濒危的市级非遗项目进行保护。颍上县政府自 2005 年非遗申报工作开展以来，每年投入数十万元用于开展以花鼓灯艺术为代表的非遗保护和传承工作。界首市先后拨款支持彩陶、苗湖书会等相关非遗的申报及保护工作，并对民间老艺人给予特殊的生活补助，鼓励他们积极带徒授艺，等等。

（七）淮南市

据《淮南市非物质文化遗产调查成果汇编（第一卷）》记载，淮南市主要在两个方面开展了非遗保护工作。

1. 抢救性措施切实有力。淮南市在搜集整理非遗的过程中，特别重视濒临失传项目的抢救性工作。如凤台的火老虎，该传统舞蹈由于道具制作复杂，且在表演后期喷火时使用黑火药，带有极大的危险性，故其面临传承人断代、舞蹈动作失传的严重危机。对此，淮南市非遗保护人员协助他们对道具制作进行了简化和改进，即使用现代制作工艺替代原始的制作工艺，同时，对喷火材料进行了改进，把黑火药改成了"冷焰火"。这样既保证了演员的人身安全和演出的切实可行，又使得火老虎得以传承。

2. 落实了保护的组织机构和项目资金。淮南市非遗搜集整理工作得到了市委、市政府和各县、区相关领导的高度重视，文化主管部门工作踏实、措施有力，先后成立了市级及县、区级非遗保护机构，使全市非遗保护工作走上了正常化、日常化轨道，保证了非遗保护工作的顺利实施。[①]

（八）滁州市

据《滁州遗韵——非物质文化遗产田野调查汇编》一书，滁州市从以下12个方面开展了全市非遗的保护与传承工作。

1. 建立普查组织机构。2005年，滁州市人民政府办公室下发《关于加强我市非物质文化遗产保护工作的通知》，文件对非遗普查、挖掘、整理、保护等工作都提出了具体要求，同时成立了滁州市市级非遗保护工作专家组。

2. 2008年，滁州市及各县（市、区）相继成立了非遗保护中心，同时成立了各自的非物质文化遗产保护工作专家组。

3. 2008年，滁州市非遗保护中心和各县（市、区）非遗保护中心对滁州市全境非遗进行了一次"地毯式"普查，通过普查收集整理出非遗项目882项。经过各级非遗专家组评审论证、逐级申报，其中200余项进入首批县级名录，36项进入首批市级名录，5项进入首批省级名录，1项进入首批国家级名录。

4. 制定非遗保护计划。按照"保护为主、抢救第一、合理利用、传承发展"的指导方针，滁州市对各级政府所公布的非遗名录，采取如下措施：濒危项目优先投入人力、资金进行抢救性保护，以免造成"人死艺亡"的遗憾；对重点项目

---

① 参见淮南市非物质文化遗产保护中心2009年所编内部资料《淮南市非物质文化遗产调查成果汇编（第一卷）》第2—7页。

制定规划，投入资金进行全面重点保护；其他项目注入资金，制定计划进行分期保护。

5. 非遗资料收集整理较全面规范。对各级政府所公布和已普查出的非遗名录及项目，全部进行分类整理、存档。《滁州遗韵——非物质文化遗产田野调查汇编》和滁州市非遗项目清单已汇编成册，滁州市及各县（市、区）非遗数据库已建立并投入运行。

6. 滁州市各级非遗保护中心对非遗保护态度积极，自2009年参加省非遗保护中心培训学习后，市、县两级先后举办县、乡、镇文化馆（站）培训班，为普查后期的拾遗补阙工作提供了业务技术的保障。

7. 以凤阳花鼓为代表，包括民间花灯、丰收锣鼓、秧歌灯、手狮灯、龙灯、狮舞、能仁锣鼓、回民锣鼓等在内的非遗遍布滁州全境，上百支民间文艺表演队均自发积极组织，开展活动。滁州市非遗传承发展后继有人。

8. 申报的国家级、省级、市级、县级非遗项目名录内容丰富。对于这些名录，均有详细的5年保护规划，规划中明确指定传承人，对今后的全面深入保护工作起到了十分重要的作用。

9. 加强宣传，扩大影响。利用广播、电视、互联网等媒介以及每年的"文化遗产日"，大力宣传非遗保护工作的重要性和必要性，将全市已公布的国家级、省级、市级和县级非遗名录，通过各种宣传方式向群众普及，增强全社会非遗保护意识，从而发挥非遗在传承中华优秀传统文化、提高滁州市知名度等方面的重要作用。

10. 成立组织，责任到人。按照国务院《关于加强文化遗产保护的通知》（国发〔2005〕42号）中"地方各级人民政府也要建立相应的文化遗产保护协调机构"的要求，市及县（市、区）调整了非遗领导组织。已经成立的非遗保护中心不断发挥职能作用，制定地方规章，确立非遗保护工作的业务机制，确认全市非遗项目传承保护人（单位）和所属地责任人。

11. 建设队伍，培养人才。加强非遗保护和管理机构专业队伍建设，大力培养非遗保护和管理所需的各类专门人才。计划用5年时间为每个县（市、区）配置5—10名专业保护人员，每个乡镇配置2—3名业余保护人员。同时，根据滁州市非遗保护工作的需要，逐步开展对非遗保护工作的学术研究、传承保护人（单位）培训、工作经验交流等一系列活动，努力提高非遗保护工作水平。

12. 制定规划，分步实施。根据原文化部、财政部制定的《中国民族民间文化保护工程实施方案》的安排，2009 年至 2013 年是非遗工作的全面开展和重点保护阶段，2014 年至 2020 年是补充完善和健全机制阶段。根据全市非遗保护工作现状，制定滁州市未来的非遗保护工作规划。

（九）六安市

根据六安市非遗普查报告，其主要普查工作如下。

1. 组织和保障。一是领导重视，成立组织。在普查工作一开始六安市就成立了非物质文化遗产普查工作领导组，原六安市文化局（新闻出版局、版权局）分管局长任组长，原六安市文化局艺术科科长任副组长，各县、区分管局长任副组长，各县、区文化馆馆长任成员。二是开展多种形式的培训。普查领导组多次召开非遗普查工作专项工作会议，宣传动员、研究部署普查工作，多次"以会代训"，开展普查队伍培训工作并邀请非遗保护专家做报告，形成非物质文化遗产保护工作机制。六安市还组织各县、区非遗一线工作人员"走出去"，集体观摩第二届中国成都国际非物质文化遗产节，吸收借鉴各地的非遗保护经验，注重提高六安市非遗保护工作者的能力和水平。三是在市政府的领导关怀下，由原市文化局牵头，市发展改革委、原市教育局、市财政局等单位联合组成了"六安市非物质文化遗产保护工作局际联席会议"制度，成立了由专家共同组成的非物质文化遗产保护工作委员会，充分发挥专家在保护工作中的咨询和参谋作用。

2. 基本做法和成果。基本做法方面，第一，认真动员部署，精心组织实施。一是加大行政推动力度。六安市及时召开全市非物质文化遗产普查工作会议，分管副市长亲自动员，对六安市非物质文化遗产普查工作作出全面动员和部署。各县、区政府高度重视，纷纷召开非物质文化遗产普查动员大会。普查期间，六安市各级领导深入普查第一线开展调研和督查工作。二是加强信息沟通和督促检查。通过召开普查工作会和分管局长工作会，加强县、区之间的交流和沟通，及时传递有关信息，了解掌握各地工作进展情况，研究和解决普查中遇到的难点、疑点，相互借鉴，相互督促，切实加快工作进度，高效完成全市普查任务。六安市还成立督查组，先后对各县、区非遗普查工作开展专项督查，确保了普查质量和进度。

第二，凝聚多种力量，壮大普查队伍。一是选择普查人员，组建工作班子。市、县根据普查工作的实际需要，从 2007 年开始，陆续成立了以文化馆业务干部为主要成员的普查工作机构。全市各镇（街道）、村相继成立非遗工作机构，形成了市、县、镇、村四级普查工作联动机制和工作网络。二是利用各方资源，壮大队伍力量。非物质文化遗产普查需要动员社会各方面的力量才能完成，因此，六安市在组建队伍的同时充分利用社会人才资源，鼓励和吸收广大热心非遗保护的志愿者加入普查行列。首先，积极发挥"五老"（老艺人、老教师、老专家、老干部和老村民）及大学生村官的作用，让他们直接参与普查工作；其次，聘请热心于非遗保护事业的有识之士担任普查专家；再次，发挥当地师生资源优势，让他们结合社会实践和课题研究，参与普查和提供线索；最后，联合广电站、图书馆等文广系统相关专业人员协同作战。据统计，全市共有833人直接参与普查工作，其中骨干力量有183人。

第三，把握主要环节，确保普查质量。业务培训工作对普查质量有着决定性的影响，关系到整个普查工作的成败。因此，六安市十分注意把握以下三个主要环节：一是注重培训内容和普查工作时间上的对应性。在普查初期，六安市及时举办由文化馆（站）业务骨干参加的全市非遗普查培训会；在普查工作进入具体实施阶段时，又举办了全市非物质文化遗产普查工作问题研讨会，进一步明确线索筛选、调查项目确认原则及项目采集方法等。二是注重培训方法上的可操作性。为使普查培训行之有效，六安市坚持将辅导培训和现场示范结合起来，如将经验推进会、业务培训会开到镇、村，组织一线普查员现场讨论、观看普查录像片、实地考察非遗保护项目等。三是注重培训内容上的实用性。先后印发了《非物质文化遗产普查工作手册》等各类普查手册，这类手册成为为全市广大普查员释疑解难、规范工作的实用工具书。全市累计举办市、县两级培训班25期，培训人员1552人次，从而建立了一支训练有素的普查队伍。安徽省非遗保护专家樊嘉禄教授多次来六安市指导非遗普查工作。

第四，采取多种方法，收集珍贵资料。普查中，主要是搜集现成的书面简介材料并寻找那些传承非物质文化遗产项目较多、较有才华和独创性的人员进行面对面的采访、表演、展示，如寻找故事家、歌手、民间艺人等，以文字、录音、录像等方式记录其口述和表演内容。例如，舒城县专门对乡镇文化干部进行了业务培训，令其深入山区，察访民间艺人，搜集民歌资料；霍邱县将普查工作与送文化下乡和农村文化调研相结合，既完成了基层普查，又节约了经费开支；霍山县组织民俗文化节，集中展示了霍山县以及大别山区民间表演艺术，为非物质文化遗产普查工作准备了大量鲜活素材。在普查工作中，各县、区培训了工作队伍，抢救了非物质文化遗产重要资料和珍贵实物，为非物质文化遗产保护工作打下了坚实基础。六安市地处大别山区，山高路远，在经费十分紧张的情况下，工作人员不辞艰辛，不讲报酬，走乡串户，收集了大量第一手资料，基本上达到了"家底清、现状明、记录全"的目的，为六安市的非物质文化遗产普查工作作出了突出贡献。

第五，招生补员，做好非遗传承。非遗传承后继乏人的现象比较突出，六安市对濒危的重点非遗项目开展招生补员工作，通过输入新鲜血液达到提升活力的目的。例如，庐剧作为六安市首批国家级非物质文化遗产代表性项目，是皖西人民的智慧与结晶，弥足珍贵。政府有责任、有义务把庐剧艺术传承、保护好。安徽省皖西庐剧团是六安市唯一的国有庐剧团，担负着传承庐剧艺术的重要责任。鉴于该团演员年龄偏大，后继乏人的状况，为适应国家级非物质文化遗产代表性项目庐剧艺术传承与发展的需要，经市政府研究决定，自2007年起分批选招演职专业人员20名。市政府对选招工作始终给予高度重视，成立了以分管市长为组长，市政府副秘书长、人事、编办、财政、文化、监察等部门领导为组员的选招工作领导组。经过社会宣传、组织报名、初试、复试、考核政审、体格检查等工作环节，圆满完成了首批招聘工作任务。招生补员工作作为传承庐剧艺术的重要手段，为庐剧队伍补充了新鲜的血液。之后，六安市的重点非遗保护项目也参照这种做法，切实解决非遗保护中"人"的问题。

成果方面，2006年，经国务院批准，六安市申报的庐剧被列入首批国家级非物质文化遗产代表性项目名录；同年，六安市的皖西大别山民歌、寿州锣鼓、抬阁肘阁、锣鼓书、金寨古碑丝弦锣鼓、豆腐传统制作技艺、紫金砚制作技艺、舒席制作技艺、绿茶制作技艺入选安徽省首批省级非物质文化遗产代表性项目名录。2007年12月，六安市公布了首批市级非物质文化遗产代表性项目名录，它们是翁墩剪纸、小调胡琴书、迎驾酒传统酿造技艺、四弦书、张玉柱剪纸撕纸艺术、大救驾制作技艺、四顶山庙会、思帝乡锣鼓、一品斋毛笔制作技艺、柳编工艺、长集皮影戏。2008年，六安市又建立了县级名录。至此，六安市建立了国家、省、市、县四级非物质文化遗产保护名录体系。通过这次普查，六安市共得非遗项目973项，文字记录231.6万字，照片2700余张，录音资料199小时，录像资料168小时,音像资料196盒,资料汇编4册。①

(十) 马鞍山市

据《非物质文化遗产田野调查材料汇编(马鞍山卷)》记载,马鞍山市非遗保护工作的基本情况如下。

1. 资料收集整理较为全面规范。马鞍山的非遗保护工作可以追溯到中华人民共和国成立初期,不过,那时不叫非遗普查,而称民间文化搜集整理。那时的普查工作,也不像今天这样广泛、全面,而仅仅局限在民歌、民舞的搜集、整理上。20世纪80年代初,马鞍山市有关部门对流传于民间的神话、故事、民歌、民舞进行了一次搜集整理并组织编撰了《中国民间文学集成安徽卷 马鞍山民间故事分卷》《中国民间文学集成安徽卷 马鞍山民歌分卷》《中国民间文学集成安徽卷 马鞍山民谚分卷》等。

2006年,马鞍山市文化馆组织了非遗普查小组,深入市郊进行了民歌挖掘、搜集、整理工作,通过努力,编撰《马鞍山民歌》一书。事后,普查小组又先后多次广泛地深入基层,全面、细致地进行普查。通过不懈努力,全市建档入库的非遗保护项目共13大类284项(生产商贸习俗除外)。

2. 加大了宣传力度。为了更有效地做好非遗保护工作,提高人们对非遗保护工作的认识,马鞍山市文化馆先后多次开展了非遗宣传活动。2006年举办了首届当涂民歌大赛,2007年举办了当涂民歌专场演唱活动,2008年在第23届"江南之花"大型群众文化活动中专门安排了当涂民歌专场文艺演出。并且,马鞍山多次制作有关非遗保护工作的广告牌、广告栏,布置在市区人群聚集的地方。

3. 做好非遗项目申报工作。2005年起,马鞍山市先后组织当涂民歌、太平府铜壶技艺、霍里皮老虎、博望打铁工艺、采石跳和合等非遗项目的文字材料和音像资料申报国家级、省级非物质文化遗产代表性项目。

4. 建立相应的组织。市、县两级政府均成立了非遗保护中心,乡镇成立了非遗保护小组;对普查上报的非遗项目制定了5年保护计划,并做了非遗项目资料入库建档的工作。

---

① 参见原六安市文化局(新闻出版局、版权局)2009年所编内部资料《六安市非物质文化遗产田野调查汇编》(六安卷·寿县卷)第8—12页。

5. 建立了保护人制度。全市认定了国家、省、市、县级非遗保护人 10 多个，为全市非遗保护和传承工作的开展起到了积极作用。①

（十一）芜湖市

芜湖市委、市政府历来重视对非遗的保护，为此做了大量工作，并取得了一定成效。早在 20 世纪 80 年代，芜湖市政府就组织文化工作者对部分传统文化遗产进行调查和研究，例如《蛇精的传说》《中国民间文学集成·芜湖分卷　民间故事集成》《中国民间文学集成·芜湖分卷　歌谣集成》《中国民间文学集成·芜湖分卷　谚语集成》《繁昌文史资料》《三山古今》《三山诗韵民风旧事》和"南陵文化丛书"等，都是当年调研的成果。②

芜湖市委、市政府按照"政府主导、社会参与、明确职责、形成合力，长远规划、分步实施、点面结合、讲求实效"的工作原则，采取了一系列措施加强非遗保护力度。芜湖成立了由市政府分管、副市长为组长的芜湖市非遗保护工作领导小组，建立了负责日常工作的非遗保护工作领导小组办公室；将非遗保护工作日常经费和专项经费纳入财政预算；各县、区也建立了相应的组织机构及经费保障机制；作为非遗保护主要活动基地，占地 8000 多平方米的新市文化馆投入使用。

为推动芜湖市非遗的保护、抢救和传承工作，展示丰富多彩的民间传统文化，芜湖市及各县、区在积极申报国家级、省级非遗项目的同时，相继建立了市级、县级非遗项目名录；确定了以芜湖铁画锻造技艺为代表的一批重点保护项目，将芜湖铁画博物馆的建设列入议事日程。非遗传承人方面，铁画艺人杨光辉入选首批国家级非遗项目代表性传承人名单；南陵县的目连戏传承人张文畅、凤兆熙、黄英林，十兽灯的传承人孙致、孙致忠、孙致海得到了明确认可。设立了"芜湖梨簧保护专项经费"，确定了芜湖市艺术剧院为"芜湖梨簧保护基地""芜湖梨簧戏研究、培养和艺术生产基地"，等等。

为增强全社会的非遗保护意识，鼓励对非遗进行整理、研究和开发，芜湖市不断加大非遗保护宣传教育力度。市委宣传部专门组织拍摄了有关"芜湖铁画"

---

① 参见马鞍山市非物质文化遗产保护中心 2009 年所编内部资料《非物质文化遗产田野调查材料汇编（马鞍山卷）》第 10 页。
② 参见芜湖市非物质文化遗产保护中心 2009 年所编内部资料《鸠兹·符号——非物质文化遗产田野调查（芜湖卷）》（第一册）第 4—9 页。

"南陵大工山古铜矿遗址""繁昌窑青白瓷"等的专题片,并相继在中央电视台播出;芜湖市电视台、《芜湖日报》、《大江晚报》、芜湖新闻网等主流媒体,也都高度重视非遗保护宣传工作,为动员全民参与非遗保护作出了贡献;市文化馆更是辟出非遗保护宣传专栏,经常开展非遗保护展示、演出活动;为鼓励和支持开展青少年非遗传承教育活动,原市文委、市教育局联合确定了市、县(区)文化馆为青少年学生校外非遗教育活动中心,经常举办青少年非遗保护知识普及活动;等等。

动员民间力量参与非遗保护,是非遗保护的有效手段之一。近年来,芜湖各界十分关注非遗保护工作。芜湖市铁画业成立了民间非遗保护组织——芜湖铁画协会;南陵县何湾镇依靠民间力量,建了1000多平方米的民俗博物馆,藏品达3000余件;工山镇镇政府和民间组织共同投资,为北宋著名的林学家陈翥著书立说隐居的乌霞寺(又名五霞寺),重修门楼及游步道;还有群众主动要求成立"梨簧戏之友俱乐部";等等。这些民间力量都为非遗的保护起到了积极作用。

2016年6月11日,芜湖首个非遗传承教育传习基地落户芜湖雨山文化产业园。按照规划,基地将以安徽省列入国家级、省级非遗名录的项目为核心,搭建非遗与创意生活产品设计、包装设计平台,线上、线下展示销售平台,知识产权保护平台;引入众创、文创、天使三只基金,建设非遗与创意生活项目投资管理平台;利用园区管委会资源为入驻项目搭建工商、税务、法务等公共服务平台;与中国科学技术大学、安徽大学、安徽师范大学等高校合作,建设非遗与创意生活产业的传习基地和人才培养平台等。为非遗项目传承人和文化类创业者提供一站式、标准化、专业化、市场化服务,形成完整的文化创新创业生态体系。

(十二)宣城市

据《人文宣城——宣城市非物质文化遗产普查资料汇编》一书记载,至2010年6月,宣城市的非遗保护工作情况如下。

1. 各级政府相继成立了非遗保护领导小组和保护、研究中心,通过全面普查,初步掌握了资源存量、藏量,摸清了历史和现状,厘清了保护范围,确立了保护内容。自2006年3月以来,宣城市把非物质文化遗产的普查工作列入主要议事日程。全市非遗普查工作总的特点可以概括为"五个有":一是普查工作有力度,全市共投入普查骨干千余人,保证普查基本经费落实;二是普查范围有宽度,共涉及17个门类,近200个种类;三是普查对象有广度,全市范围内开展地毯式、拉网式排摸和调查，基本达到各村或社区，做到种类、线索、艺人、村镇"四不漏"；四是普查内容有深度，对普查项目特别是重点调查项目运用文字、录音、录像、拍照等多种手段，进行全方位、立体式记录，如实反映原貌，力争不走样；五是普查声势有强度，利用各种途径和手段，大造普查声势，达到家喻户晓、人人皆知的效果。

2. 初步建立起国家、省、市、县四级非遗名录保护体系。各级文化部门在对全市非遗的起源、范围、影响、传承人、现状等情况进行普查的基础上，开展了相关的文字记录、拍照、录像、整理、存档等工作。

3. 各级政府不断加大对非遗的保护力度，同时大力宣传展示，为非遗保护造足声势。自 2006 年以来，宣城市市、县两级文化部门积极组织并参与以"非物质文化遗产"为主题的各类活动。如宣州区开展的龙灯、马灯表演，绩溪县在 2007 年秋举办的第二届"徽菜之乡美食文化节"上推出的"绩山徽水迎盛世"大型民俗文化会演，以及 2008 年正月和 2010 年正月成功举办的民俗文化踩街活动。这些原汁原味的表演是非遗保护工作最好的集中展示，受到了专家和广大群众的高度赞扬。

4. 宣城市非遗保护中心与市电视台一起拍摄制作了众多高质量的非遗专题节目，宣纸、徽墨、宣笔、皖南花鼓戏、徽剧、徽菜、跳五猖等非遗专题节目在中央电视台、安徽省电视台等电视媒体中播出，引起社会各界的广泛关注。

5. 2006 年 2 月，在中国国家博物馆举行的"中国非物质文化遗产保护成果展"中，宣城市共送出宣纸、徽墨、宣笔等三大类近 40 个品种 200 多件（套）展品，获得了众多专家、学者的关注和好评。2006 年 6 月，宣城市举办赴京参加"中国非遗保护成果展"实物汇报展，向全市人民进行了一次汇报。2007 年 6 月 9 日至 20 日，宣城市组织非遗项目参加省委、省政府在安徽省博物馆举办的"回顾历史、礼赞文明"全省非遗展览，并与黄山市组成一个展厅（其余 15 个市共同组成 2 个展厅），宣城市的非遗展品在展览中大放异彩。2009 年 3 月至 9 月，宣城市政府组织宣纸、宣笔、徽墨等国家级非遗项目产品赴香港参加以"展示文化魅力，引领优质生活"为主题的"中国徽文化·文房四宝香港展"，进一步拓展了宣城市非遗项目的知名度。

6. 积极建设场馆，为非遗的保护与传承搭建平台。宣城市建设了多个非遗专题博物馆、传习所，如宣酒文化博物馆、绩溪三雕博物馆、泾县中国宣纸博物馆、绩溪徽墨传习所、徽菜传习所、郎溪民俗文化馆、五猖馆等，为加强宣传展示、构建保护载体提供了平台。①

研究成果方面，先后有《祠山文化溯源》《仪式　信仰　戏曲丛谈》《郎溪民俗文化》《郎溪民间传说》《徽州民谣》《中国徽派三雕》《名人故里绩溪》《旌德农谚》《旌德民间故事》等书出版。

（十三）铜陵市

据《非物质文化遗产田野调查汇编（铜陵卷）》一书，铜陵市从以下 3 个方面开展了全市非遗的保护工作。

1. 切实落实非遗普查工作，并采取以下具体措施：一是成立组织机构；二是落实普查工作经费；三是建立普查工作培训机制，加大培训力度；四是制定普查工作方案，有计划、有步骤地组织开展普查工作。

2. 在全市开展非遗全面普查的基础上，公布了 14 项市级非遗项目，申报了 3 项省级非遗项目，将相关资料汇编成册，并建立数据库。铜陵市人民政府高度重视非遗保护工作，每年安排专项经费用于非遗保护，使该项工作顺利开展，为非遗项目的保护与传承打下坚实基础。

3. 非遗保护工作难度之大不容置疑，很多项目处于濒危状态，传承人严重缺乏，抢救和保护形势严峻。为此政府制定保护规划，建立以政府为主导的经费保障机制，吸纳各界有识之士参与保护工作，使铜陵市非遗得以保护和传承。

（十四）池州市

2019 年，为提升池州市的非遗保护与传承能力，池州市政府采取了 4 项举措：一是完善制度建设，规范管理机制。池州市政府出台了《池州市非物质文化遗产保护办法》，建立了该市首个非遗专家库，首批入库专家有 22 名。这一举措使池州市的非遗保护工作的决策咨询、项目论证等工作步入科学化、规范化、制度化轨道。同时该市还开展了非遗项目代表性传承人信息记录工程，完成唐茂华（池州傩戏）、吴作南（贵池民歌）等 8 位 70 岁以上国家级、省级非遗项目代表性传承人的抢救性记录工作，全面开展了非遗项目、非遗传承人数据库体系建设，形成了抢救保护工作系统化、常态化机制。

---

① 参见宣城市非物质文化遗产保护中心 2010 年所编内部资料《人文宣城——宣城市非物质文化遗产普查资料汇编》（宣州区）第 4—8 页。

二是加强队伍建设，搭建梯队平台。池州市通过持续开展国家、省、市、县级非遗项目及传承人申报评选、"名师带徒"工程，实现了从"建立队伍"向"建强队伍"的突破。至2019年，全市共有国家级非遗传承人5名，省级非遗传承人40名，市级以上非遗传承人72名；国家级非遗项目4个，省级以上非遗项目27个，市级以上非遗项目51个；"名师带徒"工程合格项目32个，师傅38名，徒弟108人，形成老、中、青、少四级金字塔式传承模式，极大优化了池州市非遗传承队伍的结构。

三是推动品牌创建，培育特色精品。池州市在"生产性保护"的基础上，推进"在发展中保护"的建设步伐。充分发挥非遗项目的示范带动作用，结合旅游城市建设，精锻地域非遗品牌，推动文化产业发展。培育打造出以传统戏剧池州傩戏为主体的"青山庙会"、以民俗文化为特色的"杏花村文化旅游节"、以传统舞蹈为标志的"东至花灯舞"、能展示精湛传统技艺的"润思祁红""石台古油坊榨制""大九华水磨玉骨绢扇""青阳生漆夹纻"等一批体现文旅深度融合的特色非遗品牌，实现了在产业和市场的结合中传承和可持续发展，使非遗在新时代把握新机遇、焕发新生机、展现新活力，成为促进该市经济社会发展的新亮点。

四是丰富宣传手段，提升持久效应。以群众性文化活动为载体，积极开展非遗传承与创新活动。以"内强素质"为主旨，广泛开展非遗进校园、非遗展演、学术研讨等常态化宣传展示活动300余场（次），扩大了非遗传承人群的参与面，提升了非遗传承人群的总体素质；以"外树形象"为核心，大力推动池州文化"走出去"战略，如国家级非遗项目青阳腔首次登上全国最高戏曲表演舞台，亮相2019年新年戏曲晚会，向全国人民展示了池州传统曲艺的魅力；池州润思祁红成功参与"中华老字号　故宫过大年展"活动，进一步提升了池州民俗文化的影响力和知名度；以省级非遗项目青阳农民画为素材创作的动漫廉政宣传片被中纪委网站选登，开创了非遗宣传推广的新模式。[①]

2020年以来，池州市文化和旅游局通过采取加大资金投入力度、加快人才培养步伐和加强载体建设渠道等措施，不断提升对非遗项目的保护能力。通过积极申报争取中央、省级非遗专项保护资金103万元，投入市级非遗保护资金200万元，做好池州傩戏等22个非遗项目的保护与传承工作，建设了东至县、石台

---

① 池州市文化和旅游局. 池州市四举措提升非物质文化遗产保护传承能力［EB/OL］.（2019-03-27）［2019-08-15］. http://whhlyj.chizhou.gov.cn/News/show/172073.html.

县非遗展示厅,征集各类非遗实物400余件(套),复排及创作青阳腔、贵池民歌等作品30余个,有力推动了池州市非遗的保护、传承工作向好发展。

同时,池州市进一步完善人才培养机制,继续开展非遗"名师带徒"工程,完成第三批非遗"名师带徒"工程评审工作,共计12个项目、13位名师、41位徒弟通过评审,累计考核验收合格31个项目、36位名师、102位徒弟;利用校企合作模式,联合安徽师范大学、池州学院等10余所高校,培养现代学徒300余名,提升了非遗传承人队伍建设水平。

此外,不断完善市、县两级非遗保护中心建设,实施非遗的生产性保护行动计划,建设了生漆夹纻技艺、大九华水墨玉骨绢扇、青阳农民画等非遗生产性保护基地,注重开发各类文创产品。在线上非遗购物节中,鼓励企业借助直播方式开展非遗宣传与产品营销,进一步推动了非遗保护工作向纵深发展。①

(十五)安庆市

据《安庆非物质文化遗产田野调查》一书,自2005年国家启动非遗保护工作以来,安庆市委、市政府高度重视,成立了以分管市长为组长,各有关单位组成的领导小组,并确立了联席会议制度,制定了《安庆市人民政府办公室关于加强非遗保护工作的实施意见》,从而使安庆市非遗保护工作走上规范化、正规化道路。

根据市政府文件精神,原安庆市文化局(新闻出版、版权局)在2005年、2006年举办了两期非遗普查工作培训班。2006年3月开始本着"保护为主、抢救第一、合理利用、传承发展"的工作方针在全市范围内开展非遗资源普查工作,经过3年多的努力,基本完成了全市民间文学等15个类别的调查工作。安庆市还先后出版了《安庆民俗》《安庆风俗》《安庆地名掌故》《黄梅戏传统剧目汇编》《黄梅戏音乐》《桐城歌》等书和《黄梅戏经典唱段》等10余套光碟。

在各县(市、区)初步普查的基础上,安庆市公布了第一批县级非遗项目名录总计134项,第一批市级非遗项目名录21项,还成功申报了黄梅戏、岳西高腔、文南词、桑皮纸制作技艺、桐城歌、望江挑花6个国家级非遗项目,16个省级非遗项目;成功申报了第一批、第二批国家级非遗项目传承人各4名。安庆市

---

① 池州市人民政府. 我市提升非物质文化遗产保护能力 [EB/OL]. [2021-03-22]. https://www.chizhou.gov.cn/OpennessContent/show/1040271.html.

初步建立了国家级、省级、市级、县级四级非遗名录体系。

安庆市在非遗保护工作中，注重建立活态传承理念，开展丰富多彩的宣传活动。以"文化遗产日"纪念活动为平台，利用各种资源优势，开展各种形式的宣传活动。通过表彰文化遗产保护工作先进工作者、举办非遗项目展览、非遗项目大家谈、黄梅戏进校园、黄梅戏艺术节、黄梅戏表演艺术论坛、文南词晚会等活动，向全市人民宣传非遗保护理念，发动群众的力量活态传承非遗项目。2008年，怀宁县和望江县鸦滩镇因其出色地传承非遗，分别被原文化部和原安徽省文化厅命名为"中国民间文化艺术之乡"和"安徽民间艺术之乡"。[①]

保护现状：1. 2006 年启动全市范围内的非遗资源普查工作，搜集、整理较为全面的文字、音像资料，初步建立了档案，汇编成书、数据入库等工作稳步推进。

2. 通过申报国家级、省级、市级、县级非遗项目带动和促进非遗保护工作的全面开展。四级名录体系的建成，对全市非遗保护产生了积极的影响。

3. 逐步建立健全非遗传承机制，初步建立各非遗项目传承人档案，以国家级传承人为典范，鼓励他们传技授艺。黄梅戏、岳西高腔、桐城歌、文南词、六尺巷传说、孔雀东南飞传说等已被编入地方性教材。[②]

（十六）黄山市

据《徽州记忆》等资料记载，2007 年普查工作开展以来，原黄山市文化局在普查的基础上，组织编撰《徽州记忆》一书以汇编全市普查成果；筹备编写"徽风遗韵：黄山市非遗名录"丛书，以图文并茂的形式全面介绍黄山市非遗代表性项目。原歙县文化局编了一部 100 余万字的《歙县民间艺术》。休宁县将普查成果汇编成了《海阳遗韵》。黟县结合普查结果整理编撰了《中国民间故事全书（黟县卷）》。祁门县编撰了《祁门民间故事》《祁门风物》等图书。[③]

至 2009 年，黄山市已有国家级非遗项目 15 个，省级非遗项目 40 个，市级非遗项目 91 个，县级非遗项目 184 个。2007 年，黄山市启动徽州文化生态保护

---

① 参见安庆市非物质文化遗产保护中心 2009 年所编内部资料《安庆非物质文化遗产田野调查》（第一卷）第 9 页。
② 参见安庆市非物质文化遗产保护中心 2009 年所编内部资料《安庆非物质文化遗产田野调查》（第一卷）第 8—12 页。
③ 参见金涛 2009 年所编内部资料《徽州记忆》（黄山市·屯溪区）第 5—10 页。

实验区申报工作，2008年1月2日，原文化部批准该区为第二个国家级文化生态保护实验区。

在抢救和保护非遗的实践中，全市非遗保护工作不但坚持正确的保护原则和保护理念，而且注重在实践中摸索规律、积累经验，对各类非物质文化遗产，根据具体情况，采取不同的保护方式。

1. 抢救性保护。各地对于濒临消失的非遗项目，以建立四级体系为手段，以普查为契机，运用录音、录像及亲笔记录等方式，将表演、技艺展示或生产过程等记录下来，整理分类、建立档案，积极申报各级非遗代表性项目名录。有的县还将收集到的资料整理编辑成册，并通过出版社相继出版。

2. 扶持性保护。对于那些具备活态传承客观条件的项目，实施扶持性保护，在政策上给予倾斜。如徽州区以潜口民宅博物馆为载体，打造徽州非物质文化遗产传承基地，徽州砖雕国家级传承人方新中等进驻基地，集中展示技艺，为黄山市非遗活态传承探索了一条新路子。屯溪区、休宁县针对徽州漆器、万安罗盘等日渐失传的传统制作技艺，成立保护工作组，整合各方专家意见，深入挖掘其历史文化内涵，加大扶持力度，并主动为其拓展市场，扩大宣传辐射力度，促使其健康发展。

3. 生产性保护。对于那些仍然具有生命力，又有开发潜质的传统手工技艺和民间艺术，进行合理开发，以生产性的方式加以保护。一是通过举办各种类型的民间艺术节等活动，将文化价值转化为经济价值。例如，黄山区举办太平猴魁茶文化旅游节，并通过"太平猴魁茶手工制作技艺"与农家乐茶乡风情游等活动有机结合，推动茶叶销售和旅游发展的"双丰收"；翡翠谷景区依托民间"黄山市婚嫁礼俗"和传统七夕节成功举办了多届"黄山七夕情人节"。二是促进非遗与产业发展相结合。立足种类繁多、特色鲜明的传统手工技艺，发展茶叶、砚雕、竹雕、木雕、竹编等传统产业。例如，休宁县以松萝茶、五城茶干和五城米酒等非遗项目为代表的产业渐成规模。

4. 整合性保护。对于在长期发展和传承过程中留下大量珍贵物质载体的非遗项目，积极整合物质与非物质文化遗产资源。例如，屯溪区将程大位珠算博物馆与市级非遗传习基地大位小学相结合，徽州区的谢裕大茶叶博物馆与黄山毛峰相结合，祁门红茶历史文化展览馆与祁门红茶相结合，整合性保护可以有效地依托物质形式展示非物质文化遗产。

近年来，黄山市推进非遗保护的主要工作可以概括为顶层设计聚合力、古为今用焕活力、融入生活惠全民等诸多方面。全市现存的非遗涉及民间文学、传统美术、传统舞蹈、传统技艺等大类，共 1305 个项目，种类和数量在全省地市中均位列第一，其中中国传统木结构建筑营造技艺（徽派传统民居营造技艺）、珠算（程大位珠算法）被列入联合国教科文组织"人类非物质文化遗产代表作名录"。至 2017 年，黄山市拥有市级以上非遗项目 171 项，其中国家级非遗项目 20 项；国家级非遗传承人 20 人，省级非遗传承人 145 人，市级非遗传承人 669 人；国家级非遗生产性保护示范基地 1 处，省级传习基地（所）27 处，省级非遗教育传习基地 5 处，市级传习基地 85 处。[①]

第三节 保护与传承工作之不足

安徽省非遗的保护与传承工作虽然取得了上述成绩，但是也面临着不少问题。2017 年 4 月，时任安徽省非遗保护中心主任黄先有坦言，安徽省非遗的保护与传承工作主要面临三大问题：首先是队伍建设问题。安徽省各市、县级非遗科、非遗中心大多挂靠在文化馆等部门，从业人员仍存在数量不足、质量不高、流动性大、专业基础薄弱等问题。其次是保护经费亟须增加。虽然各级政府都对非遗保护工作做了本级财政预算，但经费总量较少，与非遗项目的濒危程度及数量相比，仍显不足，特别是那些传承较困难、濒危程度较高的非遗项目，因缺乏资金的引导扶持，生存状况堪忧。最后是保护水平仍需提升。在实际操作层面，专业化程度不够，保护水平无法适应新需求，这些都制约着非遗保护与传承工作向纵深推进。[②]

[①] 黄山文明网. 黄山市推进非物质文化遗产保护综述［EB/OL］.（2017—09—08）［2019—08—15］. http://hs.wenming.cn/wmcj/jwmsxf/201709/t20170908_4740333.html.
[②] 中国非物质文化遗产网. 专访安徽非遗保护中心主任黄先有［EB/OL］.（2017—04—27）［2019—08—15］. https://www.ihchina.cn/luntan_details/7631.html.

一、总体工作之不足

（一）认识问题

保护工作"上热下冷"问题普遍。安徽非遗保护也存在"政府热群众冷""文化部门热其他部门冷"的问题。政府部门和有关专家学者高度重视非物质文化遗产保护，新闻媒体对非遗也进行了有力宣传，但是在普通民众中，不了解非遗的人不在少数，人们认为非遗保护与否无关紧要。如何把保护非遗列入政府重要工作日程与当地的社会经济发展规划中，真正使非物质文化遗产在社会经济发展中扮演重要角色，应引起社会思考。

重申报，轻保护。近年来，随着非遗保护宣传力度的加大、保护非遗项目和传承人补助经费的增加，安徽一些非遗项目传承人申报各级非遗代表性项目名录的积极性很高。但从申报的心理与思想情况看，有的传承人只重视非遗申报，把申报工作当成一项任务，表面上热热闹闹，实际工作做得非常有限，项目申报成功后往往束之高阁，没有真正认识到非遗保护的重要性及其对当地经济发展的带动作用。而且，如果不能获得经济回报，或者后续保护经费跟不上，有些人就对非遗保护不再热衷。

重利用，轻管理。安徽在非遗保护中也存在"重利用、轻管理"现象，在对安徽非遗进行开发利用中急功近利，违背非遗保护规律。如花鼓灯早在2006年就已进入国家级非遗代表性项目名录，但时至今日，该项目传承与保护工作依然有待完善。现实中，无论是研究者还是旅游开发者关注的大都是非遗的利用价值，并没有完全深入非遗保护的内里。

因此，无论从理论层面到实践层面，还是从决策层面到基层运作层面，地方非遗保护体系都尚需进一步完善。社会对非遗的自觉保护意识还不够，缺乏对自身文化的认识和自信，非遗保护路程还很艰难。

（二）工作机制问题

安徽非遗保护的空间和力度可以进一步扩展与加大，尤其是在非遗保护机构建设、非遗传承人保护长效机制、整体项目的保护等方面可采取更加可行的政策和有效的措施。

安徽非遗保护机构应进一步发挥作用。目前，安徽各市及其所辖区县虽然绝大多数设立了非遗保护机构，但是机构实际运行情况并不尽如人意：或有机构牌子，无专职工作人员；或从事非遗工作的人员没有独立编制；或兼职从事非遗工作；等等。安徽还没有真正全面建立起一支比较稳定的专门从事非遗保护的工作队伍，不能完全有效地开展非遗保护工作。

（三）经费投入问题

安徽非遗保护工作面临的主要问题是经费问题。安徽省每年有固定专项经费用于非遗保护，但相对于需要保护的非遗项目而言是杯水车薪。市、县将非遗保护经费纳入财政预算的也极其有限。

经费不足制约了安徽非遗保护工作的开展。如有的基层单位因非遗普查工作的仪器设备不到位，使非遗资料不能及时保存；有的非遗项目地处偏远，工作人员调查非遗资源困难；保护非遗的宣传场所不足，使非遗实物收藏困难，从地方上收集来的非遗实物无处放置；有非遗展出活动时，只能临时从民间艺人处借用参展实物，展后即还给艺人。非遗实物既缺乏专人管理又没有专门保管的场所，安全隐患较大。

经费不足也影响安徽非遗传承人保护工作。安徽的各级传承人中，绝大多数人无固定经济来源。从2008年开始，政府对代表性传承人进行经费补助。此举虽在一定程度上缓解了传承人的生存压力，但不能真正有效地解除传承人保护工作的后顾之忧。

安徽非遗保护需要公共文化经费投入。目前安徽各市、县由于经济发展程度和对非遗重视程度不同而对非遗保护经费的投入也不一样。经费问题不论是现在还是未来都是安徽非遗保护与传承工作的问题之一。

（四）继续传承问题

安徽非遗保护面临的传承问题主要集中在以下三个方面：一是传承人年龄偏大、后继乏人。非遗身口相传的传承方式决定了传承人保护工作尤为重要。安徽非遗中处于濒危状态的非遗项目与其没有传承人的现状有密切关系。掌握特殊非遗技能者多为民间老艺人，而有些项目没有传承人。同时，非遗项目传承人的保护、培训机制远未得到有效地建立，一些优秀的非遗项目面临失传的尴尬境地。二是非遗传承途径单一与愿学者难觅共存。传承人掌握的"独门绝技"一般不外传，这种行为容易导致非遗失传；一些非遗项目，因本身传习困难，加之市场稀缺，不易获得政府补助经费，依靠这些技艺也不能养家糊口，以致有的非遗传承人子女从事其他工作而未能学习父辈的绝技,从而导致项目失传。三是非遗保护层次问题。安徽历史文化遗产丰富,国家级非遗项目却较少,这与它的历史文化地位不相符。应当加大安徽国家级非遗项目的申报力度,以更好地对安徽非遗进行保护与传承。

（五）非遗资源保护问题

随着市场经济的发展、城镇化的推进,非遗原有生存环境发生变化,非遗资源保护也受到影响。一是有的现代工程使古老的建筑与历史街区被改造,一些依托这些传统环境生存的非遗失去了存在的土壤,使非遗资源减少。二是随着城市建设节奏加快,现代化的某些举措影响了非遗资源保护。一些以原生态环境为载体的古老的民间艺术、民间技艺资源随着现代环境的变化已无法生存。三是由于对传统文化保护自觉性的缺失以及对非遗品牌的价值认识不足,在外来文化、现代文化的强势冲击下,本地区非遗遭到不同程度的破坏,一些依靠口传身授的民间传说、民间技艺、民间礼仪及民间的节庆与游艺等非遗项目正在面临失传的危险。

二、部分地市工作之不足

现根据各市非遗田野调查等资料,重点摘录明确提出非遗保护工作存有问题的10个地市的资料,有关内容如下。

（一）合肥市

据《非物质文化遗产田野调查汇编（合肥卷）》,在取得一定成绩的同时,合肥市非遗保护工作面临着以下困难。

1. 非遗保护工作经费普遍短缺,有些地区严重不足,致使正常工作无法开展。

2. 非遗普查队伍年龄结构老化,文化水平不高,专业技术人员匮乏。

3. 由于种种原因,许多项目缺乏继承人,且传承人年事已高,后继乏力,项目处于濒危状态,抢救、保护形势严峻。[①]

[①] 参见合肥市非物质文化遗产保护中心2009年所编内部资料《非物质文化遗产田野调查汇编（合肥卷）》第4页。

（二）淮北市

据《相城印记——非物质文化遗产（淮北卷）》一书，淮北市非遗保护工作虽然取得了一定的成绩，但是市内许多非遗正面临消亡的处境。抢救保护非遗的速度远不及非遗消亡的速度，情况令人担忧，主要表现在以下几个方面。

1. 对非遗保护工作的重要性和紧迫性认识不足。非遗保护工作社会宣传力度不够，导致普查对象对非遗普查工作不理解，出于保密的心理不愿意接受普查，造成工作进展缓慢或错失申报良机。

2. 非遗是在人们不知不觉中逐步消亡的，保护难度大。保护非遗不像保护物质文化遗产那样能够看得见摸得着，很多项目靠口传身授才得以传承，但现今不少非遗正面临年龄断档、技艺失传的危险。

3. 人员、经费不足。非遗保护中心挂靠在市、县（区）文化馆，没有固定的编制和经费，缺乏必要的采录设备和专业人员。申报一个项目，不仅要深入民间考察、调研，搜集文献资料，整理撰写申报书，还要录音、录像，制作视频资料，以及邀请专家论证等，需要几千甚至几万元的申报经费。因缺乏申报经费，淮北市一些非遗项目的保护工作进展缓慢。保护手段落后，非遗方面的历史文献、作品、工具由于缺乏征集经费而难以收集。

4. 对非遗传承人的保护扶持力度不够。传承人是非遗的继承者和传播者，由于种种原因，很多传承人经济条件较差，无传承活动经费，无力继续从事传承工作，因而一些传承项目濒临灭绝。[①]

（三）亳州市

通过扎实推进和不断探索，亳州市非遗保护工作取得了重要成果，但仍存在一些问题，需要关注和解决。

1. 民间文化艺术传承青黄不接。城市化、信息化改善了人们的物质生活，同时也使非遗赖以生存的环境不同程度地受到影响，造成城乡居民的民俗传统观念日益淡化。同时，民间老艺人大多年事已高，而年轻人受市场经济和当前就业观念的影响，学习和继承传统文化艺术的兴趣不高，一些依靠口传身授的非遗正在不断萎缩甚至消失。

---

① 参见淮北市非物质文化遗产保护中心2009年所编内部资料《相城印记——非物质文化遗产（淮北卷）》第8—9页。

2. 保护机构缺失和人才队伍缺乏。目前，全省各市、县非遗保护工作大都由各级文化馆承担，亳州市文化馆既没有阵地也没有机构，仅在原市文化旅游局内设"文化艺术科"承担着全市非遗保护重任，县级保护工作机构尚未建立或健全，也没有专门工作人员，只是临时指定人员负责。亳州非遗保护工作队伍存在数量上不足、质量上不高、流动性大、专业基础薄弱等问题，工作人员的整体素质和能力还不能适应非遗保护工作的需要，保护工作的科学化、法制化水平亟待提高，亟须建立一支对非遗工作充满热爱、具有非遗专业知识和技能的非遗保护专业人才队伍。

3. 非遗保护经费不足。由于对非遗保护的意识不强和地方经济基础薄弱等，非遗保护工作的经费与实际保护所需资金之间仍存在很大差距。①

（四）蚌埠市

根据蚌埠市非物质文化遗产普查报告，蚌埠市在非遗保护方面主要面临如下问题。

1. 无奈的手工技艺。因现代文明的冲击，很多非物质文化遗产正面临消亡，濒临绝境。一是由于现代科技发展，机械化生产取代了传统的手工制作。如人工造纸、印染技术等逐渐消亡，从前繁华的箴匠街早已悄然退出市场，难以寻觅。二是现代文化中的电影、电视、网络等艺术取代了源远流长的民间艺术，如舞龙、舞狮、说大鼓等艺术形式，只有上了年纪的人还依稀记得，但对于年轻人可以说是十分陌生。一方面，年轻一代不感兴趣，其中不乏教育的缺失；另一方面，传统文化自身消失的速度也是惊人的，许多极其珍贵的民间传统工艺品被工业化产物替代，传统手工技艺面临着诸多无奈。

2. 缺失的表演市场。因社会经济的影响，很多非遗丧失了生存和传承的环境和条件：机耕取代农耕、经济体制改革，致使一些农耕时代的产物逐渐消失；另外在市场的竞争环境下，人们渐渐不再喜爱传统艺术，使得表演形式陈旧、节奏缓慢的艺术被挤出原有市场，而靠吸引人眼球的表演形式大量繁殖、活跃于偏远村镇。

3. 流于形式的婚丧习俗。随着农村城市化的发展与思想观念的进步，传统

---

① 凤凰安徽. 亳州市保护发展非物质文化遗产的措施及成效［EB/OL］.（2015－04－14）［2019－08－15］. http://ah.ifeng.com/human/detail_2015_04/14/3784288_0.shtml.

生活方式的空间已越来越小，传统的婚丧习俗也正在逐步被淡化，越来越流于形式。尤其是今天的人们，把本来具有意义的民间礼俗视为思想陈旧和土气低俗的产物，如对帖子、下聘礼等传统繁杂习俗正在被改变，当然这也体现了一种文明和进步，但传统的方式也正在离我们远去。例如，举行婚礼时大量的时间被拍摄录像等现代程序所占用，传统的程序与仪式大大省略，等等。因而原本内涵丰富、庄严隆重的婚丧习俗变得越来越空洞无力。

4. 单一的岁时节令习俗。蚌埠的岁时节令习俗曾经十分丰富，有很多具有地方特色的风俗和习惯，即便是同一个节日，不同的村镇都有不同的过法。然而，作为守护我们精神家园坚韧纽带的非物质文化遗产，却未能摆脱自生自灭的命运：许多罕见且宝贵的民间技艺和民风民俗，正逐渐丧失赖以生存的土壤；沿袭了几千年的中国传统节日习俗，也出现逐渐衰落的态势。在一些年轻人的印象里，传统节日似乎只剩下"春节吃大餐""正月十五吃汤圆""端午吃粽子""中秋吃月饼"等行为，远不如西方传播过来的情人节、愚人节、万圣节、圣诞节浪漫和时尚。现在大部分地区，即使是原先地处偏僻的乡村，一些节令的过法也大多是流于形式，某种食物成了某个节令的专门符号或全部内容，传统的节日风俗已随着现代化的步伐离我们越来越远。

5. 后继无人，传承艰难。蚌埠市非物质文化遗产始于民间、盛于民间、自发地传承于民间，但随着时代的发展，加之缺乏一定的引导和扶持，其早已失去昔日的光彩，走入了生命的谷底。调研中发现，蚌埠市非遗数量不少，但传承者、老艺人或知情人为数不多，且年高体弱，风烛残年，他们一旦辞世，其技艺将永久失传。

6. 各级各部门对非遗的抢救、保护、申报工作认识不深，重视不够，宣传不力。财政投入不足，抢救、保护、申报工作处于滞后状态。目前，全市非遗中的不少亮点文化因投入不足、经费制约而隐没于民间，抢救、保护、申报工作举步维艰。若再不采取切实有效的措施尽快抢救、保护，只能眼睁睁看着诸多非遗日益消失而扼腕叹息。①

（五）淮南市

据《淮南市非物质文化遗产调查成果汇编（第一卷）》一书记载，在非遗保

---

① 参见蚌埠市非物质文化遗产保护中心 2009 年所编内部资料《蚌埠记忆——非物质文化遗产田野调查汇编》（蚌埠卷）第 8—12 页。

护方面，淮南市面临的问题有以下几个方面。

1. 许多非遗项目的传承人年事已高，而年轻人又不愿接班，非遗传承面临断代的危机。原市文化局、市文化馆为此开办了相关培训班，并在年轻人中做了大量相关项目的宣传和教育工作，使淮南市非遗项项有人接班，项项有人传承。

2. 有些项目遗留资料不全、不齐，已不能反映项目的原来面貌。有关部门抽调专人在老艺人、老传承人中进行挖掘、帮助回忆、记录工作，以期把项目资料整理完备。

3. 项目经费虽已落实，但和实际需要相比仍严重不足。这需要有关部门继续努力，多方争取，以政府拨款为主，企业和民间捐助为辅，力争资金到位，保证非遗保护工作顺利进行。①

（六）六安市

随着时代的推移和社会生活的发展变化，以及电视、电影、网络等新的文化形式的冲击，六安市大多数非遗的生存环境逐渐恶化，一些非遗正在不断消失，许多传统技艺后继乏人。如果不立即对其加以抢救和保护，它们就会有消亡的危险。据《六安市非物质文化遗产田野调查汇编》一书，六安市在非遗保护方面主要存在以下几个方面的问题。

1. 缺乏普查、保护经费。经费不足或没有经费制约着非遗普查工作。非遗普查中，政府没有专项资金的投入，这项活动就无法更好地开展下去。如，由于缺少经费，工作人员没有基本的普查设备，导致尽管普查人员付出了大量的精力，仍有大量的珍贵资料无法全部获取。正所谓"巧妇难为无米之炊"，没有经济做保障的普查只能是点到为止、浅尝辄止的普查。

2. 非遗后继乏人，许多非遗濒临失传。在文化生活多元的今天，一些非遗远离现代生活，难以再吸引年轻人的视线，传承很难，发展更难，再加之传承人传承非遗多靠自己的兴趣，没有专门的经费和经济待遇做保障，传承工作形势严峻。例如，在金安区一带流行的锣鼓书的表演形式是说书人一边说书，一边在手中舞动着三把刀，这一表演绝技现已失传；最具代表性的大别山民歌演唱方式"挣颈红"濒临失传，现在能够演唱的人很少；正阳的抬歌（阁）、肘歌（阁），

---

① 参见淮南市非物质文化遗产保护中心2009年所编内部资料《淮南市非物质文化遗产调查成果汇编（第一卷）》第6—10页。

由于老艺人年近七旬，肘歌（阁）已经没有能够顶起三篷的人了。还有一批具有地方特色的民间手工技艺，如果不加紧抢救和保护，这些曾经在六安地区产生广泛影响的民间艺术就会失传。

3. 缺乏专业研究人员，非遗难以形成精品。一些民间艺术如旱船、高跷等，由群众自己编创，缺乏专业人士的指导，在艺术价值和艺术层次上具有局限性，水平难以提高；民间手工艺品的制作，更是缺乏专业人员指导，规模小，无资金投入，故无法形成产业，做不到适度的开发。目前，虽然将非遗保护工作交给了文化馆，但其无编制、无专业人员、无专项经费。①

（七）马鞍山市

据《非物质文化遗产田野调查材料汇编（马鞍山卷）》记载，马鞍山市在首次进行的全面普查工作中，发现全市非遗保护工作存在以下问题。

1. 非遗资料得到较为全面的挖掘、搜集、整理，但难免挂一漏万。由于人力、物力条件上的限制，仍有些项目隐没在民间，未得到搜集，有些偏远地区未去普查（如长江中的江心洲、小黄洲）。需要下大力气，集中力量，深入偏远地区进行深度普查。

2. 市、县以及乡镇虽然都成立了保护中心或保护小组等组织机构，但一没办公地址，二没专业人才，三没活动经费，严重制约了全市非遗保护工作的正常有序开展。

3. 市、县在搜集上报的非遗项目中，都制定了五年保护计划，但这些保护计划一般都停留在纸上谈兵的阶段，真正付诸实施的较少。

4. 全市建档入库的非遗项目中的不少项目，如太平府铜壶制作技艺、博望打铁工艺、博望剪纸、汤阳雕刻、霍里药研等，大都是个体作业，且业主年事已高，项目后继无人，接班人难觅。有些项目虽然选定了传承人，但由于无经费支持，项目存在着失传的风险，消亡之势越来越严重。

5. 马鞍山市非遗工作没有专业人员负责，一般都是市、县文化馆临时抽人进行这项工作。外加保护工具短缺，保护经费严重不足，全市保护工作无法顺利

---

① 参见原六安市文化局（新闻出版局、版权局）2009年所编内部资料《六安市非物质文化遗产田野调查汇编》（六安卷·寿县卷）第5—9页。

进行。①

此外，在非遗普查工作方面，马鞍山市存在以下几个方面的困难：第一，专业人才匮乏。由于非遗保护工作提出时间较短，外加非遗保护工作量大、任务重、内容丰富、涵盖面广、十分繁杂，实质性的工作尚处在起步阶段。全市现有的非遗保护工作人员中，没有一个是非遗保护和普查工作的专业人才，其中，非遗项目的摄像、记谱、文字撰写、音像制作等方面的人才最为匮乏，影响了全市非遗普查工作向深度和广度的进一步展开。

第二，普查设备落后。在全市此次非遗普查工作中，工作人员走访了许多知情老农和相关人士，但由于缺少先进的摄像、录音器材，导致出现文字材料多、图像与声音资料过少的情况；有些记录中还出现了遗漏和误差。

第三，活动经费拮据。在此次非遗普查工作中，政府前期没有投入经费，后期虽投入了少量的费用，但杯水车薪，满足不了需要，所以全市非遗保护工作处于捉襟见肘的境地。要进一步做好全市非遗的保护和传承工作，需要有足够的经费作为保障，才能在工作上取得显著成效，进而才能使全市的非遗得到有效的保护、传承和发扬。

第四，保护措施不足。马鞍山市非遗留存丰富，与这块土地上的自然生态环境有着密不可分的联系，如果自然生态环境遭到破坏，生产资源丧失，马鞍山市的非遗也会随之悄然远去。因此，非遗的保护绝不是单一的，而是链条式的，特别是与之相关的自然生态环境的保护工作要得到重视。

（八）宣城市

据《人文宣城——宣城市非物质文化遗产普查资料汇编》记载，宣城市在非遗保护方面存在的困难如下。

1. 宣传深度仍较低。宣传的深度和广度不够，未引起部分地方应有的重视。而对于为何保护、如何保护非遗，老百姓也没有一个清晰的概念，因而其主动保护意识不强，导致众多非遗项目濒临消失。

2. 经费补偿机制尚未形成。经费保障是确保和推进非遗保护工作的前提。对非遗项目的保护、普查工作的推进、对代表性传承人的扶持及资助均需要大量

---

① 参见马鞍山市非物质文化遗产保护中心2009年所编内部资料《非物质文化遗产田野调查材料汇编（马鞍山卷）》第5—10页。

配套专项资金作保障,除了国家级的若干项目和国家级、省级传承人有相应的有限的经费补助外,在实际工作中,市、县两级未形成有效的、可操作的经费补偿机制。资金的缺乏影响了全市非遗项目的全面挖掘、深入研究、系统整理工作。长此以往,一些珍贵的非遗将逐渐被湮没。

3. 传承人数量不足,保护不到位。有些项目如宣纸制作技艺,工艺流程复杂,技艺要求极高,不是个别传承人所能完全代表的,尚需增加传承人,以利于完整工序的传承。而皖南花鼓戏更面临着老艺人相继谢世,无人继承的严重问题。

4. 保护传承机制尚待完善。全市对国家级非遗项目保护及传承人的资助办法和传承工作的监督检查、考核评估等机制尚待进一步完善。[①]

(九)安庆市

据《安庆非物质文化遗产田野调查》一书记载,安庆市在非遗保护工作方面面临一些问题亟待解决。

1. 相当多的项目处于濒危状态。一些传承人年事已高,再加上受经济等因素的影响,不少项目后继乏人,抢救和保护工作面临严峻挑战。

2. 非遗保护工作的宣传仍需进一步加强,对从事非遗保护工作者的专业培训工作亟待进一步加强。

3. 须尽快成立各级非遗保护中心,解决相关编制、经费等具体问题,强化统筹保护,建立机制,明确职责,确保各级保护项目的"五年规划"付诸实施。[②]

(十)黄山市

据《徽州记忆》等资料记载,在首次非遗普查中,黄山市挖掘、整理了一大批非遗项目,同时也发现了一系列问题。

1. 专业技术人员匮乏。全市非遗资源丰富,保护工作量大。在现有工作人员中没有从事非遗保护工作的专业人才,特别是摄录、照相、记谱、文字撰写、音像资料制作人员相当匮乏,给非遗的进一步挖掘带来难度。

2. 普查设备落后。在此次普查过程中,由于缺少先进的摄录设备,导致出

[①] 参见宣城市非物质文化遗产保护中心 2010 年所编内部资料《人文宣城——宣城市非物质文化遗产普查资料汇编》(宣州区)第 10—16 页。

[②] 参见安庆市非物质文化遗产保护中心 2009 年所编内部资料《安庆非物质文化遗产田野调查》(第一卷)第 3—8 页。

现文字材料多，图像、声音资料少的情况，仅有的一些音像资料还是在申报国家级、省级非遗代表性项目时留下的。

3. 后续保护经费紧缺。开展非遗保护工作需要足够的经费作保障。在前期开展的非遗保护工作中，地方政府虽投入了部分经费，但仍然满足不了实际需要。黄山市在非遗的申报工作上虽取得了显著成效，但若要进一步做好保护和传承工作，尚需要大量的资金作保障，才能使众多的非遗得到有效的保护和传承。

4. 整体保护迫在眉睫。徽州地区非遗如此丰富，自然生态环境发挥了很重要的作用。如果历史文化和自然生态环境遭到破坏，生产资源丧失，制作工艺将随之失传。因此，非遗的保护绝不是单一的，而是整体的、链条式的，要重视徽州文化生态保护区的保护工作。

综上可见，安徽各市在第一次全面非遗普查工作中，发现在非遗保护工作上面临专业人员缺乏、保护经费不足、认识不够等诸多问题，但各市存在的问题也不尽相同。

第四节　保护与传承工作建议

安徽非遗的保护与传承工作虽然千头万绪，面临资金困难、传承困难等诸多难题，但是也并非完全无章可循、束手无策。笔者特提以下建议仅供参考。

一、正视既有问题，广纳各方雅言

徽州楹联中有一个词叫"知难不难"，该词意在强调正视问题的重要性。安徽非遗在保护与传承中确实存在着若干问题，对此上文已有论述。这里主要探讨"广纳雅言"问题，这也是我们正视问题的一个直接表现。笔者以为，至少有下述三类"雅言"值得采纳。

一是省内各市、县非遗田野调查中所提出的有关问题与保护计划。前已述及，2009年前后，安徽省多数市、县都根据各自的非遗普查情况编纂了田野调查报告。这些田野调查报告中的"概括"或"普查报告"部分，大都提出了当地非遗保护中存在的问题和拟采取的解决办法。十几年后的今天，重温这些问题与办法，人们会发现，虽然有些问题目前仍然困扰着我们，但是许多问题已迎刃而解，当年提出的许多办法至今尚未过时，仍具有参考价值和借鉴意义。详见下表。

表 2-2 安徽省部分地区拟采取的非遗保护计划

序号	地区	保护计划	总条目数	资料来源
1	合肥	加强工作机构建设；加强经费投入；加强专业人员队伍建设；建立考核、奖罚、激励机制，实行非遗保护目标责任制；对合肥文化及其赖以生存的环境实施整体性保护；加快产业化进程，以生产性方式加强非遗保护；加强研究，积极探索非遗保护工作	7	《合肥市非物质文化遗产普查报告》
2	淮北	加大对外文化交流和宣传力度，积极开展富有特色的文化活动；落实传承人的各项保护措施，建立保护机制；加强专业人员的培训力度，做好非遗培训工作；加强被列入名录项目的保护力度，制定科学的保护计划；加强经费投入；建立考核、奖罚、激励机制，实行非遗保护目标责任制	6	《淮北市非物质文化遗产普查工作报告》
3	六安	树立科学保护观；将非遗传承保护经费列入财政预算；积极开展宣传教育，提高全社会对非遗保护重要性的认识；制定非遗保护规划，出台政府补贴制度；设立非遗展览馆	5	《六安市非物质文化遗产普查工作报告》
4	滁州	健全工作机制，加强队伍培养，加大经费投入，开展传承活动，推行产业进程，加强理论研究	6	《滁州市非物质文化遗产普查报告》
5	马鞍山	加强非遗保护工作组织机构建设；加大非遗保护工作经费投入；加强非遗保护工作队伍建设；建立非遗保护工作考核、奖罚、激励机制；建立非遗传承人机制；加快非遗项目产业化进程；加强非遗研究	7	《马鞍山市非物质文化遗产普查工作调查报告》

(续表)

序号	地区	保护计划	总条目数	资料来源
6	安庆	加强工作机构建设；建立经费投入机制；建设专业人员队伍；建立考核、奖罚、激励机制，实行非遗保护目标责任制；实施整体性保护；加快产业化进程，加强生产性保护；加强学术研究	7	《安庆市非物质文化遗产普查报告》
7	铜陵	加强宣传保护力度，加强机构建设，加大经费投入，加强队伍建设，加强档案建设	5	《铜陵市非物质文化遗产普查报告》
8	黄山	加强工作机构建设；加强经费投入；加强专业人员队伍建设；建立考核、奖罚、激励机制，实行非遗保护目标责任制；对徽州文化及其赖以生存的环境实施整体性保护；加快产业化进程，以生产性方式加强非遗保护；加强研究，积极探索非遗保护工作	7	《黄山市非物质文化遗产普查工作调查报告》

资料来源：系笔者据安徽省非物质文化遗产保护中心所藏资料整理而成。

二是历次各级非遗代表性项目申报书中有关申请项目拟采取的保护计划与保护措施。限于篇幅与资料，下面重点以安徽省成功申报并获批的国家级非遗项目为例略加说明。这些申报材料中所写内容部分已经实现，但也有不少内容尚未做到，至今仍有较大参考价值。

首先，以阜阳剪纸申报书为例。2005年7月，在论证阜阳剪纸的保护计划与保护措施时，申报书共列举了"对全市剪纸进行普查""建立剪纸作坊"等16条保护计划，并承诺拟采取5条保护措施：（1）举办剪纸技艺培训班，请剪纸大师、剪纸理论家传授经验和知识，并按老艺人的风格让学生分别拜认传承人；（2）政府给予政策和资金扶持，令老艺人的生活和待遇有所保证，使之无后顾之忧；（3）加大宣传力度，举办剪纸展览，提高剪纸艺人的各种待遇；（4）建立"剪纸艺术馆"，建立剪纸家档案室，健全作品、摄像、文字资料库；（5）恢复

《民间艺术》杂志，加强内外交流，提高剪纸技艺。①

其次，以成功入选我国首批国家级非遗代表性项目名录的徽墨制作技艺项目申报书为例。该申报书中列出了徽墨保护的五年计划（2006—2010）：（1）保护身怀绝技的老艺人（老工人），发挥他们的"传帮带"作用，结合外出进修等方式，培养年轻一代的徽墨生产管理人才；（2）保存完整的传统徽墨生产工艺，在徽墨研究创新中尽量避免使用现代设备和化学制剂；（3）建设完整的徽墨原料生产基地，确保徽墨生产原料的供给；（4）建设徽墨博物馆，包括徽墨古法生产作坊等。

根据此项目的申报材料，申报书承诺将采取的保障措施为：（1）开展老艺人徽墨生产绝技调查整理工作；（2）举办徽墨传统技艺培训班，请老艺人传授经验，并现场督导；（3）给予政策和资金扶持，保证徽墨生产原材料的可持续发展，确保徽墨生产的需求；（4）继续贯彻徽墨保密条例，防止核心技艺泄密；（5）严格执行徽墨国标要求，协助工商管理部门，严厉打击徽墨赝品和冒牌货的销售；（6）利用宣传媒介，广泛向社会宣传、推介徽墨及其质量标准，提高广大徽墨需求者辨别真伪徽墨的能力。

计划采取的保护机制方面的主要内容为：（1）成立以身怀绝技的老工人为主体的徽墨传统工艺顾问小组；（2）在徽墨研究所下设徽墨传统技艺研究和保护室；（3）加强徽墨博物馆的建设，充实收藏内容；（4）建立徽墨技艺传承人培训、实践中心。②

再次，以歙砚制作技艺申报材料为例。在当年的申报书中，所列歙砚保护计划如下：（1）保护身怀绝技的老艺人（老工人），发挥他们的"传帮带"作用，结合专门培训、外出进修深造等方式，留住人才，逐步形成传承机制，培养年轻一代的歙砚生产经营管理人才；（2）建立歙砚生产经营一条街，保存完整的传统歙砚生产工艺，在歙砚研究创新中尽量避免使用现代设备；（3）建设充足的歙砚原料生产基地，确保歙砚生产原料的供给；（4）建设徽墨、歙砚博物馆，融展览、实物展示、简易生产流程展示、科普教育、旅游观光、休闲购物等为一体。

---

① 参见原阜阳市文化局 2005 年撰写的内部资料《阜阳剪纸艺术国家级非物质文化遗产代表作申报书》第 22—25 页。
② 参见安徽省歙县人民政府 2005 年撰写的内部资料《徽墨制作技艺国家级非物质文化遗产代表作申报书》第 21—22 页。

具体措施：(1) 开展老艺人歙砚生产绝技的调查整理工作；(2) 与本地院校联合，创办歙砚传统技艺培训班，请老艺人传授经验，并现场指导，加快产品创新；(3) 深入普查，挖掘新坑，保证歙砚生产原材料矿石资源的可持续发展，确保满足歙砚生产的需求；(4) 积极争取并给予政策和资金扶持，兴建歙砚一条街和徽墨、歙砚博物馆；(5) 加强歙砚行业管理，严格执行歙砚国标要求，协助工商管理部门，严厉打击歙砚赝品和冒牌货的销售，保护歙砚品牌；(6) 利用宣传媒介，广泛向社会宣传，进一步提高歙砚知名度；(7) 统筹协调歙砚行业与旅游业发展的关系，抓住机遇加快发展，实现双赢。

所承诺的保障措施有：(1) 成立以身怀绝技的老工人为主体的歙砚传统工艺顾问小组；(2) 在歙砚研究所设立歙砚传统制作技艺研究和保护室；(3) 加强徽墨、歙砚博物馆的建设，充实收藏内容；(4) 建立歙砚技艺传承人培训、实践中心。[①]

其次，以徽派盆景技艺申报材料为例。根据有关资料，徽派盆景技艺申报书中提出了以下保护计划：(1) 保护盆景制作艺人，他们是徽派盆景"传承帮带"的无价之宝；(2) 培训盆景制作技术；(3) 建立徽派盆景大市场；(4) 研究挖掘徽派盆景资料，总结制作技艺；(5) 保护盆景制作材料资源；(6) 拨出专款用于组织徽派盆景参加全国性盆景展览，推介和提高徽派盆景的知名度；(7) 保护徽派盆景原产地；(8) 保护徽派盆景品牌。

在保护措施方面，申报单位承诺：(1) 加强政策引导。各级政府及有关部门加大资金投入，建设花卉盆景生产示范基地，增加基建投资，扶持花卉交易批发市场等设施建设，为花卉盆景产业创造良好的投资和发展环境。(2) 加大宣传力度，通过多种途径，创造机会，广泛宣传、推介徽派盆景，以提高其知名度。(3) 发展花卉盆景龙头企业，以市场为导向，采取"公司＋基地＋农户"的经营模式，用企业运作的方式拓展市场。(4) 加大科研和技术推广力度。既要重视本地资源的研究开发，又要博采众家之长，不断创新，开发"名新优"品种，形成本地特色，打响本地名牌。同时，要加强先进技术的运用和推广，提高经营管理水平。(5) 规范市场管理。为确保花卉盆景产业健康发展，保障市场公平竞争，要建立必要的市场规章制度和花卉盆景等级质量标准；建立起市场信息网络，避

---

① 参见安徽省歙县人民政府2005年撰写的内部资料《歙砚制作技艺国家级非物质文化遗产代表作申报书》第23—24页。

免花农因缺乏信息而盲目生产、盲目降价、无序竞争。同时，要正确处理繁荣与规范的关系。在信息服务、市场管理等方面，建立一系列规章制度，有力促进市场繁荣。在流通组织方面，积极发展"经纪人"队伍和协会等各种形式的民间组织，充分发挥他们引导消费、开拓市场的作用，有效地解决花卉盆景流通不畅的问题。①

最后，以徽剧为例，我们可以看出有关保护计划及保护措施至今仍有参考价值。在当年的申报材料中，申报单位所列徽剧保护的五年计划（2006—2010）：（1）进一步深入细致地开展普查工作，彻底摸清徽剧发生、发展的历史沿革。（2）在普查的基础上，建立健全徽剧文化遗产档案数据库，包括早期录音资料的数字化处理及保存，与徽剧相关的历史文献，徽剧剧本、曲谱的善本、孤本的数字化处理，历史资料画面的数字化处理。（3）建立徽剧传承人数据库，以利于徽剧的继承与发展。（4）抓紧《徽剧艺术》专著的编撰工作，展示徽剧艺术研究的成果。（5）做好《徽风古韵》徽剧名家名段 VCD 的制作发行，广泛扩大徽剧的影响。（6）建立每两年一度的徽剧研讨会制度，并争取与"中国国际徽商大会"挂钩，以打造"徽商·徽剧"品牌，带动文化产业的发展。（7）加大徽剧人才的保护和培养，专门设立一个奖励机构，在专家评议的基础上，每两年评选一次，对为徽剧事业作出突出贡献的人员给予奖励；同时，招收 20 名学员进行培养，解决徽剧后继无人的问题。（8）挖掘整理传统徽剧小戏、折子戏 3 台，在条件成熟的情况下，精心打造一台大型徽剧精品剧目。（9）积极开拓徽剧演出市场，采用展演、巡演、公演的形式，每年演出不少于 30 场。（10）在大学、中学、小学及文化社区开展系列徽剧艺术讲座活动，宣传徽剧艺术在中国传统文化中的重要地位，提高人们对徽剧艺术的认识。（11）建立徽剧文化动态信息交流网站，加强国际国内文化信息的交流。

申报单位承诺了以下保障措施与机制。在保护措施方面：（1）成立以剧院院长为领导的徽剧文化遗产保护领导小组；（2）设立分管院长主抓、以徽剧研究院为实体的专门工作机构，负责徽剧文化遗产的资料整理、建档等工作；（3）组织专家小组，专门负责《徽剧艺术》专著的编撰工作，使《徽剧艺术》一书尽早出版发行；（4）为国家、地方政府划拨的徽剧保护经费设立专门账户，做到专人负

---

① 参见原歙县文化局 2007 年撰写的内部资料《徽派盆景手工技艺国家级非物质文化遗产代表作申报书》第 17—18 页。

责、专款专用,不得以任何理由或手段进行挪用;(5)实行招商引资,发展徽剧文化产业,打造徽剧文化品牌。

在保护机制方面:(1)建立检查、监督机制,以原省文化厅有关主管部门为主,成立督查组,定期对徽剧的保护工作进行检查,包括经费开支的检查等;(2)建立剧院领导负责机制,分工到人,责任到人;(3)建立剧院检查机制,对徽剧的保护工作每年进行一次自检,以确保保护工作的健康推进;(4)建立奖励机制,每两年一次,对为徽剧事业的发展作出突出贡献的人员进行奖励,以调动大家爱护徽剧的积极性;(5)建立动态的人才管理机制,不拘一格,大胆提拔徽剧突出人才,对于有社会影响、有造诣的艺术人才,大胆引入、高薪聘请,以名人效应扩大徽剧的影响;(6)建立市场运营机制,把发展徽剧艺术与开发徽剧品牌产业相结合,以产业实体为依托,更有力地推动徽剧艺术的发展。①

三是各级"两会"代表、委员在省内外大会上言及的有关安徽非遗保护的提案、提议。这方面的例子有很多,兹略举几例。

2015年4月,在中国人民政治协商会议合肥市第十三届委员会第三次会议上,中国民主同盟会合肥市委员会提交的《关于改善我市非遗传承人生存和发展状况的建议》的提案受到市政协的高度重视,并引起社会广泛关注。

2016年2月,安徽省政协委员、芜湖黄梅戏剧团团长曹帮萍,在接受记者采访时提出了"传承非遗要从娃娃抓起"这一看法,这也是她当时在安徽省"两会"期间的提案内容。她认为"我省戏剧要繁荣,必须培养和造就一批德才兼备的专业人才,培养一大批观众;抓好基础教育和普及教育至关重要,应从中小学生抓起,培养他们对戏曲等非遗艺术的审美能力与兴趣"。

2018年1月,安徽省"两会"期间,中国宣纸股份有限公司高级技师、"大国工匠"周东红提到,非遗自身也需在创新发展中寻找新路。他认为,宣纸既可以成为高档书画用纸,也可以被制作成装饰品,甚至用于文物修复,只有让宣纸进一步走进生活、融入社会,才能真正让它"活下来"。对于非遗来说正是这样,只有不断地创新,才能传得更久、走得更远。

同年3月,全国政协委员周世虹提出应加大对徽州文化生态保护区的经费支持。周世虹认为,在新农村建设及城镇化进程中,文物的真实性和完整性保护形

---

① 参见原安徽省徽剧团2005年撰写的内部资料《徽剧国家级非物质文化遗产代表作申报书》第23—26页。

势严峻,"特别是古村落周边环境作为文物的重要组成部分,保护任务艰巨"。为此,他建议,中央财政进一步加大对徽州文化生态保护区内的文物经费支持,同时,能将古村落周边环境风貌整治项目纳入支持范围,"使得文物和非遗的保护利用效果更加显著"。同一时期,来自黄山歙县的全国人大代表王祖伟,同时也是中国工艺美术大师、国家级非遗传承人,在参加"两会"时,建议推进徽州文书申报"世界记忆遗产",同时呼吁建立非遗技艺学校。

安徽省政协委员蒋劲华建议政协搭台让安徽非遗"走出去"。他建议,可以考虑像设立书画院一样设立非遗院,使非遗成为对外友好文化交往的窗口。响应"一带一路"倡议,积极组织各类非遗传承人到境外展示展演,进行交流和文化输出;同时学习、借鉴海外优秀文化,以更好地保护和传承我们的非遗。利用政协基层联系面广的特点,鼓励各级政协充分调动所在区域非遗传承人的积极性,多渠道、多形式开展对外非遗展示和宣传,不断拓宽非遗保护和传承的路子。对现有服务管理资源进行整合,建立非遗外宣联席制度,制定每一次外出方案,突出鲜明的安徽外宣主题。在"购买服务"的基础上,充分调动社会各方面的积极性,研究多渠道筹措非遗外宣资金的方案。充分发挥政协委员的作用,努力拓宽海外联系渠道,为安徽省非遗走出国门搭建新的平台。①

当然,还有不少专家、学者及非遗从业人员都曾通过著书立说、接受访谈等方式言及自己对安徽非遗保护的有关意见和建议。总结过往,不断吸取历史经验与教训,对安徽省的非遗保护工作不无裨益。

二、加强政府主导,加大保护力度

保护非遗的目的,就是要保护它的文化价值、科学价值和艺术价值,使之更好地传承和弘扬中华优秀传统文化、更好地为当地经济社会发展服务。因此,从政府角度而言,各级政府应在制度、经费等方面加大力度,保护和传承好安徽非遗。

一是完善分级保护制度。安徽非遗是安徽历史的活的见证和安徽文化的重要载体,它们蕴含着某些特有的精神价值、思维方式、想象力和文化意识,体现着

---

① 政协搭台让安徽"非遗"走出去[N]. 江淮时报,2018-06-12(A1).

安徽民众的生命力和创造力,是今天安徽文化建设的重要资源和内容。政府的重视与支持在推进非遗保护利用工作中起着很重要的作用。各级政府在健全非遗机构的同时,进一步完善分级保护制度,统一协调,切实做好指导保护工作。

二是加大经费投入。近年来,安徽省不断加大非遗保护力度,随着非遗代表性项目的不断增多,在保护经费上可以采取以政府投入为主、社会捐助为辅的办法,多方筹措经费资助非遗代表性项目与传承人,加大非遗代表性项目与传承人补助力度,调动传承人传承工作的积极性和主动性。

三是多层面、多形式进行宣传。如借助新媒体开展多种形式的广泛宣传,通过报刊、广播和电视、网络等动员安徽市民都来关心和参与安徽非遗保护,营造良好的保护环境和氛围;鼓励民间组织、高等院校和科研机构的相关专家学者参与,号召社会责任感强的企业家参与。

四是实施项目带动策略,发挥安徽非遗的文化作用。打造安徽非遗品牌项目,展示安徽文化魅力。结合安徽自身条件和优势,精心策划,集中力量,每年打造出一两个特色鲜明、影响广泛的非遗品牌项目,使这些品牌项目能够成为展示安徽形象的重要平台和载体,同时使这些非遗品牌项目形成合力,扩大非遗的知名度,推进安徽文化建设,充分展示安徽文化魅力。

五是提供非遗展演平台,加大非遗活动力度。非遗是中华民族的宝贵遗产,千百年来,它之所以能够并且一直存在于民间,是因为民间艺人对其的执着和热爱。政府牵头,定期组织农村文艺专场会演和竞技活动;基层各组织定期或不定期在国家法定假日和传统节日组织活动和进行异地交流演出,为他们提供展示民间文化风采的机会和场合,开展非遗保护交流活动。对列入非遗传承人名录的代表性传承人,有计划地提供资助,并提供必要的传习与活动场所,鼓励、支持他们,在条件许可的情况下开展宣传、展示、研讨等活动,努力促进交流与合作,扩大非遗的对外影响,使其为社会所用,以确保优秀的非遗项目能够得到有效传承。

三、增强保护主体,抢救口述史料

非遗传承人是安徽省非遗项目得以传承保护的决定性因素,对非遗传承人予以保护,是对非遗实施保护的关键环节。因此,做好安徽非遗保护工作一方面要对现有传承人加以积极保护,另一方面还要加快进行新传承人的培养工作。2018年,安徽省45人入选第五批国家级非遗项目代表性传承人名单,入选数居全国第六位。至2018年5月,安徽省共有国家级非遗项目代表性传承人119人(已去世17人),国家级传承人总数在全国位列第11位。[①]

对于现有非遗传承人,各级政府部门应给予高度重视,加大对非遗传承人的保护力度,提高保护层次。不仅对已进入各级保护名录的传承人要保护,而且对那些未能进入保护名录的传承人也给予积极支持,充分调动他们保护祖国非物质文化遗产的积极性,做好项目的传承活动,使这些项目在历史文化的长河中延续下去,造福中华民族。

积极推进对非遗新传承人的培养工作,采取学校教育、社区教育等方式推进培养工作。例如,安徽省黄山市、合肥市等地都将非遗保护传承与学校教育联系在一起,这应该是行之有效的措施。一方面,使学生从小对一些民间传统文化即有认识,从而培养更多人对非遗保护的自觉意识,同时提高更多人对一些非遗的兴趣,为培养新传承人奠定基础,也为非遗的生态环境的改善增加有效推进的元素。另一方面,对传承人进行专业培养,以一些专业院校、机构(如音乐、美术等院校、研究所)作为培养新传承人的高级平台,通过"走出去""请进来",专家与传承人相结合等方式开展非遗学习、研究与继承工作,有效地推进新传承人的培养工作。同时要注意理顺群体与个体传承人保护的关系。传承人保护至关重要,因为他是某些项目的重要载体和传承者,在非遗保护中应注意具体情况,实行群体与个体传承人保护同时进行的原则。

从实地调研情况看,目前,非遗传承人保护工作存在误区,即某些项目的传承是集体传承而不是个体传承。如果刻意进行个体传承人保护,如只评选非遗代表性传承人,不考虑非遗项目的具体传承属性,则势必伤害项目集体传承的其他成员,对一些需要集体共同传承的非遗项目保护则极为不利,也容易产生非遗保护的离心力。如齐云山道场音乐、桐城歌、花鼓灯等,对于这些适合集体传承的非遗项目,如果只刻意注重个别传承人保护,缺少项目传承人的集体保护,会在整个项目的今后传承中产生消极影响,挫伤大部分传承人保护非遗的积极性,不

[①] 安徽省文化和旅游厅. 我省45人入选第五批国家级非物质文化遗产代表性项目代表性传承人名单 [EB/OL]. (2018—05—16) [2019—08—15]. https://ct.ah.gov.cn/html/article/180516011728.html.

能起到非遗保护的作用。因此,有些项目可以保护传承人个体,有些项目则需要进行集体传承人保护。对于一些村镇,由于其历史久远,整个村镇依然保持着农业时代的文化状态,更应该对其进行整体性保护,这能进一步落实非遗保护宗旨,更有利于新时代农村文化建设。

据安徽省非遗保护中心的工作人员所述,安徽省针对国家级非遗传承人及省级非遗传承人已进行了多次的访谈与记录,并且已达到了一定程度上的保护。但是较之浙江、江苏等地的相关保护措施及成果,安徽省的工作还有较大的提升空间,譬如,进行各级非遗传承人口述史料的挖掘和深度访谈工作等。

四、营造传承氛围,集聚各方力量

合理开发利用非遗资源,推动优秀的民间文化融入现代生活,将挖掘与创新相结合,保护与传承非遗,创造非遗生存环境。非遗在当代生存的最好办法是为其创造有利的生存环境。如建设专门展示安徽非遗的街区,使其享受文化产业运营的优惠政策;对某些非遗项目实行优惠政策,使其享受国家给予文化产业的优惠待遇;以奖励或补贴形式,鼓励和推行名师带徒制度;实行与学校合作培养技能人才的机制,根据需求采取形式各异的方法培养传承人;设立专项经费,收购非遗实物精品充实非遗展馆,有效保护非遗实物。

营造非遗赖以生存的文化环境十分必要。建议组织和推动不同形式的民间传统文化活动,在城市改造和建设以及新农村建设中,注重整体文化生态环境保护,尽可能保存原有的文化区街和文化村的生态环境,真正做到全民文化生态保护的自觉。从中小学生的基础教育开始发力,培养年轻一代对中华优秀传统文化的认同感。在市、县开设的地方课程和校本课程中,开设安徽非遗代表性项目课程。培育一批文化品牌、非遗保护生态基地。以安徽各级非遗代表性项目为核心品牌,以街道和社区为非遗保护生态基地,充分利用非遗的文化品牌提升对非遗的保护力度。

建议深入推进项目名录、传承人、文化生态"三位一体"保护方式,以及保护机构、专家、保护单位、传承人、社会力量"五力融合"的保护模式。安徽省非遗研究会的成立迈开综合保护的第一步,该研究会是非遗传承人、学术专家、保护工作者、志愿者、新闻工作者联合组成的公益性、学术性与实践性相统一的非营利性社会团体。该研究会建议通过政策引领、深入宣传和搭建平台，进一步动员社会力量和广大市民以多种渠道、多种形式参与非遗保护，拓展全民参与保护的良好局面。此外，大力发展非遗保护志愿者队伍，鼓励社会各方面人士参与保护传承活动，形成市、县两级非遗保护志愿者网络，积极争取成立非遗保护志愿者协会，发挥志愿者在第一线的保护作用，以及开展志愿者"走读非遗"等活动。鼓励支持企事业单位、民营企业通过资助、协办等形式，参与非遗宣传展示和弘扬活动。发挥各地本土居民对当地非遗资源的挖掘、整理和宣传作用。开展"文化和自然遗产日"系列活动及"非遗保护月"、传统庙会、花会等让广大群众参与的活动，让群众成为保护与传承非遗的主体。推动非遗保护融入国民教育，完善非遗传承人参与院校教学工作机制，继续支持各地中小学开展乡土文化教育。鼓励社会力量组织非遗会展和影视创作，等等。

五、借鉴有益经验，探索保护模式

"他山之石，可以攻玉"，积极借鉴国内外非遗保护与传承模式，对安徽省的非遗保护与传承工作不无裨益。

根据近几年出版的有关国外非遗保护的著述，它们的某些做法确实值得称道。首先，以英国为例。虽然中英两国国情、制度、历史、传统、风俗等方面非常不同，但英国的非遗保护经验能够给我们带来很多启示。比如以下五个方面值得借鉴：（1）加强地方立法，保护非遗；（2）把非遗与现代商业相结合，加强产权保护，注重实用性；（3）通过现代化手段进行保护，加大传播力度；（4）在资金上给予大力支持，加大国内外民间资金监管力度；（5）培养全民参与意识，推动非遗保护的长远发展。[①]

其次，法国在国内非遗的保护方面取得了较好的成绩，其主要做法：（1）重视非遗名录的建设和管理；（2）将非遗的保护和开发与社会发展相结合，并纳入发展规划；（3）确保非遗得到承认、尊重和发扬；（4）开展国际合作；（5）发现

[①] 李阳，李冠杰. 英国的非物质文化遗产保护及其启示 [M]//曹德明. 国外非物质文化遗产保护的经验与启示 欧洲与美洲卷上. 北京：社会科学文献出版社，2018：30—31.

和分享世界各地不同形式的非遗。①

再次，意大利的非遗丰富，该国在非遗的保护方面也有许多经验：（1）政府牵头，配合地方各种机构共同运作；（2）在非遗保护中给予地方较大权限，并倚重民间组织的力量；（3）将非遗的保护与发展同第三产业结合；（4）在申请非遗项目的时候，注意寻找自身的特色，同时在横向比较上寻求突破。②

最后，日本、韩国等近年来也有许多值得我们学习的内容。据有关研究成果，日本在非遗保护方面的主要做法：（1）实行保护会制度；（2）官民合作；（3）打造特色旅游文化；（4）重视法律保护；（5）在产业发展中寻求保护。③

事实上，国内不少省、市的做法也值得学习。这方面的学习榜样并不难寻觅。2007年6月，原文化部在全国范围内评选出全国非遗保护工作先进集体和先进个人：乌丙安等35人被评为"全国非物质文化遗产保护先进工作者"；④北京市崇文区文化委员会等40个单位被评为"文化部非物质文化遗产保护工作先进集体"；武良田等120人被评为"文化部非物质文化遗产保护工作先进个人"。⑤在上述40个先进集体中，安徽省原黄山市文化局成功入选。

2018年5月，文化和旅游部再次公示了全国非遗保护工作先进集体和先进个人名单，本次拟授予北京市珐琅厂有限责任公司等50个单位"全国非物质文化遗产保护工作先进集体"称号，授予杨凤一等99人"全国非物质文化遗产保护工作先进个人"称号。在入选的50个先进集体中，有下述专门的非物质文化遗产保护单位：天津市非物质文化遗产保护中心、内蒙古自治区非物质文化遗产保

---

① 郑理，刘常津，陆焕. 法国非物质文化遗产保护的举措和经验［M］//曹德明. 国外非物质文化遗产保护的经验与启示 欧洲与美洲卷上. 北京：社会科学文献出版社，2018：74—80.
② 王健全，陈丽洁，黄丽媛. 意大利非物质文化遗产现状及其保护和推广的经验与启示［M］//曹德明. 国外非物质文化遗产保护的经验与启示 欧洲与美洲卷上. 北京：社会科学文献出版社，2018：123—126.
③ 孙健美. 日本非物质文化遗产保护的经验与启示［M］//曹德明. 国外非物质文化遗产保护的经验与启示 亚洲其他地区与大洋卷. 北京：社会科学文献出版社，2018：954—956.
④ 中华人民共和国文化和旅游部. 关于表彰全国非物质文化遗产保护先进工作者的决定［EB/OL］.（2007—06—07）［2019—08—15］. https://zwgk.mct.gov.cn/zfxxgkml/fwzwhyc/202012/t20201206_918621.html.
⑤ 中华人民共和国文化和旅游部. 文化部关于表彰非物质文化遗产保护工作先进集体和先进个人的决定［EB/OL］.（2007—06—07）［2019—08—15］. https://zwgk.mct.gov.cn/zfxxgkml/fwzwhyc/202012/t20201206_918620.html.

护中心、黑龙江省非物质文化遗产保护中心、江苏省苏州市非物质文化遗产保护管理办公室、浙江省非物质文化遗产保护中心、福建省非物质文化遗产保护中心、江西省会昌县非物质文化遗产保护中心、河南省非物质文化遗产保护中心、湖北省武汉市文化局非物质文化遗产处、湖北省潜江市非物质文化遗产保护中心、广东省汕头市非物质文化遗产保护中心、海南省非物质文化遗产保护中心、四川省成都市非物质文化遗产保护中心、贵州省黔东南州非物质文化遗产保护中心、云南省大理市非物质文化遗产保护管理所、云南省维西县文化遗产保护所、西藏自治区非物质文化遗产保护中心普查保护部、宁夏回族自治区非物质文化遗产研究保护中心、新疆维吾尔自治区塔城地区非物质文化遗产保护中心。[①] 安徽省各级非遗保护中心未有入选，仅有黄山市文化委员会荣列其中。安徽省黄山市固然也取得了较大成绩，但是"一花独放不是春"，安徽省的非遗保护工作仍任重道远。

笔者以为，仅在长三角地区，浙江、江苏、上海三地的非遗保护经验就值得学习借鉴。下面仅以浙江省杭州市为例，略加说明。

浙江省杭州市通过不断探索，形成了一条非遗保护的"杭州模式"："三位一体（市、区县、乡镇街道三方联动）"、"五力合一（非遗机构、非遗专家、非遗责任保护单位、非遗传承人和社会力量五力相融）"和"全民参与"。在非遗保护方面取得了傲人成绩：（1）非遗数据库建设全国领先；（2）非遗名录体系建设全国领跑；（3）非遗保护传承工作全省第一。截至2019年7月，杭州市共有4个项目被列入联合国教科文组织"人类非物质文化遗产代表作名录"，分别是中国篆刻，中国蚕桑丝织技艺（余杭清水丝绵制作技艺、杭罗织造技艺），中国古琴艺术（浙派古琴艺术），中国二十四节气（杭州半山立夏习俗）；有44个项目被列入国家级非遗代表性项目名录，入选数量居全国同类城市第一；有185个项目被列入省级非遗代表性项目名录，入选数量居全省第一；有368个项目被列入杭州市市级非遗代表性项目名录；有1028个项目被列入县级非遗代表性项目名录。同时，杭州市拥有国家级非遗代表性项目代表性传承人34人，省级非遗代表性项目代表性传承人204人，市级非遗代表性项目代表性传承人388人。

---

① 中华人民共和国文化和旅游部. 关于公示全国非物质文化遗产保护工作先进集体和先进个人名单的公告［EB/OL］．（2018－05－08）［2019－08－15］. https://zwgk.mct.gov.cn/zfxxgkml/fwzwhyc/202012/t20201206_918592.html.

杭州市取得上述成绩主要归因于以下几方面：一是多措并举，确保非遗保护出成效；二是建章立制，构筑非遗保护体系；三是延续活力，让非遗融入百姓生活；四是实施乡村振兴战略。杭州市文化广电旅游局对市政协十一届二次会议上提出的《杭州民间文艺振兴行动计划》《关于加强杭州非物质文化遗产保护与抢救的建议》等，以及对杭州市政协十一届三次会议提案《关于振兴杭州市传统工艺的建议》《积极发展新匠人经济，着力打造匠品之都的建议》《推广非遗文化进校园　培养"非遗小传承人"的建议》等，进行了详细回复，并讲明了市政府接下来拟采取的若干改进措施。

当然，由于具体情况的不同，对一些国内外经验不能盲目照搬照抄，而应该根据自身的情况积极探索各种非遗保护模式。面对不同类型的非遗项目，要实现有效的保护与利用，就应有针对性地采取相应的方法与措施，不可急功近利、远离非物质文化的本真，唯利是图，应避免其在过度的商业包装中逐渐扭曲、变形。对于那些具有观赏性、审美性、互动性、体验性的项目，可有组织、有目的地加以活态化呈现，使其走进现代乡镇和城市生活。譬如，利用春节、中秋节这些传统节庆，对糖人、年画、木刻、泥塑、彩陶、竹编、石雕、木刻、剪纸等传统美术、传统技艺，采取按需生产、集约经营的方式，加强策划营销、包装宣传，开拓国内外市场。还可利用现代传媒手段和文化产业的运作方式，对安徽非遗资源进行整合和放大，对那些具有表演性、参与性的非遗进行创新性保护和合理开发。如建立"非遗展示区"，搭建交流平台，既可展示非遗的历史文脉和醇厚韵味，也可使其成为对外开放的文化旅游项目，还可以成为文化产品的交流平台。这类项目应以旅游为载体、政府为主导、专家为指导、传承人及企业家为参与者、广大游客为支持者，形成一个既有政策的支持，又有专家、传承人的技术指导与监督，还有企业家的经营和广大游客参与消费的非遗保护式开发模式。安徽省目前在中国（合肥）非物质文化遗产园中设立的"非遗展示基地"引进了部分民间艺术，如花鼓戏等，使这些国家级非遗项目有了一个较好的生存、展示空间，同时它们也成为吸引游客、开发旅游文化内涵的一个亮点。但是目前安徽这样的非遗传承基地数量十分有限。建议在安徽的其他地方适当设置一些类似的非遗展示区，对非遗的保护与传承给予有力支持。对那些与现代生活有着紧密联系或能服务于人们现代生活的非遗项目，应在政策上加大宣传引导，为它们搭建交流平台，支持它们参与旅游等文化经营服务，鼓励这些项目的传承人在经济运作中保护和传承非遗。如豆腐传统制作技艺、徽州臭鳜鱼制作技艺等，这些非遗项目和现实生活联系非常紧密，如能有效地利用市场经济手段运营这些非遗项目，将能更好地保护与传承这些非遗。进行非遗项目的属地化保护也很重要。非遗项目的属地化保护与利用，即注重非遗项目的生长环境和文化环境与文化韵味。这种非遗项目保护对象大都为本土的节庆、民俗、民风等，保护这类非遗项目最主要的是要对属地的生态环境加以保护或建设，如政府予以一定的投资，建设属地"文化生态区"，有意识地宣传打造特色民俗活动，引导人们积极参与此类文化活动，使此类项目得以传承。在民间文化形态保存较完整，并具有特殊价值、鲜明特色的特定区域，分级建立文化生态保护区，或者文化管理有关部门完善有关民间文化艺术之乡的申报、审核和命名机制等，这些都是完整保存与保护民间文化形态的较有力措施。

总之，安徽省的非遗保护工作取得了许多成绩，但也面临若干问题。笔者建议应从加强安徽非遗保护法律法规的完善、各级保护机构的健全、保护人员素质的提高、市民保护意识的普及、相关数据库的建设等方面着手，采取在利用中保护、传承非遗的原则，加大政府经费投入力度，实现部分非遗项目与地方经济"联姻"的市场化运作，避免"重申请轻保护"现象出现，使安徽非遗保护工作可持续发展，守护好我们的精神家园。

第三章

安徽省非物质文化遗产的开发与利用

2011年6月1日,《中华人民共和国非物质文化遗产法》正式颁布实施,其中第四章第三十五条规定各公共文化机构、非遗研究机构和保护机构"应当根据各自业务范围,开展非物质文化遗产的整理、研究、学术交流和非物质文化遗产代表性项目的宣传、展示",第四章第三十七条规定"国家鼓励和支持发挥非物质文化遗产资源的特殊优势,在有效保护的基础上,合理利用非物质文化遗产代表性项目开发具有地方、民族特色和市场潜力的文化产品和文化服务"。2014年8月,安徽省制定、出台的《安徽省非物质文化遗产条例》对合理开发利用非遗资源阐述得更加详尽,其中第四章第三十一条规定:"鼓励和支持公民、法人和其他组织通过下列方式,参与非物质文化遗产的利用和发展:(一)采取与经贸、旅游相结合的方式,开发具有地方特色和市场潜力的文化产品和文化服务,发展非物质文化遗产项目产品的文化贸易;(二)开展代表性项目的交流与合作;(三)开展以弘扬非物质文化遗产为主题的文学艺术创作;(四)开展非物质文化遗产原始文献、典籍、资料的整理、翻译、出版和研究工作。"

第一节 主要开发与利用工作

由于国家和省、市各级领导的重视,加之文化旅游、文化产业的异军突起,客观而言,安徽省在非遗资源的开发与利用方面取得了较好成绩,兹择其大端,扼要论述如下。

一、展演展示工作风生水起

如前所述,安徽省的新增非遗项目较多,并且戏曲、手工技艺类非遗项目比较适合展演展示。安徽省各级部门抓住机遇,顺应了现代会展经济的时代潮流,在非遗项目的动态展演以及静态展示上下足了功夫,取得了良好的社会、经济效益。

首先,积极举办、承办各种非遗类展演展示活动,打造"徽商大会"等会展品牌。早在 2007 年 6 月,安徽省政府便组织筹办了全省首届非物质文化遗产展览与展演活动,地点选择在安徽省博物院,前后历时一个月。据笔者的实地考察,安徽省博物院不仅开辟有安徽非遗馆,内设"文房四宝""芜湖铁画"等专门展区,还不定期举办各种书画展、民俗表演等活动。受其影响,近年来依托博物馆举办各种展演展示活动已成为安徽省各级地方政府的自觉文化行动。截至 2017 年 5 月,除合肥、六安、阜阳(已取得规划许可证,三市尚未建设)外,淮北、亳州、宿州、蚌埠、淮南、滁州、马鞍山、芜湖、铜陵、池州、黄山等 11 市均建成市级博物馆并对外开放。各地博物馆在安徽非遗的展演展示方面功不可没,有关非遗展演展示的报道不绝于耳。

这方面的例子颇多。2009 年 11 月,滁州市举办了以"花鼓敲天下"为主题的灯火巡演活动。全省各地的花鼓灯同台竞技。此后,安徽省各地纷纷举办、承办了不同主题的非遗展演展示活动。如 2010 年 5 月在铜陵市举办的首届安徽省民俗文化节、2010 年 10 月于马鞍山举办的"历程:安徽省非物质文化遗产保护纪实展"、2011 年 6 月在六安市举办的以"文化遗产与美好生活"为主题的非物质文化遗产日活动、2016 年 9 月举办的"中国(亳州)首届安徽梆剧、曲艺汇演及精品剧目展演"等。[①]

经过多年的建设与发展,安徽省各市在展演展示方面均取得了较大成绩。以铜陵市为例,就节庆旅游而言,有"安徽民俗文化节""中国(铜陵)凤丹文化旅游节""老洲风筝节""西联荷花节"等各种文化节庆活动。这里重点说一下铜陵"安徽民俗文化节"的有关情况。据有关资料,2010 年 5 月,首届安徽省民俗

---

① 安徽省非物质文化遗产保护中心. 安徽省非物质文化遗产保护实用手册[M]. 合肥:安徽大学出版社,2018:277—291.

文化节在铜陵市隆重举办。这是一次展现安徽民俗文化与非遗资源独特神韵的文化盛宴。国内著名非遗保护专家冯骥才、乌丙安应邀来皖。两位非遗专家对安徽民俗与徽文化评价甚高。冯骥才真诚地说道:"我一直特别关心安徽的非遗保护,因为我特别热爱徽文化,而热爱中国文化的就没有不热爱徽文化的。我觉得徽州的古村落是我们民族压箱底的宝贝了,这次来参加安徽省的首届民俗文化节,感受到安徽对民间文化的重视我真的很欣慰,我们再也不能把我们的家底都卖了,千万要将这块土地上的精华留在这块土地上。"① 乌丙安也坦言:"现在各地都注意到保护民俗,安徽一直行动比较早……看到首届安徽省民俗文化节的彩排时比较高兴,因为参加文化节的都是技艺传承人或普通居民。"②

2011年11月,第二届中国安徽民俗文化节再次在铜陵市举办,本次文化节集中展示了安徽的182个非遗保护项目,全方位、多角度地展现了安徽民俗文化的独特魅力。

其他市、县也都有会展、节庆活动,如亳州的中医药博览会、颍上县管子文化旅游节、淮南市的豆腐文化节等。目前省内比较有影响力的会展活动是合肥市举办的"中国国际徽商大会"以及黄山市举办的"中国非物质文化遗产传统技艺大展"。

中国国际徽商大会是安徽省主办的综合性经贸盛会,自2005年创办以来,其知名度不断提升。至2018年,中国国际徽商大会已举办了10余届。每一届大会都少不了安徽非遗元素的参与。例如,2008年举办的第四届中国国际徽商大会上,安徽省国家级非遗代表性项目徽州三雕代表性传承人方新中的作品《板桥喜竹》获评银奖;2018年举办的"2018世界制造业大会和2018中国国际徽商大会"被誉为"最新科技与传统非遗交相辉映"的大会,阜南柳编、临泉烙画葫芦在展览展销上均取得了较大成功。

中国非物质文化遗产传统技艺大展近些年社会影响也较大。该展会活动自2012年以来,已成功举办了数届。其中第三届展会举办于2017年9月,历时5天,吸引了来自25个省的50个最具代表性的国家级传统技艺、传统美术类项目

---

① 王陵萍. 真正的富有是精神的富有:冯骥才谈徽文化的保护和传承 [M] //因为有你. 合肥:合肥工业大学出版社,2013:112.
② 中安在线. 乌丙安:应把民俗还给百姓 [EB/OL]. (2010—05—08) [2019—08—15]. http://ah. anhuinews. com/system/2010/05/08/002894798. shtml.

和省内 15 个市、县的 50 个最具代表性的省级以上传统技艺、传统美术类非遗项目参加展示。

尤值一提的是,2018 年 6 月,故宫博物院协同原安徽省文化厅、黄山市人民政府等单位,在故宫畅音阁成功举办了"徽班进京"展演活动,这是继 220 多年前徽班进京之后,传统徽剧再次在故宫演出。①

其次,积极参加国内各类展演展示活动并屡获大奖。安徽省近年来多次组织非遗保护单位、文化企业参加中国非物质文化遗产年俗文化展、中国文化用品商品交易会、中国国际文化产业博览交易会等全国大展,并取得可喜成绩。这方面的例证有很多。

例如,2009 年 6 月,第二届中国成都国际非物质文化遗产节在四川成都举办。安徽省花鼓灯巡游表演、徽州文化生态保护实验区展览、黄梅戏经典剧目《女驸马》展演获得了巨大成功。②

再如,2011 年 4 月,原文化部、浙江省人民政府共同主办的"2011 中国(浙江)非物质文化遗产博览会"在浙江义乌开幕,安徽省有宣纸制作技艺、徽墨制作技艺、歙砚制作技艺、界首彩陶烧制技艺等 6 个项目参加。歙砚作品《富春山居图》、界首彩陶作品《刀马人》获得特别演示奖,宣纸作品《"曹光华"牌 2010·中国上海世博会纪念宣纸》获展会金奖。③

又如,2018 年 9 月,文化和旅游部、山东省人民政府主办的"第五届中国非物质文化遗产博览会"在山东省济南市开幕。安徽省宣纸制作技艺、徽墨制作技艺、歙砚制作技艺、纸笺加工技艺、徽州竹雕、霍邱柳编、界首彩陶烧制技艺、口子窖酒酿造技艺等 8 个项目受邀参加展示体验活动,受到现场观众的热情关注。除主展馆参展项目外,花鼓灯、黄梅戏、华佗五禽戏等 3 个项目还受邀参加了博览会"非遗社区行"活动,观者如潮。④ 在传统工艺比赛环节,安徽省 10 名

---

① 搜狐网. 重现盛况,徽班进故宫"唱响"畅音阁大戏楼 [EB/OL]. (2018—06—09) [2019—08—15]. http://www.sohu.com/a/234796215_255783.
② 安徽省非物质文化遗产保护中心. 安徽省非物质文化遗产保护实用手册 [M]. 合肥:安徽大学出版社,2018:279.
③ 安徽省非物质文化遗产保护中心. 安徽省非物质文化遗产保护实用手册 [M]. 合肥:安徽大学出版社,2018:281.
④ 安徽网. 安徽 8 个"绝活"精彩亮相第五届中国非遗博览会 [EB/OL]. (2018—09—19) [2019—08—15]. http://www.ahwang.cn/p/1838266.html.

传承人入围草柳藤编织、陶瓷成型、泥面塑、剪纸、金属锻制、刺绣6个门类决赛，通过现场竞技，展现了安徽省传承人的精湛技艺与非遗的独特魅力。其中，广德市省级非遗传承人唐圣丽，在传统工艺比赛草柳藤编织项目中，荣获草柳藤编织项目一等奖。①

最后，鼓励非遗项目"走出去"，为国、为省争光。历史上，安徽省的绿茶、红茶、万安罗盘等都曾在国际上荣获大奖。安徽省领导尤其鼓励有条件的文化企业，能够走出国门、走向世界。

据有关资料，2007年6月，"中国旅游文化周——美好安徽"活动在瑞典首都斯德哥尔摩中国文化中心拉开帷幕。本届中国旅游文化周的主题是"美好安徽"，旨在展示安徽旅游的丰富多彩，增进相互了解，深化友好合作，推动双方在旅游文化交流合作方面取得更多、更丰硕的成果。其间，举办美好安徽图片展和安徽旅游推介宣传活动，雕刻、剪纸、烙画等非物质文化遗产制作技艺展示活动，以及皮影戏、黄梅戏、徽剧、民乐等演出10余场，全方位展示安徽丰富的旅游资源和深厚的文化底蕴。马鞍山市花山剪纸和洪滨丝画同时受邀参展，马鞍山也成为安徽省唯一一个展示两个非遗项目的城市。②

2017年9月，由亚洲国际烹饪联合会推荐，"徽菜美食文化节暨烹饪技艺交流会"活动在新加坡举行。安徽省派披云徽府菜传承人——披云百变徽宴厨师长江宏锋、华山徽宴酒店厨师长柯旭明带领厨师团队飞赴国外。活动期间，披云徽府菜传承人江宏锋、柯旭明做了大量的工作，为现场的工作人员进行了专业的徽州礼仪和徽菜文化培训，同时向新加坡的食客详细介绍了安徽的悠久历史，拥有世界双遗产美誉的魅力黄山，以及徽商精神的辉煌成就和新安理学、新安医学等徽州文化。③

2017年全年，安徽省主动加快了包括非遗在内的文化"走出去"步伐，统筹全省文化资源，组织开展"欢乐春节"、安徽文化周、中非文化周、"中俄两河领域"等系列特色文化交流项目，积极组织对外文化交流项目近50批次，涵盖

---

① 中安在线. 广德省级非遗传承人唐圣丽作品喜获一等奖[EB/OL]. (2018-09-29)[2019-08-15]. http://xc.anhuinews.com/system/2018/09/29/007972343.shtml.
② 季晨辰. 花山剪纸再度走出国门[N]. 马鞍山日报, 2019-06-12(02).
③ 搜狐网. 一带一路，非遗传承：披云徽府菜走出国门，书写披云历史新篇章[EB/OL]. (2017-09-09)[2019-08-15]. http://www.sohu.com/a/190949431_99896867.

40余个国家和地区。① 近年来,安徽省在非遗"走出去"方面动作更大。例如,仅在推动文化旅游"走出去"方面,2021年所规划的工作便有如下一些内容:精心组织"欢乐春节""安徽(贝宁)文化旅游年"活动;办好"艺海流金"安徽与港澳文化旅游界交流活动,组团赴澳门举办"非遗展演周""美食文化周";与美国马里兰、韩国江原道等友好省州(道)举办专题交流活动;推进"美好安徽"海外推广行动,依托中国海外推广网等实施安徽文旅多语种宣传,建立首批海外宣传推广合作机构、推广使者;组团参加重点国际旅游展会、推介会、洽谈会。②

二、非遗元素已融入各地文化旅游业

文化和旅游的融合已经成为旅游产业发展的大势。非遗资源作为我国传统文化的重要组成部分,与旅游有许多天然结合点。近年来,安徽省不断挖掘非遗资源,注重非遗资源的保护、传承、创新和利用,注重推动非遗项目的旅游价值开发,并取得了显著成效。

2018年11月,安徽省文化和旅游厅挂牌成立。这不仅在行政机构上实现了文化与旅游的双向融合,还将进一步推动全省文化与旅游原有产业边界的相融,最终促进安徽非遗、文化产业和旅游业之间的深度融合。为促进非遗与旅游的融合,安徽省积极推动非遗展演进景区,举办戏曲类非遗扶持项目集中展演活动,把花鼓灯、贵池傩戏、岳西高腔、五禽戏等传统舞蹈和戏剧及体育、游艺与杂技等非遗代表性项目融入旅游项目,安排传承人驻点演出、现场传授技艺,既丰富了旅游的形式和内涵,又促进了非遗的传承和保护。2018年,全省240余项民俗表演类国家级、省级非遗项目已有近五成引入景区。同时,安徽采取"前店后坊"的经营模式,将徽州三雕、宣纸制作技艺等互动性、体验性较强的非遗项目开发为旅游项目。

以安庆市为例。安庆市为加快促进黄梅戏与旅游业的深度融合,积极推出

---

① 安徽财经网. 2018年安徽文化和旅游交出亮眼成绩单[EB/OL]. (2019-01-09)[2019-08-15]. http://www.ahcaijing.com/html/2019/lvyou_0109/104848.html.
② 安徽省文化和旅游厅. 省文化和旅游厅关于印发2021年工作要点的通知[EB/OL]. (2021-06-29)[2021-12-30]. https://ct.ah.gov.cn/public/6595841/8472322.html.

"黄梅戏展演周"活动,并在天柱山景区、五千年文博园等地开展专场演出,继而推出了黄梅戏名人故居和安庆山水旅游线路。在省、市多年的合力培育下,黄梅戏这一文化旅游品牌越来越响,与黄山并称为安徽"二黄",成为安庆市乃至安徽省较具代表性的文化旅游品牌和较具标志性的文化旅游形象。①

2016年6月,在安庆市天柱山下的陶乡痘姆,安徽省非遗传习基地——天柱陶瓷有限公司厂区内,一场"与陶有约——痘姆龙窑首窑点火仪式"吸引了近千名县内外的游客。痘姆陶器手工制作技艺是省级非遗项目。在活动现场,以"'窑'望六千年"为主题的图文、视频展览,充分展示了痘姆古陶悠久的历史和深厚的文化底蕴。走进车间,和师傅们一起制作陶器,更让游客得到全新的体验。②近年来,安庆市潜山市又依托包括非遗在内的文化旅游资源,积极探索"旅游+文化"的业态发展,着力发展研学旅游,常态化开展"最美乡村在潜山"系列节庆活动,成功举办了中俄天柱山文化旅游交流、痘姆古陶国际艺术交流和"农民村晚"等文化惠民活动,旅游业发展多重叠加的综合优势日益凸显。③

在对非遗资源的开发、利用中,安徽省多地积极探索,打造非遗小镇、非遗集聚区、非遗传习所,建设集约化非遗产业园、非遗景区等平台,并结合特定节庆活动,通过聚集非遗传承人开展非遗展演。这些措施取得了不错的效果,受到广大游客欢迎。例如,滁州市"乌衣非遗小镇"是当地非遗与旅游融合和特色小镇建设工作的成功探索。2018年10月,乌衣非遗小镇正式开园,首届滁州南谯非遗文化旅游节开幕,吸引了来自各地的游客走进小镇体验非遗。截至2019年5月,乌衣非遗小镇已有20个场馆开馆,入驻非遗项目50多个,其中世界级非遗项目4个、国家级16个、省级18个。小镇重点打造了皮影艺术、木活字印刷术、锯琴艺术、陶艺、内画、剪纸等九大研学体验馆。游客在这里可以观看皮影戏、木偶戏,到非遗课堂参与非遗项目体验互动,到非遗大舞台、非遗剧场观看凤阳花鼓、舞龙舞狮、永宁手狮舞、锯琴等非遗项目展演,还可以购买非遗文创产品、品尝非遗美食,近距离感受各类非遗的魅力。④

此外,安徽省还将非遗传习基地纳入旅游线路,在重点旅游线路上布局建设

---

① 王玉创. 安徽:多彩非遗提升旅游内涵[N]. 中国旅游报,2019-05-28(02).
② 王阵. 潜山探索非遗+旅游模式[N]. 安徽日报,2016-06-07(06).
③ 潜山创新"文化+旅游+体育"融合发展新模式[N]. 安庆日报,2019-04-17(A05).
④ 王玉创. 安徽:多彩非遗提升旅游内涵[N]. 中国旅游报,2019-05-28(02).

一批非遗传习基地和传统民俗活动场所。这些非遗传习基地（所）和非遗专题博物馆、展示馆，都能为游客提供丰富的研学项目，已成为重要的旅游目的地。

三、非遗类文化产品与服务更为丰富

近年来，安徽省在注重非遗传承的基础上，注重鼓励非遗类文化产品与服务的创新，并取得了较大成绩。

在戏曲剧目的创新方面，安徽省于 2010 年 10 月举办了戏曲类专题活动"九艺节"汇演，鼓励创新剧目优先参加。参加"九艺节"汇演的新剧目集了多种戏剧艺术，包括黄梅戏《桐城六尺巷》《阿珍》《徐锡麟》、话剧《魂系小岗》、庐剧《村长娘子》《杜鹃啼血》、梆剧《民生的印记》《沈浩》、豫剧《矿山情》、曲剧《王家坝》、坠子戏《歪脖子树上落凤凰》以及歌舞剧《姑溪情歌》等。来自马鞍山、合肥、芜湖、安庆、亳州、滁州、六安、阜阳等地的 16 个演艺院团的新剧新人新面貌，给"九艺节"吹来一股清新之风。①

黄梅戏在新剧目的创新方面更是取得了不俗成绩。2013 年，黄梅戏创新剧目《寸草心》在合肥大剧院演出，拉开了"2013 安徽省新剧目汇演"的帷幕。作为 2013 年安徽省系列艺术活动的重要组成部分，此次新剧目汇演选调安徽 22 台新创剧目参加演出，涵盖黄梅戏、徽剧、庐剧等多种地方戏。②

在徽墨等传统技艺方面，创新工作也获得了突破。例如，黄山市屯溪区胡开文墨厂的汪培坤，他出身徽商世家，14 岁开始拜师学习歙砚雕刻技艺。1984 年，他凭着过硬的雕工被选入屯溪工艺美术研究所，从事徽墨、歙砚、漆器等徽州传统工艺品的研究和产品开发。1989 年进入屯溪胡开文墨厂，得到了胡开文徽墨第七代传承人胡连生和墨模雕刻大师胡成锦的技艺传授。20 多年的辛勤付出让他全面掌握了徽墨制作技艺，并首创了"幻彩法"描金技艺，发掘了源自宋代的大漆烟烧制工艺。③

在非遗服务方面，安徽省也积极利用互联网技术开展安徽非遗的宣介与相关产品的销售工作。例如，新浪网主页上专门设立了"新浪安徽"链接，定期报道

---

① 晋文婧. 新剧目绽放戏曲舞台［N］. 安徽日报，2010—10—22（10）.
② 余新国. 22 台好戏亮相安徽新剧目汇演［N］. 中国文化报，2013—08—13（04）.
③ 程兆. 匠心传承一方徽墨［N］. 安徽日报，2018—07—09（06）.

安徽非遗的传承与利用情况。此外,相关部门也积极在销售模式上做好服务工作,"非遗+电商"模式在安徽省的一些非遗项目上都得到了实现。许多安徽特有的非遗产品已经可以通过电商平台购买。

四、非遗正逐渐融入当代社会生活

非遗源自人们的日常生活和日常需要,理应回归生活,使其在人们的日常生活中得到活态传承。在2019年安徽省文化和旅游工作会议上,安徽省文化和旅游厅厅长表示,将推动非遗融入吃、住、行、游、购、娱;将各类博物馆、纪念馆、文化遗址、非遗传习所纳入旅游线路……举办第四届中国非遗传统技艺大展、第四届湘鄂豫皖四省非遗联展以及世界园艺博览会、文化和自然遗产日、国际博物馆日安徽主场活动等。①

在省、市各级领导的重视下,安徽省的民俗文化传统得到了大力弘扬,其中各地的庙会便是明证。以合肥市长丰县的吴山庙会为例,在二月二一大早,长丰县吴山镇吴山街道上已是人声鼎沸,锣鼓喧天……古镇长街各色地方小吃、娱乐设施、促销商品,从街头串到街尾,令人眼花缭乱,目不暇接;书法展示、医疗服务、科普推广,引得游客驻足。②2018年3月,为期一个月的亳州市陈抟庙会正式拉开序幕,人们在陈抟庙会上表演舞龙、舞狮、六合八法拳等传统项目,祈求平安健康、五谷丰登,为新的一年讨个好彩头。③2019年3月,涡阳县己亥年传统老子庙会拉开帷幕,涡阳县有关部门组织了50多场省、市级非遗项目义演活动。民俗演出、书画义卖、非遗作品展示等丰富多彩的活动,引来数万人逛庙会、品美食、看春景。一年一度的老子庙会深受群众关注,已经成为当地展示地方民俗文化、推荐地方特产的重要活动,每年都有近30万人次参加。

此外,安徽省的民俗进城展演活动也取得了较大成功。例如,2018年2月,马鞍山举行了民俗进城活动,"一条黄龙和一条青龙在几十名表演队员的操控下,上下翻舞,争强斗胜。打莲湘、傩舞、跳和合、踩高跷、舞狮等多个非遗表演队

---

① 王玉创. 安徽:多彩非遗提升旅游内涵 [N]. 中国旅游报,2019—05—28(02).
② 游吴王遗踪,品吴山贡鹅,赏吴山铁字:省级非遗代表性项目吴山庙会打造非遗之旅 [N]. 安徽商报,2017—05—27(A01)
③ 刘勤利. 陈抟庙会拉开序幕 [N]. 安徽商报,2018—03—19(11).

伍也陆续登场，他们或头戴面具，或脚踩高跷，或装扮艳丽，边走边舞、边舞边唱，凭借精彩的表演赢得阵阵掌声"①。

当然，安徽省利用非遗资源，不仅获得了较大的社会效益，还创造了巨大经济价值。例如，2004年，新宣酒经过一番改革的阵痛，涅槃重生，在2017年交出了不同凡响的答卷，经济效益创历史新高，实现利税3.48亿元。企业连续5年进入安徽民营企业百强榜。② 2010年，中国宣纸集团公司扎实开展"文化建设年"活动，全年完成销售收入1.13亿元，同比增长10%，税收首次超2000万元，增值税首次超过1000万元。③ 2018年底，古井集团白酒主业实现了快速增长，品牌驱动力显著增强，集团收入首破百亿大关。④

第二节　目前存在的问题

安徽非遗的产业开发尽管取得了较大成绩，然而在实际调研中，我们发现仍存有较多的问题，主要有以下几个方面。

一、挖掘、保护和传承力度不够

挖掘是为了更好地了解和保护非遗项目，只有在良好的传承保护机制下，焕发出新生光彩的非遗才具有良好的开发利用价值。但由于各种原因，安徽在挖掘、保护和传承、开发上仍存在一些问题，如对已挖掘的非遗研究得不够深刻透彻、整理得不够全面；保护意识不强，不少民间手工艺制品和珍贵实物难以得到妥善留存，流失现象十分严重；一些以口传身授方式传承的非遗，往往还来不及开发整理，便因艺人的离世而消失。凡此种种，既有保护管理资金和人员不足等客观原因，也暴露出非物质文化遗产的保护和传承在现今文明冲击下所面临的共同困境。

---

① 贾克帅，温沁. "非遗"巡演，民俗进城 [N]. 安徽日报，2018-02-21（02）.
② 李菡. 新时代，盘点宣酒十三年 [N]. 宣城日报，2018-01-18（A1）.
③ 吴章谦. 宣纸集团再创历史新高 [N]. 皖南晨刊，2011-01-04（X2）.
④ 杨文刚. 古井集团收入破百亿 [N]. 亳州晚报，2019-01-02（02）.

举例而言，安徽省许多地方都曾生产过火柴，比较知名的厂家有安庆火柴厂、潜山火柴厂、蚌埠火柴厂等。"火柴制作技艺"在河北省、浙江省受到了较好的保护与利用，曾先后被列入两省的省级、市级非遗代表性项目名录，并且通过创意包装等方式创造了商业价值。然而，比较之下，安徽省的多数火柴厂都停止生产，各地的火柴制作技艺至今未能跻身市级非遗代表性项目名录，更遑论开发"火柴"的价值了。

再如，安徽省各地的民歌资源十分丰富，其中当涂民歌、五河民歌、贵池民歌等都先后入选国家级非遗代表性项目名录。虽然也取得了较好的社会影响，但是其经济价值一直没有得到有效的利用与发挥。比较之下，入选国家级非遗代表性项目名录的陕北民歌在保护与开发方面屡获成功，"在影视、音乐行业不断发展的背景下，陕北民歌也在不断创新。随着市场发展需求，陕北民歌被引入影视剧、音乐剧，并被拍摄成MV、灌制成唱片，同时，陕北还涌现出一大批民歌手，掀起了一股'原生态'音乐热潮"①。

二、开发过程中存在急功近利现象

国内不少非遗保护专家对全国范围内非遗资源利用方面的"急功近利"现象提出了警告与批评。② 安徽省在非遗的利用方面也存在这一现象。一方面，有些开发者热情虽高，却并不真正了解非遗的文化内涵，导致开发流于表面化、趋同化，甚至庸俗化，失去了非遗的内涵和应有的韵味。有些人只看重非遗的经济价值，忽视非遗背后的文化价值，导致开发后的非遗形式与内涵逐渐分离，非遗中蕴藏的风俗、信仰等文化逐渐淡化或消失。另一方面，已开发的项目大部分停留在初始阶段，挖掘利用深度不够。现有的民间风情旅游大多停留在风光欣赏、看民间舞蹈表演、吃农家饭的阶段，人们并没有把非遗旅游视为可持续性旅游，没有完全树立经济建设与文化保护一体化的观念，并未完全做到旅游开发与非遗保护相互促进、协调发展。

例如，近年来在安徽中药市场上，曾出现假中药材或用硫黄熏制中草药等，

---

① 霍海澎. 一曲陕北民歌 百年沧桑巨变［N］. 陕西日报，2021—09—16 (16).
② 中国民俗学网. 乌丙安：非遗保护切忌急功近利［EB/OL］. （2012—09—17）［2019—08—15］. https://www.chinesefolklore.org.cn/web/index.php? NewsID=10850.

类似情况曾遭媒体曝光；宣纸市场也鱼龙混杂；"黄山毛峰""徽墨"等冒名顶替品也曾出现。①

再如，前些年，民乐改良增加交响乐指挥，戏曲演员穿上歌剧演出服……人们发现，由于开发者热情过高，又不了解非遗的文化内涵，在开发的过程中盲目地追大求全，导致非遗在开发中失去了应有韵味。

三、缺乏有效的规划与整合

整合是规划的前提，规划是开发的前提。并非所有的非遗都可以拿来利用开发，只有那些真正对人们具有吸引力并容易转化为旅游产品、可销售产品的非遗才有可能产生经济效益。对非遗资源进行开发和利用，应编制总体规划、专项规划，妥善处理好项目管理与资源整合的关系，以规划为行动指南，避免开发中的盲目行为、无序行为乃至对资源的破坏行为。安徽的非遗目前还没有得到有效整合，也缺少相应的发展规划。从资源整合上看，没有在一个统一的范畴里，提炼出具有广泛影响、深入人心的文化精髓和形成具有浓郁地方特色的非物质文化遗产形象。

但也有例外，2020年6月，安徽省文化和旅游厅高度重视并精心打造了"非遗购安徽"活动，依托电商平台，结合安徽非遗特色资源，以线上线下互动模式开展形式多样的非遗购物节活动。同时组织众多网络直播平台进行非遗宣传与直播带货，满足人民群众追求个性化、多样化产品的需求，推动非遗更好融入当代生活。活动期间，安徽省共有236个非遗店铺入驻电商平台，上线销售产品总数约1560套，涉及非遗项目共152项。该案例说明了整合安徽非遗的重要性。②

四、非遗的行政保护方式有待改善

这里所谓非遗的行政保护指的是政府部门在保护非遗上的行政行为，如开展

---

① 许敏娟. 安徽非物质文化遗产生产性保护中法制建设问题研究［J］. 新闻世界，2015（03）：165.
② 中国非物质文化遗产网. 2020年文化和自然遗产日安徽非遗活动精彩呈现［EB/OL］.［2020-06-11］. https://www.ihchina.cn/Article/Index/detail? id=21053.

普查、建档、研究、保存、传承、宣传等工作，以及为实现这些保护行为而提供的财政、行政、技术等措施。行政行为在一般意义上是具有强制性的社会组织管理行为。但行政保护行为区别于其他行政行为的最大特点，是通过这种行为达到有效保护或保存对象之目的。因此，在根本上它应当是一种服务性行为或保障性行为。行政保护绝不能简单等同于行政审批或不当干预。千百年来，非遗主要是依赖民间土壤自然生存、传承下来的，过多的行政干预，可能会产生适得其反的结果。

五、各级政府、各部门目标任务之间存在差异

各级政府、各部门目标任务之间的差异突出表现在两个方面。

一是中央政府与地方政府目标任务之间的差异。随着全球化的发展，全球各地的交流不断增加，全球化在推动物质生活和精神生活不断丰富的同时，也使得各个国家的文化变得具有"趋同性"，自身的文化特性也越来越不明显。中央政府具有统筹全局的作用，它代表了整个国家的利益，因此它会更加考量非遗所具有的文化及社会效益。

地方政府一方面要受中央政府的领导，另一方面又要根据地方的情况作出本能的反应。有学者曾指出地方政府对非遗既有保护的职责，同时又存在发展的压力，当两者相冲突时政府会处于尴尬的境地。有些地方政府申报非遗，一方面出于对非遗的保护，另一方面看中的是开发非遗资源所带来的经济效益；此外，申报非遗对于提升地方形象也会起到一定的作用。因此，中央政府与地方政府目标任务之间的差异主要体现在对非遗保护与发展的关系中。

二是地方政府不同部门目标任务之间的差异。有论者曾提到研究者一般在区分不同主体时，识别过于简化，很多分析都把政府监管的多个主体简化为政府一方。每个部门都有自己的目标任务，其不同之处体现在对待非遗的态度方面。文化部门可能注重文化效益，旅游部门可能注重产生的旅游经济收益，这种情况在政府部门不一而足。政府不同部门目标任务之间的差异的根源在于职能属性的区别，连带所追求的目标也各有侧重。[①]

---

① 袁文军，石美玉，卢萍. 非物质文化遗产开发中的各利益主体内部矛盾分析 [J]. 潍坊工程职业学院学报，2019，32（06）：89—93.

近年来,"非遗+旅游"的发展模式在全国十分盛行,安徽省也不例外。殊不知这种模式牵涉部门较多,这是因为非遗相关部门有着各自的目标任务,如文化部门强调保护,认为旅游开发会对非遗造成破坏,没有意识到旅游开发会带来经济效益,更利于对其保护。而旅游部门过于商业化,偏向于追求经济效益,从而忽视保护的重要性,没有认识到只有认真地对非遗进行保护,才能对其进行可持续的利用。局部与整体、局部与局部等多重矛盾交织在一起,加之缺乏协调机制,从而不利于非遗的保护和利用。

六、交通不便造成的开发困境

因交通不便造成的开发困境是众多非遗项目所面临的普遍问题。近年来,安徽的交通有了很大的发展,但在一些地区,特别是皖南地区中,有很多乡村位于大山之中,道路崎岖不平,自然环境封闭,交通仍然较为落后。然而这些交通不便的地方往往是非遗的富集区。交通的不便不仅给这些地方非遗的挖掘、保护工作带来许多困难,同时也极大影响了对非遗资源的开发利用。

例如,祁门红茶与泾县汀溪兰香茶在全国都较为知名,然而由于茶园多位于大山之中,主要道路蜿蜒曲折,致使茶叶采摘成本与成品运输成本一直居高不下。规划中的祁门红茶文化产业园项目,也因为交通不便等多种因素直到2020年初方得以正式签约。① 也是交通不畅等因素,安徽兰香茶叶有限公司投资兴建的汀溪兰香名茶生态文化园虽然早在2012年就已开工建设,但直到2018年11月其综合楼工程项目方才竣工。② 其他类似例子尚有很多,此不赘述。

---

① 安徽经济网. 拟投资20亿元祁门红茶文化产业园项目正式签约[EB/OL]. (2020—01—10)[2021—12—30]. https://www.ahjjw.com.cn/diyizhaoshang/2020/0110/86185.html.
② 泾县人民政府. 关于对安徽兰香茶叶有限公司汀溪兰香名茶生态文化园综合楼工程项目竣工规划核实的公示[EB/OL]. (2018—11—29)[2019—08—15]. https://www.ahjx.gov.cn/Openness-Content/show/1256855.html.

第三节　加强开发利用之建议

一、注重机制建设，尊重市场规律

2005年，国务院办公厅印发《关于加强我国非物质文化遗产保护工作的意见》，要求发挥地方各级政府在保护非遗工作中的主导作用，建立协调有效的领导机制，规定由原文化部牵头，建立中国非物质文化遗产保护工作部联席会议制度，统一协调非遗保护工作中的重大问题。此外，非遗保护与旅游开发中各相关主体的协调亦十分重要。在现实情况中，参与非遗保护性旅游开发的主体包含了多种身份：政府、传承者、工商界、学术界。一般来说，由于地位、动机的差异，他们会有各自的立场与诉求、长处与短处。如果能使四者合力，联手互补，将有利于非遗的保护性旅游开发，并使其获得良性发展；否则，易出现责权不明、缺乏监督、重经济利益不惜伤害非遗等弊病。

在市场经济条件下，恰当实施分配机制是实现非遗保护性开发的重要前提。非遗不仅具有科学、艺术、文化价值，还具有经济价值，开发商不能无偿使用，所得收益应部分回报于非遗保护工作，用于征集和保护藏品、扶持艺人、支持研究等，适度提高开发门槛，以保证旅游开发的文化品位和非遗的原真性、完整性。建议安徽省政府对社会效益大、短期经济效益低的项目给予政策扶持。

二、加强专业研究，注重人才培养

非遗资源有其自身的特殊性，因此安徽省非遗资源的保护与开发需要规范化、科学化、制度化，这就迫切需要专业人才。笔者建议在专门人才培养方面，一是要用好用活现有的人才资源。安徽省现有数量可观的专业人才，如一大批工艺大师、民间艺术大师、能工巧匠等。在非遗产业开发中，要充分用好现有专业队伍，尊重他们的劳动创造，充分调动他们的积极性和创造性，尊重他们的人格和个性，竭力为他们发挥才干创造良好条件，从而为他们能够创造更多更好的作品提供更佳的文化服务。

二是注重选拔优秀人才。随着非遗产业开发的不断发展，非遗人才的需求量也不断增加。有关单位可以在公开、公平、公正的原则下向社会招聘优秀人才，尤其在每年的大学毕业生中选拔所需要的人才。

三是委托相关单位培训人才。对于一些紧缺的文化产业专业人才，可以依托相关培训单位，对具备一定条件和一定知识水平的从业人员进行相关专业的培训。

四是善于利用好项目来吸引人才、锻炼队伍。好项目是能够对人才产生巨大的吸引力的，要充分利用好的项目与课题来吸引更多的人才参与非遗产业开发与建设。前已述及，在研究人才方面，安徽有丰富的资源，也有一定的研究基础和成果，建议相关单位一方面可以建立自己的研究基地，如成立非物质文化遗产理论研究中心、民俗博物馆等，进一步加强对本地非遗的挖掘、整理和研究；另一方面加强与高校及其他地方非遗研究机构的交流与合作，融保护、开发与研究为一体，不断更新理念，丰富研究成果。

三、借助科技手段，大胆创意创新

非遗资源的开发利用离不开科技的支撑。当前，利用互联网等新媒体手段实现非遗资源的保护和利用是一种必然的发展趋势。有鉴于此，我们建议综合运用数字摄影、虚拟现实等技术，来开展非遗的数字化记录，模拟非遗项目的生存环境及其原生地自然风貌。鼓励相关高校院所、企业等设立传统工艺研究基地、重点实验室，通过与非遗传承人和传统工艺产区深入合作，开展材料和技艺的基础科学研究，促进非遗成果的转化。建议结合新媒体环境下人们的信息传播与接收习惯，借助大数据、云计算等技术手段，实现不同形态非遗作品的多元主体精准垂直推送。有关单位应充分运用现代传媒技术等，丰富非遗文化的传播形态，优化和加深人们的接收体验，推动非遗传播能力和效果的双提升。

创意产业的发展已是一种应时而生的世界潮流。我们建议有关部门应立足非遗项目自身的特点，将非遗资源与创意产业有机结合起来，注重提升非遗项目的设计、制作与衍生品的开发能力。例如，对于剪纸、年画、竹编、徽州三雕等传统美术和传统技艺，有关单位可立足传统工艺，在保持传统非遗文化内核和精髓的基础上，在图案、款式等方面顺应现代人的消费需求和审美需求进行创新，将其转化为具有传统中国元素的时尚用品。对于花鼓戏、五禽戏等传统戏剧、曲艺以及舞蹈、杂技,可以通过把非遗与现代科技结合起来,充分发挥创意的作用,创作形态全新的舞台艺术精品。通过艺术加工、包装策划,将安徽非遗元素有机植入书画作品、精品图书、主题舞台剧、影视剧、微电影、主题曲等。另建议提升文化旅游产品和服务的设计水平,开发艺术性和实用性有机统一、具有地域特色与文化品位的旅游商品和纪念品,极力发掘那些具有个性化、生活化、历史感的年轻匠人作品。①

四、支持企业参与,做强文化旅游

对于安徽省非遗资源的开发与利用,各级政府虽然可以予以主导,但是若能得到企业的支持,令其坚持社会效益和经济效益相结合的原则,其结果或可以事半功倍。譬如,可以加大企业参与非遗开发的力度,邀请省内外一些企业通过冠名、募捐等方式参与地方文化的推广与传播工作。同时还可以吸引一些有实力的企业,特别是文化企业投入非遗的保护之中,比如,通过建立博物馆、体验馆,开设培训班等,为广大百姓提供了解非遗的场所。这样,企业可以帮助省内文化产业开拓市场,文化产业的发展也可以为企业带来利润,从而推动社会的发展,达到双赢的目的。

在各种非遗文化展演展示活动中,还可以走一条企业参与文化传播和建设的道路。例如,在非遗展馆内,可以通过加大展区建设的投资,扩大展区的规模和设置水平,提升该展区的吸引力,并通过互动的方式现场推动非遗商品的交易,提升人们参与和购买的热情。当然,企业在投入非遗产业化建设的同时,要注重度的把握,要始终以非遗本身的保护与利用为主体,维持健康的市场秩序。安徽省拥有如此丰富的非遗资源,我们有理由相信许多文化企业有参与非遗资源利用的热情与动力。

我国文化旅游业所取得的成绩是有目共睹的。如众所知,广西壮族自治区非遗产业化比较成功的是《印象·刘三姐》,自其2004年首演至2018年已接待国

---

① 窦瑾. 安徽省非物质文化遗产活态传承研究[J]. 文化创新比较研究,2019,03(07):42.

际国内游客达 904 万人次，门票收入超过 9 亿元。① 安徽省在保护和传播非遗的过程中，应当走出一条更加坚实的产业化道路，将社会效益和经济效益相结合。就安徽省来说，虽有像"合肥非物质文化遗产园"一类促进当地文化在旅游产业中发展的新尝试，但企业投资文化产业的后劲不足，虽有所创新，但形式分散，重点不突出，宣传力度不足，非遗产业化效果不明显。用企业投资的方式扶持发展非遗，并不是简单的买卖，应该根据非遗的特点有目的、有方法地将之融入活动形式之中，既不能寡然无味，也不能过分迎合市场使非遗失去原有的味道。

五、重视品牌建设，发展影视产业

非遗品牌是指基于非遗项目形成或衍生为可以使用的产品和服务，结合现实的市场需求，将非遗文化作为企业核心文化内容和资产的商业品牌。② 非遗品牌创建成功的关键，是能够对被开发的非遗项目所涵盖的历史、文化，进行合理、适度地挖掘、开发，在遵循品牌原理和运营规则的同时，依托科学、系统的市场运营实践，持续性地推广品牌，创新非遗文化。

一是非遗品牌的维护。维护的对象包括本身以品牌形态存在的"中华老字号"和"国家级非遗"等，它们具有文化遗产、非遗技艺、非遗传承人等品牌资产。随着非遗文化推广的深入以及激活品牌的现实需要，拥有现代企业运营能力和复兴决心的"老字号""国字号"品牌，将非遗文化作为品牌推广的重要内容。在广告宣传、企业宣传片、产品包装等推广内容中，他们重视非遗文化。在线下，他们将部分文化遗产作为经营场地，呈现非遗技艺，增加消费者的现场体验感，提升增值服务。一些"老字号""国字号"积极接受第三方平台邀请，以"跨界营销"的方式，与其他非遗项目、现代知名商业品牌组合，参与主题品牌推广，短期内能获得一定的品牌关注度。此类新营销方式的试炼，能激励"老字号""国字号"持续进行自我造血和创新。

二是非遗品牌的创建。在政府的引导下，商业经验丰富的众多投资者逐渐意识到并重视非遗的文化内容和投资价值，甄选、评估具有商业潜力的非遗项目，

---

① 何红艳，朱林聪. 安徽省非物质文化遗产保护与传播模式探析——以安徽省文博会为例 [J]. 大众文艺，2018（04）：4.
② 左迎颖. 非遗品牌创新推广研究 [J]. 品牌研究，2019（01）：35.

对接传承人，创建现代非遗品牌。利用丰厚的商业资本、成熟的营销团队，培养和扶持非遗品牌自然水到渠成。此类非遗产品主要集中在具有较高大众认知度的传统技艺类项目上。一些品牌的创建者将非遗文化与旅游产业结合，打造体验式产品和服务，并整合、统筹非遗品牌。

世界已进入读图时代，影视作品的生产量激增，电影、电视成为再现百姓生活、展示文化艺术、传播精神文明的主阵地。非遗以影视形态进行展示与传播，是语言、动作、环境等元素的立体展现，是对非遗资源的深层次探究与挖掘。影视作品中的非遗符号、传承人物、历史故事具有原生态的朴素性，同时也充满了丰富的艺术魅力。如国产电影《战狼2》中主人公豪饮茅台酒的视觉符号从媒体、观众到剧组和贵州茅台酒集团，在自发的积极互动中，实现了信息融合，传播了中国制造的品牌力量，有效提升了非遗茅台酒酿制技艺的国际影响力。再如，《一个人的皮影戏》是一部以非遗为主题的微电影，影片详细记录了皮影戏道具的选料、雕刻、上色、缝缀、涂漆等复杂而精致的制作工艺，展现了皮影戏传承人的艺术表演特色与日常生活，浓缩了皮影戏这项非遗传承的现实图景。[①] 因而同样取得了较大成功。

另外，研制专业的非遗影像识别系统，利用现代数字影像技术，通过动画、漫画、电视、电影等喜闻乐见的方式将非遗影像资源整理入库，并成立专业团队来策划运营，利用校企合作、区域合作、跨国合作，实现交流互通。这种可读、可阅、可互动的非遗影像系统能够满足现代人足不出户即可纵览天下的需求。同时，还可以设计典型的非遗文化符号、视觉标志，开发非遗文化衍生产品，以非遗文化用品、非遗类电影电视、非遗主题小镇等标志性产品、区域将非遗文化进行立体化呈现。例如，芜湖市以"东方神画"为主题打造的非遗主题公园取得了较大成功。

[①] 沈玲玲. 论我国非物质文化遗产的影像记录与传播[J]. 淮海工学院学报（人文社会科学版），2018, 16 (04): 73.

第四章

安徽省非物质文化遗产的专题研究与调研走访

第一节 专题研究

本节共辑录有关安徽省非遗专题研究论文8篇，探讨的主题涉及歙砚、铁画、绿茶、主题公园等诸多方面。除笔者的4篇拙文外，另收录梁仁志教授的论文3篇，分别是《近代徽州茶商的崛起与新变——兼论徽商的衰落问题》《区域交通、地域商人与商业老街之发展——以黄山屯溪老街为中心的考察》《传承发展安徽优秀传统文化的对策》；林燕副教授的论文1篇：《合肥市建设特色文化创意主题公园路径研究》。两位均为"安徽省非物质文化遗产研究"课题组成员。课题组的其他成员，虽然都在各自领域发表了探究性论文，但是因没有直接关涉非遗研究层面，故而未加收录。此外，还需要说明两点：一是所收录的8篇论文虽然都是围绕安徽非遗展开的，但是因杂出众人之手且是不同时间写作或发表的，因而风格不一，论及主题驳杂；二是有关论文多已发表，为了保持原貌，对论文本身的文字与论述不做过多变更。

一、论安徽芜湖市非物质文化遗产的保护与利用

芜湖市有着丰厚的非遗资源。在保护和利用非遗的过程中，芜湖市既有成功的经验，也有失败的教训。

芜湖古称"鸠兹"，春秋时已形成聚落，西汉时正式更名为芜湖。芜湖现属安徽省，辖境繁昌县（现为繁昌区）"人字洞"古人类遗址距今已有200万～240

万年的历史。一般认为，芜湖早期的居民为"皋夷"人及"山越"人。① 深厚的文明积淀，使得芜湖不但有大量的物质文化遗产，而且有宏富的非遗。本文在认真梳理芜湖市非遗概况的基础上，扼要论述了芜湖市非遗的保护与利用情况，并对出现的问题提出若干浅见。

一般认为，非遗是指各族人民世代相承的、与群众生活密切相关的各种传统文化表现形式和文化空间，主要内容有口头传统，传统表演艺术，民俗活动、礼仪、节庆，传统知识和实践，传统手工艺技能等。据此而论，芜湖市的非遗在上述各个领域均可谓异彩纷呈。以口头传统为例，芜湖民间流传着大量谚语、歌谣与故事，其中仅民间故事一项就多达 217 个，内容涉及卞和、鲁班、嬴政、周瑜等诸多历史人物。② 2007 年 12 月，芜湖市政府公布了第一批市级非遗名录，共计 13 项，它们是繁昌民歌、大桥民歌、送春、十兽灯、千军村秧歌灯、梨簧戏、南陵目连戏、孙村镇龙舟赛、芜湖铁画锻制技艺、广济寺金地藏庙会、平铺镇五华庙会、群龙朝神山、中分村徐姓祭祖习俗。③ 2010 年 5 月，芜湖市委公布了第二批市级非遗名录，计 18 项，分别为八社神灯、港东村荷叶灯、葛村山板龙灯、九十殿庙会、帮腔花鼓戏、孙村镇戴亭石雕工艺、九连麒麟灯会、荻港镇墨玉石雕刻工艺、荻港镇滚龙灯、平铺马灯、大王冲佛香手工技艺、广济寺庙会、耿福兴传统小吃制作技艺、四季春传统小吃制作技艺、湖阴曲、官陡门大集、芜湖菜刀制作技艺、澛港鱼钩制作技艺。④ 在上述 31 项市级非遗中，1 项被评为国家级非遗，13 项为省级非遗。⑤

据笔者不完全统计，芜湖市县级非遗数量有 500 余项，其中不乏具有较大市场开发潜能的项目，如繁昌县的新港茶干制作工艺、南陵县的面塑工艺等。总的说来，芜湖市现有的非遗项目虽然数目繁多、类型多样，但是级别偏低，多集中在传说、民俗及餐饮领域。

---

① 芜湖市文化局. 芜湖古今［M］. 合肥：安徽人民出版社，1983：5—6.
② 中国民间文学集成芜湖分卷编辑委员会. 中国民间文学集成·芜湖分卷 民间故事集成［M］. 合肥：黄山书社，1997：1—9.
③ 王俊杰. 我市有了首批非物质文化遗产［N］. 大江晚报，2008—01—19（A04）.
④ 汪鑫. "八社神灯"等 18 个项目入选市级非遗［N］. 大江晚报，2010—05—11（B08）.
⑤ 经笔者核查，芜湖市首批市级非遗名录中确有"广济寺金地藏庙会"，与第二批市级非遗名录中的"广济寺庙会"当属同一项目。在芜湖市文化和旅游局官网 2019 年 11 月 18 日的通知公告《芜湖市市级以上非物质文化遗产名录一览表》中，二者已合并统称为"广济寺庙会"。

客观而言，芜湖市政府近年来在非遗的保护及利用方面开展了一些卓有成效的工作，"建立市非遗联席会议制度；市财政设立专项资金，用于全市性项目申报国家级、省级非遗名录，建立市级名录，进行全市性非遗普查、传统珍贵资料与实物的征集收购、传承人的培养和资助，以及人员培训与宣传展示工作；制定了《芜湖市开展非物质文化遗产普查工作方案》，完成了全市非遗普查；举办了多期非遗普查工作培训班，对相关人员进行培训；市、县两级非遗名录已建立"①。从相关资料来看，上述工作报告大体是可信的。以"宣传展示"为例，芜湖市政府在本市非遗的宣传、展示方面做了大量工作。表现为如下几个方面：第一，利用"中国芜湖第二届国际动漫节""中国国际徽商大会""上海世博会""芜湖茶叶博览会"等大型会展之机，对芜湖市非遗进行积极推介；第二，利用"文化遗产日"和春节、端午节、中秋节等传统节日，多次开展非遗展演、展览、论坛、讲座等宣传展示活动，如"芜湖月·中国情中秋晚会"；第三，多次举办"非物质文化遗产传承保护进校园"活动。

在上述各项工作的推动下，芜湖市在非遗保护方面取得了若干成就。芜湖铁画锻制技艺入选我国首批国家级非遗名录，梨簧戏、十兽灯、南陵目连戏、繁昌民歌入选安徽省首批省级非遗名录，中分村徐姓祭祖习俗入选安徽省第二批省级非遗名录，大王冲佛香制作技艺、耿福兴传统小吃制作技艺、八社神灯、九连麒麟灯会、广济寺庙会、群龙朝神山、送春7个项目入选安徽省第三批省级非遗名录。南陵县何湾镇被评为"安徽民间文化艺术之乡"。此外，芜湖市非遗的传承机制也初步建立。2007年，通过推荐、申报等程序，芜湖铁画锻制技艺大师杨光辉被评为国家级非遗项目代表性传承人。2008年8月，芜湖市组织开展非遗传承人的申报、审核和推荐工作，经逐项评选、专家评议，最终推荐孙新明、孙运龙为省级非遗项目十兽灯代表性传承人；张文畅、黄英林、王世龙为南陵目连戏代表性传承人；储金霞（芜湖铁画锻制技艺），汪邦云、谢荣卿（繁昌民歌），俞时金、俞时长、俞炳庆（九连麒麟灯会），徐友行、徐孝旺、徐友托（中分村徐姓祭祖习俗）为芜湖市首批市级非遗项目代表性传承人。②

在非遗的利用方面，芜湖市也进行了不少尝试。例如，芜湖人引以为豪的

---

① 参见芜湖市文化委2009年2月发布的《关于我市非物质文化遗产保护和名录申报的情况报告》。
② 参见芜湖市文化委2008年8月发布的《关于推荐第二批省级非物质文化遗产项目代表性传承人的报告》。

"芜湖铁画"及美食品牌"耿福兴"经营规模均在不断壮大。时隔25年，芜湖梨簧戏再次被搬上舞台。以繁昌县为例，2006年以来，繁昌县以政府投入等形式多次组织民间剧团排练秧歌灯，并资助其在文化下乡和全县民俗文化表演中演出。同年，繁昌县政府组织人员搜集、整理楹联，并编纂出版了《繁昌楹联集》一书。2007年，繁昌县在马仁奇峰旅游景区建立了传承繁昌民歌的示范基地，繁昌民歌成为景区导游词的重要内容。繁昌民歌《小星出山一盏灯》经省群艺馆改编后，在省电台播放。民歌《舂米号子》入选全国师范院校音乐教科书。《耘田新歌》曾在中央人民广播电台《每周一歌》栏目中教唱。繁昌民歌取得了巨大的社会效益与经济效益。

芜湖市在保护与利用非遗的过程中，主要存在以下一些问题。首先，对非遗的普查汇总和整理工作重视程度不够。这表现在三个方面：其一，省、市、县三级名录体系尚未完全建立起来，部分非遗的家底尚未完全摸清。例如，在安徽省第二批省级非遗名录评选过程中，张恒春中医药文化、四季春餐饮文化两个项目因尚未列入市级非遗名录而落选。[①] 其二，芜湖县（现为湾沚区）与南陵县的申报工作不够主动。前者在第一批市级非遗申报中仅提供少量的申报项目，后者至笔者截稿时尚未公布第二批县级非遗的具体名录。其三，较之国内其他城市，芜湖市在市、县级名录信息公开方面仍有一定差距。

其次，保护经费缺乏，政府投入不足。近年来，芜湖市的文物保护工作受到了空前的重视，市政府设立了专门的文物保护资金，但在非遗的保护经费方面，市政府每年只有几万元的财政预算，且限用于非遗培训、调查及项目申报层面，县一级则几无经费。2008年，安徽省组织开展了省级非遗项目代表性传承人评选工作，并给省级传承人一次性生活补贴1000元，但国家级非遗项目代表性传承人的具体补贴政策未出台，因经费短缺，非遗保护工作难以有效进行。

再次，保护力度不够，保护手段较单一。保护意识与保护力度不足，严重制约了芜湖市非遗的发展。仍以"芜湖铁画"与"耿福兴"为例。芜湖市经营铁画的商铺有10余家，良莠不齐、恶性竞争情况比较严重。2006年，"耿福兴"被授予"中华老字号企业"称号，有趣的是，多家标示"耿福兴第三代"的餐饮店竟和"耿福兴"老字号品牌店并存且相安无事。芜湖市非遗的保护手段比较单一，

---

① 参见芜湖市文化委2009年2月发布的《关于我市非物质文化遗产保护和名录申报的情况报告》。

往往忽视对非遗的空间保护。以原生地保护为例，芜湖市内的"耿福兴""五香居""张恒春药店"等多项珍贵非遗的旧址先后被拆除。大桥民歌也面临同样的问题。大桥民歌是芜湖市一项重要的非遗，它发源于原大桥镇一带。由于区划调整，大桥镇已划入芜湖市经济技术开发区，且改名为龙山街道，这对它的传承和发展十分不利。

最后，对非遗的利用略显不足。芜湖市非遗是先民留给芜湖人的一份宝贵财富，其中蕴藏着丰富的文化价值和经济价值。总的说来，芜湖市在非遗的保护与利用过程中，未能做到从民俗表演到旅游开发，从工艺品销售到文化创意发展，多手段、全方位地开发芜湖市非遗中的文化价值和经济价值。就研究层面而言，芜湖市尚缺乏一系列对市内非遗资源进行认真调研与著述的报告或论著，在鼓励各类文化单位、科研机构、高校的专家学者对非遗保护理论和实践进行研究方面有待进一步加强。

非遗是民众生活的重要组成部分，在当前仍具有独特的光彩和魅力，它是传承文化、推动社会发展的不竭动力，是文化创新的基础和源泉。因此，保护、利用好非遗是每一个国人的历史使命与社会担当。现阶段合理保护与利用芜湖市珍贵的非遗资源要做好以下工作。

第一，要积极做好芜湖市非遗的规划、利用与研究工作。首先，应针对需要绝对保护的、可利用与保护的，以及可以重点利用的非遗项目，分别制定保护与利用规划，以促进形成展演展示、与旅游产业相结合等多种方式共同发展的开发利用体系。其次，积极探索非遗的文化创意产业之路，充分利用芜湖市大力发展文化创意产业之机，将部分非遗引入华强文化科技产业园、和端文化产业园、新华958文化创意园、戏曲文化公园等产业园区。

第二，尽快建立科学有效的非遗传承机制。传承是促进非遗长期发展的保证。一定程度上说，保护了传承人就保护了非遗。对列入各级名录的非遗代表性项目要采取命名、授予称号、表彰奖励、资助扶持等方式，鼓励代表性传承人进行传承活动。将传承融入社会教育、学校教育中，使非遗的传承后继有人。要加强非遗知识产权的保护，妥善处理好某些非遗法定所有人与遗产后人之间的利益关系。维持或增强传承人再传承的经济基础。

第三，注重非遗资源的数字化保护。利用现代录音、摄像等传媒手段是抢救与保护芜湖民间的表演艺术和传统音乐的关键。对于一些珍贵的有关芜湖非遗方面的照片、图书、磁带、唱片、影片等,要想方设法地进行征集或购买。另外,要积极探索芜湖市非遗数字化资源市场创收的可行性,积极探寻芜湖民间文化与影视、动漫等对接的结合点。

(沈喜彭撰,原刊《鸡西大学学报》,2012 年第 11 期,有改动)

二、论苏轼与歙砚

苏轼对歙砚十分钟爱,先后使用、收藏过多方歙砚。苏轼获取歙砚的途径主要为亲友馈赠、现金购买、易货交易,他对歙砚的喜爱表现在为其题铭、形诸文字、精于赏鉴等诸多方面。

苏轼[①]是我国北宋时期著名的文学家、书法家。其一生虽宦海沉浮,却始终坚持躬耕于砚池,挥毫于墨海,留下了多篇千古佳作。苏轼对砚石的喜爱与品评前人多有论及,然而具体到歙砚问题上,现有的说法要么语焉不详,要么失之偏颇。今不揣浅陋,略陈管见。

歙砚是我国公认的四大优质名砚之一,因砚石多产于古歙州的婺源、歙县、黟县等地而得名。歙砚的生产与使用始于唐而兴于宋。两宋时,歙砚因其质地优良、种类繁多而备受推崇。在种类方面,宋人所著的《辨歙石说》曾将歙石细分为金星石、罗纹石、眉子石、卵石等 27 种,并言"祁门县出细罗纹石""歙县出刷丝砚"。不同砚石加工制作的歙砚效果大相径庭,在歙砚的诸多种类中,龙尾砚、金星砚最受追捧。

苏轼对砚石的痴爱早已为世人所熟知,他本人也不避讳这一点,曾言:"仆少时好书画笔砚之类,如好声色。"[②] 苏轼对歙砚的喜爱与收藏,除了受"宋初尚端石,后尚歙石"[③] 的时代因素影响外,恐怕还与其秉持的"我生无田食破砚""有尽石,无已求"[④] 的个人态度有关。苏轼一生曾收藏、使用过多少方歙砚?此问题恐怕永远没有令人满意的答案。不过可以肯定的是,苏轼不但拥有多方歙

---

① 苏轼(1037—1101),字子瞻,号"东坡居士",四川眉山人。苏轼与父苏洵、弟苏辙并称"三苏",与黄庭坚并称"苏黄",与辛弃疾并称"苏辛",书法列北宋四大书法家之首。
② (宋)高似孙. 砚笺:卷二 [M]. 清棟亭藏书十二种本.
③ (宋)苏轼. 苏文忠公全集:卷九 [M]. 明成化本.
④ (宋)苏轼. 苏文忠公全集:卷九 [M]. 明成化本.

砚，而且其种类也为数不少，有稽可考者就有龙尾砚、金星砚、罗纹砚、卵石砚等。

从现有文献资料来看，苏轼获取歙砚的途径主要有三个方面。其一是亲友的馈赠，苏轼遗墨中对此多有记述。例如，苏轼的胞弟苏辙曾出任歙州绩溪县令，常将所得歙砚馈赠兄长，"子由为绩溪得此砚，以遗余"[1]。再如，元丰六年（1083）冬，黄冈主簿段君玙曾将一方"凤"字形歙砚赠予苏轼，"砚盖歙石之美者……段君以砚遗余，故书此数纸以报之"[2]。又如，元祐四年（1089），苏轼收到一名叫苏钧的秀才所寄送的歙砚，但他对所收礼物并不满意。他撰文说："苏钧秀才取歙民女为妻，宜得歙石之佳者，寄遗此砚，殆亦非绝品，盖寒士无力致之也。"[3] 其二是现金购买。苏轼一般不轻易买砚，其理由是"一钱可以买担水，供数月，何用择石为"，但倘若相中某方砚石则绝不肯轻易放过，"有右军古凤池紫石砚，苏子瞻以四十千置往矣"[4]。在《章圣黼砚铭》《歙砚铭二首并序》两文中，苏轼对所购两方歙砚进行了扼要记述，他认为章圣黼砚流传有序，砚石系"圣所御赐外戚刘氏"；第二方歙砚得自唐林夫，砚石"外俨丰硕，中含清坚"[5]，憾均未告知所费具体银两。在《书砚》一文中，苏轼还记述了自己的"捡漏"趣事，"泽州吕道人沉泥砚，多作投壶样，其首有吕字，非刻非画，坚致可以试金。道人已死，砚渐难得。元丰五年三月七日，偶至沙湖黄氏家，见一枚，黄氏初不知贵，乃取而有之"[6]。苏轼在购买歙砚时是否也有此经历，此问题不得而知。其三是易货交易。生活困顿时，苏轼曾落魄到以剑换砚的地步。元丰七年（1084），苏轼提出以铜剑来置换张近的卵石砚，称"我家铜剑如赤蛇，君家苍璧椭而洼"[7]，次日，张近"送砚返剑"，苏轼作《张作诗送砚反剑乃和其诗卒以剑归之》一文，并自责道："昨日见张君卵石砚，辄复萌此意，卒以剑易之。既得之，亦复何益？乃知习气难尽除也。"[8] 易货交易当然要视情况而定，苏轼曾以"余不作

---

[1] （元）刘敏中. 中庵集：卷二十三 [M]. 清乾隆抄本.
[2] （宋）苏轼. 苏文忠公全集：卷九 [M]. 明成化本.
[3] （明）陈继儒. 妮古录：卷三 [M]. 明宝颜堂秘笈本.
[4] （宋）米芾. 书史 [M]. 明刻百川学海本.
[5] （宋）释惠洪. 石门文字禅：卷二十 [M]. 四部丛刊影明径山寺本.
[6] （明）贺复征. 文章辨体汇选：卷三百七十三 [M]. 清文渊阁四库全书本.
[7] （宋）高似孙. 砚笺：卷二 [M]. 清棟亭藏书十二种本.
[8] （宋）高似孙. 砚笺：卷二 [M]. 清棟亭藏书十二种本.

墓志久矣"① 为由，婉拒了杜叔元家人提出的"以宝砚易墓志"的请求，表现出了较高气节。

苏轼虽嗜砚却并不贪多求全，尽管他曾言"得之艰，岂轻授"②，不过他却屡将所得砚石馈赠亲友，歙砚也不例外。据记载，元丰七年（1084），苏轼分别赠送长子苏迈与次子苏迨一方砚台，并作《迈砚铭》《迨砚铭》以劝勉他们刻苦治学、发奋图强。绍圣二年（1095），苏轼将自己珍藏多年的龙尾砚寄送侄子苏远，并作《龙尾石砚诗寄犹子远》一诗同寄，诗云："皎皎穿云月，青青出水荷。文章工点黶，忠义老研磨。伟节何须怒，宽饶要少和。吾衰此无用，寄与小东坡。"③ 此外，苏轼还曾将苏辙赠予的歙砚转赠两位老乡，"子由为绩溪得此砚，以遗余，千之强、安适自蜀来，因以赠之"④。又如，苏轼还将一方珍贵的龙尾砚赠送时任尚书左丞的蒲宗孟，"龙尾黼砚，章圣皇帝所尝御也。乾兴升遐，以赐外戚刘氏，而永年以遗其舅王齐愈，臣轼得之，以遗臣宗孟"⑤。

"东坡好砚，各有铭"⑥，苏轼对砚台的喜爱与珍视由此可见一斑。就歙砚而言，苏轼不但为所得歙砚题铭，而且还常将其述诸诗词，歌之咏之。

苏轼在歙砚上的题铭，多为即兴之作，或描述或品评，用语十分活泼。在一款月形龙尾砚上，苏轼题铭："萋萋兮雾縠石，宛宛兮黑白月。其受水也哉生明，而运墨也旁死魄。忽玄云之霮䨴，观玉兔之沐浴。集幽光于毫端，散妙迹于简册。照千古其如在，耿此月之不没。"⑦ 铭文中所言"黑白月"系因该龙尾砚正面分割为磨墨区与盛水区两部分，前者黑后者白，因而有"黑白月"之喻。上文提及的龙尾黼砚，苏轼这样题铭："黟、歙之珍，匪斯石也。黼形而縠理，金声而玉色也。云蒸露湛，祥符之泽也。二臣更宝之，见者必作也。"⑧ 首句"黟、歙之珍，匪斯石也"意为"黟、歙一带最珍贵的砚石，非此莫属"，可见苏轼对此歙石评价甚高。另据载，在一方卵形歙石背上，苏轼曾铭曰："东坡砚，龙尾石。

---

① （明）查应光. 靳史：卷二十 [M]. 明天启刻本.
② （宋）苏轼. 苏文忠公全集：卷九 [M]. 明成化本.
③ （宋）苏轼. 苏文忠公全集：卷九 [M]. 明成化本.
④ （元）刘敏中. 中庵集：卷二十三 [M]. 清乾隆抄本.
⑤ （宋）苏轼. 苏文忠公全集：卷九 [M]. 明成化本.
⑥ （清）陶梁. 国朝畿辅诗传：卷六 [M]. 清道光十九年红豆树馆刻本.
⑦ （宋）苏轼. 苏文忠公全集：卷九 [M]. 明成化本.
⑧ （宋）罗愿. 新安志：卷十 [M]. 清嘉庆十七年刻本.

第四章　安徽省非物质文化遗产的专题研究与调研走访　　183

开鹄卵，见苍璧。与居士，同出入。更险夷，无燥湿。今何者，独先逸。从参寥，老空寂。"① 将砚石比喻为玉璧，且题"东坡"于其上，足见苏轼对此砚石的喜爱程度。值得一提的是，除自娱自乐外，苏轼还常成人之美，为他人的砚石题铭。例如，苏轼曾为孔毅甫的龙尾砚这样题铭："涩不留笔，滑不拒墨，爪肤而縠理，金声而玉德。厚而坚，足以阅人于古今；朴而重，不能随人以南北。"② 这里，苏轼对龙尾砚的声响、质地、发墨等方面的概括，褒贬兼顾，真可谓一语中的。

除题铭外，苏轼还通过吟诗作赋的方式来表达自己对歙砚的喜爱之情。一次偶然的机会，苏轼从杭州辩才僧人那里得到了一方五代十国时期的歙砚，砚石系"细罗纹刷丝歙石，圆径六寸，高寸五分，面有葱色兔月二像，巧若画成，更无凹凸"③。苏轼觉得此砚石十分蹊跷，于午睡起身后仍不忘作诗记之："罗细无纹角浪平，半丸犀璧浦云泓。午窗睡起人初静，时听西风拉瑟声。"④ 作为歙砚的佼佼者，龙尾砚受到苏轼的讴歌自然不足为怪。在《龙尾砚歌并序》一文中，苏轼这样写道："君看龙尾岂石材，玉德金声寓于石。与天作石来几时，与人作砚初不辞。"⑤ 也许是出于对龙尾砚的特殊情感，苏轼还曾为歙州一位名叫罗文的人写过一篇长达1090字的传记，篇首云："罗文，歙人也。其上世尝隐龙尾山，未尝出为世用……"⑥ 此外，苏轼还曾赞颂眉子歙砚，其中有首诗这样写道："君不见，成都画手开十眉，横云却月争新奇……尔来丧乱愁天公，谪向君家书砚中。"⑦

苏轼在歙砚方面的鉴赏水平早已为前人所肯定，"终当贡汝置玉堂，不使东坡擅龙尾"⑧。笔者以为，苏轼在砚台方面的品鉴能力，一方面缘于他长时间对各种砚石的喜爱与把玩，另一方面可能同他的两位老师不无关系。第一位老师是苏轼的父亲苏洵，苏洵不仅是一名大文学家，还是一位大收藏家。第二位老师叫苏

---

① （宋）苏轼. 苏文忠公全集：卷九 [M]. 明成化本.
② （宋）苏轼. 苏文忠公全集：卷九 [M]. 明成化本.
③ （宋）施元之. 施注苏诗：补遗卷下 [M]. 清文渊阁四库全书本.
④ （宋）苏轼. 苏文忠公全集：卷九 [M]. 明成化本.
⑤ （宋）黄彻. 䂬溪诗话：卷六 [M]. 清知不足斋丛书本.
⑥ （明）陈邦俊. 广谐史：卷一 [M]. 明万历四十三年沈应魁刻本.
⑦ （宋）黄彻. 䂬溪诗话：卷六 [M]. 清知不足斋丛书本.
⑧ （清）王昶. 湖海诗传：卷三十六 [M]. 清嘉庆刻本.

易简，他是《文房四谱》一书的作者，也是苏轼的启蒙教师。[①] 耳濡目染再加上两位老师的点拨，苏轼12岁便学会自制砚台。苏轼对自己砚石方面的造诣也颇为自豪，唐彦猷[②]"遗予丹石砚，粲然如芙蕖之出水，杀墨而宜笔，尽砚之美，唐氏谱天下砚而独不知兹石之所出，予盖知之"[③]。据载，苏轼曾在广陵县秀家中看到一方龙尾砚，若干年后仍记忆犹新，"予顷在广陵，尝从昙秀识此砚。今复见之岭海间，依然如故人也"[④]。在歙砚题铭解读方面，苏轼也有过人之处。苏轼曾收藏一方五代十国时期的歙砚，"底有款识云，吴顺义元年，处士汪少微铭云，松操凝烟，楮英铺雪，毫颖如飞，人间五绝"。所见者多不解其意，苏轼的解释却极富情趣："所颂者三物耳，盖砚与少微为五耶。"[⑤]

砚石的品评与排名之争古已有之。以歙石、端石之争为例，苏易简认为"龙尾石，亦亚于端溪"[⑥]，欧阳修则认为"端溪以北岩为上，龙尾以深溪为上。较其优劣，龙尾远出端溪上"[⑦]。论者各执一端，孰是孰非众说纷纭。应该说，苏轼对歙石的评价还是不错的，他认为"歙砚发墨滑润，虽非绝品，亦不必他求"[⑧]。在砚石排名之争上，苏轼通常采取较为审慎的做法，他一方面提出了自己的评判标准："砚之美，止于滑而发墨，其他皆余事也"；另一方面，则采用全面讨好的做法，对各种砚石均有溢美之词，有时候便难免顾此失彼。一次，苏轼为一方凤嘴砚题铭道："苏子一见名凤咮，坐令龙尾羞牛后。"为突显凤嘴砚之美，苏轼认为连龙尾砚都相形见绌变得像牛尾了。歙州人听到消息后，非常气愤，当苏轼再次求砚于歙，歙人云："子自有凤咮何以此为？"为能够继续获得上佳歙砚，苏轼作出了让步，声称"君看龙尾岂石材，玉德金声寓于石……我生天地一闲物，苏子亦是支离人"。结果，苏轼不但如愿以偿地获得了歙砚，而且赢得了歙州人对自己的尊敬。"来苏渡"等地名的留存是歙州人民对苏轼爱戴之情所下的最好

---

① 苏易简认为："天下之砚四十余品，以青州红丝石为第一，端州斧柯山石为第二，歙州龙尾石为第三，余皆中下。"详见（清）方以智：《通雅》卷三十二，清文渊阁四库全书本。
② 唐彦猷曾撰写《砚录》一书，其观点和苏易简之说大同小异，认为"青州红丝石一，端州斧柯石二，歙州婺源石三，归州大沱石四。"详见（宋）晁载之：《续谈助》卷三，清十万卷楼丛书本。
③ （宋）苏轼. 苏文忠公全集：卷九 [M]. 明成化本.
④ （宋）李祖尧. 内简尺牍编注：卷十 [M]. 清乾隆刻本.
⑤ （宋）胡仔. 苕溪渔隐丛话前集：卷四十六 [M]. 清乾隆刻本.
⑥ （清）赵吉士. 寄园寄所寄：卷十一 [M]. 清康熙三十五年刻本.
⑦ （宋）潘自牧. 记纂渊海：卷八十二 [M]. 清文渊阁四库全书本.
⑧ （明）祝允明. 怀星堂集：卷二十五 [M]. 清文渊阁四库全书本.

作为一种文房用品，歙砚曾给苏轼、欧阳修等无数墨客骚人带来欣喜与收获。时过境迁，如今歙砚的实用价值已逐渐让位于艺术价值，古人对歙砚的那种钟爱今人恐难真正心领神会。在艺术品收藏成为时尚的今天，审视一下苏轼对歙砚的喜爱与收藏，我们至少在三个方面能获得有益启示：其一，结合自己的爱好、能力去收藏；其二，对所得藏品具有一定的品鉴能力；其三，乐于分享、转赠藏品是收藏的至高境界。

（沈喜彭撰，原刊《重庆科技学院学报》，2012年第4期，有改动）

三、芜湖铁画不能走"兰州拉面"的产业之路

铁画旧称"铁花"，是一种锻铁为画的手工艺品。芜湖铁画之所以著名，要归功于两位来芜湖谋生的艺人汤鹏与梁应达。这两人虽非芜湖人却为芜湖的扬名作出了贡献。前者汤鹏，字天池，祖籍江苏溧水（一说"安徽徽州"），系清康熙初年人，能"揉铁作画"，开铁画创作之先河；后者梁应达，原籍安徽东至县，为康熙末年人，后来居上，"其技在汤天池前"。芜湖铁画因其"线条刚劲、意境空灵"等，自问世以来屡被文人墨客争相吟诵。有诗赞之曰："百炼化为绕指柔，直教六法归洪炉。"近代以降，芜湖铁画在储炎庆、杨光辉、储金霞等人的努力下重焕生机，铁画作品屡次在国内外大展中获奖。2006年5月，芜湖铁画锻制技艺还被列入中国第一批国家级非物质文化遗产名录。

然而，近年来，数代芜湖人引以为豪的芜湖铁画却在产业发展道路上步入歧途。随着2006年中华老字号企业的申请失败与本市同期以竞争者身份出现的美食品牌"耿福兴"的申请成功，芜湖铁画为自己的不作为付出了惨痛代价。"知耻近乎勇"，芜湖铁画却勇而无谋。近年来，芜湖铁画虽然在产业发展规模上下足了功夫，却忽视了一个极其重要的问题——品牌保护。目前，穿梭于芜湖市九华中路上，举目所见的铁画招牌可谓蔚为奇观，"××铁画"的字眼特别吸引眼球，唯独不题"芜湖"二字于其上。

显而易见，芜湖铁画其实正在走"兰州拉面"的产业发展之路，但这条产业之路并不适合芜湖铁画。在这种产业发展模式下，商品的质量与其说取决于商品的品牌，毋宁说取决于商品所属的厂家或者运气。良莠不齐、适者生存的产业发

展道路会造成一定的恶性竞争,并可能会带来不理想的结果。芜湖铁画的未来令人担忧。

(沈喜彭撰,原刊《大江晚报》A12 版,2010 年 8 月 2 日,有改动)

四、明清徽州方志中的民俗资料研究综述

明清徽州地区的民俗资料主要辑录在府志、县志中。府志、县志不但数量繁多,对民俗内容多辟有专门章节,而且记录翔实、传承有序。以徽州府志及歙县志为例,前者相关志书有:嘉靖《徽州府志》(22 卷)、弘治《徽州府志》(12 卷)、康熙《徽州府通志》(26 卷)、康熙《徽州府通志续编》(8 卷)、康熙《徽州府志》(18 卷)、嘉庆《徽州补正》(1 卷)、道光《徽州府志》(16 卷、首 1 卷)、同治《徽州府志辨证》(1 卷);后者有关的志书有:万历《歙志》(30 卷)、天启《歙志》(36 卷)、顺治《歙志》(14 卷)、康熙《歙县志》(12 卷)、乾隆《歙县志》(20 卷、首 1 卷)、道光《歙县志》(10 卷、首 1 卷)、同治《歙县采访册》(8 册不分卷)。此外,明清之际,黟县、休宁等县的方志也多有存世,内容中均涉及各县的民俗,此不详述。上述诸多志书,部分收入《中国地方志集成》《中国方志丛书》以及《天一阁藏明代方志选刊》等大型丛书,极易获取。虽然它们在民俗的记述上难免有因袭相沿之弊,但更多的是推陈出新,动态记录徽州风俗的社会变迁。

目前,国内外对徽州方志的相关研究已取得了一些成果,但是具体探讨明清徽州方志中所辑民俗资料的著作比较少见,可大体将有关研究成果归纳为三大方面。

一是有关明清徽州方志的研究。20 世纪 80 年代,刘尚恒较早进行了安徽方志的研究工作,其专著《安徽方志考略》(1985)在正文第四部分探讨了包括徽州方志在内的若干问题。2012 年,张安东撰写了《清代安徽方志研究》一书,虽然仅将一个朝代的方志作为研究对象,但其并不局限于徽州地区,因而该书无论在理论的构建还是对徽州方志的梳理方面都颇有建树。刘道胜所著的《徽州方志研究》(2010)以及蒲霞所著的《明清以来徽州方志编纂成就》(2013)两书,专门探讨了明清之际的徽州方志情况。遗憾的是,有关徽州民俗方面的内容并不是两书关注的重点。学术论文方面,张健的《明清徽州方志与妇女贞节史料》、周亮的《清康熙年间徽州方志中山川版画研究》、刘道胜的《略论清代徽州方志的发展》、宋杰的《徽州家谱与徽州方志》等虽然从不同研究视角探讨了明清时期徽州方志的有关内容，但是多没有和民俗结合起来，不能不说是一大憾事。

二是明清徽州民俗层面的研究。欧阳发主编的《安徽民俗》（2004）一书较早论述了包括徽州民俗在内的有关问题，记述其生产民俗、村落民俗、家族民俗、居住民俗、饮食民俗、服饰民俗、节日民俗等内容。邢军主编的《安徽民俗》（"安徽文化精要"丛书，2012），按岁时节日、人生礼仪、民谣谚语、信仰禁忌等八大板块，全面展示了安徽民俗，但主要记述的是安徽各地当代民俗的有关情况。卞利撰写了《徽州民俗》（2005）一书，在该书的写作过程中参考了徽州家谱、徽州方志、徽州文书等广泛的文献资料。吴晓春编著的《民风淳厚徽州区·徽州民俗》（2010）一书，也探讨明清以来徽州民俗的有关内容。论文方面，赵日新、卞利、王振忠、臧丽娜等都探讨了徽州方志的方方面面的问题，代表性文章有：《明清徽州民俗健讼初探》（卞利，1993），《十九世纪徽州民俗风情的素描》（王振忠，2001），《论徽州宗祠的遗存情况与民俗文化特征》（臧丽娜，2007），等等。

三是直接涉及明清方志中的民俗研究。这方面的成果较少，如丁世良、赵放主编的《中国地方志民俗资料汇编》（华东卷，1995），胡晓飞、刘芳正合写的《从地方志看徽州传统节庆民俗：以〈重印绩溪县志〉为例》（2010）一文。

综上可见，国内有关徽州方志的研究虽然取得了若干成果，并且毫无疑问会对本课题的研究提供研究思路和重要参考，然而，从明清方志中辑录有关徽州民俗的论著较为缺乏。笔者认为，对明清徽州方志的民俗资料进行系统梳理，无疑会为徽州民俗的进一步研究提供资料参考。此外，有关研究还应拓宽研究领域，不能局限于徽州地区的方志。可资利用的方志资料中，有全国性的"一统志"，如《大明一统志》《大清一统志》；区域性的"通志"，如康熙《江南通志》、乾隆《江南通志》、光绪《重修安徽通志》；地方性的"府县志"，如弘治《徽州府志》、弘治《休宁县志》、乾隆《歙县志》等。笔者认为，对明清徽州方志的民俗资料进行系统梳理具有较好的理论意义和现实意义：其一，可以弥补徽州民俗学研究领域之不足，为未来徽州民俗研究提供资料参考与便利；其二，是拓展徽学研究、徽州文化研究视角与范围的有益尝试；其三，可以古为今用，为现代黄山市的"民俗保护""非遗传承"提供历史借鉴；其四，风俗中的婚丧嫁娶、家训族规，对今天的家庭教育、个人行为规范等仍有一定的借鉴意义。此外，方志民俗中辑录了丰富的传统文化内容，对当下的地方社会治理亦有启迪意义。

（沈喜彭撰，参会论文，未发表）

五、近代徽州茶商的崛起与新变——兼论徽商的衰落问题

明清徽商鼎盛时期，"徽人经商首重盐业……徽商之富莫过于盐商"①。然而，自清道光中叶盐法改纲为票后，作为徽商中坚的盐商便一蹶不振，徽州茶商却在五口通商后出口贸易的刺激下迅速发展起来，成为徽商新的中坚。清末歙县知县蔡世信就说："徽州商业以茶为大宗。"② 从"首重盐业"转变为"以茶为大宗"，徽商的商业格局发生了深刻变化，徽州茶商在徽商中呈崛起之势。近代徽州茶商的发展既是传统徽商实力之延续，也是徽商在近代的蜕变与新生。因此，了解近代徽州茶商的崛起与新变，对深刻理解徽商的近代命运具有重要意义。以往学者在讨论明清徽商时对近代徽州茶商多有涉及，也有若干专文考察了近代徽州茶商，或探讨了近代外国资本主义势力入侵对徽州茶商兴衰的影响。③ 但已有研究或有所偏重，或不够系统，有些观点也值得商榷。鉴于此，本文对近代徽州茶商略作系统考察，并对徽商衰落问题再作适当反思。不当之处，敬祈方家批评指正。

（一）近代徽州茶商之崛起

五口通商后，歙县茶叶开始大量外销，歙县茶商趁势崛起。同治年间，仅蕃村、芳坑就有本地人经营的外销茶号8家。民国时期，全县外销茶号多达百余家。著名歙县茶商吴荣寿专制外销茶，先后在屯溪开设18家茶号，年销数千担，最多时每年可达2万担，几乎占"屯绿"外销总量的一半，被誉为"茶叶大

---

① 张海鹏，王廷元. 徽商研究 [M]. 合肥：安徽人民出版社，1995：22.
② （清）刘汝骥. 陶甓公牍 [M]. 梁仁志，校注，芜湖：安徽师范大学出版社，2018：27.
③ 参见张朝胜《民国时期的旅沪徽州茶商——兼谈徽商衰落问题》（载《安徽史学》1996年第2期），刘芳正《民国时期上海徽州茶商与上海茶业》（载《史学月刊》2012年第6期），彭景涛、萧功秦、刘芳正《承继与变革：民国时期上海徽州茶商近代转型的历史考察》（载《江西财经大学学报》2012年第4期），周晓光、周语玲《近代外国资本主义势力的入侵与徽州茶商之兴衰》（载《江海学刊》1998年第6期）。

王"。① 歙县茶商除在徽州本土经营外,还在外地开疆拓土。光绪三十四年(1908),苏州茶业同业公会共有46户登记入会,歙县籍竟占了40户。清末民初苏州的六大茶业名店吴世美、严德茂、汪瑞裕、鲍德润、方裕泰、程德泰均为歙县人所开。② 北京的茶叶店也"以安徽歙县人最多"③,据北京市茶业商会统计,1945年有歙县人开设的茶叶店号35家,登记资金49.585万元,店员544人。其中最大的森泰茶庄,登记资金7.21万元,有店员62人。④ 抗战前后,歙县人在杭州开设的茶行、店、庄多达70余家,浙江崇德、桐乡两县茶业也几乎被歙县人垄断。⑤

近代婺源茶商也渐渐在婺源商人中占据主导地位。近代婺源木商后裔俞泰昌曾回忆说:"徽商那个时候茶业是第一,木材是第二,其他开典当、做其他生意是很少、很零碎的。"⑥ 他的说法在地方志中得到印证。民国《婺源县志》卷三十三《人物七·孝友七》、卷四十二《人物十一·义行八》、卷四十八《人物十二·质行九》为"庚申续编",即庚申年(1920)在光绪九年(1883)所修《婺源县志》的基础上增补而成,以符"大致仍旧而不无增补删有削于其间"⑦ 的编纂宗旨,故其叙事时间上下限当为1883年至1920年,所传"人物"几乎都是近代人。据粗略统计,其中有商人615名,除273人经营行业不明外,其余342人中,茶商有108人,约占1/3,居于首位(第二至四位分别是瓷商91人、木商90人、墨商11人)。

近代黟县商人业茶者也颇多。如韩文治,"家本寒素,授徒应举。咸丰中游沪,遇粤人相交,契以巨资,俾治茶业于徽,处境既裕"⑧。林道宏,"幼习贾,贩茶粤省多次,皆称职。嗣复营业于江西、祁门等处"⑨。孙理和,"意切振兴国货,运红茶于海参崴境,志存推广华商"⑩。江西九江在开埠后成为长江沿岸重要

---

① 歙县地方志编纂委员会. 歙县志[M]. 北京:中华书局,1995:281-282.
② 歙县地方志编纂委员会. 歙县志[M]. 北京:中华书局,1995:282.
③ 老侯. 商工职业和籍贯的关系[J]. 华北商工,1944,02(02):20.
④ 歙县地方志编纂委员会. 歙县志[M]. 北京:中华书局,1995:282.
⑤ 唐力行. 徽州宗族社会[M]. 合肥:安徽人民出版社,2005:158.
⑥ 俞泰昌口述,何建木、张启祥整理. 一个徽商后代的回忆[J]. 史林,2006(增刊):131.
⑦ (民国)婺源县志:凡例[M]. 1925年铅印本.
⑧ (民国)黟县四志:卷七人物志·尚义[M]. 1923年刻本.
⑨ (民国)黟县四志:卷七人物志·尚义[M]. 1923年刻本.
⑩ (民国)黟县四志:卷十四杂志·文录[M]. 1923年刻本.

的外贸港口，民国时期黟县人在九江开设的茶叶店有 11 家之多。①

近代绩溪茶商影响甚巨。如赫赫有名的徽商汪立政，14 岁到上海茶叶店当学徒，24 岁在沪南独创了著名的"汪裕泰"茶号，在上海徽人茶号中独占鳌头。30 多年间，又在上海、奉贤、苏州、杭州各地设分号 9 处。其孙汪振寰更在美国、日本等国开设分店。②

近代休宁、祁门两县茶商也是当地徽商之中坚。清末，休宁商业"以茶、木、盐、典、笔墨为主"③。民国时期，休宁有茶行、茶庄数百家，屯溪镇更成为皖南乃至全国茶叶的集散中心和茶商聚集地。近代以降，祁门红茶誉满全球。休宁、祁门茶商在屯溪茶业经济繁荣和祁门红茶崛起中扮演了重要角色。

（二）近代徽州茶商之新变

相较于传统徽州茶商，近代徽州茶商在经营地域、方式和理念上均发生了深刻变化，与金融资本的关系也愈发紧密。这些表明，近代徽商并非一味墨守成规，他们也在与时俱进。

1. 经营中心从广州转至上海

近代以前，徽商的茶业经营主要以内销为主。其销售市场，在明代主要集中于南京、北京等城市及东北、华北、西北等北方地区；在清代前期仍以京津等北方地区为主，但也向长江流域和东南沿海地区扩展。销售的茶叶品种以适合国内消费者口味为主要考量。随着外国资本主义势力入侵，中外贸易形势发生变化，徽州茶商开始致力于茶叶外销。由内销为主到外销为主的转折始于道光中叶，据婺源上晓起村《江氏祖谱》载："在鸦片战争中（公元 1840 年至 1842 年），婺源绿茶取道五岭（金竺岭、对镜岭、羊斗岭、塔岭、新岭）至屯溪，至粤东，时谓之'做广东茶'。彼时海禁既开，业此者无不利市三倍，如我邑荷田方氏、上溪头程氏、上晓起对河叶氏，皆因作广东茶而致巨富。……彼时邑人族人既多业茶于粤中。"④ 据歙县知县何润生估算，光绪年间外销茶在徽茶中的比例已高达

---

① 黟县地方志编纂委员会. 黟县志 [M]. 北京：光明日报出版社，1989：318.
② 绩溪县地方志编纂委员会. 绩溪县志 [M]. 合肥：黄山书社，1998：879.
③ 休宁县地方志编纂委员会. 休宁县志 [M]. 合肥：安徽教育出版社，1990：237.
④ 刘隆祥，詹成业. "婺绿"经济史略 [M] //中国人民政治协商会议婺源县委员会文史资料研究委员会. 婺源文史资料（第一辑）. 内部资料，1986：17—18.

80%～90%①,说明其时徽州茶商已完成了茶叶销售从内销为主到外销为主的根本性转变。

道光中叶以前,因清廷限定广州为唯一对外贸易口岸,所以经营外销茶叶的徽商均集中在广州一隅。有学者统计,光绪《婺源县志·义行》记道光至同治年间婺源茶商共55人,明确注明"业茶粤东"的有35人,约占总数的63%。② 五口通商后,原先以广州为唯一外贸口岸的局面被打破,徽州茶商开始转而云集汉口、九江、上海等地。如婺源茶商齐宏仁,"少孤贫,以积累资与郎某在汉口合开茶行。辛亥革命军起于汉上,郎某以年迈归里,仁独力将货物保全,一无所私,仍与郎某重理旧业";汪执中,"及长,业茶汉上,栽培后进极多"③;程丽南、汪春荣还被推举为汉口商务总会会董。④ 清末民初,婺源茶商李有诚,"偕友业红绿茶于九江,复就里中开设茶号"⑤。上海更成为新的华茶集散中心和徽州茶商经营中心。与此相对应,广州的徽州茶商茶业经营中心的地位便不可避免地衰落了。在民国《婺源县志》卷三十三、卷四十二和卷四十八所载的108位确知的茶商中,业茶广州者仅14位。

上海取代广州成为徽州茶商新的经营中心,与其优越的地理位置关系密切。五口通商后,一大批外国洋行纷至沓来,使上海"商业日形起色,于是郊外荒凉之地,一变为繁华热闹之场"⑥。徽州与广州相距遥远,徽州茶商携茶前往,水陆交通颇为不便,且耗费繁多。而从徽州到上海则要便捷得多。徽州茶商一般在屯溪雇船,沿新安江东下,直抵杭州。在杭州过塘,经嘉兴、嘉善、松江、黄浦等地,到达上海。途中货物只需在杭州中转一次,与去广州相比,不但省时,各种费用也大为减少。同时,由于"汉口所特制之红绿砖茶,因其有特殊之品质,专销俄国"⑦,致使汉口茶叶市场被俄国商人控制,"因(俄)国内发生革命,使俄人购买茶叶完全停顿,结果使中国之茶叶对外贸易衰落。加以中国内战,一九

---

① 何润生. 茶务条陈 [M] //刘锦藻. 清朝续文献通考:卷四十二征榷十四. 上海:商务印书馆,1936年影印本.
② 转引自冯剑辉. 近代徽商研究 [M]. 合肥:合肥工业大学出版社,2009:54.
③ (民国)婺源县志:卷四十二人物十一·义行八 [M]. 1925年铅印本.
④ (民国)夏口县志:卷十二 [M]. 1920年刻本.
⑤ (民国)婺源县志:卷四十二人物十一·义行八 [M]. 1925年铅印本.
⑥ 李右之. 上海乡土历史志 [M]. 上海:著易堂印书局,1927:3.
⑦ 华茶对俄贸易概况 [J]. 工商半月刊,1929,01 (14):2.

二六年间其影响波及汉口,结果少数外人之茶叶公司,乃不得不退回上海"①,遂上海成为全国最重要的茶叶对外贸易中心和徽州茶商的经营中心。

据上海商业储蓄银行调查部1931年调查,"以帮别,上海茶厂徽、广两帮最占势力,本帮不过五六家。其他江西帮、绍帮、甬帮更少。至于工人,则制绿茶者多徽帮,制红茶者多江西帮"②。上海57家茶厂中,徽帮有29家,占了半壁江山(表4-1)。

表4-1 1931年上海茶厂一览表

厂名	经理	资本	机器马力(匹)	帮别
保昌第一厂	吴森荣	6000两	7.5	徽帮
保昌第二厂	吴森荣		4	徽帮
成记	卓华谱	6750两	7.5	广帮
有利	李仲枋	8000元	7.5	广帮
星源	卓介业	3000两	7.5	广帮
永兴	卓铎业	3000元	7.5	广帮
永泰	彭有恒	6000元	7.5	本帮
新鸿发	梁海寰	3000元	7.5	广帮
兴德	鲍达扬	5000两	7.5	广帮
昌记	钱子良	10000两	6	徽帮
运通	陈宝书	4000元	6	广帮
林馨祥	吴森荣	5000元	6	徽帮
同德	鲍达扬	6000两	9	英商
源利	郑鉴源	2000元	5	徽帮
德记	程润记	5000两	5	徽帮
新和兴	符子先	50000两	5	徽帮
星星	吴森荣	4000元	5	本帮
慎泰	王永咸	6000元	5	本帮

---

① [美]威廉·乌克斯.茶叶全书(下册)[M].中国茶叶研究社,译,上海:中国茶叶研究社,1949:55.
② 上海商业储蓄银行调查部.上海之茶及茶业[M].上海:上海商业储蓄银行信托部,1931:48.

(续表)

厂名	经理	资本	机器马力（匹）	帮别
协昌泰	卓寿记	3000元	5	广帮
同记新	吴森荣	3000元	5	徽帮
德记	程润记	3000两	5	徽帮
景记	孙景初	3000元	5	绍帮
协和祥	庐家茂	4000元	5	广帮
得利	唐善庆	6000元	5	平水帮
大椿	程润记	5000两	5	徽帮
同益丰	程炳宏	1600元	5	徽帮
万成祥	汪礼齐	3000两	5	徽帮
公兴祥	李华益	3000元	5.5	广帮
泰记新	吴森荣	2000元	4	徽帮
三元	庐家茂	3000元	4	广帮
义同兴	俞霖生	4000元	4	徽帮
聚生	江序东	3000元	4	徽帮
同兴发	张发宝	3000元	4	江西帮
勤余	张发宝	3000元	4	江西帮
新昌	黄仲昭	3000元	4	本帮
升记	庞莘并	2000两	4	徽帮
聚兴发	叶德昭	2000两	4	徽帮
元隆	裘定复	2000两	4	绍帮
宝达祥	董镜复	2000元	4	徽帮
永源	卓仲浦	2000两	4	广帮
大德	石发生	2000两	4	徽帮
英发	唐秉熙	4000两	4	本帮
义森永	夏树馨	5400两	3.5	徽帮
美大	黄愉庭	2000两	3.5	平水帮
同昌祥	唐善庆	6000两	3	徽帮
仁记	程敦培	2000元	3	徽帮
瑞生	沈锦柏	2000元	3	浙帮*

(续表)

厂名	经理	资本	机器马力（匹）	帮别
同发祥	孙子莆	8000元	3	徽帮
慎大	程春舫	5000两	3	徽帮
公升	王启明	3000元	3	徽帮
永和祥	陈治龙	3000元	3	徽帮
荣泰	钱连顺	未详	3	甬帮
瑞生泰	程书谷	3000元	3	本帮
同益	李邦贤	3000元	3	广帮
怡诚祥	孙子莆	5000两	3	徽帮
源鑫和	洪经五	7600两	未详	徽帮
震昌	李福田	4000元	未详	徽帮

(1) 资料来源：上海商业储蓄银行调查部编：《上海之茶及茶业》，上海商业储蓄银行信托部，1931年，第105－108页。(2) ＊此处"帮别"原缺，据《上海总商会组织史资料汇编·1927年上海总商会会员录及各业会员名单》，沈锦柏为浙江吴兴人，故补为"浙帮"（上海市工商业联合会等编：《上海总商会组织史资料汇编》下册，上海：上海古籍出版社，2004年，第575页）。

上海的店庄业"大半属于徽州绩溪帮。五年以前，全市共不过百七十余家，现已增至二百以上，盖上海人口日增，销茶自亦增加也。茶店资本多不雄厚，自五百元至一万元不等"①。1936年，在上海仅汪裕泰茶叶店就有7家，分别是汪裕泰总栈（法租界陆家观堂对面）、汪裕泰一号（老北门外大街）、汪裕泰二号（英租界正丰街）、汪裕泰三号（英租界四马路中市）、汪裕泰四号（静安寺路）、汪裕泰五号（法租界陆家观堂对面）、汪裕泰六号（浙江路偷鸡桥）。需要指出的是，上海茶叶店大都以零售为主，而汪裕泰不仅零售，更"兼做批发及与洋庄往来"②，即它不仅是茶叶店，还兼具茶叶批发商和茶栈性质。

上海的茶栈"以徽、广两帮为最多，良以徽州产茶最富，运沪甚多，粤商熟悉国际贸易，资本亦多雄厚故也。其他如平水帮亦占四处，此外杂帮则不过两家

---

① 上海商业储蓄银行调查部. 上海之茶及茶业[M]. 上海：上海商业储蓄银行信托部，1931：50.
② 实业部国际贸易局. 茶[M]. 上海：实业部国际贸易局，1937：257－258，246－247.

而已"①。20家茶栈中徽帮有7家，占35%，居首位（表4-2）。

表4-2　1931年上海茶栈一览表

栈名	成立年份	经理	资本	地址	帮别
洪源永	1900	洪味三、洪仲煌	40000两	北京路清远里19号	徽帮
忠信昌	1907	陈翊周	100000两	博物院路26号	广帮
震和	1909	朱云卿	10000两	北山西路德安里	平水帮
同裕泰协记	1920	沈锦伯	12000元	江西路广福里	广帮
乾记	1922	胡德声、汪吟涛	60000元	七浦路豫顺里282	徽帮
谦和	1923	裘礼仁	10000元	北京路清远里	平水帮
益隆	1924	钱子良	20000元	北江西路桃源坊	广帮
公升永	1925	彭志平	40000元	北河南路671	徽帮
源丰润	1925	郑鉴源	40000元	东唐家弄怡如里	徽帮
协慎祥	1925	卓希伯	25000元	天潼路470号	广帮
新和兴	1925	沈锦伯	50000元	江西路广福里	广帮
怡泰	1926	陈秉文	20000元	河南路如意里	平水帮
永兴隆	1927	宁慎安	60000元	天后宫天潼路470	广帮
慎源	1927	孙子萧	50000元	北河南路	徽帮
仁德永	1928	汪礼斋	20000元	七浦路786号	徽帮
晋泰福	1929	翁约初	20000元	东唐家弄余顺里	杂帮
恒益协记	1929	朱邦贤	20000元	西武昌路383号	杂帮
永利	不详	梁奠邦	不详	江西路B126号	不详
谦益	不详	谢蓉卿	10000元	江西路三和里13号	平水帮
永盛昌	不详	唐廷鳌	48000元	七浦路恒庆里1027	徽帮

资料来源：上海商业储蓄银行调查部编：《上海之茶及茶业》，上海：上海商业储蓄银行信托部，1931年，第102—103页。

---

① 上海商业储蓄银行调查部. 上海之茶及茶业［M］. 上海：上海商业储蓄银行信托部，1931：43.

2. 经营方式从重运销转向重产制

美国人威廉·乌克斯在《茶叶全书》中说："就一般而论，中国茶商极为守旧。……中国茶商在汉口有一茶业公会，但外国出口商实觉无法劝醒若辈，使其于业务改进上采取一致行动，例如要求若辈改良装茶用之木箱之质料而迄无效果一端即可概见。中国茶业界中有许多人一味依赖外国出口商代为用铁皮与篾席重加捆扎，而不思自己改用坚实之包装。"① 传统中国茶商往往只关注茶叶的运销环节，仅寄希望于通过贱买贵卖谋取利润，对茶叶的产制环节几乎完全置之不理。这就使得茶商资本无法进入茶叶产制环节，加之茶农基本毫无资金可言，茶叶改良便无从进行，茶叶品质遂无法提高，茶叶产品的附加值也不能得到较大提高。故近代以前的徽州茶商虽经营数百年，徽茶改良却并无多大进展。近代以后，徽州茶商开始重视茶叶产制，祁门红茶与黄山毛峰的创制就是徽商资本进入徽茶产制环节的重要成果。

祁门在清同治以前只生产绿茶和半发酵的安茶。光绪元年（1875），祁门贵溪人从江西修水请来茶师仿"宁红"改制红茶获得成功。与此同时，黟县人余干臣在至德仿"闽红"试制红茶获得成功，并在光绪二年（1876）到祁门历口开设茶庄，引导茶农制造红茶。祁门贵溪人胡元龙也于光绪八年（1882）在当地建厂生产"胡日顺"牌红茶，"运售于汉口，此举成功"②。此后，祁门红茶制法不断推广，生产工艺日益改进。"光绪三十一年（1905），全县茶商已逾百余家，红茶产量达到6万余箱。民国2年和4年，祁门茶商李训典被安徽实业厅委任为徽属茶商代表参加巴拿马博览会和意大利都朗博览会，推销徽属红茶和绿茶，为'祁红'在巴拿马赛会上获得头等奖凭、奖图和商标，走上国际市场作出了贡献。"③ 由于俄国人偏爱红茶，祁门红茶在汉口销路颇畅，"在民九以前，大都运汉销售，迨后以汉市茶叶贸易衰落，遂转移于上海矣"。祁门红茶转销上海后声誉更隆，

---

① [美]威廉·乌克斯. 茶叶全书（下册）[M]. 中国茶叶研究社，译. 上海：中国茶叶研究社，1949：13.
② 胡益谦. 祁门红茶生产史略[M]//祁门县政协文史资料研究委员会. 祁门文史（第一辑）. 内部发行，1985：111.
③ 程成贵. 祁门旅外商业特点初探[M]//中国人民政治协商会议祁门县委员会政协文史资料研究委员会. 祁门文史（第二辑）. 内部发行，1988：82.

与婺源绿茶齐名,遂有"祁红婺绿"之称,"沪上红绿茶价,均以此二者为标准也"①。由于祁红"十余年来质味之转变,颇为洋商所重视,累年经营祁地茶业者,大概有赢无绌,尤以去岁危险年头沾利最巨。故今年祁地栈号之纷起,较旧更呈热闹。沪上各茶栈,以去年祁庄获利,洋商对祁茶,需要至殷,莫不群集视线于祁南一路。除由本栈在祁设立庄号专办外,驻祁分栈营业,亦扩大范围,竞争接客设栈"②,从而推动了祁门红茶沪市价格的不断高涨,并赶超婺源绿茶。以1929年至1933年情况为例,这5年间,祁门红茶售价仅在1929年低于婺源绿茶,其余4年均高于婺源绿茶。

表4-3　1929—1933年上海祁红、婺绿茶市价比较表

年　份	1929	1930	1931	1932	1933
祁红每担最高价(元)	155.24	248.25	447.55	349.65	209.79
婺绿每担最高价(元)	179.23	241.26	283.22	192.31	142.50

资料来源:李焕文:《安徽祁门、婺源、休宁、歙县、黟县、绩溪六县茶叶调查》,《工商半月刊》1936年纪念号。

黄山毛峰创始人为歙县漕溪人谢正安。谢正安出生于徽商家庭,早年在外地经商,咸丰时"粤匪窜徽,家业为之荡尽……当孑然寡助之时,处家无立锥之地",只得返回老家漕溪,靠种茶耕田为生。同治四年(1865)后战事渐平,徽州商业渐渐复苏,他开始重操旧业,在家乡收茶制茶,并在黄山云雾茶的基础上对所收茶叶大加改良,制成"黄山毛峰"。由于漕溪地处黄山脚下,所产茶叶质好味醇。以此处茶叶制成的黄山毛峰外形略卷,形似雀舌,绿中带黄,并带有金黄色鱼叶,因而被誉为"黄金片",在安徽及上海各地甫一上市便备受好评,一时供不应求。谢正安抓住时机,在漕溪、琳村及屯溪等地开设谢裕大茶行,扩大茶叶收购和加工范围。为拓展海外市场,他又在上海及东北营口等地开设谢裕大

---

① 李焕文. 安徽祁门、婺源、休宁、歙县、黟县、绩溪六县茶叶调查[J]. 工商半月刊,1936(纪念号):81.
② 祁门红茶之今昔[J]. 安徽建设,1931(第3卷第5号):92.

茶行分号，"数十年经商得意，名震欧洲四五载"①。

近代徽州茶商在茶叶的包装器具上也开始下大功夫。如黟县人赵有贵，"幼孤贫，随母赁舂糊口，长习商，旋赴屯溪学锡罐业。锡罐者，储茶之器。徽茶为欧美所贵重，而屯溪又徽茶聚汇之地，故锡罐业颇盛，有贵铢积寸累，遂开专号，家称小康"②。这看似是茶业的副业，但它不仅增加了茶叶的附加值，还巧妙地将茶业流通领域中的资本转移到了生产领域。

无论是改制祁门红茶、黄山毛峰，还是创制锡罐，都是近代徽州茶业经济中出现的"新的经济因素"③，它标志着徽州茶业也一步一步迈上了现代化之路，展现了近代徽州茶商的与时俱进。

3. 与金融资本的关系更加紧密

徽州有谚云："茶叶两头尖，三年两年要发颠。"④ 由于近代徽州茶业几乎完全以出口为导向，对市场的依赖度非常高，故其经营风险也颇大。在近代，茶叶从生产者到国外消费者手中，须经过许多中间环节：茶贩子向各地茶户收买经过粗制的茶，售于茶行；茶行售于土庄茶厂或经茶客之手售于茶号；土庄茶厂或茶号再售于上海茶栈；茶栈售于洋行；最后经由洋行等运销到国外消费者手中。⑤ 茶号资本之来源，"大致可分为贷款、附本、私资三部。贷款为茶栈、钱庄贷放之资金，附本为合伙者附加之资本，私资为掌号本人所出之资本"⑥。徽州六县之茶号，"其资本大半系临时集股而成，且均借自上海及九江之茶栈，每家资本，多则五万元，少则二万元"⑦。茶栈一般开设于通商口岸，为茶号与洋行间之贸易中介，"故为华茶输出国外之居间商。无论土庄茶及路庄茶不能直接与洋行交易，

---

① 以上均见清宣统二年谢正安阄书。〔转引自张斌. 关于"黄山毛峰"创始人谢正安家族的两份阄书 [J]. 黄山学院学报，2007，09（01）：18—19.〕
② （民国）黟县四志. 卷七人物志·尚义 [M]. 1923 年刻本.
③ 吴承明先生指出："在经济史研究中，最重要的是新的经济因素及其运行方式的出现与发展，如果一代一代都是重复旧的运作，那不研究也罢。"（吴承明. 中国的现代化：市场与社会 [M]. 北京：生活·读书·新知三联书店，2001：14.）
④ 吴觉农. 皖浙新安江流域之茶业 [M]. 南京：行政院农村复兴委员会，1934：4.
⑤ 实业部国际贸易局. 茶 [M]. 上海：实业部国际贸易局，1937：238.
⑥ 吴觉农，范和钧. 中国茶业问题 [M]. 上海：商务印书馆，1937：204.
⑦ 李焕文. 安徽祁门、婺源、休宁、歙县、黟县、绩溪六县茶叶调查 [J]. 工商半月刊，1936（纪念号）：86.

均须经过茶栈之手，其营业为代客买卖，从中抽去佣金（名分为值百抽二）"①。

由于茶号与茶栈有借贷关系，这就为茶栈支配茶号提供了可乘之机："考诸历年茶栈收茶办法，向系事先贷款与产区各茶号，由茶号向茶农收买茶叶，凡该茶号向茶农收得之茶叶，均归贷款之茶栈销售与各洋行出口。茶栈贷款方法，系以茶号收茶数额为标准，先付现款若干及期票若干，茶号即赖以周转。"② 其间，茶栈的贷款本息及"受洋行方面之种种勒索转嫁与茶号，运输以及其他种种陋规，名目繁多，均于茶价中一并扣除之"③。与此同时，一些茶厂，如屯溪之精制茶厂等，"除小部分自资经费外，大部依赖沪上茶栈贷款"④。但对茶栈来说，其贷给茶号和茶厂之款也并非自己所有，而是向银行、钱庄等金融机构借款，月息一般为8厘，而后茶栈再将款贷给茶号、茶厂，月息则增为1分5厘，转手之间就可以获得7厘的月息收入。这个居间差价为茶栈提供了丰厚的利润，故"每当新茶上市之前，沪上各茶栈，均派员来屯，主持接客放款事宜"⑤。1933年，常驻屯溪的上海茶栈有8家，总放款金额为250万元（表4—4）。而当年屯溪的67家茶号资本总额不过335万元⑥，可见，茶号资本总额的74.6%都是从茶栈贷款而来，茶号对于茶栈的依附程度可想而知。由于茶栈之款又是向钱庄、银行等金融机构借来的，故"茶栈实为内地茶号与上海银钱业之承转机关而已"⑦，这就为金融资本对徽州茶业经济的渗透和控制创造了条件。

---

① 实业部国际贸易局. 茶 [M]. 上海：实业部国际贸易局，1937：241.
② 皖省统制红茶及茶栈停兑问题之经过 [J]. 国际贸易情报，1936，01 (11)：3.
③ 实业部国际贸易局. 茶 [M]. 上海：实业部国际贸易局，1937：241.
④ 铭之. 二十七年屯溪茶业 [J]. 茶声半月刊，1939 (02).
⑤ 吴觉农. 皖浙新安江流域之茶业 [M]. 南京：行政院农村复兴委员会，1934：5.
⑥ 吴觉农. 皖浙新安江流域之茶业 [M]. 南京：行政院农村复兴委员会，1934：4.
⑦ 吴觉农，范和钧. 中国茶业问题 [M]. 上海：商务印书馆，1937：211.

表 4-4　1933 年上海茶栈驻屯溪经理情形及贷款情况调查表①

茶栈号牌	经理姓名	帮别	贷款估计（万元）	贷款手续
忠信昌	曹政卿	广帮	30	多系信用放款，须出具借款凭据，言明领款若干，利息若干，无论分为几字号，须全批交该栈出售
慎源	叶凤山	徽帮	32	
洪源永	江连浦	徽帮	35	
永兴隆	孙绍尧	广帮	30	
源丰润	汪秋圃	徽帮	25	
公升永	程宝长	徽帮	20	
永盛昌	汪旭初	徽帮	18	
仁德永		徽帮	15	
合计			250	

资料来源：吴觉农编：《皖浙新安江流域之茶业》，南京：行政院农村复兴委员会，1934 年，第 5 页；上海商业储蓄银行调查部编：《上海之茶及茶业》，上海：上海商业储蓄银行信托部，1931 年，第 102—103 页。

1933 年常驻屯溪的 8 家上海茶栈中，除 2 家广帮茶栈外，其余 6 家均为徽帮茶栈，其贷款额约为 145 万元，约占 8 家茶栈放款总额的 70%，说明徽商资本牢牢地控制了徽州茶业。但是，上海的钱庄、银行等金融资本通过茶业贷款方式，既控制了徽州茶栈商人，也巧妙地控制了徽州茶业经济。徽州茶商、徽州茶业经济与金融资本关系之密切可见一斑。

余论

在讨论徽商衰落问题时，一些学者认为，近代以后徽商就彻底衰落了，甚至"几乎完全退出商业舞台"②。从近代徽州茶商的发展状况来看，这种观点显然不符合历史事实。也有研究认为，"光绪中叶以后……中国茶叶的出口贸易越来越不景气，徽州茶商也随之而一蹶不振"③。这种观点显然也不完全符合历史事实。

---

① "合计"一栏中，表中数据为 250 万元，但是前八项金额合计实为 205 万元。据笔者考虑，或是贷款手续等费用未计入进去。此处遵照原书数据，故不作变更。
② 李则纲. 徽商述略 [J]. 江淮论坛，1982（01）：14.
③ 王廷元，王世华. 徽商 [M]. 合肥：安徽人民出版社，2005：111.

有学者将近代徽州茶商的崛起称为"中兴"①，而事实上，近代徽州茶商无论是在经营地域、方式和理念，还是在与金融资本的关系上，都发生了深刻变化，已经具备了一些近代新式商人的特征。从这个意义上讲，近代徽州茶商的发展绝不能简单地视为传统徽商的中兴，而应是徽商在近代的蜕变与新生，这正是徽商与时俱进的重要体现。

但问题是，近代以后，为何徽州茶商走上了新的发展之路，并在徽商整体衰落的大背景下呈现崛起之势？揆诸史实，近代徽州茶商所经营的茶叶更多以徽茶为主，他们主要是依靠了徽州本土的资源优势（徽州木商也是如此），而这种天然的资源优势是市场环境变迁较难改变的。美国学者吉尔伯特·罗兹曼等认为：所谓走向现代化，指的是从一个以农业为基础的人均收入很低的社会，走向着重利用科学和技术的都市化和工业化社会的这样一种巨大转变。②尽管近代徽州茶商已经开始注重改进产品包装和宣传、改制祁门红茶和黄山毛峰，并将新式机器用于茶叶的产制环节，实现了商业资本向产业资本的扩张，即在发展过程中采用了"新的经济因素"，但它仍旧是以农业为基础的。从这个角度看，相较于明清徽商在盐、典等业的叱咤风云，近代徽商在茶业领域的崛起也在一定程度上反映出其竞争力之减弱。故一些学者认为近代徽商并未衰落，这种看法显然也不妥当。

综上，近代徽州茶商的崛起表明，徽商在近代并没有彻底衰落，更没有完全退出历史舞台，他们在一些行业仍然保持了较强实力甚至还有所进步；但与明清徽商相比，近代徽商竞争力之削弱以及在中国商业版图中地位之降低是不争的事实。

（梁仁志撰，原刊《安徽大学学报（哲学社会科学版）》，2018年第1期，有改动）

六、区域交通、地域商人与商业老街之发展——以黄山屯溪老街为中心的考察

商业老街既承载着人们对一个城市繁华过往的美好记忆，也寄托着人们对这

---

① 彭景涛，萧功秦，刘芳正. 承继与变革：民国时期上海徽州茶商近代转型的历史考察 [J]. 江西财经大学学报，2012（04）：88.
② [美] 吉尔伯特·罗兹曼等. 中国的现代化 [M]. 国家社会科学基金"比较现代化"课题组，译，南京：江苏人民出版社，2005：2—4.

个城市未来发展的强烈渴望。由于岁月的无情洗礼，一条条曾经车水马龙、人声鼎沸的商业老街渐渐破败不堪，甚至消失。如何挽救甚至让它们重拾辉煌？这是许多人正在思考的问题。

历史上的徽州①是"执明清商界之牛耳"的徽商的桑梓之邦，也是朱熹、戴震等众多大儒的桑梓之邦，经济富庶，文化繁盛，故而留下了许多富有浓郁地域文化特色的商业老街。在已评选出的50条"中国历史文化名街"中，古徽州就占了4条。②本文拟以黄山屯溪老街为中心，对商业老街相关问题进行讨论和反思，不当之处，尚祈方家指正。

（一）商业街和商业老街

商业街与商业老街之间关系密切。国际著名咨询公司麦肯锡将"渊源的历史"作为商业街六大关键要素之一。③刘菲认为："挖掘商业街的历史文脉，突出其历史文化底蕴，是商业街的品牌要素。忽略甚至在开发中摈弃商业街的传统、历史文脉，商业街就会失去长久发展的底气，也会使城市失去文化个性特征。"④赖阳等也将"具有深厚的历史文化底蕴"作为世界著名商业街具备的四大特征之一，指出："缺少了悠久的历史文化积淀作为基础，商业街就不过是缺少灵魂的集市而已。"⑤可见，历史延续性是商业街的重要特征之一。而那些具有丰富历史底蕴的商业街无疑都是从商业老街发展而来的。

但现在的"商业街"概念不仅包括商业老街，还包括现代化商业街。如李学工认为："商业街，也称之为商店街，是随着城市发展而自然形成的零售商店集中和聚集的街市。"⑥陈莉等认为："商业街就是由众多商店、餐饮店、服务店共同组成，按一定结构比例规律排列的商业繁华街道，是城市商业的缩影和精华，是一种多功能、多业种、多业态的商业集合体。"⑦同样是对"商业街"概念的界定，前者的"自然形成"包含了历史延续性，更多地指向商业老街；后者则完全

---

① 大致包括今天安徽省的黄山市、绩溪县和江西省的婺源县等地。
② 即黄山屯溪老街、歙县渔梁坝、休宁县万安老街和绩溪县龙川水街。原文化部、国家文物局组织的"中国历史文化名街"评选与推介活动，已进行过5届，共评选出了50条中国历史文化名街。
③ 仲进. 麦肯锡再造南京路 [J]. 商务周刊，2002（06）：53.
④ 刘菲. 国外著名商业街比较与分析 [J]. 北京工商大学学报（社会科学版），2002，17（05）：25.
⑤ 赖阳，黄爱光. 世界著名商业街评价指标体系研究 [J]. 中国市场，2013（07）：84.
⑥ 李学工. 商业街发展趋势与消费者行为分析 [J]. 商业经济文荟，2003（04）：40.
⑦ 陈莉，张光忠. 商业街建设的战略、战术研究 [J]. 中南财经政法大学学报，2002（06）：109.

没有涉及历史延续性，显然也可以指那些完全通过政府或房地产商主导而直接开发的崭新的现代化商业街。

对"商业街"概念认识的不统一，或者说"商业街"概念本身对"现代化商业街"和"商业老街"指向的不明晰，导致了以往的研究和开发中，学者和开发者过于强调商业街"商"的属性，多从商业系统构建的角度来讨论或进行规划和建设，而忽视了商业老街的历史延续性。一些专家更直言商业老街姓"商"。而事实上，商业老街不仅姓"商"，还姓"老"，它有传统的建筑和传统的文化。也就是说，"商业"和"传统"对商业老街来说是缺一不可的，并且它们是紧密结合在一起的。从这个意义上说，我们认为，应该将"商业老街"独立于"商业街"之外（此时的"商业街"概念仅指现代化商业街），或者将"商业街"分为"现代化商业街"和"商业老街"两个部分，来进行研究和规划。唯有如此，才能廓清"商业街"概念，才能凸显出商业老街的历史延续性和现代化商业街的现代性，从而为商业街和商业老街的研究和发展扫清概念甚至观念上的障碍。

（二）商业老街的典型——屯溪老街

屯溪老街是中国商业老街的典型代表。它位于安徽省黄山市屯溪区的中心地段，全长1220米，其中步行街长895米，占地21.3万平方米。[①] 街面建筑大都是前店后坊、前店后仓、前店后住的格局，建筑风格既因袭宋代，又具有鲜明的明清徽派建筑特色：粉墙瓦黛，鳞次栉比的马头墙；雕梁画栋，砖、石、木三雕特色尽显，是目前中国保存最完整的具有宋、明、清时代建筑风格的步行商业街，被誉为"活动着的《清明上河图》"。

屯溪老街距今已有500多年的历史。刊行于明弘治四年（1491）的《休宁志》中就有"屯溪街，在县东南三十里"[②] 的记载。康熙《休宁县志》载："屯溪街，东三十里，镇长四里。"[③] 这表明清朝初年时屯溪老街就已颇具规模。作为一个有着数百年历史的老街，它并没有像中国绝大多数老街一样慢慢地衰落下去，而是古建筑保护和商业发展齐头并进，呈现出一派欣欣向荣之景和独特的地域文

---

① 杨钊，陆林，王莉. 历史文化街区的旅游开发——安徽屯溪老街实例研究 [J]. 安徽师范大学学报（人文社会科学版），2004，32（05）：526.
② （弘治）休宁志：卷五·镇市 [M]. 中国国家图书馆馆藏明弘治本.
③ （康熙）休宁县志：卷一·方舆·坊市 [M] //中国地方志丛书·华中地方·第九〇号·安徽省休宁县志. 台北：成文出版社有限公司，1970.

化魅力。

从 20 世纪 70 年代起，当地政府和群众就对屯溪老街的古建筑保护、商业和旅游开发等问题给予了高度重视，并开始了科学的规划和建设；1995 年 3 月，屯溪老街又被原国家建设部作为全国唯一的"历史文化保护区"保护规划、管理的综合试点①；2009 年 6 月，再被原文化部、国家文物局批准为首批"中国历史文化名街"。经过一系列努力，屯溪老街已经发展成为徽州特色文化旅游的重要目的地和黄山市乃至整个皖南地区的商业中心之一，是名副其实的集商业、文化、旅游为一体的著名的商业老街和皖南地区除黄山、九华山之外最重要的旅游名片之一。

（三）区域交通、徽商与屯溪老街之兴盛

那么屯溪老街"老而不朽"、历久弥盛的原因是什么呢？对这个问题的深入考察和反思，对于我们全面思考中国传统商业老街的保护问题，无疑具有极为重要的镜鉴意义。

早在 20 世纪 80 年代，朱自煊就以亲身经历，从"整体保护"和"积极保护"两个方面谈了屯溪老街的保护措施。② 其后杨钊、吴必虎、章尚正、钱树伟、邵杨、马珂等分别从旅游开发、旅游景观整治、旅游者、旅游城市建筑文化遗产保护、旅游资源等不同角度对屯溪老街的保护和开发等问题进行了讨论。③

然而，上述研究仅集中在古建筑保护、旅游开发等方面，对于屯溪老街兴盛的原因并未给出一个较为全面和深入的解答。

现有关于其他商业街研究的成果也多集中在商业、旅游业及城市规划等方面，或者从商业街本身的构成要素角度进行分析。如冯四清就将商业街分为交通

---

① 国家"历史文化保护区"并不同于"全国重点文物保护单位"，但屯溪老街因此试点被很多人误以为是"全国重点文物保护单位"，实属误解。
② 朱自煊. 屯溪老街历史地段的保护与更新规划［J］. 城市规划，1987（01）：21—25，42.
③ 参见杨钊等《历史文化街区的旅游开发——安徽屯溪老街实例研究》（载《安徽师范大学学报（人文社会科学版）》2004 年第 32 卷第 5 期）、吴必虎等《传统商业街区旅游景观整治研究——以安徽屯溪老街为例》（载《规划师》2004 年第 20 卷第 11 期）、章尚正等《屯溪老街的地脉、文脉、商脉优势及其旅游开发》（载《安徽职业技术学院学报》2006 年第 5 卷第 3 期）、钱树伟等《历史街区旅游者地方依恋对购物行为的影响分析——以屯溪老街为例》（载《资源科学》2010 年第 32 卷第 1 期）、邵杨等《旅游城市建筑文化遗产保护视阈下的屯溪老街发展研究》（载《安徽农业大学学报（社会科学版）》2012 年第 21 卷第 5 期）、马珂等《基于旅游资源视角的历史文化街区保护——以屯溪老街为例》（载《科技信息》2012 年第 34 期）。

系统、建筑空间系统、商业系统、附属设施系统、绿化景观系统、环境文脉系统和社会空间系统等。① 李飞则从"基本构成要素的特征"和"绩效特征"两个方面总结出"永葆青春型商业街长期保持的特征"。②

学界已有的研究成果对我们思考商业老街兴衰之原因颇具启发意义。但其研究视角多局限于商业街本身的构成要素，且缺乏历史的视角和比较的眼光。由于商业老街本身具有历史延续性，如果从一个较长的历史脉络，站在一个更高的视角，来把握其兴衰演变之路径，其认识就会更加深刻和科学。

从历史发展的角度来看，在陆路交通尚不发达的时代，水路交通颇为重要，而屯溪恰处于新安江、横江、率水河三江汇流之处，是一个优越的水埠码头，俗话说："屯溪美，屯溪美，一半是街，一半是水。"屯溪遂成为徽州乃至皖南地区的物资集散中心，商业随之兴盛。由于商业的推动，紧靠码头的地方街市遂渐渐形成，并在宋代就已初具规模，屯溪老街诞生。到了明代，屯溪已经发展成为颇有影响的"一邑总市"，在清代更发展成为远近闻名的"茶务都会"。近代人刘锦藻也说："屯溪镇为茶市聚处，东下杭州，西达九江，北至芜湖，每岁输出可百万箱，而祁门红茶尤著。"③ 故而从宋开始直至近代，屯溪老街不断发展，终至"市面为徽地之冠"④。

近代以降，陆路交通开始迅速发展，传统的水路交通风光不再。然而屯溪的交通优势却并未丧失，这得益于其陆路交通的迅速发展，并进而成为"皖南公路网之中心点"。如20世纪30年代京粤铁路所经过的安徽地区，"论交通，北段以芜湖为重心，南段以屯溪为重心"⑤。1935年，屯溪已通车者有"芜屯汽车路，由屯溪达芜湖。屯景汽车路，由屯溪经万安、休宁、界首、黟县、祁门，以达江西之景德镇。境内长三十七公里，业已完成。屯淳汽车路，由屯溪循芜屯路至歙

---

① 冯四清. 商业街评价体系的构建 [J]. 合肥工业大学学报（自然科学版），2004，27（12）：1622—1626.
② 李飞. 商业街缘何"老而不朽"？——一个永葆青春型商业街形成机理的研究框架 [G] //中国商业史学会，清华大学经济管理学院中国零售研究中心. 第九届中国零售论坛暨中国商业老街保护与发展研讨会会议交流资料汇编. 2013：12.
③ 刘锦藻. 清朝续文献通考：卷三百十三舆地考九 [M]. 上海：商务印书馆，1936年影印本.
④ 各省教育汇志·安徽 [J]. 东方杂志，1907（02）：212.
⑤ 铁道部财务司调查科. 京粤线安徽段经济调查总报告书 [M]. 铁道部财务司调查科，1930：209.

县转徽杭路之本埠起，经深渡、街口至浙江之淳昌，皖段长三七公里，各项工程，均已完竣，通行车运。殷屯汽车路，自屯溪起经太平、石埭、青阳、大通、贵池，至殷家汇，长二八零公里，为联络安庆至徽属之惟一干线，现全部工程，大致就绪"①。故而民国《安徽概览》中说屯溪"位新安江上游率水北岸，为皖南第一巨镇。新安水运以此为中心，下达杭州，公路为省屯，芜屯，屯婺，徽杭各路交叉点，市面甚盛，徽属所产之茶，十之八集中于此，销行上海及各埠，外人称'屯溪茶'"②。民国人贾宏宇说："屯溪镇……为皖南第一巨镇，新安江水运以此为中心，近年公路四通八达，商业称盛，俗有小上海之称。徽属货物出纳，以杭州为尾闾，沪宁为归宿，尤以茶叶，十分之八，集中于此，由新安江运至杭州，销行上海。市内往昔茶庄、茶号特多，抗战而还，工业内迁，工厂林立，商业极盛，形成东南唯一工商集中之场。"③

到了20世纪三四十年代，战乱导致大量人口和行政机关内迁，又进一步推动了屯溪的商业发展。"抗战以来，（屯溪）又未受戎马摧残，故沪杭一带富商大贾，多猬集其间，工商业因益臻繁盛，为皖南之经济中心。省府更因大江为敌寇阻隔，设皖南行署于此，以就近指挥监督皖南行政。"④当时的安徽省厘税局、盐公堂、商会等商业机构均设在屯溪。此时的屯溪已是"工厂林立，商业极盛"⑤。廖清心在《游屯溪登白岳》中就描绘道："屯溪地处新安江上游，江面广阔，船只比别处泊得多，公路四通八达，杭州，芜湖，徽州，绩溪，祁门，都有公路构通。市区占地很广，附近还包括了柏树，大桥对面的上下黎阳，对江的阳湖，十里之内又有高枧、隆阜、梅林、柏山等等大村落，交通便利，因此自然而然成为景德镇瓷器，祁门红茶，徽州砚墨，沪杭一带洋广杂货，以及上江一带土产如木材、桐油、柏油之类的集散地。土产毛峰绿茶，和祁门红茶齐名，并称'祁红屯绿'。抗战期间第三战区长官司令部和皖南行署都搬来了，人口繁密，最盛时期十里方圆之内合计在十万以上。那时街上新屋林立，行人骈肩，成为东南区经济政治交通的枢纽。"⑥

---

① 安徽省芜屯公路沿线经济概况[J]. 安徽政务月刊，1935（06）：61—62.
② 安徽省政府. 安徽概览[M]. 安徽省政府，民国三十三年（1944）铅印本：21.
③ 贾宏宇. 乡土地理——皖南徽属五县[J]. 安徽政治，1945（2、3期合刊）：32.
④ 安徽省政府. 安徽概览[M]. 安徽省政府，民国三十三年（1944）铅印本：21.
⑤ 贾宏宇. 乡土地理——皖南徽属五县[J]. 安徽政治，1945（2、3期合刊）：32.
⑥ 廖清心. 游屯溪登白岳[J]. 旅行杂志，1949，32（02）：12.

《安徽省芜屯公路沿线经济概况》一文中说：屯溪"昔以有新安江帆航之便，近复为皖南公路之枢纽，因交通之便利，遂致繁荣。不特为徽属首镇，亦为皖南茶之中心"①。中华人民共和国成立至今，屯溪在皖南地区的区位交通优势地位始终得以保持，故而为屯溪商业的进一步繁荣提供了保证，进而确保了屯溪老街的兴盛。

再从比较的眼光反观同在古徽州地区、位于练江边上的歙县渔梁镇渔梁老街。在水运时代，徽州的交通运输主要沿练江从渔梁镇启程，入新安江直达杭州等地，所以当时的渔梁老街商业繁荣盛极一时，号称"徽商之源""江南第一水街"，与老街相依的水运设施渔梁坝也因而名震四方。但进入陆路交通时代以后，练江水运渐渐没落，渔梁镇的陆路交通又未能及时发展起来，渔梁老街的物资集散功能遂不断丧失，商业一落千丈。今天的渔梁老街空留破败的古商铺和古民居，再也不见熙熙攘攘的商业繁忙景象，只能偶尔瞥见形单影只的游客匆匆而过。

除了区位交通优势外，徽商对屯溪老街的不断发展也起到了至关重要的作用。元末明初之时，就有婺源、歙县的徽商为方便土特产和食盐中转，在率水、横江汇聚为渐江（新安江）的三江口附近建立栈房，屯聚货物。当时的徽商程雄宗还在屯溪老街兴建了47所店铺，为屯溪老街规模之奠定作出了很大贡献。清朝初年的老街已"镇长四里"。到了清末，屯溪茶商迅速崛起，茶号林立。如婺源茶商，"婺人经营商业，以茶号占多数。全邑营红绿茶号，大小约三百余家。其中分内外两帮，内帮则在本邑开设茶号，外帮则在屯溪……设庄办茶"②。老街的规模又得到不断扩展，形成了后来的局面。直至今天，屯溪老街上最著名的传统店铺仍是徽商在经营，或者是徽商店铺的延续，这些店铺也成了今天屯溪老街最显著的商业特色和老街上徽州文化最重要的载体之一。

可见，"昔以有新安江帆航之便，近复为皖南公路之枢纽"，从水路到陆路区位交通优势的始终保持，是屯溪商业和屯溪老街永续繁荣的重要法宝；徽商则将屯溪的区位交通优势直接转化为商业发展的动力，是屯溪老街兴起和发展最直接的推动者。

在中国为数众多的商业街中，商业老街占据了很重要的一部分。商业老街不

---

① 安徽省芜屯公路沿线经济概况[J]. 安徽政务月刊，1935（06）：64.
② 婺源茶业之概观[J]. 工商半月刊，1929（9—12期合刊）：12.

同于现代化商业街，它是"商业"和"传统"的有机结合，这就决定了商业老街不仅承载着商业功能，还承载着传统文化的传承功能；同时更决定了我们在思考商业老街相关问题的时候，不能仅仅局限于从商业因素的角度来考虑，还应从历史的角度予以观照。商业老街的形成和发展有其自身规律和历史脉络，如区位交通优势、地域商人的推动等。能否确保商业老街形成和发展的这些历史要素得以延续和维系，是商业老街能否"永葆青春"的关键之所在。这也是今后的商业老街研究者和开发者们应当予以重视的问题。

（梁仁志撰，原刊《淮北师范大学学报（哲学社会科学版）》，2016年第1期，有改动）

七、传承发展安徽优秀传统文化的对策

中共中央办公厅、国务院办公厅2017年印发的《关于实施中华优秀传统文化传承发展工程的意见》指出："文化是民族的血脉，是人民的精神家园。文化自信是更基本、更深层、更持久的力量。中华文化独一无二的理念、智慧、气度、神韵，增添了中国人民和中华民族内心深处的自信和自豪。"安徽拥有丰厚的传统文化资源，安徽地域文化是中华传统文化的重要组成部分。为更好地梳理地方优秀传统文化，推动文化强省建设，我们围绕文物、非遗、戏曲、古籍等4个方面，先后赴合肥、宿州、安庆、黄山、芜湖及金寨、萧县、歙县、南陵等市、县进行了专题调研。

从调研情况看，安徽各地对优秀传统文化的传承保护均给予了高度重视，并取得显著成绩：一是文物工作卓有成效。2007年，安徽省对文物家底进行全面盘点，共登记不可移动文物25005处，其中新发现17185处，复查7820处；2013年至2016年，开展了第一次可移动文物普查，经调查，全省共有国有可移动文物115万件。近年来，陆续出台一系列文物保护法规和政策，实施了重点文物保护工程。二是非遗保护成绩显著。至2018年，安徽已建立起较为健全的非遗保护体系，对省级非遗项目代表性传承人按每年4000元标准进行补助，部分地市还单独制定了非遗项目资金配套奖励政策。安徽省非物质文化遗产保护中心正在进行国家级非遗项目代表性传承人抢救性记录工作，以及非遗项目采录工作。三是戏曲传承有声有色。据不完全统计，安徽境内产生、存在或流行过的地方戏曲剧种多达40余种，除徽剧、黄梅戏、泗州戏、庐剧等"安徽四大剧种"外，其他影响较大的尚有20多种。各地除不断加大投入外，还组织开展"高雅艺术进校园""送戏进万村"等活动。四是古籍保护成果丰硕。安徽省古籍保护中心于2008年成立后，对全省80129部古籍进行普查登记，其中274部入选前五批《国家珍贵古籍名录》。安徽省图书馆还成立国家级古籍修复技艺安徽传习所。21家单位对9400部古籍启动数字化复制工程，并编印出版一大批古籍整理成果。全省9家古籍收藏单位入选全国古籍重点保护单位。但与此同时，安徽在优秀传统文化传承发展中还存在一些亟待解决的难题。比如，档案馆、博物馆、图书馆系统专业技术人才匮乏，非遗传承人的培养不容乐观；管理体制机制不够灵活，文物保护单位申报修复受损文物的程序复杂、花费时间过长，档案馆、博物馆、图书馆在各市、县分属不同部门管理而影响文物保护利用效率等。为了更好地传承发展安徽优秀传统文化，真正"让收藏在禁宫里的文物、陈列在广阔大地上的遗产、书写在古籍里的文字都活起来"，需要做如下努力。

一是完善体制机制，突破传承保护难题。针对文物保护过程中法律程序规定，应根据实际情况适时积极调整或补充完善相关规定，从而更好地执行相关制度。针对多头管理问题，政府部门必须站在全局角度，重新整合文物管理部门，或建立切实可行、可操作性强的跨部门管理协调机制。从体制改革入手，充分激发编制内员工的工作积极性，发挥编制外人员的作用；改变现在的项目审批制，给予各部门经费使用自主权，大幅提升国家相关经费的使用效率。

二是创新思维方式，加大传承创新步伐。不少人认为，传统技艺或戏曲类非遗项目的保护应坚持原汁原味。这种认识给文化保护工作造成无形压力。从历史与发展的眼光看，任何一项非遗的形成都是一个不断演变的过程。如果没有戏曲的不断创新，就不会有徽班进京后与其他戏曲的融合发展，也就不会有京剧的诞生。因此，政府应实行更加灵活大胆的非遗保护政策，让非遗在新的环境下展现新的风貌和生命力。

三是强化队伍建设，提升文化政策水平。针对从事文物、古籍保护和修复的专业型技术人才缺乏的困境，应进一步从政策上加以调整和解决，不仅要给予待遇保障、职称晋升等方面的便利，也应为年轻人提供更好的上升通道。针对一些市、县级相关部门或相关人员对文化建设相关政策法规掌握不够全面和精准的情况，省级主管部门应切实采取措施，加强政策宣传引导，或将对相关政策法规的正确理解和执行纳入年度目标考核，促使基层熟悉本职业务，提升工作水平。博物馆、图书馆、文化馆新馆选址主要位于新城区,要进一步拓展服务功能,提升人气。

四是坚持统筹推进,提高传承发展效率。安徽省文化和旅游厅作为安徽文物、非遗、戏曲和古籍保护相关单位的主管部门,在相关政策的制定和统筹协调发展方面采取了一系列行之有效的措施,取得明显成效。但在市、县层面,这四个方面的保护发展在整体协调与统筹推进方面仍有欠缺,在相关政策法规制定、经费的投入、相关活动组织等方面互动性不足。因此,应加强对市、县两级相关部门工作和业务的垂直领导,打破"条块分割",形成从上至下协调推进、有序发展的良好工作格局。

(梁仁志撰,原刊《安徽日报》,2018年8月21日,第6版,有改动)

八、合肥市建设特色文化创意主题公园路径研究

当今是知识经济的时代,更是体验经济的时代。主题公园作为体验经济的典型代表,拥有独特的吸引力和无穷的魅力。主题公园的独特优势使其成为现代旅游发展的主体内容之一和国际旅游业未来发展中的朝阳板块,在很多地区的旅游业发展乃至整个经济发展中都占有不可替代的地位。[1]

目前,国内主题公园的理论研究与其实际发展脱节严重。一方面,很多研究内容对于主题公园的实际建设没有理论指导意义;另一方面,国内现今很多地区主题公园的发展因为缺乏良好理论支持而出现各种各样的问题。国内主题公园发展良莠不齐的现实状况以及未来主题公园正确的规划建设急需强有力的理论指导,因此,贴近现实、有针对性的主题公园理论研究在现阶段就显得十分重要。

本文选择现有研究领域的空白之处,着重从实地调查出发,详细了解合肥市主题公园发展状况和未来规划建设情况。通过对合肥市主题公园发展等相关问题的详细分析,总结出相关新理论,指出适合合肥市未来主题公园发展的特色路径,希望能为相关产业的发展提供借鉴。

---

[1] 李翔宇,崔明月. 中国主题公园开发现状及对策研究[J]. 九江学院学报(自然科学版),2005(03):58—61.

（一）合肥市主题公园发展详细状况的调查研究

1. 合肥市现有主题公园的发展现状

合肥市作为安徽省会，是一座具有 2000 多年历史的古城，素有"三国故地、包拯家乡"之称。近年来，合肥经济高速发展，城市基础设施建设也越来越完善，作为其中的重要组成部分，主题公园正以其独特的文化内涵吸引着越来越多的游人。① 合肥市现有的公园数量众多，其中符合主题公园条件、能够称得上是主题公园的却屈指可数。

从广义上讲，合肥已经建成的能称得上是主题公园的有十几家。但是，严格来讲，真正的主题公园仅有少数几家，包括以省内各地市微缩景观为主题的徽园，以互动游乐、拓展培训为主题的欢乐岛，以传统民俗文化为主题的中国非物质文化遗产园，以三国遗址保护、爱国主义教育为主题的合肥三国新城遗址公园，以农业生态观光、旅游休闲为主题的丰乐生态园，以生态园林观赏、植物文化为主题的植物园，以海盗文化为主题的阿酋湾水上乐园以及以海洋生物观赏、海洋科普教育为主题的合肥海洋世界。

2. 合肥市未来主题公园的规划建设情况

一个成功的主题公园对周边地区的经济社会发展将有极大的拉动作用，而具有特色的城市主题公园的良性发展对于一个城市树立良好的城市形象、城市文化传统的传承以及整个城市各方面的完善都有重要的作用。作为省会，合肥大型主题公园建设相对滞后，成为合肥的一大遗憾，尤其是在芜湖成功运营方特欢乐世界之后。但芜湖方特的崛起，也给省城带来思考，合肥或许可以借鉴芜湖的经验，在合肥建设更多的合肥版"方特"。通过走访以及查阅资料得知，合肥可预见期内主题公园的大体规划建设情况，主要有如下几个项目。

"江淮车谷"汽车文化主题公园。"江淮车谷"汽车文化主题公园以包河工业园区为核心，规划建设"江淮车谷"汽车文化主题公园。项目规划用地约 133.33 公顷（2000 亩），建设内容分为汽车销售服务区、汽车运动区、汽车商务区、汽车文化区、汽车休闲娱乐区五大板块。五大板块中包含标准汽车赛道区、汽车电影院、汽车酒吧、汽车餐吧、汽车度假村、汽车发烧友俱乐部、汽车产品展示区、汽车工业观光旅游区、汽车模特俱乐部、汽车模特培训中心、汽车模型专卖

---

① 韦传慧. 合肥市主题公园建设初探[J]. 安徽农学通报，2008，14（08）：55—56.

区等众多分级区域，内容丰富全面。

合肥三国文化产业园。该园位于三国新城遗址公园附近，以三国新城遗址公园为依托，通过融入时尚元素和现代表现手法，在遗址公园周边地区实现以三国文化和汉代文化为主题的商业运营。项目占地约56.67公顷（850亩），建筑面积约245340平方米。① 建设内容包括汉代风情一条街（中轴线）、三国风云古代军事体验区（西侧）、创意农业与特色花卉游览园（东侧）、停车场与公共服务区（环湖北路和公园路交叉口）四大板块。

一日游徽派主题公园。公园定位是"一日游"，规划占地约133.33公顷（2000亩），位于董铺水库万亩林地旁边，以井岗镇现代农业示范园为基础，形成一个生态旅游长廊。公园的核心区将建立一个徽派博物馆群，还有从皖南整体搬迁来的古民居，以复现徽派风光。此外，围绕核心区还要重新打造竹艺体验、农业耕种追忆等多种旅游形式。②

军事文化主题公园。在安徽省政协十届五次会议期间和2012年3月23日省政协召开的"加快建设文化强省专题协商会"上，省政协常委罗亚拉先后提出了"抢抓机遇打造军事文化主题公园，军地联合丰富文化强省战略内涵"的建议。合肥市政府通过与解放军电子工程学院会商，于2012年4月9日发文正式成立合肥市军事文化主题公园项目推进领导小组。2012年4月20日至22日，合肥市政府有关人员专程赴上海考察上海市国防教育中心"东方绿舟"、上海迪士尼项目管委会并接洽了规划设计与投资合作的人员。③

劳模主题公园。体现"劳模精神"的主题公园的建设将由合肥市总工会牵头，合肥市政府相关部门与之共同开展劳模主题公园建设的调研、考察、论证工作。2013年年初，合肥市政府与合肥市总工会第十三次联席会议讨论了劳模主题公园园址，主题公园最有可能落户合肥老合钢厂。劳模主题公园的规划建设，还有可能将合肥市区原来的老厂房作为整体设计的一部分，为合肥市民保留一些工业记忆。④

---

① 郁宗菊. "三国大餐"什么味道？——合肥多个文化产业项目赴沪招商，三国文化产业园和庐阳书院受关注[N]. 新安晚报，2011-01-17（A24）.
② 方平，邵伟. 合肥将添徽派主题公园[N]. 江淮晨报，2011-12-05（A05）.
③ 周晓东. 合肥拟建全省首个军事文化主题公园[N]. 江淮时报，2012-05-04（01）.
④ 强薇. 合肥将建劳模公园[N]. 新安晚报，2012-07-04（A09）.

3. 合肥市主题公园发展的问题

当前，国内主题公园发展有喜有忧，在良好的发展前景背后隐藏着很多问题亟待解决。合肥的主题公园发展同国内其他很多地区一样，不可避免地存在各种各样的问题，其主要有以下几个方面。

基础设施建设不完善。从现实调查情况来看，无论是已经建成多年的徽园等，还是新近落成的欢乐岛、中国非物质文化遗产园等，几乎所有的主题公园都存在基础设施建设的问题。这些较早建成的公园由于当时设计的缺陷，大多数都存在着配套设施缺乏等问题。而像中国非物质文化遗产园等近年来新建成的主题公园由于为了尽快开园，基本上都采取了边营业边建设的模式。很多都是主体工程刚刚完工就仓促开门迎客，后续建设和配套的基础设施没有同步跟上。

宣传力度不足，知名度普遍偏低。目前，合肥除了少数如包河公园、徽园等知名度较高的公园外，其余的普遍存在着知名度低的问题。欢乐岛由于《男生女生向前冲》节目的红火，知名度迅速提升，但是其他的如丰乐生态园、三国新城遗址公园等依然鲜有人知，尤其是几座新建成的主题公园，甚至很多合肥本地人都没听说过。

主题公园数量不少，但"公园名片"尚缺。目前，合肥的多数主题公园或是规模偏小，或是主题不鲜明，缺乏广为人知、具有代表性的大型主题公园。徽园、欢乐岛等虽知名度较高，但是规模偏小；而中国非物质文化遗产园、丰乐生态园等虽然规模很大，但是在知名度、受欢迎程度上存在不足。总体来说，合肥虽然主题公园不少，但是缺乏像芜湖方特这样在本地区具有代表性的大型主题公园。

同时规划开建多个项目，有可能出现盲目投资、低水平重复建设的现象以及质量问题。通过实地调查和查阅资料可知，合肥在可预见期内规划的有关主题公园的项目虽然很多，但是，在短时间内规划建设数十个大规模的主题公园，极有可能出现盲目规划、仓促开工，从而导致低水平重复建设的问题。而且，同时开工多个项目，很难兼顾，也就难以避免有些主题公园项目因施工不规范而导致的工程质量问题。

急于招商，容易陷入"旅游（公园）＋地产"的"圈地"陷阱。"旅游（公园）＋地产"本是地方在自身能力不足的情况下发展旅游业的一种很好的方式，但是走这种发展模式需要充分发挥其正面效应，规避负面效应。这就需要相关部门提高警惕,防止投资方名义上开发旅游业,实质上屯地搞商业地产开发,使地方陷入"旅游(公园)+地产"的"圈地"陷阱而导致公园建设不成,地产却已"牺牲",从而得不偿失。

(二)合肥市建设具有本地特色的文化创意主题公园的路径

目前,环合肥主题公园圈已经大体建成,合肥市的东、南、西三面甚至是北面都有已建成的或是正在规划建设的大型现代主题公园。而合肥地区的主题公园发展却相对迟缓,长期没有得到有效地推进,同时近年来新建设的主题公园,普遍缺乏知名度和美誉度,难以得到游客的喜爱。要想能够充分吸引人们的眼球,就必须要有特色。①

根据对相关资料的深入研究分析,下面将从主题公园的发展方向、主题文化定位、发展模式选择等几个方面对合肥市建设具有本地特色的文化创意主题公园的路径进行详细阐述。

1. 依据自身条件,找准发展方向

如今,周边城市基本建成了各自的有代表性的主题公园,如芜湖方特已经享誉全国,知名度和美誉度都极高,这在一定程度上压缩了合肥主题公园的发展空间。合肥市的主题公园要想在困境中发展,首先就必须找准未来主题公园的发展方向。通过分析周边城市的主题公园发展情况,不难看出,周边城市的主题公园以高科技游乐园居多,其他类型的主题公园相对缺乏,合肥的主题公园发展正好可以利用这个市场空白,抢占发展先机。

2. 主题文化突出,定位特色明显

主题公园强调的是主题性,否则就与普通公园无异。主题公园开发的核心在于独特而鲜明的主题特色。②合肥市要想在困境中突出重围,在找准方向的同时,还必须对主题公园的主题文化、公园特色等进行深入详细的分析。对于新规划的主题公园来说,其主题性必须鲜明突出,文化特色显而易见。

3. 独特的创意理念,创新的项目设计

主题公园设计理念是依靠创意来推动的,这就需要设计员具有独创的思维,在对主题公园做规划时能有独特的创意理念。世界上成功的主题公园都有独特的

---

① 孙超,武鹏. 芜湖计划再建六个主题公园[N]. 安徽商报,2011-09-26(03).
② B. 约瑟夫·派恩,詹姆斯·H. 吉尔摩. 体验经济[M]. 夏业良,鲁炜等,译,北京:机械工业出版社,2002:23-25.

创意贯穿其中,因而它们独具特色,各有千秋,迪士尼乐园就是最明显的例证。[①]反观中国的主题公园多是主题重复,盲目地照搬照抄、模拟效仿,缺乏自己应有的独特个性,而造成这些问题的根源便在于创意的缺失。

4."资金外寻、合作开发"的招商引资模式

合肥作为安徽省会,在中部地区是有影响力的,并且正在成为交通枢纽型城市,投资环境优越。合肥市发展主题公园应该充分利用"旅游+地产"模式,最大化地发挥其正面效益。对于主题公园的开发建设,政府部门应作为规划主体,把握发展方向,通过对外招商寻求建设资金,与投资商合作开发建设主题公园。这样既可以保持主题公园建设的正规性,又能解决地方发展缺乏资金的问题。

结论

本文以合肥市现有主题公园的发展以及未来主题公园规划建设情况为基础,通过详细的调查分析,指出了合肥市主题公园建设发展存在的问题,并对未来可能出现的问题进行了预测。结合合肥市主题公园建设发展的问题,从合肥市未来主题公园发展的方向选择、特色主题定位、创意理念确立以及独特的开发模式等几个方面加以深入研究,总结出这几个方面的结论,指出了合肥市未来建设具有本地特色的文化创意主题公园的路径。同时,也给其他情况相同或相似的地区主题公园发展提供了借鉴经验,主要有以下几方面:一是强化本土优势,深挖文化内涵;二是加大政府投入,创新融资机制;三是地区(城市)主题公园发展方向、主题定位应与地区(城市)发展定位相结合;四是创造一个品牌,实施品牌产业链延伸经营。

(林燕撰,原刊《合肥学院学报(社会科学版)》,2015年第3期,有改动)

第二节 调研走访

本节共收录2篇调研报告以及6篇访谈文章。第一篇调研报告系2010年暑期,由笔者和6位本科生共同完成,调研的对象是省级非遗项目耿福兴传统小吃制作技艺,前后历时3天。第二篇调研报告系2011年暑假,由笔者和6名本科

[①] 杨佳华. 主题公园开发模式探析[J]. 思想战线,2002,28(06):33—35.

生及康健博士共同完成，调研的对象较多，主要围绕徽州国家级非物质文化遗产展开，费时10天。两篇调研报告是集体智慧的结晶，里辰辰、蔡秀两位同学在这两次调研报告的撰写过程中，出力尤多，在此向她们表示感谢。

访谈方面，共辑录6位非遗项目代表性传承人的访谈文字，这6位非遗传承人分别是国家级非遗项目徽墨制作技艺代表性传承人周美洪、国家级非遗项目歙砚制作技艺代表性传承人曹阶铭、国家级非遗项目歙砚制作技艺代表性传承人郑寒、省级非遗项目万安罗盘制作技艺代表性传承人吴兆光、国家级非遗项目徽州三雕代表性传承人方新中以及国家级非遗项目徽州三雕代表性传承人王金生。上述非遗大师，多系笔者带领同学们一起在黄山进行暑期社会实践时拜访过的对象。当时不懂得如何访谈，所得录音资料内容支离破碎。2019年暑期，笔者又专门约见，重新拜访了上述非遗传承人中的4位。专访时，方新中老师不巧在外地出差，未能如愿拜见；王金生前辈已经作古。周美洪等4位非遗大师，尽管工作繁忙，仍欣然接受了笔者的采访，他们的和善与低调令笔者十分感佩。

一、芜湖市"耿福兴"品牌保护现状调查

调研时间：2010年7月3日—7月10日。

具体日程安排：①动员准备阶段：7月3日—7月4日；②具体实施阶段：7月5日—7月7日；③反思总结阶段：7月8日—7月10日。

带队教师：沈喜彭。

成员：邓侃、蔡秀、高孟然、马薇、吴愿颖、里辰辰。

调查方法：针对芜湖市的传统小吃品牌"耿福兴"，主要采取实地考察法和访谈法，同时根据具体实际，灵活采取多样的调查方式。

调查的目标和意义：针对"耿福兴"品牌在当下的开发与保护工作，运用专业知识与方法，提出建设性的保护与开发意见和建议，并指出"耿福兴"品牌的具体运作方式对于安徽省同类老品牌的开发与利用有何警示和借鉴意义。

调研的预期目标：此次安徽省"老字号"品牌保护现状暑期实践调查主要有两个目的。一是了解安徽省"老字号"品牌生存的现状以及相应工艺、方法的传承所存在的具体问题。以"耿福兴"这个品牌为切入点，由特殊到一般，进行深入理解。二是分析了解"耿福兴"品牌在改革开放后能够继续立足、继续发展的

内在因素,并由点及面、深入思考,总结出可以应用到其他"老字号"品牌开发过程中的经验和方法。针对"耿福兴"在开发和经营中出现的问题,结合专业知识,向其提出有建设性的意见和建议。

调研第一天。7月5日8时整,调研小组准时在安徽师范大学西大门集合出发。第一天的主要目标是寻访"耿福兴"的旧址。根据在网络上搜集的资料,我们得知"耿福兴"多次迁址,最早的"耿福兴"创建于光绪年间(后据芜湖市档案馆资料,应为宣统年间),原位置在三街口,1959年又迁至中二街。虽然通过对一些随机遇到的老年人进行访谈,我们无法找到最早的三街口位置的"耿福兴"旧址,但是我们还是找到了1959年后的"耿福兴"及大多数芜湖人记忆中的"耿福兴"在中二街的大概位置——芜湖市柳春园小学斜对面。

在走访的过程中我们了解到,"耿福兴"创始人耿长富的孙女在漳河路也开了一家汤包店,名叫"百年耿家",随即我们便步行前往。途中,我们随机采访了几位老人,询问有关"耿福兴"的历史情况。

在交谈之中我们了解到,"耿福兴"的振兴与繁荣是几代人用自己的心血换来的。正是代代相传的工艺和不断创新的食品才让"耿福兴"经久不衰。中午,我们赶到了位于凤凰美食街的"耿福兴",品尝美食,并了解"耿福兴"自转为私营以来的发展成果和存在的问题。

在品尝了"耿福兴"美食之后,我们来到了赭山公园,目的是寻访大家记忆中的"耿福兴"。从几位老人的口述中,我们渐渐清楚了"耿福兴"的历史风貌。作为一家消费水平较高的小吃店,它为何有如此之高的人气与知名度呢?原因有二:其一,"耿福兴"菜肴口味与众不同;其二,像"耿福兴"这样高规格的饭店当时在芜湖只有一家,而广大人民群众在婚丧嫁娶时需要这样高规格的餐馆。另外,在与一位老人的交谈之中我们得到一位"耿福兴"老师傅的联系方式。

调研第二天。上午8时,带着由学院出具的证明材料,我们直奔芜湖市档案馆,希望通过档案馆的文献资料来了解"耿福兴"品牌文化的保护历程。芜湖市档案馆档案管理科的工作人员热情地接待了我们,并且帮助我们找到那些尘封的卷宗。

通过查阅具体史料,我们了解到很多有关"耿福兴"的历史,包括早期"耿福兴"的真正地址,以及"耿福兴"品牌在成长之中所不可或缺的几位人物,这也为我们接下来的活动提供了有力指导。

调研第三天。上午9时,我们约到了"耿福兴"的原党支部书记、经理郭春林与原白案大师刘扣锁。两位老人向我们讲述了那个年代属于他们的辉煌。"那个时候，耿福兴是芜湖的第一块招牌。有领导、外宾来了，住在铁山宾馆，吃就一定是在耿福兴。"郭老自豪地说。作为执掌"耿福兴"20 年，把一生的激情与梦想都献给了这个品牌的老人来说，"耿福兴"无疑是他一生的骄傲。

在这次社会实践活动中，我们搜集了关于"耿福兴"的基本资料，所得内容主要有以下几方面。一是明确了"耿福兴"几次搬迁的时间以及现今的具体位置。"耿福兴"于 1910 年正式开业，最早的地址是在老同庆楼后面的巷子里，当时经营的是耿长宏、耿长富两兄弟。20 世纪 30 年代，严开银师傅在他们的店前卖烧饼。两家店的产品各有特色，"耿福兴"的特色之一是虾籽面，而严师傅的酥烧饼也很好吃，因而两家店的生意都很红火。到 40 年代初，两家决定合作经营，严师傅负责加工，耿氏兄弟则负责材料的购买，利润四六分成，生意十分红火。1957 年，"耿福兴"迁到中二街 149 号、151 号、153 号，有三家门面。1992 年，"耿福兴"进行了全面改造，在中二街三家店面的基础上重盖了四层楼。2002 年在凤凰美食街，新一代的"耿福兴"开业，延续至今。

二是了解到"耿福兴"小吃名点的具体工艺传承及保护。从严开银师傅到周锦标大师再到白案大师刘扣锁和红案大师左炎生，我们可以清晰地看到这一手艺在代代相传。"耿福兴"总经理高述红邀请郭春林、刘扣锁、左炎生等老一辈耿福兴人作为专家顾问，希望他们帮助自己不断改进和提高"耿福兴"的硬实力。但是也有令人担忧的一方面，郭老、刘老和左老都年事已高，而他们的不少弟子却不再干这一行。未来的传承与保护工作令人担忧，这也是各大"老字号"品牌的通病。

三是得知了"耿福兴"退休员工的生活状况。通过与郭老和刘老的对话，我们了解到，目前他们的生活水平一般。

四是厘清了"耿福兴"在当今社会形势下的发展概况。在全球经济一体化的时代，"老字号"更应该秉承自己的创业理念，勇于创新并和同类产品进行竞争。2010 年的上海世博会对各类商家来说都是一个良好的面向全国、走向世界的好平台，很多"老字号"以传统风格和特色风味赢得了海内外的一致赞誉，"耿福兴"却没有参与，丧失了此次良好的展示机会。

（里辰辰执笔，2010 年 7 月）

二、徽州国家级非物质文化遗产调研报告

调研时间：2011年7月6日—7月15日。

调研成员：沈喜彭、康健、蔡秀、梁婉露、王震、高孟然、徐军君、苏娜。

非物质文化遗产是文化遗产的重要组成部分，它蕴含着中华民族特有的精神价值、思维方式、想象力和文化意识，体现着中华民族的生命力和创造力。中国政府十分重视国内非遗的保护与传承工作，出台了一系列旨在继承与弘扬非遗的政策、文件。

徽州，古称"歙州"，又名"新安"，历宋、元、明、清四代，统"一府六县"（徽州府以及歙县、黟县、休宁、婺源、绩溪、祁门六县），是徽商的发祥地。明清时期，徽商称雄中国商界500余年，有"无徽不成镇"之说。徽文化是中国三大地域文化之一。徽州的历史文化遗产十分丰厚，非物质文化遗产也不例外。在安徽省的国家级非遗项目名录中，非遗项目分布最为密集的地区即徽州地区，其非遗集聚度在国内也属凤毛麟角，其省、市、县级非遗数量更是灿如繁星。然而，目前尚无任何单位和个人对徽州地区的非遗情况进行系统调研与探究。

由于所学专业的关系，我们一直以来都很关注徽州地区的非遗情况。暑期社会实践活动是一次很好的调研机会，我们很自然地将徽州国家级非遗调研活动付诸实施。

除沈喜彭老师外，参与本次暑期调研活动的队员另有7人，他们是康健、蔡秀、梁婉露、王震、高孟然、徐军君、苏娜。在10天左右的时间里，我们先后走访了歙县文化馆、歙县文广新局、祁门县文化馆、中国徽州文化博物馆等10余家单位，查阅了数量可观的档案资料。拜访了周美洪、曹阶铭、郑寒等6位国家级非物质文化遗产项目代表性传承人，获取了大量宝贵的口述史料。此外，我们还在全市开展了问卷调查工作，获得了宝贵的数据资料。短短几日，充实又有意义，我们心怀"永远跟党走，青春献祖国"的信念，在调研过程中求真务实、吃苦耐劳，以进取之心、谦虚之态去学习、去拜访、去调研，充分践行了安徽师范大学"厚德、重教、博学、笃行"的校训，体现了我校学子的优良精神风貌，也真正做到了受教育、长才干、作贡献。本次暑期调研活动得到了安徽师范大学

校、院级领导以及歙县文广新局、祁门县文化馆、中国徽州文化博物馆、徽州寻根馆等有关单位、领导的大力支持与帮助，在此表示感谢。

上篇：前期准备

（一）确定调研对象及调研目标

调研选题《徽州国家级非物质文化遗产调研》获得了师生的一致好评，大家认为调研成果既有利于人们了解当前徽州地区国家级非遗的现状，也能为当地政府及有关单位提供决策或资料参考。选题确定后，我们立即着手确定具体调研对象及目标。拟调研对象：屯溪区的徽剧、徽州三雕、徽州漆器髹饰技艺、徽州民歌、徽派传统民居营造技艺，歙县的徽墨制作技艺、歙砚制作技艺、徽派盆景技艺，休宁县的万安罗盘制作技艺、齐云山道场音乐、祁门县的徽州目连戏、祁门傩舞、祁门红茶制作技艺。调研目标：调研徽州地区国家级非遗的保护、传承与产业化开发状况。通过具体的调查手段，采取多样的调查方式，针对徽州地区国家级非遗在当下的开发与保护情况，运用专业的知识与方法，提出建设性的保护与开发意见。

（二）拟定调研方法与日程安排

调研团队经过反复论证，最终确定以下四种调研方法。一是深度访谈：拜访国家级非遗项目代表性传承人，通过摄影、录音等方式获得有关口述史料；走访非遗相关部门，了解相关政策以及他们对非遗的保护与发展等问题的看法。二是问卷调查：主要是针对当地民众、游客发放调查问卷，了解他们对非遗的认识，收集整理切实可行的建议。三是实地考察：深入有关国家级非遗项目的工艺厂等，了解非遗的生存现状、保护、发展等相关信息，掌握翔实的信息和资料。四是文献查证：注重档案资料的利用，赴中国徽州文化博物馆、黄山市档案馆等有关单位查找相关资料。

日程安排具体如下：

开始时间：2011年5月。

结束时间：2011年8月。

具体实施阶段：①动员准备阶段（5月下旬—6月底）；②具体实施阶段（7月6日—7月15日）；③反思总结阶段（7月中旬—8月底）。

（三）精选调研团队人员

指导教师：沈喜彭。

队员构成：康健、蔡秀、梁婉露、王震、高孟然、徐军君、苏娜。

各项筹备工作：

组织召开筹备会。在宣传动员、选拔成员结束之后，我们先后召开了四次筹备会议。第一次筹备会，详细讨论实践活动策划书的撰写，明确成员任务分配；第二次筹备会，详细讨论前期活动准备，做好资料收集、人员接洽、媒体播报等前期准备工作；第三次筹备会，讨论问卷设计、访谈材料的撰写，落实活动资金问题；第四次筹备会，进一步细化第一次筹备会的策划书，确认第二次筹备会前期准备工作的成果，修改完善第三次筹备会的调查问卷、访谈材料等，并再次明确各成员调研期间的任务。

收集整理各项资料。利用网络数据库、书报刊等资源进行前期的资料收集，通过安徽师范大学图书馆、传媒学院资料室收集了相关论著10余部。

购买必要的调研工具。调研活动开始前，我们先后购买了圆珠笔、笔记本、录音笔等调研必需物品。

约见访谈对象。为提高调研效率，我们提前电话联系了方新中、王长松等国家级非遗项目代表性传承人，并联系了黄山市文化委副主任胡建斌等有关工作人员。

中篇：实地调研

（一）徽墨、歙砚制作技艺

本次调研中，我们到的第一站就是国家级非遗徽墨、歙砚制作技艺代表性传承人所在地——歙县。7月6日上午，我们先后走访了歙县老胡开文墨厂、安徽歙砚厂，参观了徽墨、歙砚制作现场，拜访了两位国家级非遗项目代表性传承人周美洪、曹阶铭。两位大师向我们系统介绍了徽墨、歙砚的历史与现状、传承与发展情况，并提供图文资料以供团队研究。从两位大师身上，我们看到了他们对徽墨、歙砚的深厚情感。

两位大师的主要观点：（1）作为民营企业，生产发展虽然受原料限制，但是销售并不是最大的难题；（2）传承人有限，社会关注度不高；（3）产品受少数群体关注，主要是专业群体，如书法爱好者、收藏爱好者；（4）非遗的传承不是要靠家族人一代一代传下去，而应是一个时代一个时代传下去；（5）做好非遗的传承与发展工作，应培养生产与学习的动态良性互动；（6）政府应大力倡导汉字书法文化，使书法文化及文房四宝文化经久不衰；（7）坚持徽墨、歙砚产品质量第一。

7月6日下午,在康健博士的指引下,我们走访了歙县志办公室、歙县文广新局、新安歙砚艺术博物馆、项胜利徽墨艺术馆等单位,并拜访了歙县志办公室主任胡武林、歙县文广新局文化创作室主任凌瑛。凌瑛女士不但为我们提供了《歙县非物质文化遗产田野调查汇编》等资料,而且为我们引荐了分管歙县非遗工作的程兵副县长。

7月7日,我们先后走访了歙县环保局、歙县文化馆、歙县文物局、歙县档案馆及歙县人民政府等单位,拜访了歙县环保局局长洪振秋、歙县文化馆馆长潘军宁、歙县副县长程兵等单位领导。洪局长为我们热心讲解了徽墨、歙砚等歙县非遗的传承情况,并将自己的研究成果《新安掌故》赠送我们;潘馆长一边详细介绍了歙县非遗的近况,一边让办公室工作人员提供国家级非遗的申报材料,并赠送了由歙县非物质文化遗产中心花费数年时间编印的《歙县非物质文化遗产田野调查汇编》等珍贵资料。

当日下午,我们重点拜访了分管歙县非物质文化遗产工作的程兵副县长。程县长热情地接待了我们,他不但细心解答了我们提出的有关歙砚、徽派盆景等问题,引荐我们拜访歙县文物局的相关领导,而且将自己的新作《梦里徽州》一书馈赠我们。

歙县各级领导的关怀给我们留下了深刻的印象,他们提供的丰富资料和相关信息为我们调研歙县国家级非遗起到了十分重要的作用。

7月8日下午,我们来到了黄山市屯溪区。在郑寒砚雕艺术中心,我们拜访了国家级非遗项目代表性传承人郑寒先生。郑寒先生不仅强调作品的使用价值,也注重提升它的艺术价值。他的砚雕作品颇具名气,多次被选作国礼赠送外国贵宾。在郑寒砚雕艺术中心,我们见到了各种各样的砚雕作品,可谓美轮美奂。郑寒先生还拿出了他的砚雕作品画册集,我们一同欣赏了他的作品,并听他讲解了每幅作品的蕴意。他还给我们介绍了砚雕的流派与制作工艺,并将《郑寒砚集》一书赠送我们。

现状与问题:通过与几位非遗传承人及相关工作人员的接触,我们了解到当前徽墨、歙砚的生存状况虽有可喜的地方,但并不尽如人意。可以分两个方面来说。

其一,在生产方面。当前徽墨、歙砚的生产开发主要表现出以下几个特点:

（1）企业在经营性质上都是民营企业，需要自负盈亏。除了个别规模稍大的生产厂外，其余的小作坊、小厂家生存困难。（2）生产发展受原料资源限制严重。比如歙砚，要选取并开采石料，好的石料是制作上好砚台的必要材料，但是目前适合开采的石料场地面临采空的情况，这严重制约了歙砚的发展。（3）行业发展参差不齐。安徽省歙县老胡开文墨厂、安徽歙砚厂在两位国家级非遗传承人的带领下发展得比其他街道里的歙砚、徽墨制作作坊要好得多。小型的生产作坊则面临着一系列问题，比如竞争力小、资本有限、销售困难等。（4）销售对象群体较为单一，主要为书法爱好者、收藏爱好者和相关研究者。（5）产品设计以传统式样、题材为主，缺乏时代感和创新条件等。

其二，在技艺的传承方面。实际的情况并不是很理想。一是传承者人数较少，传承力量微弱。目前，从事相关工作的人才青黄不接，除了老传承人和有关的生产人员外，本县年轻人很少关注徽墨、歙砚的状况和制作技艺。二是自身与地方政府对外宣传力度不足，品牌意识不够，品牌的社会关注度不高，因而没有形成保护非遗的氛围和普遍意识，也没有强有力的保护、推动力量。三是政府的作用没有完全发挥出来，地方政府及其文化部门关于非遗的工作比如国家级非遗传承人的支持与保护工作有待进一步完善等。

（二）徽州木雕

7月9日上午，调研队驱车来到王金生木雕馆。在馆内，我们参观了王老先生的雕刻作品，领略了国家级大师刀下的艺术风采，看到了王老先生的荣誉证书。

之后，我们几经周折驱车来到徽州木雕国家级传承人王金生老先生的家中，见到了王老。年逾八旬的王大师热情地招待了我们，详细解答我们提出的有关徽州三雕的问题，并介绍了徽州木雕的传承保护与产业化开发问题。访谈中，我们了解到王大师已培养了多批木雕传承人，他相信他们可以将正宗的徽州木雕继承发扬下去。

王大师主要观点：（1）徽州木雕历史悠久，形式丰富多样，值得继承发扬；（2）在现有的雕刻实践中，以传统题材居多，新题材偏少；（3）亲力亲为很重要，家中的家具都是自己一手雕刻而成的；（4）自己培养了几批弟子来传承技艺，有得意弟子能够做好传承工作；（5）木雕作品的销售群体单一，多为专业人士或者收藏爱好者；（6）当前木雕技艺欠缺保护，宣传不足；（7）徽州木雕的继承与发扬应是继承与产业化的合理结合。

现状与问题：众所周知，中国传统建筑大多为木砖石结构，然而到了今天，随着社会生产力的发展，建筑结构已大大改变，已经变为砖石及其他材料的混合结构，因此一些传统的在特定历史里产生的与建筑营造相关的技艺渐渐不再风行于世。徽州木雕正处于这样一种局面。与国家级传承人王金生老先生的交谈和实地考察使得我们更加深刻地认识到了这一点。

总的来说，当前徽州木雕的生存现状主要体现在以下几个方面：（1）徽州木雕产品面向群体单一，主要为研究、收藏爱好者或者是游客群体，也有少量单位或企业为了装饰而购买，其他群体消费很少。（2）用途减少。传统民居用得很普遍，但现代建筑基本不再需要徽州木雕作装饰。（3）地方政府对木雕技艺的保护与传承有关注，并落实好了每年国家给予传承人相应的补贴等工作，但对传承人及其雕刻产品的生产与发展扶持力度不足。（4）传承链条薄弱。传承人主要通过培养弟子来传承其技艺，随着现代人观念的变化，这种传统的传承方式显得很脆弱。（5）缺乏宣传和品牌意识。当前的徽州木雕在徽州以外地区影响不大，知名度不够。无论是传承人还是地方政府，都缺乏宣传和品牌意识，没能使其"走出去"。

（三）万安罗盘制作技艺

7月9日下午，我们开始了中国古镇休宁县万安镇之行。在吴鲁衡罗经老店，我们见到了万安罗盘制作技艺的国家级非遗项目代表性传承人吴水森先生。吴老首先带领我们参观了建于清代的古店铺，然后让店员给我们播放了万安罗盘纪录片，从中，我们了解到吴鲁衡罗经老店发展的艰辛历程。随后吴老还为我们讲述了万安罗盘的制作工艺和传承保护情况。其间，吴老和他的儿子——省级非遗传承人吴兆光，与我们调研团队的师生们亲切交谈，回答了我们提出的各种问题。

吴大师主要观点：（1）吴鲁衡罗经老店历史悠久，获过许多大奖，是目前最能代表正宗万安罗盘制作技艺的生产工厂；（2）罗盘的制作不是不愿走机械化的现代生产道路，而是实践起来很困难，因为那样将难以保证罗盘的精准程度；（3）当前万安罗盘的制作生产受到三个因素的影响：木材、人才、政策；（4）万安罗盘并非只有"吴鲁衡"一家，在万安镇有很多家；（5）目前的制作全部是手工生产的，机械制作的都不是出自"吴鲁衡"；（6）这项非遗需要政府加大政策上的支持力度；（7）罗盘生产总体上供不应求，售后服务较好。

现状与问题：罗盘曾广泛用于天文、地理、军事、航海等领域，随着现代科技及社会的发展，其旧时的功用已不凸显。但罗盘承载着中国古代天文学、地理学、环境学、哲学、易学、建筑学等方面的文化信息，是磁性指南技术及相关技艺的载体，今天仍然具有很大的文化价值。

在与国家级传承人吴水森的访谈中，我们得知，阻碍万安罗盘更好发展的因素仍然存在不少。总结下来，有如下几点：

第一是原材料的问题。罗盘的制作，十分注重木料硬度和木质，因为坚硬的木材不容易变形；木质较好，所定的方向准确。经过长期实践和比对，银杏木和虎骨木是制作罗盘的上等材料，但由于这两种木材是国家保护树种且成材速度慢，没有稳定的来源。

第二是市场面向群体有限，主要为旅游爱好者或者文化研究者。由于现代科技的进步，罗盘已脱离了其旧时赖以生存的土壤，其功用价值大大降低，人们往往看重的是其文化价值，故其产品面向群体较单一。

第三是罗盘交易市场混乱。目前生产罗盘的店家有很多，万安小镇也有不少。市场上出现的罗盘质量参差不齐，即使出现质量纠纷，也没有清晰的法律界定。

第四是人才缺乏，产量有限。罗盘制作行业总体上缺乏人才，掌握制作技艺的人不多，导致罗盘产量有限，不能完全满足市场的需求。

第五是地方政府重视程度不够。万安罗盘制作技艺虽是国家级非物质文化遗产代表性项目，但地方政府对于罗盘市场以及与万安罗盘有关的历史文物尚未进行有效的管理。

第六是机械化程度太低。由于制作工艺的特殊性，一直以来，万安罗盘的生产工艺基本上为手工，加之人才缺乏，生产难以规模化、批量化，十分不利于其产业化运作。

（四）徽州砖雕

7月10日上午，我们来到歙县行知学校，见到了方新中大师。

在歙县行知学校的砖雕工艺厂，方大师放下手头的工作，热情地接待了我们，并带领我们参观了生产现场和刚刚完工的砖雕作品。他的弟子们现场作业的场景给我们留下了深刻的印象。在方先生住所内，他还拿出自己多年来精心设计的砖雕图耐心向我们讲解。交谈中，团队师生们提出了不少问题，方大师逐一进行了答复。

方大师观点：(1) 砖雕图案以传统文化为题材；(2) 方氏砖雕技艺吸收了很多优秀的手法，比如竹匠、木匠等的技艺；(3) "社会、自然皆是我们的老师"，应不断进行各种尝试；(4) 自成一派，凸显徽州特色；(5) 当前宣传、推销力度不足；(6) 产量有限，难以大规模批量生产；(7) 订单主要来自各单位、机构或私人爱好者，多作为装饰之用；(8) 仿冒、替名的情况时有发生。

现状与问题：徽州砖雕与徽州木雕一样，同属于著名的"徽州三雕"之列，它们所面临的问题具有相似性，当然，徽州砖雕有其特殊性。本次调查，我们在和徽州砖雕的国家级传承人方新中先生等的接触中，深入了解了徽州砖雕的实际状况。

第一，市场的萎缩。传统建筑形式的改变导致了传统建筑营造技艺渐渐不再风行于世。徽州木雕如此，徽州砖雕亦是如此。徽州砖雕曾广泛用于徽派风格的门楼、门套、门楣、屋檐、屋顶、柱础等处，使建筑物显得典雅、庄重，是明清以来兴起的徽派建筑艺术的重要组成部分。然而到了今天，建筑形式大变，砖雕的应用大减，这必然地导致了其需求的减少、市场的萎缩。

第二，徽州砖雕受材质及制作技艺的制约，基本需要手工完成，生产难以实现规模化、批量化。

第三，宣传、推销力度不足。目前生产厂只是进行简单的生产，在宣传和推销方面的工作做得不全面。方新中表示，若有好的营销模式，他很愿意寻求合作。

第四，政府有关部门未能对徽州砖雕进行有效扶持，以方新中砖雕为代表的徽州砖雕基本处于独立生存的状态。

第五，传承人有被冒名的情况，市场混乱，砖雕知识产权有待保护。方新中表示，自己曾很多次被冒名，不是他的砖雕作品也被标上他的名号。

第六，砖雕内容以传统图案为主，未加入时代的元素，这也可能是市场难以扩大的因素之一。

7月11日，我们走访了祁门县文广新局、祁门县档案馆等单位。在祁门县文广新局，顾圣红副局长热情接待了我们。

在祁门县档案馆，陈卫国馆长为我们提供了有关祁门红茶、目连戏、傩舞等珍贵的档案资料，并专门安排人员带领大家参观博物馆，使得我们对祁门红茶、目连戏以及傩舞都有了更深刻的认识与了解。

下篇：总结与反思

调研成果：进行此次暑期社会实践活动之前，我们团队对活动有着详细的规划。因此，我们在活动中，能够做到按部就班，心中有数，获取了大量第一手资料，达到了我们预期的目标，出色地完成了调研任务。为期10天的暑期社会实践活动开展于盛夏，炎炎夏日，条件艰苦，可是队员们并没有在困难面前退缩，而是以蓬勃的姿态积极地面对，这不仅锻炼了我们的实践能力，更强大了我们的内心，使我们养成吃苦耐劳、不服输的精神。同时，这次暑期社会实践活动也使我们平时积累的知识有了用武之地。通过理论联系实际，我们对知识和理论都有了更为深刻的认识，也明白了任何知识只有应用于实践才能体现其价值。另外，在实践调研的过程中，我们又一次加深了对非物质文化遗产的深刻认识，非遗在保护、利用、传承和发展等方面面临的一些实际问题，引发了我们对非遗发展之路更实际的思考，激励我们为非遗保护工作贡献自己微薄的力量。

本次调研活动中，我们先后拜访了近20位专家、学者，其中有6位为国家级非遗代表性传承人；参观、访问了近10家档案馆、文化馆；发放、回收了近500份调查问卷；拍摄、录制大量珍贵的照片与影像资料；受赠或购买到相关书籍近20本（册）；写了100余篇新闻稿、日记、随笔。中安在线、黄山新闻网、安徽师范大学传媒学院网、新浪微博、腾讯微博等媒体、网站均报道了调研团队的相关活动。

针对在调研中发现的问题，我们分门别类，提出以下应对策略，仅供参考。对于制作技艺：（1）保护身怀绝技的老艺人（老工人），发挥他们的"传帮带"作用，并结合专门培训、外出进修深造等方式，留住人才，逐步形成传承机制，培养年轻一代的生产经营管理人才；（2）建立徽墨、歙砚、徽州三雕等民间工艺生产经营一条街，保存完整的传统生产工艺，在研究创新中尽量避免使用现代设备和化学制剂；（3）建设充足的原料生产基地，确保生产原料的供给；（4）建设博物馆，其功能最好做到融实物展示、简易生产流程展示、科普教育、旅游观光、休闲购物等于一体。

对于传统音乐、戏剧、舞蹈：（1）保护民间舞班、戏班及老艺人；（2）进一步挖掘整理傩舞、目连戏等经典文本资料；（3）组织多支傩舞、目连戏表演队；（4）建立一个傩舞、目连戏学术研究所；（5）培养更多的祁门傩舞、目连戏班社传承人。

(蔡秀执笔，2011 年 7 月)

三、周美洪：与徽墨结缘和我的家庭有关

访谈时间：2019 年 6 月 28 日

访谈地点：老胡开文墨厂

周美洪，男，1957 年 6 月生，安徽绩溪人，第一批国家级非物质文化遗产项目徽墨制作技艺代表性传承人，徽州民间工艺师。周美洪从小便接触徽墨制作，受其父嫡传，深得墨法真谛，技艺精湛。他于 1979 年进入老胡开文墨厂从事制墨工作，1983 年徽墨研究所成立后，开始从理论高度研究、继承徽墨制作技艺，努力达到"拈来轻，磨来清，嗅来馨，坚如玉，研无声，一点如漆，万载求真"的制墨准则。1992 年，他亲自指导制作的歙砚、徽墨作为礼品被赠送给在上海出席海峡两岸水产加工与流通研讨会暨经贸合作洽谈会的与会代表，受到汪道涵等的称赞。1993 年，周美洪主持制定观赏墨、收藏墨行业标准，填补了我国墨业产品标准空白。代表作有"李廷珪牌"超漆烟墨、"李廷珪牌"徽墨、超细油烟松烟墨等。

沈喜彭（以下简称"沈"）：周老师好，谢谢您接受采访。首先想请您谈谈自己与徽墨结缘的有关情况。

周美洪（以下简称"周"）：我与徽墨结缘和我的家庭有关。我的父亲在这个工厂工作了一辈子，他曾是副厂长。我父亲就是做墨的，他从小在南京学艺，抗日战争结束后方回到徽州一带。我父亲在 1946 年或 1947 年就开始到歙县的私人作坊做墨，一直做到 1956 年。之后，我父亲进入徽州公私合营的厂里做墨，年纪大了就管理打磨、描金等工作。到了 20 世纪 70 年代，他担任工厂的"革委会"副主任。我从小就是在这个厂里长大的，经常看到工人做墨。恢复高考后，我没能考上大学，1979 年 8 月我父亲退休，我就顶班进厂了。其实照我本身的实际情况来讲，我来这里就是做工的。

沈：我想请教一下，有人说"顶班"就是"接班"的意思，对吗？

周：那个时候的政策就是父（母）亲退休的时候，允许一个子女"顶替"，相当于接班。那个时候我是农村户口，想着要走出农村，也考虑过再去考大学。父亲退休了，正好接班。那个时候墨厂是大集体企业，现在叫股份制企业，属于民营企业。我对这个厂特别熟悉，因为从小生活在这里。我母亲是绩溪县的普通农民，我有一个弟弟和一个姐姐，我姐姐当时在绩溪，是个知青，那时候已经被安排在乡镇政府工作了，我弟弟年幼还在读书，正好我年龄合适就顶班了。一开始，我的确不想进厂，因为不想当工人，而且当时做手艺活的人社会地位不高。那时候商人社会地位也不高，国家干部、大学生的社会地位高。我清楚地记得我第一年的月工资是17块6毛5分，加9毛钱粮贴，一共18块5毛5分，第二年是19块5毛5分。当时做工很辛苦，慢慢地可能感兴趣了，对这份工作有感情了，就继续做了，一做就是40年。

沈：网上有人说，您的孙子周墨是第四或第五代传人。请问是这样吗？

周：是第五代，我爷爷也是做墨的，我是第三代，我儿子是第四代，他就应该是第五代。另外，非物质文化遗产是什么时候被重视起来的呢？就是2008年以后。我们这个厂最萧条的时候是1960年，因为墨毕竟不是生活必需品，20世纪70年代也萧条了一段时间。我进厂之后就赶上了改革开放，改革开放之后我们的墨的销售对象主要是日本人，一大半都销往日本。可能我在这个厂里算是有文化的，因为我读过高中，到了80年代，我就参加管理工作了。我最早是搞销售，后来搞生产，到了1987年成为副厂长，1992年10月就当厂长了。目前徽墨行业中，我们厂的规模应该是最大的。

沈：我此前看过一部宣传片，说你们保留下来的明清的制墨模具有很多，是这样吗？

周：我们还有5000多副。公私合营之后，私家的模具都卖到这个厂。这个厂最大的优点就是它的生产没有中断过，从公私合营时一直到现在从来没有中断过。尽管工作很辛苦，但老工人对这个厂有感情，就把它们保存下来了。

沈：你们一直在生产徽墨。对于这方面，您能不能多讲几句？

周：讲一下保护与传承吧。在保护方面，我们厂老员工多，工厂转型的时候是在2000年前后。转型后，我们所有的老员工都留下来了，员工对这个厂有感情，换的领导也比较少，变化不大，再加上我们的父辈都曾在这里工作，因此很自然地产生保护工厂的情感。政府对我们的支持力度也很大，我们的工厂规模不算大，在改革的浪潮中政府没有放弃我们，也没有把我们的厂房卖给房地产商进行开发，能做到这样，真的不容易。在传承方面，我们每年都会引进新的年轻的员工，对于新的工人，我们会手把手地教他们，这两年我们又办了一个研学活动。现在有些地方很重视非物质文化遗产的申报，其实更重要的是保护、是传承。我老早就说了，所有的非物质文化遗产都来自民间，不能200年之后，子孙们只能去博物馆里看徽墨了。特别是徽墨本身是有使用价值的，对社会是有用的，更应该去传承、去发展。

沈：周老师，我们刚才讲传承，比如传承基地，歙县的行知学校算传承基地吗？

周：对的，是传承基地。北京考察团刚到我们这儿参观。来我们这儿研学的还有很多，比如人大附中、北大附中。还有一所小学也是我们的传承基地。

沈：我记得您有一句名言，您认为"人品如墨品"，对吧？

周：对。现在国家提倡工匠精神，我觉得工匠精神主要就是要有耐心、能坚持。毛主席说过一句话，一个人做点好事并不难，难的是一辈子做好事，意思就是贵在坚持。在2000年，有这种思想的人并不多，我那个时候就决定了在厂里干一辈子，那个时候也需要招一些人来。但如果我不带这个头，别人也就不会来了。

沈：关于传承与创新发展方面，您能告诉我当前的实际情况吗？

周：我们偏向于发展和创新，我们不断开发适合中小学生用的墨，主要用于书画艺术。中国有约14亿人，有几亿中小学生，我们坚持"两条腿走路"，既要对外出口，更要对内发展，我们要开发适合中小学生的产品。非物质文化遗产转化的产品要进入千家万户，我们不能一天到晚只盯着奢侈品。墨是有形的东西，也是有价值的东西，比如原料、人工成本，这些能算出账来，不能说是没有价值的，不能这么说。老墨可以卖贵一点，但"一两黄金一两墨"这个说法是不对的，我们这是有标准的。我们一直强调要把我们的墨做好、做精、做优。我们不说把企业做强、做大，而是强调把墨做好、做精、做优。有人说要做仿古墨，但做仿古墨怎么可能那么简单呢？只能说仿古墨的图案是古代特定时期的，但墨是现在的。

沈：最后一个问题，这个问题您可以结合之前所说的，真实地谈一谈徽墨发展的阻碍因素。比如市场炒作、造假肯定是阻碍因素吧？

周：阻碍墨的发展的因素毕竟还是少，我们要相信一个社会的正能量。炒作，或者出现假冒伪劣产品，这些情况还是居少数的。我们徽墨的发展一是需要自然资源，二是需要专业人才。现在自然资源越来越少了，愿意做墨的人也越来越少了。我们这个行业呢，需要合理利用现在的自然资源，不要过度开发，要研学、要宣传，要让全国中小学生了解墨。墨其实有三大用处：一是用于画画写字，二是用于文物修护，三是用于古籍修复。目前我们厂的员工平均年龄在40岁左右，最近5年来30岁左右的人才蛮多的。这可能与近些年国家很重视文化产业，尤其是传统文化产业有关。墨在网上卖是好事，我们现在也有开网店的合作伙伴，他们到我们厂进货，再拿去卖。现在的销售渠道不像以前，网络销售是一种很重要的销售方式。但我对所有到我们厂批发的人讲，你不能搞恶性竞争，你的价格不能低于我们的出厂价格。我本人去过日本很多次，在管理方面也有一些收获。按我的观点，一个企业所有的荣誉只能代表昨天，对一个企业来说，更重要的是今天和明天。产品质量很重要，社会上有很多企业都存在一个问题，就是产品质量不能保证，昨天好不能保证今天好。

（沈喜彭执笔，2019年6月）

四、曹阶铭：和歙砚结缘是一件很普通的事情

访谈时间：2019年6月28日

访谈地点：安徽歙砚厂（歙县工艺厂）

曹阶铭，男，1954年12月生，安徽歙县人，第一批国家级非物质文化遗产项目歙砚制作技艺代表性传承人，徽州民间工艺师。曹阶铭自幼喜欢书画艺术，1973年进入安徽省歙县工艺厂，从事歙砚雕刻工作，师从砚雕大家汪律森。砚雕主要靠手劲，持刀要稳，下刀要准，推刀要狠；刀法应轻重徐疾，刚柔相济；图案应变化得当，疏密相间，气韵生动，多样而统一。其作品已经形成了独特的艺术风格，设计布局得体，造型高雅别致，刀法刚劲，线条流畅，无论山水、人物、龙凤、花鸟、虫鱼，均各具特色。曹阶铭从艺40多年，培养了数十名砚雕新秀，曾兼任安徽省行知学校工艺美术班（歙砚理论和制作）老师，其代表作有《东坡赤壁游》《唐模小西湖》《歙州竹砚》等。

沈：请问曹老师的歙砚制作技艺是家传还是师承？

曹阶铭（以下简称"曹"）：我和歙砚结缘是一件很普通的事情，再普通不过。我个人的经历也算是比较坎坷的。我是本县人，由于一些原因，小学毕业后只读了一年初中。由于我自己喜欢做一些小物件，学学木匠，画画，街道看中了，把我弄去搞黑板报，其实就是去画画。到了1973年，砚厂（安徽歙砚厂，简称"砚厂"）开始招工人，受街道关照，我被推荐到砚厂学习制砚，从此我就一直在砚厂工作。进厂后，汪（律森）老师是我的师父。我进厂以后的事情，一下子也讲不清楚，你可以参考我的口述史资料，是黄山学院的一位老师给我做的，那个里面说得就更详细了。

沈：后来因为喜欢，又擅长，您慢慢地就从事歙砚制作工作了？

曹：对，我擅长做木工一类的小物件，这样就接触到了这类艺术。进入砚厂后，由于我个人对这方面喜爱，通过自己的努力在很短的时间内就可以独立工作了。从1973年开始，我以合同工的形式被招入砚厂，一直干到1978年。1978年以后，我成为正式工人。由于进步比较快，80年代初我就进入了砚厂的设计组担任了副组长。1985年当了车间主任，到1992年，出了很多作品。1992年当副厂长后，实际操作的时间比较少，后来作品就少了，后期就开始带徒弟了，集中精力将技艺传给他们。

沈：您有很多徒弟，现在也出名了。我很想知道，后来非遗"热"了，您被评为首批国家级非遗项目代表性传承人后，事业有没有受到影响？

曹：非遗"热"了以后，我被评为国家级非遗项目代表性传承人，这事确实激发了我创作上的更大的热情。但作为公众人物，我必须要去参加一些活动，所以创造性上面受到一点影响，创作时间上也受到一些影响。

沈：我看网上有人说要挖您，您却不为名利所动。有这回事吧？

曹：我被评为国家级非遗项目代表性传承人是在2007年，年纪也大了。我一辈子都在这个工厂工作，在最低谷的时候曾经是有人来叫我走的，但我没有走。这有几个原因：一是家庭的原因，离不开；二是感觉自己出去帮人家干活倒不如自己在工厂带徒弟，更能发挥自己的特长；三是把自己所学的传给下一代，这是我作为传承人必须要尽的义务。基于这几个原因，我一直没有出去，一直干到现在。

沈：您也在行知学校当老师吗？

曹：当过。行知学校开了公益班后，会请一些校外的专业老师对学生进行实操训练。这几年不去了，因为学校已经有了自己的老师。另外我是在工厂工作，我只能利用业余时间去，这可能对他们的正常教学也有影响。比如学校需要我的时候我在工厂走不开，所以他们就另外聘请了一位老师，专门在学校教学。还有几位大师在学校开办了工作室。我就在这个工厂里带徒弟、抓管理、抓产品质量，专心创作，到现在也没去申请工作室。

沈：您对名利为何能看得这么淡？

曹：这没什么，我认为只要自己踏踏实实工作，把自己的这门技艺传下去就好。办工作室麻烦事比较多，其实没必要。现在大家一起在厂里带徒弟，也很开心，反正我的成绩大家都能看到。

沈：人家买歙砚的时候怎么知道这是不是曹老师的作品。

曹：是我的作品，我肯定会落款的，我们厂卖的作品我也要把关。有的客人建议那些作品也刻上字，一般来说，不是我的作品我不会随意落款。但是厂里的作品都是在我的指导下做的，如果客人要求落款，我为了工作也会落款。但是这些作品必须经过我挑选，要能达到我的标准和要求才行。

沈：不瞒您说，我昨天在附近市场转了一下，有些体积较大的歙砚也就两三百块钱。

曹：这是有原因的。咱们歙砚有两种叫法，一种叫老坑的砚，一种叫新坑的砚。老坑指的就是最早开采的那些采石场，从那里挖出来的砚石制成老坑出品的歙砚，是最具代表性的歙砚精品。还有从其他地方开采的，它不属于老坑，也就称新坑。二者材质上的区别很大，像这么大一块新坑的砚如果卖 1000 块钱，那么若是老坑出品的就值几千块钱甚至更高，这就不一样了。所以你说的市场上的体积较大的 200 块钱的砚，一种可能是假的，不是真的歙砚；还有一种可能就是新坑的砚。而且它不是手工雕的，是机器雕的。机雕和手雕作品的风格不一样，手工雕的东西融入了作者自己的感情，有作者的理解与技巧技艺；机雕的呆板，没有灵韵。两者区别很大，因而价格差异大。还有一个原因，作为一个手艺人，他必须要生活，他创造出来的东西要卖掉才有收益。在这种情况下，很多手艺人为了生活，生产出来的产品简单一些，而且材质要差一些，所以价格也就低了。我们工厂既有老坑的砚，也有新坑的砚。新坑的砚，属于大众易接受的、物美价廉的东西，价格稍微低一点，在市场范围内有一定接受度，比如一些学生，还有一些砚的爱好者买回去观赏收藏。我们工厂绝对不会以次充好，会区分老坑和新坑的砚。但如果你不具备歙砚知识，你就无法鉴定。目前真正好的砚台，价格都挺高，原石本身就存在成本，再经过加工，一个工人做一天就会产生相应的人工费，一个人做一天肯定做不好，要好几天，这样一算总成本就不低了。

沈：以前您要生活、要工作，现在相对来说衣食无忧了，有时候对金钱这块儿不是特别在意。是不是卖多少钱都没有感觉了呢？

曹：卖多少钱对于我个人来说没有什么意义，我已经有了固定收入，而且退休了。不过我一直是这样子，从我参加工作以后，一直都是这样，每个月就是拿那一点工资。当时是为了学手艺，把自己的作品做得更好，也没考虑过这些。现在，我们生产出来的产品，价格我不管，我也不去问。为什么呢？因为都与我无关了。所以说到底，我把我的事情做好，我把我的徒弟带好，把我的手艺传给他们，就行了。

沈：能做到这样您真的很伟大。

曹：这个谈不上伟大。我这个人很平常，一直很低调。人过完一生都不容易，不能说不考虑实际生活，但关键是自己的思想、心态要摆好，把自己的位置要定好，要看到自己的不足和自己的长处，并在生活和工作当中进行调节。如何调节？就要靠自己。工作中有压力了，就放松一下，出去玩一玩，使自己平静下来，才能慢慢解决工作中遇到的难题。我60多岁了，社会经历非常丰富，个人生活经历也是比较坎坷的。虽然我文化水平不高，但我一直坚持自学，也是我父亲的缘故。我的父亲在印刷厂工作，他是搞排版的，当年我在失学以后跟着我父亲在他那个岗位也做了一段时间。我写的字在二三年级的时候就作为标准给大家学习了。

沈：请教您一个私人问题，您的后人有没有对歙砚感兴趣的？

曹：没有。我只有一个女儿，她是在1983年出生的，当时国家有计划生育政策。我女儿对画画感兴趣，她现在正在学画画，现在她在江苏昆山。我没精力教她了，她也没时间。

沈：砚石，老坑的也好，新坑的也好，好像都缺资源吧？

曹：资源肯定是匮乏的。为什么？因为老坑的砚石基本不开采了，目前只能用新坑的石头。歙砚有两个概念，一个是广义的，一个是狭义的。广义的就是指黄山市以及宁国、婺源这一带出品的歙砚。应该说最好的砚石出在婺源龙尾山；其他的虽也叫歙砚，但是砚石比不过婺源县的。目前为止没有找到比龙尾砚石还好的石品，所以资源确实有一定的问题。不过怎么说呢，咱们这个事业还是能做下去的，咱们的传统文化越来越得到重视，砚作为文房四宝之一，离不开中国传统文化。只要这个市场存在，我们这个事业肯定能传承下去。

（沈喜彭执笔，2019年6月）

五、郑寒：从事砚雕是在学校毕业之后

访谈时间：2019年6月29日
访谈地点：黄山市郑寒砚雕艺术中心

郑寒，男，1963年6月生，安徽歙县人，第三批国家级非物质文化遗产项目歙砚制作技艺代表性传承人，安徽省高级工艺美术师，国家级砚雕大师。郑寒于1979年踏上专业砚雕之路，2005年创办黄山市郑寒砚雕艺术中心。他擅长山水、人物、花鸟砚的制作，刀法遒劲、老辣、简练，雕刻上深、透、镂、点、线、面相结合，构思巧妙，擅用石色纹理。郑寒师古不拘古，创作中崇尚源于自然的法则，认为"外师造化，中得心源"。1997年，其作品《黄山胜迹印痕砚》被选作赠送日本的国礼。2004年，其作品《中国龙砚》被选作赠送法国的国礼。两件国礼出自同一位砚雕家之手，郑寒被誉为"中国第一国礼砚雕家"。2008年，其作品《天圆地方罗盘砚》被选作黄山市政府赠送国际奥委会终身名誉主席萨马兰奇的礼品。同年，《郑寒砚集》出版。2010年，郑寒参加以"盛世徽韵"为主题的中国2010年上海世博会安徽活动周非物质文化遗产展演活动。

沈：郑老师好，我们又见面了。这次来我主要想向您请教几个问题。第一个是您从事歙砚雕刻的原因；第二个是歙砚保护、传承和创新方面的问题；第三个是关于歙砚的发展和现状的问题；最后就是想请您谈谈对一些问题的看法，比如歙砚的材料，以及行业之间的竞争等。

郑寒（以下简称"郑"）：我小时候就喜欢画画，读中学时就跟老师学习美术，真正意义上从事砚雕是从学校毕业以后。毕业之前，我还没有真正地接触到砚和雕刻，那时候画画就是自己对照着画，后来跟着区文化馆里的傅炳奎老师学习画画，画国画。走上砚雕这条路其实跟我中学时期的经历是有关系的。我们当时的校长方老师发现我在艺术方面有天赋，知道我对数理化不太感兴趣，就给我指了一个方向——学习砚雕，但是要先正常完成学业。当时他有个亲戚是从事歙砚雕刻的，后来他的那位亲戚成了我的砚雕老师。我的恩师叫方见尘，又名方建成。

沈：方老师很有名的。

郑：是的。当时方校长发现我将来高考考上大学的可能性不大，要是从事艺术也许能有所成就。当时没有艺术生之说，我毕业之后，校长就带着我到县城找到方见尘老师，这时我才真正开始了解歙砚，加上小时候对雕刻的东西也挺感兴趣的，所以决定学这门手艺，于是就开始跟他学。跟方老师接触以后，又跟方老师的父亲学习画画。这两个阶段的学习为我以后从事歙砚雕刻事业打下了非常良好的造型基础。实际上，我们的技艺是一门综合艺术，把书法、绘画融为一体，所以个人见地和修为能够决定将来作品的品质和风格。尽管这段时间，画得比较多，雕得比较少，但我从绘画当中汲取了很多营养。歙砚研究所成立以后，方见尘老师进入研究所从事歙砚的研究、雕刻等方面的一些工作，而我也随着方老师进入了歙砚研究所。从这个时候开始，我才真正意义上走上了职业化制作歙砚的道路。

沈：歙砚的研究所还蛮多的。

郑：研究所就一个。那是20世纪80年代初期，市场经济还没有开始，就是后来，做歙砚的也不多。

沈：您做得比较早吧？

郑：对，那个时候歙县有三家单位，一个是比较早的歙县工艺厂，一个是四宝公司，再一个就是我们歙砚研究所。应该说，在歙砚研究所的历练为我在歙砚技艺上的进步和发展打下了很好的基础。包括我在内的很多同行，都是从这个单位走出来的。

沈：是不是可以这么讲，研究所并不是纯粹做歙砚的？

郑：研究所是一个半研究机构。当时它下面还设有一个歙砚旅游工艺厂，作为实体工厂从事歙砚雕刻。

沈：郑老师，假如您没有进入研究所，可能发展不会那么顺利吧？

郑：应该说从事这个行业本身没有什么问题，而进入研究所对我的个人发展起着一定的作用,我个人认为是这样。歙砚雕刻本身是一个非常传统的技艺,砚自身就是一种文化器具,具有实用性、功能性。工艺厂(指比较早的歙县工艺厂)和研究所不一样的地方就是,工艺厂主要是出产品的;歙砚研究所则提升了歙砚雕刻这一传统工艺的地位,不但使它保留了实用性的功能,还把它归到工艺美术的范畴,使它更多地以艺术的面貌呈现。从雕刻题材看,以前大部分都是刻树叶,或者刻看起来比较简单的,比如刻个青蛙,刻个牛,刻个芭蕉。方见尘老师作为歙砚恢复生产之后的第一代制砚人,最大的成就是提升了这项传统工艺的艺术价值。今天包括我们在内的这批人为什么能取得那么大的成就呢?实际上这是建立在方老师的基础上的,他是创新者、开拓者,我们只是沿着他的道路前进,再加上自己的元素,走出自己的路来。我跟这个老师学,跟那个老师学,确实会有不同的结果。比如我要是跟着很传统的老师,学成之后可能会受他的影响,也就是我的技艺特点、我的技艺表达手法,可能会受他的影响;如果跟具有创新性的老师学习,无形当中就会融入他的最有代表性的审美风格,这样就对后面的创新起到引领作用。歙砚研究所的人大多受方见尘老师的思想影响,他真正地将歙砚雕刻技艺推到一定的高度。

沈:这个也涉及我要问的第二个问题——传承和创新问题。歙砚是在传承中创新,在创新中传承的,对吧?

郑:实际上从砚本身来讲,有了墨、宣纸以后才有了砚。每个时期歙砚都有不同的风格。制砚技艺延续到现在,是需要在传统的基础上不断演变的。当然现在社会变化大,砚本身的市场在萎缩,也就是说用砚的人很少。但是作为非遗技艺,你要传承,就必须在传承的基础上,随着时代的发展,或者时代审美意识的发展,相应地做一些改变,要去适应这个时代的风格。所以我们在这个行业当中必须要这样做,不然就会逐渐落伍。国家这几年对传统文化很重视,重视技艺的保护和传承。传承首先是带徒弟,把技艺传给徒弟;其次我们现在跟一些学校合作,我们去给学生讲课,这也是在传承非遗。

沈:那挂了牌(指被评为"国家级非物质文化遗产项目歙砚制作技艺代表性传承人")之后有没有补助之类的呢?

郑:有,但不多。

沈:您是不是和其他大师一样,和一些学校原来是有合作的?您觉得您和学校的老师一样吗?

郑：我觉得我和那些学校的老师是不一样的。学校的老师主要是研究非遗的历史，教学上偏理论；我的技艺表现在手工上，偏实践，二者是不一样的。国家开设非遗研修班，我们也在研修班给学员上课。上课就纯讲内容，讲内容其实没有用。制砚是一门技艺，要在实践当中去学习。从某种角度上讲，在雕刻的时候，我可以手把手地指导学生，这个比光讲内容会好一些。

沈：采访过几个老师之后，我发现大家有一个共同特点，就是本身很大度，思想也开放。一般来讲，有些人带徒弟也好，去学校讲课也好，不可能把所有的本领都告诉别人。

郑：非遗，因为门类比较广，可能有些项目在制作中带有一些私家配方，这方面可能有些人会留一手，因为自己的配方不愿意交给别人。我们这项技艺纯粹是手工技艺，不是我不教你，我就是教你，你倒是都能拿得去呀！技艺是通过多少年的积累练出来的，不是我今天看到你雕一个，回去我就能雕一个。我们没有什么保留的，我尽我所能地去教，但问题是，不是我教你，你就能学会。天赋是一方面，因为工艺美术跟纯美术是不一样的，工艺美术属于技艺，既需要脑力，也需要体力。雕刻是一种技艺，这就不仅需要先天的能力，还需要老师的指导，且要不断地练习，只有通过多年的训练、培养方能逐渐达到技艺要求。我们在带学生的过程中，并没有不教学生，留一手，其实不存在这个问题。我毫无保留地教学生，他们都未必学得好，主要问题是现在很少有人真正意义上能做到静下心来、沉下气来，老老实实学完。基本上就是跟你学两年、三年，或四年、五年，可能刚会做一点就走了。很多人只是纯粹想把这项技艺当作一个谋生的手段，并没有把它作为终生的事业或者终生的追求。所以不是我不教他，是他没有恒心、没有毅力去把它学好。

有一年我在央视参加一档节目，后来有大学生给我打电话说要跟我学砚雕，然后我讲了几句话他就不想学了。就是因为有一部分人不理解这个行业，他们认为只要学一两年，就能达到我的水平。我告诉他，学这项技艺，不要说达到我的水平，你在这个行业当中能做得好一点，就是你做的东西能拿得出手，你要用 10 年的时间。他回答说："啊，要这么久吗？"我讲，这个 10 年是少的，你不要认为你来学几个月就行，我们这项技艺是没有速成的。你要有毅力，也要有恒心才能真正学有所成。现在回想起来，当时我们学习的情况，跟现在的学生学习的情况，是不同的，社会环境也不一样。我们那个时候相对来讲没有现在这么发达，现在电脑啊，手机啊，这些东西对年轻人的影响是很大的。我们那个时候连电视都没得看，那干什么呢？可能就是看看书呀，练练刀呀。我们那时还没步入市场经济时代，大部分人对经济的概念还是很不足的。我们一个月就拿到20块钱，这就是生活成本，接下来就是工作、学习雕刻，没有更多的想法。那么现在呢？年轻人从学校毕业就20多岁了，要开始谈恋爱，要买房，所以本身的生活压力也造成了他们比较浮躁的心态。社会本身也浮躁，生活所迫吧，他们要谈朋友，谈朋友要考虑到结婚等，都要花钱，这也造成他们没法静下心来去做更多的事情。实际上带徒弟是我们自身，或者作为大师的一种义务，我们要把我们的技艺传给下一代，这也是我们应该做的事情。但是问题出在哪里呢？原来我们跟老师学手艺，一般来讲，师徒关系就是"一日为师，终身为父"，我们之间没有多大的利益关系，就是我跟老师学，在他那儿吃饭就行了，不存在想着多少报酬的事情。以前跟人家学手艺，跟着师父去做事，光有饭吃，没工资拿的。但是现在，一个很大的变化是什么？年轻人到你这儿虽说是学手艺，但你必须要给他薪水。现在所谓带学生，带徒弟，相当于请工人，我请他来，不管他能不能做出东西，每个月都要给他薪水，这样一来，老师就很难做了。因为他刚来什么都不知道，我要教他，教他起码要几个月或者几年的时间。其间，他没法做出可以用的东西，而且我还要买材料给他。教了两年、三年，刚刚能当个帮手的时候，人家就走了，要自己去挣钱了。但是我花的这个精力，花的这个时间，花的这个金钱怎么办呢？在这个阶段，实际上我们什么也没有得到。就像现在学校的师生关系，学生毕业以后，老师就不管了。所以师徒之间的关系比较远，情谊也比较淡，没有以前那种师徒之间的情感了。最困扰我的是，有些人虽然表示愿意跟我学，但并不是说要把我的技艺学得多么好，而是说希望自己的老师在这个行业当中是赫赫有名的，只是要老师的名号，把它作为跳板。可能他需要的是这种效果，并不是讲他要把老师的技艺学得怎么样。

沈：我知道您有一个女儿，她已经考上大学了吧？

郑：她现在已经大学毕业了，工作和歙砚无关。我虽然从事这个行业，但还是要尊重她的喜好，不能勉强她。虽然她现在不从事这方面工作，但是如果她愿意做些事情，比如整理我的一些相关的东西，总结我技艺方面的一些特点，等等，那么有时间可以让她去做这些事。另外，我是她父亲，她要对我的作品有所了解，要能辨别真假。真假要是都不知道，那就不行了，起码她要能了解我的作品。

沈：我是皖北人，像我们这样在农村长大的孩子，根本就接触不到像您这样的大师。

郑：这跟所处的环境有关系。我们黄山有很多做手工艺的人，这一块大家接触得比较多。

沈：您对歙砚行业的创新有什么看法？或者说，它的影响因素有哪些？

郑：社会的文化需求、审美要求在变化，这会促使我们自身要去适应环境，适应变化。在这种环境下，我们要对歙砚的技艺做一些新的探索，打开新的思路。当然砚作为固有的一种文化器具，不管你如何创新，如何表现技艺手法，首先还是要保留砚本身的使用功能，这个是不能改的，否则你做的就不是砚了，就是雕塑了。要有限改变，不能改变它的形式，一定要保留其传统的功能性的东西。你所改变的是你的雕刻技法、你的表达手法，以及表达形式。我认为在传统歙砚雕刻上我们要做的，就是在保留传统的基础上，保留它原有的使用功能，提升它的艺术价值、收藏价值，只有这样才能使这门传统技艺更好地发展，这是最重要的。创新传统技艺，容易走进一个误区，就是将原本功能性的东西丢弃了，更多的是讲究工艺性，实际上这并不是非遗传承所注重的。传承的初衷就是要保留传统工艺的特点、属性，应在这个基础上再延伸。

如果让我设置标准，我的标准首先就是，你雕得再好，如果改变了砚台原来的"语言"，就已经偏离了方向，那肯定不行。砚雕的标准里面有一条是这样的：砚池与砚堂的面积，一定不能少于砚总面积的三分之一。现在有些砚为了表达一定的意境，会减少砚池和砚堂的面积，但是这个还是要控制在一定的范围之内，否则就不是砚雕了。歙砚雕刻跟绘画是不一样的，绘画中，你可以按照你的想法随意构思，因为纸是一个空白的平面。歙砚的设计难在石材。天然的石材比较贵，而且资源越来越少。拿到石材后先看它的造型，要是合乎美的要求，那我们是可以用的。很多传统的砚都是雕成规范性的形状——长的、方的。但是在现在石材缺少的情况下，这样雕就有点浪费。我们现在很多时候要利用石材自身的形状来设计，或者是根据石材当中自然的纹理来设计，这样对设计的要求就比较高。大家都追求创意没关系，你可以用不同的题材，可以刻龙，可以刻凤，所有的东西你都可以去刻，但是你不能破坏材料的美。同时，不管如何设计，大家一看，这个东西首先是砚，其特征不能被改变。拿到石材以后，你要考虑砚池开在什么地方，开多大的面积合适，这样就会增加设计上的难度，这个要求就比较高。所以雕刻跟画画之间不一样的地方就是，画画是不受材料（载体）限制的，雕刻是受限制的。砚雕是在砚石材料的基础之上去利用、去表达，要受材料的影响，受材料的限制。

沈：郑老师，您会不会有很满意的作品不舍得卖？

郑：有。我们现在做的个性化的砚跟古代的不一样。以前的砚，就是传统形式的砚，虽然对技艺的要求比较高，但可以无限制地复制。现在我是利用天然石材结合人工技术，做出个性化很强的砚。

沈：最后一个问题。成为大师对您个人的事业有没有什么影响？

郑：实际上对待荣誉、名利的态度是因人而异的。就我个人而言，不管获得多少荣誉，最后还是以作品说话。实际上这些年，有的成为大师的人，可能更多地把时间用在营销或者牟取利益上。我现在除了带一两个学生以外，没有在街上开店、办企业。虽然政府希望做大做强，但做大做强其实不是大师做的事情，大师应该起到标杆作用，做大做强是企业的事情。如果大师忙着做大做强，还哪有时间去研究、做作品？不可能的。企业可以做大做强，是因为企业有几十人、几百人，大师怎么可能分出心神来做这个事情？其实，这里存在一个矛盾，手工技艺是纯手工的，做大做强需要机器工业化，而激光雕刻的出现抢了很多手工艺生产者的生计。另外，从学徒开始，到后来成为省级大师也好，国家级大师也好，这是一个漫长的过程，在整个技艺培养的过程当中，这个人是需要生活的。不管他跟哪个老师学，不管学几年，他刚学出来做的东西只能是比较低端的东西，成不了非常好的作品。不过，市场也需要这类产品，它们可以用作纪念品等，这个正好是刚学成技艺的人可以做的。

（沈喜彭执笔，2019 年 6 月）

六、吴兆光：黄山市不少非遗项目都有竞争对象，恰恰罗盘没有

访谈时间：2019 年 6 月 29 日

访谈地点：黄山市吴鲁衡罗经体验馆

吴兆光，男，1984 年 1 月生，安徽休宁人。安徽省第十二届人大代表、万安罗经文化博物馆馆长，吴鲁衡罗盘制作技艺第八代唯一嫡系传人、非物质文化遗

产省级代表性传承人、安徽省工艺大师、高级工艺美术师，万安罗盘制作技艺国家级非遗代表性传承人吴水森之子。吴兆光自幼随父习作罗盘，个人作品多次获国家及省部级奖项。多次受邀赴香港、台湾、澳门、北京等地制作表演、宣传推广万安罗盘文化，多次为各级领导介绍万安罗盘，主持维修吴鲁衡百年老店、修建万安罗盘非遗传习馆。2012年11月，主持建成万安罗经文化博物馆。

沈：我们又见面了。您是第八代传人吧？据我所知，有些非遗大师的孩子对非遗不太感兴趣，就没学。

吴兆光（以下简称"吴"）：这可能牵扯到挺多的因素，我个人觉得有几个方面，比如现代人的宗族观、家族观相对较弱，不一定会为家族利益放弃个人兴趣。讲到这里就会牵扯到一个问题——教育问题。我曾听一位教授讲课，他讲课讲得也生动，他说孩子想干什么就干什么，但我是非常不认同他的这一看法的。地域不同，人的文化基因也不同，不能一概而论。西方的文化拿到中国来，就不一定适用。我已经是第八代传人了。从第一代开始，手艺都是父子相传的。先祖叫吴国柱，字鲁衡，我们对外的店名、商标用的都是"吴鲁衡"，吴国柱是很少提的。后来传到吴涵辉（吴光煜，字涵辉）的时候，他把生意做到全国，做得比较好，吴涵辉就用他名字中的一个"涵"字做标志。实际上这个"涵"字就是一个时代的烙印，后来的人就都沿用这个"涵"字，店铺就叫"涵记"。到了第五代的时候，第五代传人吴毓贤就是我太爷爷，他早期还是用"涵记"。你可以到万安老店去看，门口的字就是我太爷爷亲笔所书。1915年，万安罗盘在巴拿马万国博览会上展出，获得了金奖，这就把万安罗盘做到世界有名了。现在我使用"毓"字作为标志，作为我这个时代的烙印。

沈：吴毓贤是名字？

吴：是名字。他之后就到了我爷爷那一代，吴慰苍是我爷爷的大名，但很长时间之后才用大名，以前名叫"不易"，"易经"的"易"，就是"不容易"的意思。为什么叫这个名字呢？因为我太爷爷在我爷爷出生的时候，已经49岁了，我爷爷又是独子，所以"不易"。再后来，传到我父亲这一代。我父亲原本也不叫吴水森，叫吴慈修。什么意思呢？就是"修"来的。因为我父亲是1949年出生的，我爷爷是1900年出生的，我爷爷也是49岁才有了我父亲的，父亲也是独子。也就是说，传三代人就用了98年，到我这代总共有300年历史了。学历史的人就能反应过来，300 年的老店不应该只传了八代人，一般应该能传到第十一、十二代人了。

沈：您有没有兄弟姐妹？请再谈谈老店历史。

吴：我是独子，我们家四代单传。早年，万安罗经书上写的是源于元代，实际上源于清代，但是我也不去深究这个历史问题了。一个事物的发展与一个地域的文化、政治是相关的。到清代中叶，徽商发展到了鼎盛阶段，这时人们就会到外面赚钱，赚钱以后干什么？盖房子。古人讲究风水，风水行业在清中期的徽州非常盛行，对工具的需求就增多了，导致罗经业一下子发展起来了。一直到清末民初，万安镇一带还有 10 多家罗经店。同期还有个叫汪仰溪的人，汪仰溪也是做罗盘的，但他的店在 19 世纪末、20 世纪初就停业了，你上网可以搜到一些资料。现在网上还有很多说法，比如有人说方秀水、胡茹易、吴鲁衡的罗盘较为知名。20 世纪中期，我们店公私合营了，为国家生产罗盘。后来要破"四旧"，这个行业就不用做了，这个牌子也就没人用了。改革开放以后，我父亲率先恢复了万安的罗盘业，恢复了以后，就把老店归到自己家了，包括当年店里的东西都拿回来了。这对我们延续技艺作用很大。

沈：那博物馆里的东西都是买的吗？

吴：有一部分，比如方秀水的罗盘、汪仰溪的罗盘，包括胡茹易的罗盘，还有别的牌子的，我那里有很多。一直到今天，我都觉得大学考不考不是最重要的，因为个体是不同的。上大学当然很好，但是你自己要明白自己需不需要去考大学。工作的第一个作用就是能养家糊口；第二个作用就是做事业，去做一件你感兴趣的事情。

后来我对我们店铺进行了翻修，2009 年开始的，到 2011 年修好。然后我又把后面的老作坊改成非遗博物馆，2012 年非遗博物馆建成，当年 11 月 7 日开馆。我们的非遗博物馆是不收门票的，到目前为止是公益性的。适当地收点门票不是不行，但是我觉得，建博物馆是为了介绍罗盘，收门票实际上是设了一个门槛，参观的人可能会变少。不收门票我们可能会很累，因为来的人多，接待量会大。但是事物本身有利也有弊。在博物馆我们给大家讲解，大家了解了这个行业之后，就会知道这里面涉及古人对人与自然关系的认识。这种情况下我认为还是做公益的好，这样来参观的人就多了。

沈：在芜湖是不是也有一个关于万安罗盘的体验馆？

吴：有一个，但是那纯粹是做品牌展示，我是不指望它能赚钱的。我觉得也挺好，可以介绍罗盘，让更多的人知道罗盘。

另外，制作罗盘本身存在一个问题——产量小。我做的罗盘数量很少，纯手工制作，自己的客户都不够卖。数量少的好处就是容易辨别，客户打个电话就核实了。我觉得选这个路子，对我的品牌、对我的老店来讲是对的。政府希望我们做大做强，但是我们作为大师无法做大做强，因为有些行业不具备做大做强的先天条件。我们做纯手工的产品，数量就不能多，一旦批量化、机械化生产，10万面也是能做起来的，但你觉得还有市场吗？结果就是整个市场都是次品。东西不好，人们对这个行业的评价就慢慢变差了。所以我们老店不做这种事情，这也是为什么我们店能延续到今天。这种传统的销售模式、运营模式、生产模式，就是我们对自己的定位。

沈：请您谈谈万安罗盘在传承、保护中遇到的一些难题。

吴：按照现在非遗发展的要求，技艺是要传给徒弟的。但是怎么可能把一个老店交给徒弟呢？本身就不现实。我采用父子相传的办法，我不告诉他（员工）制作方法，他也就带不走，我们主要采取这种方式。实际上徒弟也好，学徒也好，员工也好，都是一个概念。他工作是为了什么？养家糊口嘛。只要能养家糊口，大家都一样，他有什么不高兴的呢？你要是克扣他的工资，那他就不干了。只要你做到不克扣人家，该给人家的就给人家，我相信绝大多数人不会做缺德事。品行好的人还是多的，坏的还是极少的。但是我觉得传承方面真正的最大的问题还是原材料的问题。因为罗盘的原材料是白果树（银杏树），资源供应就存在一个矛盾。比如文化部门说你要传承，你要带头做，但是有些部门说你不能做，因为你做了这个东西就要用这个材料。不能砍树、不能买树，那上哪儿拿材料呢？你说我偷工减料用塑料做，或者是用别的东西做，行吗？它确实是矛盾的。

在我们看来，在原材料方面，我们现在的管理部门之间很难协调。有些部门是很重视的，比如文化部门、宣传部门，都希望我做大做强。从某种意义上讲，某些东西有竞争对象，比如福建有木雕，它也是国家级非遗项目，它跟徽州木雕之间是有竞争关系的。黄山市不少非遗项目外面都有竞争对象，恰恰罗盘没有。罗盘在国家级非遗项目中就我们一个。问题就出在这里，我们的政府很重视，但每个部门的职责不一样，有的部门的职责是促进文化发展，有的部门的职责是保护林业,保证白果树等不被砍伐,各部门之间是很难协调的。我认为有关部门可以给我们提供少量或者限量的树木,比如限定指标,一年给我们两棵或三棵白果树。我们提了很多回,但没有先例,情况又比较特殊,所以我觉得这样反而困扰罗盘的制作了。如同你做竹雕,但有人告诉你现在开始竹子不能砍伐了,你说怎么办?歙砚的情况还好一点,老坑现在虽然不能挖了,但是还有新坑,起码给你留条出路。早些年我就想过办法,但没有结果。不过我们现在还有一点存料可以用,但时间长了就困难了。

沈:那除了木料以外,还有没有其他影响因素?

吴:我觉得还好,对我来说现在这种模式还是健康、良性发展的,不能要求它发展太快,也不要希望5年、10年就能发展成一个大厂、大企业,这样也不现实,本来它的发展就受限于产品的文化特点。对我们来讲,屯溪老街也是开了一个窗口,这也是一种关照。老街要有文化积淀,一个老的街区,没有文化,全靠卖小商品,最后不就成小商品市场了吗?没有小商品不能满足一般人的要求,但是全是小商品也不行。比如吃饭,光有辣椒酱不行,还要有烧饼,有酒穿插着,这样你才会感觉很丰富。不同的文化会给你一种丰富感。还有,我认为带徒弟只是非遗传承的一个方面。谈及带徒弟,首先徒弟得跟我学,如果大家都不跟我学,我就没徒弟了。我们通过研学这种方式让更多人了解这个文化,它可能没那么细,很粗略,但是一万个人过来学习,其中可能会有一两个人对罗盘比较感兴趣,回去之后可能就会反复琢磨,几年以后,可能就想着自己要从事这个行业。这不就培养了兴趣了吗?我们通过这种方式慢慢把文化传承做起来。这种方式是为将来做打算的,为国家的非遗传承做铺垫。

沈:您现在和一些学校是不是也有合作?

吴:我现在暂时不跟人家合作,为什么?因为就这项技艺而言是没有用的。我说实在话,学校本身连这方面的师资都缺少,而外聘老师一个礼拜可能才去一两次,要带一批人学习。要知道,这项传统技艺大都是一个师傅带一两个徒弟,带两年、三年,天天带,才可能带入门的。

沈:对罗盘制作来说,创新是不是要少一些,更多的是坚守传统?

吴:我们不是说不能创新,我觉得创新是有一定的目的的,不是为创新而创新。现在不是有罗盘弄成新式的?但是一年能卖几个?10年还没卖掉一个。那这种创新有什么意义?比如,我们现在将油漆面做一些处理,让它的磨损率降低一点，使用寿命更长，这是不是创新？这也是技术的改进和创新呀。创新是多元的，是多角度的，比如我的技术革新了，我们通过新的技术，让东西变得更好，更实用，寿命更长，这不也是创新吗？比如我们现在的罗盘指针更抗震、抗摔，罗盘更加抗氧化、寿命更长，这都是创新。所以有时候我们可能误解了国家对创新的要求，觉得创新就是把圆的做成方的，但这只是外观创新。有时候创新还要根据这个产品的特性去进行。

现在有人会模仿我们的创作，网络购物平台上还有人打着我的旗号生产罗盘。早年有客户买了别人做的罗盘反而投诉我们假冒，明明我跟他们没有关系，但我得拿出历史依据来。比如我讲我是第八代传人，我怎么证明呢？第一我在做，第二我父亲在做，证明两代人没有问题。第三怎么证明我爷爷在做？用我们老店的系统图。因为老店的系统图里从第一代到我爷爷这一代全都有体现，图上的墨都可以拿去鉴定，是今天的还是清代的，如果是清代的，可信度就非常高了。还有我爷爷的1959年的户口本，他的职业那一栏写的是磨金手工业，证明就是做罗盘的。那他的父亲怎么证明是做罗盘的？除了刚才讲的图，家谱也是一个佐证。家谱上面印着字的，你可以去鉴定上面的字是哪一年印的，现在可以做分子鉴定嘛。那上面写着"老吴鲁衡涵记嫡传四世孙"，什么意思呢？这句话证明他是吴鲁衡嫡系子孙啊！四世孙就是第五代，下面还有吴毓贤的肖像，证明这个人就是吴毓贤。

沈：没有人去质疑吧？

吴：没有。但是我认为不要我讲什么就是什么，要抱着怀疑的态度去看每一个事物，然后通过资料去考证。网上有些事情说得头头是道，但那都是编的，纯粹是编的。我们的传统文化不应该通过这种方式宣传。如果你们是师徒你就说是师徒，但很多都不是。你也可以说我什么都不是，但是我有能力，我创造东西了，你认不认可都行，有人认可就行。很多人到我店里看罗盘，我告诉他们可以重视也可以不重视，因为你来的目的是买罗盘，买罗盘是干什么呢？是为了用，你要看好不好用，这是第一要素。假如你走进一家商铺，人家跟你讲这是祖传的，是有历史的，那你也是看东西好不好用，东西不好用讲什么都是空话。

沈：您这里面有很多核心技术，有没有人要求您透露？

吴：没有，没有强制。但是之前让我做（行业）标准的时候我不愿意，不为别的，只因为这里面有几个问题。这个标准做出来以后别人做不到，那怎么能叫标准呢？标准是别人必须能达到的，别人达不到就是不达标。那这样一做，别人不就"没饭吃"了吗？这是第一个。第二个，要保证别人"有饭吃"，就要把标准降低。我的标准本身就是最高的，你叫我降低我肯定不干啊。实际上，我们行业不适合走标准化这条路，这种是工业化的路。我们这种传统手艺，比如指针，它最重要的技术在你看不见的地方，至于在哪里、怎么做的你不知道，我哪怕讲给你听你都不会做，即使你记录下来也没有用啊，最后还是云里雾里。但只要把传承保住了，不就保住这个技术了吗？传承人只要活着，一直在带徒弟，一代传一代，那么这个技术不就一直在传承了吗？

沈：您评上非遗传承人之后，和之前相比，就是跟您还不是传承人的时候相比，有没有不同？有没有影响您的创作？

吴：我觉得人要看清自己。我们老店能一直延续下去，这一点我真的敢讲。在安徽省，目前这种传统的店，我们是一家，我不能讲是唯一一家，但其余真是屈指可数。坚持传统的生产方式、传统的销售方式、传统的发展观的店，很少。我对生活的态度比较随意，我对吃什么住哪里，不是很在意。可能每一个人不一样。我觉得一个人做着自己喜欢做的事情，然后能平平安安的就很好了，有个词叫"知足常乐"。

沈：最近5年或者10年在经营上都不会有什么压力吧？

吴：老店经营到现在，从本身的生产经营上来讲，原材料是一个方面的压力。但是这几年我觉得是比较轻松的，最初那么苦我都挺过来了，今天不比那个时候好多了吗？好了多少倍了！这才10年时间，还有什么不满足的呢？有问题没关系，慢慢处理嘛。其实很多时候我更喜欢沉浸在"做"的这个过程当中，做完以后反而不当一回事了。

（沈喜彭执笔，2019年6月）

七、方新中：砖雕有一个致命的弱点

访谈时间：2011年7月

访谈地点：歙县行知学校

方新中，男，1949年10月生，安徽歙县人，第一批国家级非物质文化遗产项目徽州三雕（砖雕）代表性传承人。方新中自幼学习绘画及木、竹、石雕技艺，1985年考入安徽省徽州古典园林建设公司（以下简称"徽州古建公司"），专门从事木、竹、石雕刻。方新中十分擅长砖雕，在继承传统砖雕技艺的过程中，不断充实、丰富，勇于实践、大胆创新，设计制作了各式大小砖雕作品。代表作有《松鹤图》《走进徽州》等。

问：方老师好，我们想向您请教一些砖雕方面的问题，请您给我们上课。

方新中（以下简称"方"）：我的文化程度较低，初中都没有毕业，你们叫我系统地讲（砖雕），我也不太会讲，就先谈一下砖雕的继承与创新问题吧。在制作砖雕时，多数情况下我是要进行创新的，但我也会根据具体要求来做。比如人家要明代样式的砖雕，我就按照明代的样式去做；人家要清代样式的砖雕，我就按清代的样式制作。明清砖雕为什么不同，要在实实在在的制作里才能理解。绝大多数原来跟我在一起的木匠、泥瓦匠、石匠，都是我的师父，他们总有好的东西要我们去学习，他们技艺的精华，我们要能吸收，要认真琢磨。

问：创新这方面您是怎么做的？

方：尝试。我刚才给你们看的那幅图，就是我尝试创新的成果。想让大众都能接受，题材就要创新，风险也很大，尽管我们做了一些，但没什么效益。而且你看学生们做的砖雕，虽然有一定技术了，但是还不够，我还要把关，因为学生们要代表我，所以做的东西要能拿得出去。我经常给他们修图，修好发给他们。做得不好，还不如不做。我自己就特意养了几个盆景，花时间琢磨它的花茎形态等。所以社会、自然都是我们的老师。

问：您制作的砖雕块头都比较大，为什么不多做一些砖雕小摆件呢？

方：砖雕有一个致命的弱点——材料不行，不细腻。我们尝试过，砖雕做小了，它留不住，不像石头，它不耐寒，只有放在建筑里面。块头大的作品更易留存，更能体现出砖雕的美。我尝试做过好多东西，1968年我就开始自己琢磨。

问：想问您一下，国家近几年重视砖雕，您怎么看？

方：从社会层面上讲，徽派是建筑上的四大派之一，这是一大原因。还有它的审美、风格比较有特点。重视砖雕是历史的趋势，但是确实也是我们传承得好。

问：如果有机会，您想要把砖雕做大做强吗？比如开品牌店。

方：我没有这些打算。很早的时候我曾与人合伙在屯溪开了个店铺，在屯溪老街那边。开了一年，一分钱没赚。要是让我天天在店里，还不如让我去干活。一年里，我一共去了两次，亏了几千块钱，从此以后我就不开店了。现在我感觉到，我已经到了年龄了。比如，我不会用电脑。我要是学会了用电脑画图，起码可以提高设计的速度，但是我不会，我也不强求，我就想安安稳稳地做一些自己想做的事情，还有就是想为我们家或者地方上培养一些传承人，尽这么点义务。我也感觉到有点累，但我累得高兴。我早上起来，不管天冷还是天热，都去画画，我觉得这就是一种境界。我也想做大做强，方方面面的工作也摸索了很多年。我带了好多徒弟，在这一带，八成都是我的徒弟，包括婺源那边，我有3个弟子在婺源。

问：国家对砖雕重视了，有这方面政策、资源的话，您可以在黄山市开一个商店吗？

方：开店，业务量可能一下多一下少。我们之前做项目的时候，10年内，业务量大概多了20倍，不得了。我们原先是徽州古建公司下面的一个班，再后来我们自己开办了一个班。我们在砖雕班的时候，一个班只有十几个人，业务量就是按平方算，一年有十几个或二十几个平方就不得了了，现在一做就几百个平方。现在还有一个问题，好多东西我不愿意做，比如投机取巧、偷工减料、粗制滥造，我不愿意这么做。

问：我在想，您可不可以跟大学、工厂合作，您只要去大学或者工厂指导技术就可以，有专业的营销人员将您的产品销往全国。

方：这种是产业化模式。原来的文化局叫我去开过会，谈过这些，我把我们的想法认真谈了一下，我讲可以产业化，办个工厂挺好。但是后来没搞成，我感觉未来很渺茫。我们这个行业不像徽墨行业，他们有条件，可以搞营销，可以搞产业化。

问：您是否考虑适当地迎合市场需求？

方：文化局那边我跟他们讲过，我说：可以设立一个专管的单位来牵头，能拿出多少业务来就拿多少。目前很多网上的市场都是别人在帮我搞，搞了一两年了也没搞到一个业务，网上的费用我还要交，我想那就算了。目前市场可能比较混乱，再加上心态问题，所以我也在摸索中。

问：做砖雕想出细活不容易，不像其他的材质，砖是很脆的。

方：一个是容易坏，另一个是拿不到（雕不出）那个线条。我做过一个挂件，大概这么大，一个很小的砖雕，看起来都不像纪念品。失败的原因是什么？我也说不出来，可能是受市场局限，再就是宣传力度不够，还有就是没有合适的合作伙伴。最近我认识到了专利的重要性，因为好多人打着我的名号。

问：您在培养徒弟方面花了很多的心血，目前培养了多少弟子？

方：记不清了，有很多。现在行知学校和我合作，他们请我去，学校能增加一些生源，学生能多一些选择，还能在非遗这方面做点事。我也有这方面的想法，也想把掌握的经验技术传授出去，本身我也不喜欢商业化。砖雕装饰这块领域的发展前景还是很好的，但是一般人看不懂我做的东西，也不重视它，它需要人有一定的欣赏能力。

问：申报非遗，您是怎么成功的？

方：这个主要是手艺。别人怎么知道我的手艺？一是有比较，二是口碑。同时我也喜欢挑战，我敢应战，我有自信会战胜对方，我就是这样过来的。比如我一开始在村子里技术比较好，好到一定程度后，我就要在别的村也能够出名，然后再到县里。你有好的东西我就要拜访你，知道哪里有好的东西我就去看看。我也不知道到底是哪一个给我报的非遗，当时就是说有个项目要申报，让我准备准备，申报的材料都是自己搞的。

问：未来准备如何发展？比如像歙砚那样。

方：砖雕做小了不好看，这个东西以前就我一人做，哪有那么多人？发展的话，问题是，没有现成的产品给大家看。它不像一般的产品，比如歙砚，可以做一个样品来展示。我做一个砖雕需要很久，它的展示也有一定的困难，因为材料很笨重。前景是大家的，不是我个人的，你们发展我也发展，这才叫产业化。产业化这方面我也想通了，我不强求能做到，就希望我们这种当地的传统的东西能流传。

问：现在砖雕都是嵌在墙里面的吗？需要木匠吗？

方：需要，而且我们也有木匠。我们不一定会派人去安装，我主要是把关作品质量。

问：您平时会用电子邮箱吗？

方：我不会上网，邮件主要让我孩子帮忙看。原本我们买了电脑，买了打印机，买了两三年，我还不会用。

问：如果您创立一个品牌，将您的各个方面的成就都凝结在一起形成一个品牌，不光对您好，对这项传统技艺也是保护和传承。如果您的东西都分散了，技艺就不能得到很好地发展。

方：这个建议很好，也很实在，我因为一些原因，过去没有去做。如果现在去做，要跑好多部门，我又不擅长，而且东西越大品牌越难做。目前我的一些学生自己可能也有一些订单，我要是去调我以前的学生来帮我做，恐怕很长时间调不过来。要让我在一年或者半年内完成一件大的作品，我也不行，而且我的学生手艺也参差不齐。

问：《清明上河图》砖雕，您做出来一个，估计没人能仿造。

方：不怕你们笑话，我想过做一个以长城为背景的，多少年了，还是没能做，因为要设计图纸，还要查历史资料。其实我很想留下一些特别的东西。

问：有电视台来采访您吗？

方：有中央台，也有江西台、安徽台等。

问：我觉得您在画图上花了很多心思，但是您并不是画家，为什么这么做？

方：我为什么这么做？主要是对社会、对我自己负责。只要我画出来，很多事就都能还我一个清白，因为我看现在很多人在做我的东西。

问：您说的这些画可以联系比较好的出版社出版，请人把您的画配上简单的文字，再让别人整理一下就行了。

方：挂不挂名我不在乎。你帮我，我也给你一些有益的启发，这个就是合作。

（李叶执笔，2011 年 7 月）

八、王金生：徽州三雕指的是木雕、砖雕和石雕

访谈时间：2011 年 7 月

访谈地点：王金生家中

王金生，男，1928 年 7 月生，安徽歙县人，第三批国家级非物质文化遗产项目徽州三雕（木雕）代表性传承人，中国工艺美术师。王金生 16 岁时跟随师父汪叙伦学艺，从事木雕事业 60 余年。他将木雕从传统的木雕小品中解放出来，

以名贵木材诠释历史经典绘画作品,开创了徽州木雕的新领域。其作品构思设计完整,构图布局大胆,光影造型巧妙,受到国内外人士的一致好评。2008年,其耗时3年,长9米、高1.7米的巨幅木雕《清明上河图》制作完成,作品荣获第二届安徽省民间工艺精品展金奖。著名红学家冯其庸亲笔为其题词:"千秋名作上河图,鬼斧神工刻宝株。想见东京繁胜日,王刀张笔共驰骋。"王金生的代表作有《黄山大观》《蓬莱仙境》《万寿山五百罗汉图》等。

问:王爷爷今年高寿?

王金生(以下简称"王"):今年84岁了。

问:刚才我们到您的店里去了,那里有一幅大木雕作品,它需要雕刻多久?

王:3年多。我是真正的徽派传人。你们也做木雕吗?我以前在工厂工作,主要做些祠堂业务。

问:你们有没有创新?

王:也有,老的题材做得多一点,新的不多。

问:我们在网上看到一些关于您的报道,原来人民大会堂里的木雕您都参与设计过!

王:1958年去的,设计了安徽厅里的木雕,在合肥做的,我在合肥待了8年呢!合肥工艺厂是几个单位合并的,我在那里主要负责木雕。后来我到歙县工艺厂工作了。

问:您是哪一年被评为传承人的?

王:2009年。砚台我也做过,做砚台做了20多年呢!砚台当年恢复生产就是我搞的,现在主要做木雕。我和曹阶铭是同事,他也是从事徽州文化工作的。

问:徽州三雕指什么?

王:徽州三雕指的是木雕、砖雕和石雕。

问:您收了多少徒弟?

王:记不清了,都是本地的,都是二三十岁。技艺要3年才能学成,现在我也不收徒弟了,年纪大了,累了,我今年都84岁了。毕业的都已经走出去了,去年是最后一批。我收的徒弟多是高中考大学没考上的。

问:您收徒弟有没有标准?

王:有,要会用工具,人的品性要耐磨,还要会设计,能看图,要勤快一点，能吃苦耐劳。

问：您自己家的木雕反而不多了。

王：不多，就搞了一点点。这个椅子是我自己雕的，桌子也是自己做的。

问：当时是您自己申请评选传承人的吗？

王：自己申请的。有关部门发了文件，我寻思自己带带徒弟吧，所以就申请了。申请需要准备好多东西呢，靠嘴说是没有用的。你说自己搞木雕，但必须得有师父，没有师父不行。其他方面，你得有作品呀，你创造了哪些东西？技术也是一方面。我有的作品在无锡，有的在其他地方，还有的摆在宾馆里面。你们看这是《八骏图》，这是《清明上河图》，这是《黄山大观》。

问：咱们木雕的传承和保护工作做得怎么样？

王：传承在做。

问：今天接我们的叔叔也是木雕大家吧？

王：不是大家，他主要负责看店。他不会做木雕，但可以刻字、刻章、刻匾额，其他方面他不行。

问：那太遗憾了！当时他应该好好跟您学。您的作品您捐赠过吗？

王：博物馆的人找过我，我捐给他们一些。

问：有没有想过再做些大型的？

王：不做了，吃不消。

问：成为传承人之后找您帮忙的人多吗？

王：以前没有头衔的时候就很多。

问：您家族是做什么的？

王：务农的。

问：现在做木雕的人多吗？

王：多是多，都是在手工作坊。客人买木雕都是用来收藏的。

问：那需求量应该不多呀？

王：很少的。

问：以后就不少了，这只是暂时的，因为您现在被评为国家级非遗项目代表性传承人了。像这个小件应该比较好卖一些。

王：不一定。

问：非遗补助大概给多少钱？

王：一年给我 8000 块钱。

问：现在您年纪大了，不怎么请您到现场了吧？

王：主要是去指导。

问：您的精力主要放在创作作品上，还是教徒弟上？

王：主要是教徒弟。

问：您有得意的徒弟吗？

王：也有。

问：您现在会尝试做一些新作品吗？跟以前不一样的。

王：学生有做。

问：您希望您的徒弟做出什么样的努力？

王：你做得好，你的东西就有人要；你做得不好，卖不了，就不行。

问：目前您的作品主要是在店里卖，有没有想过通过网络平台来卖？

王：没有，不会搞。

问：可以让您儿子搞，可以把作品放在网上，放些图片、视频来宣传，别人想买就联系您。

王：宣传工作做了，中央台来拍过，光盘也给了，里面内容可以放。

问：您跟本市其他非遗传承人有联系吗？

王：有联系。

问：您是国家级非遗项目代表性传承人里面年纪最大的。有一位叫周美洪的老师，您可认识？

王：认识，我跟周美洪以前是同事。

问：假如人家跟您签了合同，您会让您的学生来帮忙吗？

王：雕刻必须我自己去做。

问：您是从哪一年开始带徒弟的？

王：2001 年前后。之前都是自己做，之前也没人要学。

问：现在您家里有没有老照片？

王：有，但不多，年轻时的照片几乎没有了。

（李叶执笔，2011 年 7 月）

参考文献

一、著作

1. 安徽省非物质文化遗产保护中心. 安徽省非物质文化遗产保护实用手册[M]. 合肥：安徽大学出版社，2018.

2. 安徽省非物质文化遗产保护中心. 安徽省非物质文化遗产保护手册[M]. 合肥：安徽教育出版社，2013.

3. 安徽省非物质文化遗产保护中心. 安徽省非物质文化遗产乡土读本·皖北卷[M]. 合肥：安徽教育出版社，2013.

4. 安徽省非物质文化遗产保护中心. 安徽省非物质文化遗产乡土读本·皖中卷[M]. 合肥：安徽大学出版社，2015.

5. 安徽省潜山县文化馆，安徽省潜山县非物质文化遗产保护中心. 桑皮纸[M]. 北京：团结出版社，2017.

6. 安徽省社会科学院. 安徽文化产业发展报告（2009）[M]. 合肥：安徽人民出版社，2009.

7. 安徽省社会科学院. 2010安徽文化产业发展蓝皮书[M]. 合肥：安徽大学出版社，2010.

8. 安徽省文化厅. 安徽省第二批非物质文化遗产名录图典[M]. 合肥：黄山书社，2009.

9. 安徽省文化厅. 安徽省第三批非物质文化遗产名录图典[M]. 合肥：黄山书社，2011.

10. 安徽省文化厅. 安徽省非物质文化遗产传承人图谱（上下册）[M]. 合肥：黄山书社，2010.

11. 安徽省文化厅. 安徽省首批非物质文化遗产名录图典［M］. 合肥：黄山书社，2008.

12.《安徽优秀传统文化丛书》编写组. 徽州文化十讲［M］. 合肥：安徽大学出版社，2015.

13.《安徽优秀传统文化丛书》编写组. 桐城文化八讲［M］. 合肥：安徽大学出版社，2015.

14.《安徽优秀传统文化丛书》编写组. 皖北文化九讲［M］. 合肥：安徽大学出版社，2015.

15. 鲍加，金辉. 魅力安徽·安徽优秀文化（第一册·下）［M］. 合肥：安徽大学出版社，2007.

16. 本书编委会. 非遗里的安徽［M］. 合肥：黄山书社，2018.

17. 亳州市演艺公司. 安徽二夹弦［M］. 合肥：黄山书社，2015.

18. 蔡丰明. 中国非物质文化遗产资源图谱研究［M］. 上海：上海社会科学院出版社，2016.

19. 陈廷亮. 守护民族精神家园——湘西少数民族非物质文化遗产研究［M］. 广州：世界图书出版广东有限公司，2013.

20. 陈万怀. 宁波非物质文化遗产创意产业化研究［M］. 杭州：浙江大学出版社，2017.

21.《池州记忆》编撰委员会. 池州记忆·非遗［M］. 合肥：黄山书社，2013.

22. 戴伟，李良品，丁世忠. 乌江流域非物质文化遗产研究［M］. 重庆：重庆出版社，2008.

23. 丁进. 安徽文化产业发展报告——文化旅游篇［M］. 合肥：合肥工业大学出版社，2016.

24. 丁进等. 安徽文化产业发展报告2015［M］. 合肥：合肥工业大学出版社，2015.

25. 董新中. 非物质文化遗产私权保护理论与实务研究［M］. 北京：知识产权出版社，2016.

26. 段友文. 山西古村镇民俗与非物质文化遗产调查研究［M］. 太原：三晋出版社，2015.

27. 范周. 2018中国文化产业年度报告［M］. 北京：知识产权出版社，2018.

28. 冯骥才，成功. 中国非物质文化遗产百科全书·传承人卷［M］. 北京：中国文联出版社，2015.

29. 冯骥才. 为文化保护立言［M］. 北京：文化艺术出版社，2017.

30. 冯骥才，罗吉华. 中国非物质文化遗产百科全书·代表性项目卷（上、下）［M］. 北京：中国文联出版社，2015.

31. 冯骥才，罗杨. 中国民间文化杰出传承人名录（一）［M］. 北京：民族出版社，2015.

32. 阜阳市文化广电新闻出版局. 阜阳市非物质文化遗产名录图典［M］. 合肥：黄山书社，2012.

33. 高莉花. 甘肃非物质文化遗产保护体系建设研究［M］. 兰州：甘肃人民出版社，2016.

34. 高荣生，陈晓. 文南词声腔艺术［M］. 合肥：安徽文艺出版社，2016.

35. 耿宏志. 安徽首届民俗文化节文集［C］. 合肥：黄山书社，2012.

36. 贵州非物质文化遗产问题研究课题组. 贵州非物质文化遗产问题研究［M］. 北京：知识产权出版社，2008.

37. 郭沫勤，孙若风. 中国非物质文化遗产 2006［M］. 北京：中国文联出版社，2007.

38. 郭因. 安徽文化通览简编［M］. 合肥：安徽人民出版社，2014.

39. 涡阳文化局. 老子的故事［M］. 合肥：安徽美术出版社，2008.

40. 《国家级非物质文化遗产大观》编写组. 国家级非物质文化遗产大观［M］. 北京：北京工业大学出版社，2006.

41. 国家文物局. 文化遗产保护地方法律文件选编［M］. 北京：文物出版社，2008.

42. 合肥市政协文史资料委员会. 合肥非遗［M］. 合肥：安徽文艺出版社，2018.

43. 胡迟. 流逝的乡土：安徽非遗个案田野笔记［M］. 合肥：安徽科学技术出版社，2018.

44. 胡建斌，胡时滨. 徽州技艺·黟县卷［M］. 合肥：合肥工业大学出版社，2014.

45. 胡云峰. 生存的韵味：潜山俚语、韵辞注解［M］. 合肥：合肥工业大学出版社，2018.

46. 黄飞松，汪欣. 宣纸［M］. 杭州：浙江人民出版社，2014.

47. 黄先有. 中国非物质文化遗产保护黄山论坛论文集［C］. 合肥：安徽教育出版社，2013.

48. 金兴盛. 浙江非遗这十年：2005—2014［M］. 杭州：浙江摄影出版社，2015.

49. 阚男男. 安徽宣纸、书法、篆刻［M］. 长春：吉林出版集团有限责任公司，2014.

50. 康保成. 中国非物质文化遗产保护发展报告（2011）［M］. 北京：社会科学文献出版社，2011.

51. 孔令军. 枞阳非遗［M］. 合肥：合肥工业大学出版社，2017.

52. 老未. 书画安徽［M］. 合肥：合肥工业大学出版社，2015.

53. 李爱真，吴跃华. 音乐类非物质文化遗产保护概论［M］. 徐州：中国矿业大学出版社，2011.

54. 李桂玲，贾利光. 博物馆与非物质农业文化遗产保护研究［M］. 北京：华文出版社，2015.

55. 李良品，彭福荣，余继平. 重庆民族地区非物质文化遗产研究［M］. 重庆：重庆出版社，2012.

56. 李荣启. 非物质文化遗产保护研究文集［C］. 北京：文化艺术出版社，2016.

57. 利辛县文化体育旅游局，利辛县文化事业发展中心. 安徽利辛文化丛书：非物质文化遗产［M］. 合肥：安徽美术出版社，2012.

58. 林伦伦. 潮汕非物质文化遗产研究［M］. 广州：暨南大学出版社，2013.

59. 林庆. 民族记忆的背影——云南少数民族非物质文化遗产研究［M］. 昆明：云南大学出版社，2007.

60. 刘铭，王正旺. 徽菜名宴选粹［M］. 合肥：安徽科学技术出版社，2018.

61. 刘云升，刘忠平. 非物质文化遗产产业化法律规制研究［M］. 北京：知识产权出版社，2017.

62. 六安市文化广电新闻出版局（体育局、版权局）. 六安市非物质文化遗产图典［M］. 合肥：安徽人民出版社，2017.

63. 卢杰，李昱，项佳佳. 非物质文化遗产濒危评价及数字化保护研究［M］. 武汉：华中科技大学出版社，2018.

64. 雒庆娇. 甘肃省少数民族非物质文化遗产保护研究［M］. 北京：商务印书馆，2015.

65. 骆群英. 安徽省民俗文化节［M］. 合肥：黄山书社，2012.

66. 马鞍山市文化委员会. 马鞍山市非物质文化遗产名录图典［M］. 合肥：安徽师范大学出版社，2011.

67. 马文辉，陈理. 民间文学类非物质文化遗产保护研究［M］. 北京：中国社会科学出版社，2015.

68. 马振. 非物质文化遗产的旅游生产性场域研究［M］. 北京：九州出版社，2018.

69. 茆耕茹. 张渤信仰仪式的跳五猖［M］. 北京：中华书局，2019.

70. 毛忠. 黄梅戏史话［M］. 北京：社会科学文献出版社，2016.

71. 潘昌初. 澄怀观道——杭州市非物质文化遗产保护探索实践研究［M］. 杭州：浙江工商大学出版社，2016.

72. 彭冬梅. 非物质文化遗产数字化保护与传播研究——以剪纸艺术为例［M］. 济南：山东人民出版社，2014.

73. 彭卫国. 河北省非物质文化遗产项目价值与存续环境研究［M］. 石家庄：河北美术出版社，2015.

74. 乔凤岐，崔海成等. 颍川历史与非物质文化研究［M］. 郑州：郑州大学出版社，2015.

75. 芮刘斌. 潜山弹腔［M］. 北京：团结出版社，2017.

76. 申茂平等. 贵州非物质文化遗产研究［M］. 北京：知识产权出版社，2009.

77. 沈葵，周红雁. 文房四宝［M］. 合肥：安徽人民出版社，2014.

78. 寿县文化广电新闻出版局. 璀璨寿春：寿县文化遗产精粹［M］. 合肥：安徽美术出版社，2012.

79. 宋俊华，王开桃. 非物质文化遗产保护研究［M］. 广州：中山大学出版社，2013.

80. 宋俊华. 中国非物质文化遗产保护发展报告（2014）［M］. 北京：社会

81. 宋俊华. 中国非物质文化遗产保护发展报告（2015）[M]. 北京：社会科学文献出版社，2015.

82. 宋俊华. 中国非物质文化遗产保护发展报告（2018）[M]. 北京：社会科学文献出版社，2018.

83. 宿松县文化广电新闻出版局. 松兹遗韵——宿松"非遗"田野调查选萃[M]. 合肥：黄山书社，2012.

84. 孙跃廷，周士元. 经典徽菜[M]. 合肥：安徽科学技术出版社，2017.

85. 谈家胜. 池州傩戏与宗族社会的关系研究[M]. 南京：江苏凤凰美术出版社，2018.

86. 田青. 音乐类非物质文化遗产保护的理论与实践——个案调查与研究[M]. 合肥：安徽文艺出版社，2012.

87. 田青. 中国宗教类非物质文化遗产的现状与保护研究[M]. 北京：文化艺术出版社，2018.

88. 汪欣. 传统村落与非物质文化遗产保护研究——以徽州传统村落为个案[M]. 北京：知识产权出版社，2014.

89. 汪欣. 中国非物质文化遗产保护十年（2003—2013年）[M]. 北京：知识产权出版社，2015.

90. 王俊. 彝族非物质文化遗产研究[M]. 北京：民族出版社，2015.

91. 王淼. 把根留住：浙江省非物质文化遗产保护的前列思考[M]. 杭州：浙江大学出版社，2006.

92. 王淼. 风生水起：浙江省非物质文化遗产保护的生动实践[M]. 杭州：浙江大学出版社，2012.

93. 王明. 大数据视域下贵阳市非物质文化遗产研究[M]. 合肥：中国科学技术大学出版社，2018.

94. 王茜，康肃丽. 中国新疆非物质文化遗产研究[M]. 乌鲁木齐：新疆大学出版社，2014.

95. 王唯唯. 薪火相传——安徽省国家级非物质文化遗产传承人谱[M]. 北京：中国广播电视出版社，2008.

96. 王文章. 第三批国家级非物质文化遗产名录图典（上、下）[M]. 北京：文化艺术出版社，2012.

97. 王文章. 非物质文化遗产概论［M］. 北京：教育科学出版社，2008.

98. 王亚斌. 滁州市非物质文化遗产档案建设研究［M］. 合肥：合肥工业大学出版社，2018.

99. 王义彬. 喧闹的遗产——以池州傩戏为案例的研究［M］. 厦门：厦门大学出版社，2014.

100. 王卓. 吉林省非物质文化遗产及其产业化问题研究［M］. 长春：吉林文史出版社，2016.

101. 文尔. 物华安徽［M］. 合肥：合肥工业大学出版社，2017.

102. 文化部非物质文化遗产司. 非物质文化遗产保护法律法规资料汇编［G］. 北京：文化艺术出版社，2013.

103. 吴长湖. 繁昌文化丛书：非遗卷［M］. 合肥：黄山书社，2011.

104. 吴芬. 物华天宝徽州区·徽州物产［M］. 合肥：安徽人民出版社，2010.

105. 芜湖市文化委员会. 芜湖市非物质文化遗产名录图典［M］. 成都：四川大学出版社，2015.

106. 芜湖市文化委员会，芜湖通俗文化研究会. 鸠兹俗俚［M］. 合肥：安徽美术出版社，2013.

107. 伍德勤，毛新梅. 安徽民俗的教育意蕴［M］. 合肥：安徽大学出版社，2019.

108. 许茹. 方言安徽［M］. 合肥：合肥工业大学出版社，2015.

109. 许茹. 戏曲安徽［M］. 合肥：合肥工业大学出版社，2016.

110. 宣果林. 安徽非物质文化遗产：徽菜［M］. 合肥：安徽人民出版社，2015.

111. 杨成志. 滁州市非物质文化遗产图典［M］. 合肥：安徽人民出版社，2013.

112. 杨辅仓，甘政权. 古韵安徽——安徽物质与非物质文化遗产资源教程［M］. 合肥：安徽教育出版社，2007.

113. 叶濒等. 桐城民俗风情图典［M］. 合肥：黄山书社，2009.

114. 叶濒，张志鸿. 桐城歌［M］. 合肥：黄山书社，2012.

115. 叶朗. 中国文化产业年度发展报告 2012［M］. 北京：北京大学出版社，2012.

116. 叶鹏. 中国非物质文化遗产保护机制研究——基于文化与科技融合视角［M］. 北京：中国社会科学出版社，2016.

117. 于海广. 探寻、追忆与再现：齐鲁地区非物质文化遗产调查与研究［M］. 济南：山东大学出版社，2007.

118. 曾芸. 贵州非物质文化遗产保护与产业开发研究［M］. 贵阳：贵州人民出版社，2013.

119. 张成香. 颍上花鼓灯研究［M］. 合肥：合肥工业大学出版社，2017.

120. 张旭. 全国非物质文化遗产保护试点工作经验交流材料汇编［G］. 北京：文化艺术出版社，2007

121. 张学仁. 淮海硝烟［M］. 合肥：安徽人民出版社，2018.

122. 张莹莹. 当美术课程遇到"非遗"——非物质文化遗产进入美术课程资源系统的研究［M］. 重庆：西南师范大学出版社，2018.

123. 张友鹤. 泗州戏声腔艺术研究［M］. 苏州：苏州大学出版社，2018.

124. 张媛媛，江小角. 安徽非物质文化遗产［M］. 合肥：安徽文艺出版社，2015.

125. 张仲谋. 非物质文化遗产传承研究［M］. 北京：文化艺术出版社，2010.

126. 赵学先. 云南少数民族：非物质文化遗产研究［M］. 昆明：云南民族出版社，2009.

127. 中共合肥市委宣传部. 合肥文化产业发展蓝皮书 2008［M］. 合肥：安徽科学技术出版社，2009.

128. 中国非物质文化遗产保护中心. 第二批国家级非物质文化遗产名录简介［M］. 北京：文化艺术出版社，2010.

129. 中国徽州文化博物馆. 文博安徽：中国徽州文化博物馆馆藏精品集［M］. 合肥：安徽美术出版社，2013.

130. 中国人民政治协商会议凤阳县委员会. 凤阳民歌［M］. 合肥：黄山书社，2016.

131. 中国社会科学院知识产权中心. 非物质文化遗产保护问题研究［M］.

北京：知识产权出版社，2012.

132. 中国文化产业年鉴编辑部. 中国文化产业年鉴 2010［M］. 北京：中国经济出版社，2010.

133. 中国艺术研究院·中国非物质文化遗产保护中心. 中国非物质文化遗产普查手册［M］. 北京：文化艺术出版社，2007.

134. 周和平. 第一批国家级非物质文化遗产名录图典（上、下）［M］. 北京：文化艺术出版社，2007.

135. 周卫东等. 中国酒文化大典（全三卷）［M］. 北京：东方出版社，2010.

136. 朱铁军，郑千里，南海涛. 皖雕四绝传统技艺研究［M］. 长沙：湖南师范大学出版社，2018.

137. 朱万曙. 灯与戏：关于"非遗"的调查、思考与记录［M］. 合肥：安徽文艺出版社，2014.

138. 朱运海. 汉江流域非物质文化遗产保护性旅游开发研究［M］. 武汉：华中科技大学出版社，2017.

二、内部资料

1. 安徽省徽剧团. 徽剧国家级非物质文化遗产代表作申报书. 2005（08）.
2. 安徽省绩溪县文化广播电视局. 非物质文化遗产田野调查汇编（宣城卷·绩溪县）. 2009.
3. 安徽省歙县人民政府. 徽墨制作技艺国家级非物质文化遗产代表作申报书. 2005（08）.
4. 安徽省歙县人民政府. 歙砚制作技艺国家级非物质文化遗产代表作申报书. 2005（08）.
5. 安徽省歙县文化局. 徽派盆景手工技艺国家级非物质文化遗产代表作申报书. 2007（06）.
6. 安庆市非物质文化遗产保护中心. 安庆非物质文化遗产田野调查. 2009.
7. 蚌埠市非物质文化遗产保护中心. 蚌埠记忆——非物质文化遗产田野调查汇编. 2009.
8. 巢湖市文化广播电视新闻出版局. 非物质文化遗产田野调查（巢湖

卷）. 2010.

9. 滁州市非物质文化遗产保护中心. 滁州遗韵——非物质文化遗产田野调查汇编. 2009.

10. 当涂县文化馆. 非物质文化遗产田野调查资料汇编（当涂卷）. 2010.

11. 阜阳市非物质文化遗产保护中心. 非物质文化遗产田野调查（阜阳卷）. 2009.

12. 阜阳市文化广电新闻出版局，阜阳市非物质文化遗产保护中心. 阜阳剪纸技艺. 2015.

13. 阜阳市文化局. 阜阳剪纸艺术国家级非物质文化遗产代表作申报书. 2005（07）.

14. 涡阳县文化局. 涡阳县非物质文化遗产普查成果汇编. 2009.

15. 淮北市非物质文化遗产保护中心. 相城印记——非物质文化遗产（淮北卷）. 2009.

16. 淮北市文化广电新闻出版局. 相铚拾遗——淮北市非物质文化遗产市级项目名录. 2014.

17. 淮南市非物质文化遗产保护中心. 淮南市非物质文化遗产调查成果汇编（第一卷）. 2009.

18. 金涛. 徽州记忆. 2009.

19. 六安市文化局（新闻出版局、体育局）. 六安市非物质文化遗产田野调查汇编. 2009.

20. 马鞍山市非物质文化遗产保护中心. 非物质文化遗产田野调查材料汇编（马鞍山卷）. 2009.

21. 蒙城县文化局. 蒙城县非物质文化遗产. 2009.

22. 南陵县非物质文化遗产保护中心. 春谷遗韵——南陵县非物质文化遗产汇编. 2010.

23. 泗县文化广电新闻出版局. 泗州记忆——非物质文化遗产田野调查汇编. 2014.

24. 宿州市文化新闻出版局. 宿州印记——非物质文化遗产田野调查汇编. 2009.

25. 铜陵市非物质文化遗产保护中心. 非物质文化遗产田野调查汇编（铜陵

卷）．2009．

26．铜陵市政协文史资料委员会，铜陵市文化广播新闻出版局．铜陵市非物质文化遗产名录图典．2012．

27．芜湖市非物质文化遗产保护中心．鸠兹·符号——非物质文化遗产田野调查（芜湖卷）．2009．

28．芜湖县非物质文化遗产保护中心．鸠兹·遗韵——芜湖县非物质文化遗产田野调查．2009．

29．芜湖县文化馆．芜湖县民歌选集．2014．

30．休宁县文化广播电视局．海阳遗韵：休宁县非物质文化遗产普查成果集粹．2009．

31．宣城市非物质文化遗产保护中心．人文宣城——宣城市非物质文化遗产普查资料汇编．2010．

32．中共亳州市谯城区委宣传部，亳州市谯城区文学艺术界联合会．亳州市谯城区民俗文化研究成果展（图录集）．2016．

33．中国人民政治协商会议界首市委员会文史资料委员会．界首史话——界首市非物质文化遗产专集．2012．

三、论文

（一）期刊论文

1．白佳蕙．浅析安徽地方戏曲非物质文化遗产的民族文化传承与保护［J］．山东农业工程学院学报，2017，34（04）：167—168．

2．白如山，陈鹏．安徽省非物质文化遗产时空演化特征及影响机制研究［J］．阜阳师范学院学报（社会科学版），2016（05）：26—32．

3．柏岳．她为黄梅戏而生：韩再芬戏曲表演艺术散论［J］．中华艺术论丛，2006（10）：244—274．

4．陈桂花，王巧，周东彪．黄山市文化旅游非物质文化遗产的对外传播［J］．宿州学院学报，2018，33（02）：58—61，70．

5．陈麦池．名城旅游的非物质文化遗产整合型保护与创意化开发研究——以黄山市歙县为例［J］．中国名城，2015（04）：91—96．

6．陈旺，王文浩，储铁艺．芜湖铁画艺术品产业化发展研究［J］．工业设计，2016（07）：91—93.

7. 陈文苑. 反思与进路：市级非物质文化遗产代表性项目名录制度——以安徽黄山市为例［J］. 长春大学学报，2017，27（03）：63—66.

8. 陈元贵. "非遗"保护与敬畏传统——安徽芜湖铁画衰落与振兴的文化反思［J］. 文化艺术研究，2011，04（03）：60—64.

9. 程礼辉. 歙砚艺术创作之我见［J］. 美术教育研究，2010（03）：42.

10. 储炀，周雪华，盛倩，徐超洲. 安徽省体育非物质文化遗产活态传承路径研究［J］. 当代体育科技，2019，09（02）：172—175.

11. 崔北军. 非物质文化遗产的保护与传承——基于安徽省蚌埠市的实践探索［J］. 中共山西省委党校学报，2015，38（04）：105—109.

12. 戴健. 宣纸制作技艺的文化生态探析［J］. 中国艺术时空，2017（05）：78—85.

13. 戴健. 作为非物质文化遗产的宣纸制作技艺保护与传承［J］. 内蒙古大学艺术学院学报，2016，13（03）：102—107.

14. 邓凯，杨灿灿. 安徽省国家级与省级非物质文化遗产空间分布特征及影响因子研究［J］. 滁州学院学报，2018，20（05）：7—12.

15. 董瑞子. 安徽省工艺美术非物质文化遗产的特征探析［J］. 长春工程学院学报（社会科学版），2019，20（02）：78—80，84.

16. 董松. 铁锤锻造的艺术　芜湖铁画［J］. 中国文化遗产，2010（02）：92—99.

17. 窦瑾. 安徽省非物质文化遗产活态传承研究［J］. 文化创新比较研究，2019，03（07）：41—42.

18. 杜卫提，孙珂. 传统武术项目非物质文化遗产申报现状与保护研究——以安徽省为例［J］. 安阳师范学院学报，2015（02）：84—86.

19. 方可. 韩再芬，一路上有戏［J］. 中国戏剧，2015（12）：4—8.

20. 郭艳，李长福. 阜阳剪纸的传承、保护与开发［J］. 淮北师范大学学报（哲学社会科学版），2012，33（01）：149—152.

21. 韩杰，徐楠. 铁画绝艺有传人——记全国人大代表储金霞［J］. 民主，2000（04）：30—31.

22. 何红艳，朱林聪. 安徽省非物质文化遗产保护与传播模式探析——以安徽省文博会为例［J］. 大众文艺，2018（04）：4—5.

23. 何倩. 浅析歙砚的发展历程与当代传承［J］. 文物鉴定与鉴赏，2016（10）：96—99.

24. 胡迟. 版画家郑震的艺术苦旅［J］. 江淮文史，1995（01）：70—77.

25. 胡迟. 陈敬芝：不疯魔，不成活［J］. 江淮文史，2009（02）：160—170.

26. 胡迟. 池州傩戏：人与神的对话［J］. 江淮文史，2012（04）：128—142.

27. 胡迟. 淡极始知花更艳——记黄梅戏演员吴亚玲［J］. 江淮文史，1995（06）：63—69.

28. 胡迟. 砀山唢呐：唢呐的江湖［J］. 江淮文史，2013（06）：145—154.

29. 胡迟. 东至花灯舞：落寞与喧腾［J］. 江淮文史，2013（05）：156—165.

30. 胡迟. 非遗传承的现状、问题及对策［J］. 中国艺术时空，2018（01）：73—79.

31. 胡迟. 冯国佩：一个民间舞者的史诗［J］. 江淮文史，2009（04）：161—171.

32. 胡迟. 关于非物质文化遗产保护的多维思考［J］. 合肥学院学报（社会科学版），2010，27（05）：86—90.

33. 胡迟. 好一头"绩溪牛"——记著名画家邵增虎［J］. 江淮文史，1994（02）：94—101.

34. 胡迟. 徽剧溯源与价值分析［J］. 中国艺术时空，2019（03）：125—128.

35. 胡迟. 徽派传统民居营造技艺：人，如何栖息于大地？［J］. 江淮文史，2015（01）：153—168.

36. 胡迟. 徽州民歌：湮没于岁月的浅吟低唱［J］. 江淮文史，2014（03）：141—151.

37. 胡迟. 火老虎：家族的文化图腾［J］. 江淮文史，2012（03）：

137—144.

38. 胡迟. 李宝琴：拉魂腔里唱人生［J］. 江淮文史，2009（01）：134—143.

39. 胡迟. 人生不留白——记戏画双兼的沈承珩［J］. 江淮文史，1999（01）：109—119.

40. 胡迟. 生命的激情——记油画家鲍加［J］. 江淮文史，1994（06）：108—118.

41. 胡迟. 余家皮影戏：时代边缘的影像记忆［J］. 江淮文史，2015（06）：156—163.

42. 胡迟. 张一帖内科：新安医学的家族链［J］. 江淮文史，2015（05）：159—168.

43. 胡迟. 真情绘人生——记国画家萧玉磊［J］. 江淮文史，1997（02）：94—102.

44. 胡亏生. 韩再芬的舞台风貌与徽州女人［J］. 黄梅戏艺术，2007（01）：23—27.

45. 胡亮. 留住"民族记忆的背影" 对黄山市戏剧类非物质文化遗产保护模式的思考［J］. 中国戏剧，2008（06）：41—43.

46. 胡群. 基于工匠精神和文化认同的非遗传承——以歙砚制作技艺为例［J］. 艺术百家，2019（01）：184—187，196.

47. 黄海波，詹向红. 传播学视阈下非物质文化遗产保护的媒介建构——以合肥市非物质文化遗产保护为例［J］. 江淮论坛，2011（02）：149—155.

48. 黄辉. 徽墨的历史与传统制作技艺研究［J］. 民艺，2018（04）：20—26.

49. 江文淼. 民间造型艺术中活态文化基因的提炼研究——以国家级非物质文化遗产阜阳剪纸为例［J］. 阜阳师范学院学报（社会科学版），2016（01）：149—152.

50. 井晓旭. 试论非物质文化遗产保护的方式——以安徽省非物质文化遗产为例［J］. 青年文学家，2013（11）：208.

51. 李楠. 安徽传统戏曲的传播现状研究［J］. 普洱学院学报，2016，32

(05)：84—85.

52. 李楠. 安徽传统戏曲的影像化策略探析——基于传统文化教育视角[J]. 普洱学院学报，2017，33（03）：119—121.

53. 李楠. 安徽传统戏曲的有效传播策略研究[J]. 普洱学院学报，2017，33（05）：51—54.

54. 李乔. 安徽非遗民间美术"凤阳凤画"发展与创作现状研究[J]. 吉林广播电视大学学报，2018（03）：36—37.

55. 李怡洁. 当代黄梅戏演出市场的现状与前景——以安庆市为例[J]. 郑州轻工业学院学报（社会科学版），2013，14（05）：30—34，39.

56. 林岩. 漆彩流韵——徽州甘而可的漆器艺术[J]. 艺术评论，2017（05）：98—104.

57. 刘西晓，卢玉. 安徽省体育非物质文化遗产的人文特质与现实价值[J]. 阴山学刊，2016，30（02）：88—91.

58. 刘晓甜. 非遗视角下安徽花鼓灯的保护与传承研究[J]. 湖北科技学院学报，2019，39（02）：82—84.

59. 彭伟，甘萌雨，张永贺. 安徽省非物质文化遗产类型结构及空间分布形成机制研究[J]. 池州学院学报，2012，26（06）：69—71.

60. 秦珊珊. 安徽省非物质文化遗产保护与旅游开发分析[J]. 石家庄学院学报，2013，15（03）：58—63.

61. 邱燕，方亮，汪颖玲. 基于RMP分析的黄山市非物质文化遗产旅游开发研究[J]. 黄山学院学报，2018，20（04）：15—19.

62. 邱燕. 非物质文化遗产旅游开发适宜性评价研究——以黄山市为例[J]. 西安石油大学学报（社会科学版），2018，27（06）：32—37.

63. 任平. 合肥市非物质文化遗产旅游开发研究[J]. 现代商业，2013（34）：166—167.

64. 尚倩. 商标制度与传统手工技艺的保护——以安徽泾县宣纸制作技艺为例[J]. 宿州学院学报，2016，31（06）：32—35.

65. 邵敏. 论文化空间视界下的黄梅戏传承与保护[J]. 江淮论坛，2015（03）：136—139，159.

66. 邵卫. 论政府主导下的非物质文化遗产保护——以安徽省为例［J］. 经济研究导刊, 2016（15）: 45—46.

67. 沈喜彭. 论安徽芜湖市非物质文化遗产的保护与利用［J］. 鸡西大学学报, 2012, 12（11）: 147—148.

68. 石生. 安徽省非物质文化遗产"五禽戏"的文化价值研究［J］. 长春理工大学学报, 2010, 05（11）: 186—188.

69. 石生, 季华. 安徽省非物质文化遗产"五禽戏"的健身推广［J］. 长春理工大学学报, 2011, 06（01）: 197—199.

70. 史杜芳, 宋怡, 韦京东. 安徽非物质文化遗产旅游可持续发展评价研究［J］. 池州学院学报, 2016, 30（06）: 70—74.

71. 孙博文, 周小儒. 试论徽墨装饰中的文化内涵与民俗寓意［J］. 中国民族博览, 2017（12）: 9—10.

72. 孙升, 陈彪. 安徽传统工艺发展与非遗保护［J］. 合肥学院学报（社会科学版）, 2012, 29（05）: 62—66.

73. 汤虹. 非遗文化生态保护理念下的安徽花鼓灯［J］. 大众文艺, 2014（20）: 2—3.

74. 唐孝中, 占辉斌. 黄山市茶非物质文化遗产的保护与传承研究［J］. 凯里学院学报, 2017, 35（01）: 38—40.

75. 唐艳艳. 民俗型旅游节事活动探讨——以安徽省全椒县非物质文化遗产为例［J］. 资源开发与市场, 2009, 25（04）: 381—384.

76. 汪静, 史杜芳. 安徽省非物质文化遗产旅游产品开发模式探析［J］. 南京晓庄学院学报, 2017（03）: 106—109.

77. 汪志耿. 韩再芬: 让世界了解黄梅戏［J］. 黄梅戏艺术, 2010（04）: 12.

78. 王长安, 黄凌云. 安徽戏曲现状刍议［J］. 戏曲研究, 2009（01）: 371—383.

79. 王焕. 融古今开新境——洪建华的竹刻艺术［J］. 艺术评论, 2016（06）: 53—54.

80. 王节. 非物质文化遗产品牌传播策略研究——以阜阳剪纸为例［J］. 知

识经济, 2018 (13): 5—6, 8.

81. 王娟, 王礼云. 论合肥市非物质文化遗产的保护与利用 [J]. 新闻研究导刊, 2016, 7 (10): 291—292.

82. 王舜, 孟凡生, 崔北坤. 安徽省体育非物质文化遗产保护与产业化探讨 [J]. 运动, 2018 (21): 1—2, 18.

83. 王舜, 叶东海, 王训令, 李洪生. 安徽省体育非物质文化遗产经济价值的开发与利用 [J]. 运动, 2018 (24): 1—2.

84. 王懿佳. 谈黄梅戏的传承与发展 [J]. 戏剧之家, 2019 (19): 50.

85. 吴秀云. 生态文明进程中传统知识的法律保护问题研究——以徽墨、歙砚为例 [J]. 学术界, 2014 (08): 229—237.

86. 伍天. 方新中的民间大师路 [J]. 中华民居, 2008 (21): 144—147.

87. 夏玢. 从非物质文化遗产视角看黄梅戏文化传承 [J]. 池州学院学报, 2008, 22 (02): 108—110.

88. 肖锋. 传统技艺类非物质文化遗产的现代学徒制探析——以芜湖铁画为例 [J]. 中国文化产业评论, 2017 (02): 303—312.

89. 肖铁桥, 李保民. 传统聚落的非物质文化遗产活化保护研究——以安徽省绩溪县伏岭镇为例 [J]. 安徽建筑大学学报, 2018, 26 (03): 67—71, 82.

90. 徐飞. 非物质文化遗产视角下的安徽省民间传统武术保护现状与对策的几点探讨 [J]. 科技视界, 2012 (18): 25—26.

91. 徐竹波. 安徽省体育非物质文化遗产发展研究 [J]. 吉林体育学院学报, 2016, 32 (05): 105—108.

92. 许敏娟. 安徽非物质文化遗产保护与推进文化强省建设问题研究 [J]. 理论建设, 2013 (03): 81—88.

93. 许敏娟. 安徽非物质文化遗产生产性保护中法制建设问题研究 [J]. 新闻世界, 2015 (03): 164—166.

94. 许敏娟. 传统文化生态整体性保护的当代意义——以安徽歙县为例 [J]. 绿色视野, 2014 (08): 41—44.

95. 许敏娟. 非物质文化遗产保护现状及对策研究——以徽州文化生态保护区为例 [J]. 安徽行政学院学报, 2016 (02): 88—95.

96. 许敏娟，左金刚，晋文婧. 安徽非物质文化遗产生产性保护问题研究[J]. 中共合肥市委党校学报，2015（03）：25—29.

97. 姚德健. 安徽省非物质文化遗产保护与开发的问题及对策研究——以安徽省亳州市为例[J]. 华北水利水电大学学报（社会科学版），2017，33（01）：74—76.

98. 姚昱波. 徽墨传统制作技艺的现状和发展前景[J]. 文物鉴定与鉴赏，2018（23）：76—79.

99. 袁海强，卢玉，方新普. 非物质文化遗产与体育旅游融合的现状分析及对策——以安徽省为例[J]. 成都体育学院学报，2015，41（03）：60—63.

100. 张莉莉. 安徽省非物质文化遗产旅游开发SWOT分析[J]. 旅游纵览（下半月），2015（01）：181—182.

101. 张莉莉. 基于RMP分析的安徽省非物质文化遗产旅游开发研究[J]. 旅游纵览（下半月），2015（06）：201，204.

102. 张庆武，彭小雷，许大胜. 安徽省体育非物质文化遗产的教育传承研究——以华佗五禽戏为例[J]. 运动，2016（03）：152—153.

103. 张孝义，张娜娜，闵思宇. 非物质文化遗产视阈下旅游者满意度、幸福感及景区吸引力研究——以黄山市为例[J]. 黄山学院学报，2019，21（01）：26—29.

104. 张秀丽. 论"送戏下乡"对安徽省戏曲类非物质文化遗产的传承和保护[J]. 黔南民族师范学院学报，2018，38（03）：125—128.

105. 张照金，汝雷. 安徽省传统武术非物质文化遗产在高校的传承路径[J]. 长春师范大学学报，2017，36（06）：134—136，143.

106. 章咏秋. 非物质文化遗产和新农村文化建设的互动发展研究——以黄山市为例[J]. 红河学院学报，2013，11（04）：54—58.

107. 赵丽. 历史与现状——关于安徽省非物质文化遗产"推剧"的调查[J]. 黄钟（中国·武汉音乐学院学报），2010（02）：106—112，165.

108. 郑寒. 歙砚艺术创作中的继承与创新[J]. 新闻世界，2010（09）：188.

（二）学位论文

硕士学位论文

1. 鲍方旋. 经济学视野下的非物质文化遗产保护与开发研究——以安徽省铜陵市为例［D］. 南京：南京财经大学，2016.

2. 鲍婧. 非遗生产性保护政策研究——以安徽省部分企业为例［D］. 北京：中国艺术研究院，2014.

3. 陈子润. 怀宁县非物质文化遗产保护研究［D］. 合肥：安徽大学，2016.

4. 程皖豫. 基于分形学的望江挑花图案设计研究［D］. 芜湖：安徽工程大学，2017.

5. 丁梦云. 非物质文化遗产产业化开发研究——"芜湖铁画"个案分析［D］. 芜湖：安徽师范大学，2014.

6. 杜金玲. 徽州非物质文化元素在旅游文创产品设计中的运用研究［D］. 天津：天津工业大学，2018.

7. 冯爱花. 徽州三雕在现代室内陈设中的运用研究［D］. 合肥：安徽建筑大学，2017.

8. 胡惠子. 传统徽剧服装艺术元素在时装设计上的时尚化应用［D］. 杭州：中国美术学院，2018.

9. 胡彧洁. 地方戏剧庐剧的传承与创新研究——以合肥市庐江县为例［D］. 合肥：安徽大学，2017.

10. 胡志安. 望江挑花的研究及其在服饰品上的创新设计［D］. 芜湖：安徽工程大学，2015.

11. 季晓雪. "主客"视角下非物质文化遗产旅游感知比较研究——以徽州文化生态保护实验区为例［D］. 合肥：安徽大学，2015.

12. 雷柠檬. 天长天官画与灵璧钟馗画比较研究［D］. 淮北：淮北师范大学，2016.

13. 李虎. 安徽省非物质文化遗产——洪山戏研究［D］. 合肥：安徽大学，2012.

14. 李奇辰. 合肥火笔画的保护与创新设计开发研究［D］. 芜湖：安徽工程大学，2014.

15. 李文迪. 身份与名分：合肥瑶海青年庐剧团音乐人类学研究［D］. 武汉：华中师范大学，2010.

16. 林苏. 非物质文化遗产融入高校思想政治教育的若干问题研究——以安徽省国家级非物质文化遗产项目为重点［D］. 合肥：安徽大学，2017.

17. 刘畅. 含弓戏传统剧目研究［D］. 合肥：安徽大学，2018.

18. 刘葳. 地方戏曲情系民歌——以安徽省"黄梅戏"为例［D］. 兰州：兰州大学，2012.

19. 刘小蕊. 亳州二夹弦传承与发展研究［D］. 芜湖：安徽师范大学，2018.

20. 刘燕. 非物质文化遗产在传统村落保护中的传承研究——以安徽省泾县黄田村为例［D］. 北京：北京建筑大学，2016.

21. 马琪. 合肥市包公文化旅游发展对策研究［D］. 合肥：安徽大学，2016.

22. 孟春. 安徽戏曲旅游资源的利用与保护模式研究——以黄梅戏为例［D］. 合肥：安徽大学，2011.

23. 孟俊峰. 万安罗盘的制作工艺与传承研究——以吴鲁衡罗经老店为中心［D］. 合肥：安徽大学，2016.

24. 聂天洋. 宣城非物质文化遗产保护与旅游开发研究［D］. 金华：浙江师范大学，2017.

25. 裴世东. 淮河流域县域非物质文化遗产研究——以安徽省五河县为例［D］. 合肥：安徽大学，2016.

26. 石瑾. 庐剧剧本文化解析［D］. 合肥：安徽大学，2016.

27. 汤家骏. 安徽当涂民歌的历史人文价值与当代传承研究［D］. 武汉：华中师范大学，2018.

28. 王兵. 徽剧艺术研究初探［D］. 厦门：厦门大学，2002.

29. 王倩. 凤阳凤画艺术表现语言研究［D］. 蚌埠：安徽财经大学，2012.

30. 王玮. 安徽凤阳凤画的数字化保护与开发研究［D］. 无锡：江南大学，2014.

31. 王伟. 非物质文化遗产视阈下的亳州二夹弦研究［D］. 合肥：安徽大学，2015.

32. 王依妮. 当传统遭受现代文化的冲击——"太和清音"生存困境与发展

方式的调查与研究［D］. 合肥：安徽大学，2017.

33. 吴晴. 动漫角色创意与产业开发研究——以池州傩戏为例［D］. 芜湖：安徽工程大学，2016.

34. 伍梦尧. 宣纸的生产性保护问题研究［D］. 芜湖：安徽大学，2014.

35. 武莹. 徽州楹联的当代价值研究［D］. 蚌埠：安徽财经大学，2012.

36. 徐婧. 用非遗资源构建地方特色文创的研究——以无为鱼灯为例［D］. 芜湖：安徽工程大学，2018.

37. 徐夏青. 基于非物质文化遗产下冯嘴子村空间形态保护研究［D］. 西安：西安建筑科技大学，2016.

38. 徐湧. 探析滁州来安百曲的特征及演唱形式［D］. 昆明：云南艺术学院，2015.

39. 严伟英. 论黄梅戏与新农村文化建设——以安庆市黄梅村为例［D］. 合肥：安徽农业大学，2011.

40. 余亚飞. 从倒七戏到庐剧——一个地方剧种的传承与变迁［D］. 福州：福建师范大学，2012.

41. 章欢. 桐城歌研究［D］. 上海：上海师范大学，2014.

42. 张朗. 安庆市黄梅戏的传承与保护研究［D］. 武汉：华中师范大学，2014.

43. 张向军. 芜湖铁画生产性保护研究［D］. 金华：浙江师范大学，2014.

44. 张艳. 三河羽毛扇制作工艺的传承与保护研究［D］. 合肥：安徽大学，2018.

45. 赵伟. 安徽省淮河柳编的制作工艺及相关问题研究——以阜南、霍邱两县为例［D］. 合肥：安徽医科大学，2014.

46. 周庆恬. 推剧发展现状研究——兼及戏曲进高校的可行性探索［D］. 南京：南京艺术学院，2011.

47. 周邵年. 徽州竹雕技艺的传承与生产性保护的研究［D］. 合肥：安徽医科大学，2013.

48. 朱米娜. 徽州雕刻艺术传承与创新［D］. 芜湖：安徽工程大学，2010.

49. 朱晓莉. 来安县文化产业研究——以民俗文化资源的开发为例［D］. 合

肥：安徽大学，2011.

博士学位论文

1. 陈继华. 黄梅戏传播形态研究 [D]. 太原：山西师范大学，2016.

2. 秦枫. 非物质文化遗产数字化生存与发展研究——以徽州区域为例 [D]. 合肥：中国科学技术大学，2017.

3. 戎龚停. 沿淮玩灯人——民族音乐学视野中的花鼓灯演艺群体 [D]. 南京：南京艺术学院，2013.

4. 王义彬. 池州傩戏艺术及其文化研究 [D]. 福州：福建师范大学，2004.

5. 章军杰. 多元文化格局下婺剧传承与发展研究 [D]. 济南：山东大学，2014.

6. 支运波. 发现文化：淮河花鼓的景观与理解 [D]. 上海：复旦大学，2013.

四、电子资源

1. 中华人民共和国文化和旅游部官网（https：//www. mct. gov. cn）

2. 中国非物质文化遗产网（https：//www. ihchina. cn）

3. 中国国家图书馆官网（https：//www. nlc. cn/web/index. shtml）

4. 上海图书馆官网（https：//www. library. sh. cn）

5. 安徽省非物质文化遗产网（http：//www. anhuify. net/html/Index/index. html）

6. 安徽省文化馆 安徽公共文化云（https：//www. ahswhg. cn）

7. 合肥市人民政府官网（https：//www. hefei. gov. cn）

8. 淮北市人民政府官网（https：//www. huaibei. gov. cn）

9. 亳州市人民政府官网（https：//www. bozhou. gov. cn）

10. 宿州市人民政府官网（https：//www. ahsz. gov. cn）

11. 蚌埠市人民政府官网（https：//www. bengbu. gov. cn）

12. 阜阳市人民政府官网（https：//www. fy. gov. cn）

13. 淮南市人民政府官网（https：//www. huainan. gov. cn）

14. 滁州市人民政府官网（https://www.chuzhou.gov.cn）

15. 六安市人民政府官网（https://www.luan.gov.cn）

16. 马鞍山市人民政府官网（https://www.mas.gov.cn）

17. 芜湖市人民政府官网（https://www.wuhu.gov.cn）

18. 宣城市人民政府官网（https://www.xuancheng.gov.cn）

19. 铜陵市人民政府官网（https://www.tl.gov.cn）

20. 池州市人民政府官网（https://www.chizhou.gov.cn）

21. 安庆市人民政府官网（https://www.anqing.gov.cn）

22. 黄山市人民政府官网（https://www.huangshan.gov.cn）

附　录*

一、合肥市市级以上非物质文化遗产代表性项目

序号	项目名称	项目类别	申报地区或单位	项目级别
1	包公故事	民间文学	合肥市	国家级
2	巢湖民歌	传统音乐	巢湖市	国家级
3	庐剧	传统戏剧	合肥市	国家级
4	纸笺加工技艺	传统技艺	巢湖市	国家级
5	灯会（肥东洋蛇灯）	民俗	肥东县	国家级
6	刘铭传故事	民间文学	肥西县	省级
7	有巢氏传说	民间文学	巢湖市	省级
8	抛头狮	传统舞蹈	蜀山区	省级
9	莲湘舞（肥西莲湘舞）	传统舞蹈	肥西县	省级
10	马派皮影戏	传统戏剧	庐阳区	省级
11	门歌	曲艺	包河区	省级
12	庐州大鼓	曲艺	肥东县、肥西县	省级
13	张氏大洪拳	传统体育、游艺与杂技	瑶海区	省级
14	牛门洪拳	传统体育、游艺与杂技	肥东县	省级
15	韩氏阴阳双合拳	传统体育、游艺与杂技	合肥市	省级
16	庐州太极拳	传统体育、游艺与杂技	瑶海区	省级

*该部分为安徽省16个地市及其他申报的非遗项目（不完全统计），由笔者根据非物质文化遗产相关网站（中国非物质文化遗产网、安徽非物质文化遗产网）和各市人民政府网的公开信息整理所得。

（续表）

序号	项目名称	项目类别	申报地区或单位	项目级别
17	火笔画	传统美术	合肥市	省级
18	庐阳剪纸	传统美术	庐阳区	省级
19	吴山铁字	传统美术	长丰县	省级
20	葫芦烙画	传统美术	瑶海区	省级
21	民间扎彩	传统美术	包河区	省级
22	庐州木雕	传统美术	肥西县、包河区	省级
23	庐州核雕	传统美术	瑶海区	省级
24	玉顺行玉雕	传统美术	合肥市	省级
25	巢湖树雕画	传统美术	巢湖市	省级
26	庐州蛋雕	传统美术	蜀山区	省级
27	庐州面塑	传统美术	合肥市	省级
28	庐州内画	传统美术	包河区	省级
29	庐阳殷氏字画	传统美术	庐阳区	省级
30	庐州木版水印	传统美术	庐阳区	省级
31	庐州麦秆画	传统美术	蜀山区	省级
32	葫芦雕刻	传统美术	蜀山区	省级
33	宫式彩绘贴金	传统美术	新站区	省级
34	手撕书法	传统美术	庐江县	省级
35	徽州沉香雕刻	传统美术	瑶海区	省级
36	传统加工纸制作技艺	传统技艺	巢湖市	省级
37	传统钾明矾制作技艺	传统技艺	庐江县	省级
38	庐州吴氏船模制作技艺	传统技艺	蜀山区	省级
39	三河羽扇制作技艺	传统技艺	肥西县	省级
40	庐州土陶烧制技艺	传统技艺	蜀山区	省级
41	徽帮裁缝技艺	传统技艺	蜀山区	省级
42	庐州古琴斫制技艺	传统技艺	蜀山区	省级
43	宫廷描金纸制作技艺	传统技艺	瑶海区	省级
44	小红头制作技艺	传统技艺	庐江县	省级
45	吴山贡鹅制作技艺	传统技艺	长丰县	省级

(续表)

序号	项目名称	项目类别	申报地区或单位	项目级别
46	清介堂膏药制作技艺	传统医药	包河区	省级
47	许氏脉诊	传统医药	蜀山区	省级
48	周氏梅花针灸	传统医药	庐阳区	省级
49	紫蓬山庙会	民俗	肥西县	省级
50	吴山庙会	民俗	长丰县	省级
51	涂山歌谣	民间文学	巢湖市	市级
52	巢湖传说系列	民间文学	巢湖市	市级
53	半汤温泉传说	民间文学	合巢经开区	市级
54	造甲店的传说	民间文学	长丰县	市级
55	古琴谱识	传统音乐	蜀山区	市级
56	合肥狮舞	传统舞蹈	包河区	市级
57	梁园狮舞	传统舞蹈	肥东县	市级
58	打莲湘	传统舞蹈	肥东县	市级
59	庐州旱船	传统舞蹈	肥东县、包河区	市级
60	三河旱船	传统舞蹈	肥西县	市级
61	河蚌舞	传统舞蹈	合巢经开区	市级
62	下塘火狮	传统舞蹈	长丰县	市级
63	犟驴	传统舞蹈	长丰县	市级
64	安徽大鼓	曲艺	肥西县、肥东县	市级
65	李氏流星锤	传统体育、游艺与杂技	巢湖市	市级
66	宋门心意六合拳	传统体育、游艺与杂技	庐阳区	市级
67	世清太极	传统体育、游艺与杂技	瑶海区	市级
68	艾氏瓷刻	传统美术	瑶海区	市级
69	牛氏剪纸	传统美术	肥东县	市级
70	巢湖面塑	传统美术	肥西县	市级
71	夏勖彩塑	传统美术	庐江县	市级
72	朱氏剪纸	传统美术	庐阳区	市级
73	庐阳杨氏彩塑	传统美术	庐阳区	市级
74	庐阳唐氏剪纸	传统美术	庐阳区	市级

(续表)

序号	项目名称	项目类别	申报地区或单位	项目级别
75	彩墨画	传统美术	蜀山区	市级
76	庐州刺绣	传统美术	蜀山区	市级
77	庐州泥塑	传统美术	瑶海区	市级
78	李绩核桃雕刻	传统美术	瑶海区	市级
79	徽派玉雕	传统技艺	合肥市	市级
80	松石内画制作技艺	传统技艺	包河区	市级
81	纸扎工艺	传统技艺	包河区	市级
82	庐阳木版水印制作技艺	传统技艺	庐阳区	市级
83	文玩摆件制作技艺	传统技艺	庐阳区	市级
84	庐阳宫灯	传统技艺	庐阳区	市级
85	石印制作技艺	传统技艺	庐阳区	市级
86	苗氏根雕制作技艺	传统技艺	蜀山区	市级
87	洪氏装裱艺术	传统技艺	瑶海区	市级
88	王秀珍刺血疗法	传统医药	庐阳区	市级
89	蒋氏手针	传统医药	蜀山区	市级
90	马政娘娘庙会	民俗	肥东县	市级

二、淮北市市级以上非物质文化遗产代表性项目

序号	项目名称	项目类别	申报地区或单位	项目级别
1	花鼓戏	传统戏剧	淮北市	国家级
2	临涣唢呐	传统音乐	濉溪县	省级
3	夏派唢呐	传统音乐	濉溪县	省级
4	淮北泗洲戏	传统戏剧	濉溪县	省级
5	淮北大鼓	曲艺	濉溪县	省级
6	淮北六步架大洪拳	传统体育、游艺与杂技	杜集区	省级
7	淮北李氏射艺	传统体育、游艺与杂技	相山区	省级
8	淮北泥塑	传统美术	濉溪县	省级
9	殷派面塑	传统美术	相山区	省级
10	商派面塑	传统美术	濉溪县	省级
11	贺氏绫刻画	传统美术	相山区	省级
12	剪纸（宗氏剪纸）	传统美术	相山区	省级
13	临涣酱培包瓜制作工艺	传统技艺	淮北市	省级
14	口子窖酒酿造技艺	传统技艺	淮北市	省级
15	剪纸（张氏剪纸）	传统技艺	相山区	省级
16	临涣张家纯羊汤制作技艺	传统技艺	濉溪县	省级
17	淮北周氏面皮制作技艺	传统技艺	相山区	省级
18	临涣茶饮习俗	民俗	濉溪县	省级
19	高山流水的故事	民间文学	杜集区	市级
20	张果老传说	民间文学	烈山区	市级
21	临涣城夜转亳州	民间文学	濉溪县	市级
22	唢呐古曲	传统音乐	烈山区	市级
23	谢派唢呐	传统音乐	相山区	市级
24	唢呐古曲	传统音乐	濉溪县	市级
25	相城古琴	传统音乐	相山区	市级
26	二鬼争跤	传统舞蹈	濉溪县	市级

(续表)

序号	项目名称	项目类别	申报地区或单位	项目级别
27	淮北梆子戏	传统戏剧	濉溪县	市级
28	泗州戏	传统戏剧	濉溪县	市级
29	坠子戏	曲艺	濉溪县	市级
30	淮北琴书	曲艺	濉溪县	市级
31	淮北李氏射艺	传统体育、游艺与杂技	相山区	市级
32	淮北六步架大洪拳	传统体育、游艺与杂技	杜集区	市级
33	丁庄村竹编	传统美术	杜集区	市级
34	虎头鞋虎头帽	传统美术	杜集区	市级
35	面灯制作技艺	传统美术	杜集区	市级
36	手指画	传统美术	杜集区	市级
37	李氏糖画	传统美术	杜集区	市级
38	穆浅子柳编制作技艺	传统美术	烈山区	市级
39	花鸟字组合	传统美术	濉溪县	市级
40	意境绘画剪纸制作技艺	传统美术	相山区	市级
41	陈氏剪纸	传统美术	相山区	市级
42	葛氏木雕艺术	传统美术	相山区	市级
43	淮北瓷刻	传统美术	相山区	市级
44	焦派根雕艺术	传统美术	相山区	市级
45	刘氏竹笔画	传统美术	相山区	市级
46	庞氏棕编	传统美术	相山区	市级
47	赵派面塑	传统美术	相山区	市级
48	石雕艺术	传统美术	杜集区	市级
49	泥塑	传统美术	濉溪县	市级
50	淮北梁氏烙画	传统美术	相山区	市级
51	淮北香包布艺	传统美术	相山区	市级
52	淮北圆雕	传统美术	相山区	市级
53	淮北马氏玻璃烧制	传统美术	杜集区	市级
54	淮北陶塑	传统美术	杜集区	市级
55	淮北张氏吹糖人	传统美术	杜集区	市级

(续表)

序号	项目名称	项目类别	申报地区或单位	项目级别
56	黄氏纸线编制技艺	传统美术	杜集区	市级
57	淮北孙氏面塑	传统美术	杜集区	市级
58	临涣包瓜加工技艺	传统技艺	濉溪县	市级
59	口子酒	传统技艺	濉溪县	市级
60	抱元洞端午茶	传统技艺	杜集区	市级
61	二郎庙粉皮制作技艺	传统技艺	烈山区	市级
62	百善硬面大卷制作技艺	传统技艺	濉溪县	市级
63	南坪杠子馍	传统技艺	濉溪县	市级
64	花轿制作	传统技艺	濉溪县	市级
65	郑氏烹瀹技艺	传统技艺	相山区	市级
66	临涣张家纯羊汤制作技艺	传统技艺	濉溪县	市级
67	濉溪县文昌宫小磨香油制作技艺	传统技艺	濉溪县	市级
68	淮北李氏布鞋制作技艺	传统技艺	烈山区	市级
69	葛聋子膏药	传统医药	濉溪县	市级
70	淮北徐氏足疗	传统医药	相山区	市级
71	淮北循经推运疗法	传统医药	相山区	市级
72	淮北朱氏接骨	传统医药	烈山区	市级
73	临涣茶馆	民俗	濉溪县	市级
74	剪鸭尾	民俗	濉溪县	市级
75	留满发	民俗	濉溪县	市级

三、亳州市市级以上非物质文化遗产代表性项目

序号	项目名称	项目类别	申报地区或单位	项目级别
1	老子传说	民间文学	涡阳县	国家级
2	二夹弦	传统戏剧	亳州市	国家级
3	淮北梆子戏	传统戏剧	谯城区	国家级
4	华佗五禽戏	传统体育、游艺与杂技	亳州市	国家级
5	西凉掌（亳州晰扬掌）	传统体育、游艺与杂技	亳州市	国家级
6	蒸馏酒传统酿造技艺（古井贡酒酿造技艺）	传统技艺	亳州市	国家级
7	捻军歌谣	民间文学	涡阳县	省级
8	庄子传说	民间文学	蒙城县	省级
9	蒙城歌谣	民间文学	蒙城县	省级
10	陈抟传说	民间文学	亳州市	省级
11	柳下惠传说	民间文学	利辛县	省级
12	隋氏唢呐	传统音乐	亳州市	省级
13	锣鼓棚子	传统音乐	蒙城县	省级
14	雄风狮子舞	传统舞蹈	涡阳县	省级
15	赶黑驴	传统舞蹈	利辛县	省级
16	棒鼓舞	传统舞蹈	涡阳县	省级
17	泗州戏（拉魂腔）	传统戏剧	利辛县	省级
18	淮北大鼓	曲艺	蒙城县、利辛县	省级
19	清音戏	曲艺	利辛县	省级
20	扁担戏	曲艺	利辛县	省级
21	五马琴书	曲艺	谯城区	省级
22	涡河憨腔	曲艺	涡阳县	省级
23	六国棋	传统体育、游艺与杂技	蒙城县	省级
24	陈抟老祖心意六合八法拳	传统体育、游艺与杂技	亳州市	省级

(续表)

序号	项目名称	项目类别	申报地区或单位	项目级别
25	剪纸（亳州剪纸）	传统美术	谯城区	省级
26	利辛面塑	传统美术	利辛县	省级
27	石弓石雕	传统美术	涡阳县	省级
28	亳州木雕	传统美术	亳州市	省级
29	剪纸（涡阳剪纸）	传统美术	涡阳县	省级
30	高炉家传统酿造技艺	传统技艺	蒙城县	省级
31	卢家笙制作技艺	传统技艺	砀山县	省级
32	金不换酒酿造技艺	传统技艺	亳州市	省级
33	彩曲原酒酿造技艺	传统技艺	谯城区	省级
34	陈氏锡包壶制作技艺	传统技艺	蒙城县	省级
35	涡阳苔干制作技艺	传统技艺	涡阳县	省级
36	阚疃大块板鸡制作技艺	传统技艺	利辛县	省级
37	蒙城油酥烧饼制作技艺	传统技艺	蒙城县	省级
38	王魁知麻花制作技艺	传统技艺	谯城区	省级
39	一闻香糕点制作技艺	传统技艺	亳州市	省级
40	菊花心曲制作技艺	传统技艺	亳州市	省级
41	怀养堂药膳制作技艺	传统技艺	亳州市	省级
42	绿能粉皮制作技艺	传统技艺	谯城区	省级
43	亳州李记烧驴肉制作技艺	传统技艺	谯城区	省级
44	杨氏勒木厨具制作技艺	传统技艺	蒙城县	省级
45	冷家笙制作技艺	传统技艺	谯城区	省级
46	承庆堂传统中药制剂	传统医药	亳州市	省级
47	华佗救心丸制作技艺	传统医药	谯城区	省级
48	华佗夹脊穴灸法	传统医药	亳州市	省级
49	九曲黄河阵	民俗	利辛县	省级
50	大班会	民俗	谯城区	省级
51	庄子祭祀大典	民俗	蒙城县	省级
52	马氏社火	民俗	利辛县	省级

(续表)

序号	项目名称	项目类别	申报地区或单位	项目级别
53	亳州药市	民俗	谯城区	省级
54	刘金定传说	民间文学	蒙城县	市级
55	长诗《陈三姐》	民间文学	蒙城县	市级
56	千古一"亳"	民间文学	亳州市	市级
57	柳下惠坐怀不乱传说	民间文学	利辛县	市级
58	捻军故事	民间文学	涡阳县	市级
59	华佗传说故事	民间文学	亳州市	市级
60	曹操传说故事	民间文学	亳州市	市级
61	木兰传说	民间文学	亳州市	市级
62	伍子胥打马过乌江	民间文学	利辛县	市级
63	亳州唢呐（丹城"孙家唢呐"）	传统音乐	涡阳县	市级
64	展沟十八番锣鼓	传统音乐	利辛县	市级
65	亳州唢呐（涡阳栾氏）	传统音乐	涡阳县	市级
66	亳州唢呐（王家唢呐）	传统音乐	涡阳县	市级
67	大班会	传统舞蹈	谯城区	市级
68	大班会	传统舞蹈	涡阳县	市级
69	棒鼓舞	传统舞蹈	涡阳县	市级
70	"万人迷"花鼓灯	传统舞蹈	利辛县	市级
71	雄风狮子舞	传统舞蹈	涡阳县	市级
72	牌坊竹马	传统舞蹈	涡阳县	市级
73	亳州高跷（城西"刘楼高跷"）	传统舞蹈	涡阳县	市级
74	"龙之舞"社火	传统舞蹈	利辛县	市级
75	蒙城"小车舞"	传统舞蹈	蒙城县	市级
76	亳州高跷会（谯城双沟）	传统舞蹈	谯城区	市级
77	竹马会	传统舞蹈	谯城区	市级
78	九女扑伞	传统舞蹈	涡阳县	市级
79	担花挑	传统舞蹈	利辛县	市级

(续表)

序号	项目名称	项目类别	申报地区或单位	项目级别
80	狮子舞	传统舞蹈	谯城区	市级
81	丹城泗州戏	传统戏剧	涡阳县	市级
82	花鼓戏	传统戏剧	利辛县	市级
83	梆子戏（利辛祝氏）	传统戏剧	利辛县	市级
84	四句推子	传统戏剧	利辛县	市级
85	亳州梆剧	传统戏剧	谯城区	市级
86	亳州曲子戏	传统戏剧	谯城区	市级
87	亳州清音	曲艺	谯城区	市级
88	涡阳琴书	曲艺	涡阳县	市级
89	亳州琴书（利辛琴书）	曲艺	利辛县	市级
90	王进先山东快书	曲艺	亳州市	市级
91	利辛坠子	曲艺	利辛县	市级
92	涡阳憨腔	曲艺	涡阳县	市级
93	亳州清音（蒙城县）	曲艺	蒙城县	市级
94	淮北大鼓（谯城区）	曲艺	谯城区	市级
95	蒙城琴书	曲艺	蒙城县	市级
96	蒙城坠子	曲艺	蒙城县	市级
97	莲花落	曲艺	利辛县	市级
98	胡集猴戏	传统体育、游艺与杂技	利辛县	市级
99	晰阳掌	传统体育、游艺与杂技	亳州市	市级
100	西凉掌	传统体育、游艺与杂技	亳州市	市级
101	马氏查拳	传统体育、游艺与杂技	亳州市	市级
102	木兰武术	传统体育、游艺与杂技	亳州市	市级
103	亳州大洪拳	传统体育、游艺与杂技	亳州市	市级
104	亳州查拳	传统体育、游艺与杂技	亳州市	市级
105	亳州岔拳	传统体育、游艺与杂技	亳州市	市级
106	亳州形意拳	传统体育、游艺与杂技	谯城区	市级
107	亳州心意六合拳	传统体育、游艺与杂技	蒙城县	市级
108	庄子养生功	传统体育、游艺与杂技	蒙城县	市级

(续表)

序号	项目名称	项目类别	申报地区或单位	项目级别
109	亳州口技	传统体育、游艺与杂技	谯城区	市级
110	王人农民诗画	传统美术	利辛县	市级
111	火笔画	传统美术	蒙城县	市级
112	亳州面塑（谯城刘氏面塑、利辛杨氏面塑）	传统美术	谯城区、利辛县	市级
113	南谯烙画葫芦	传统美术	亳州市	市级
114	火笔画（利辛县）	传统美术	利辛县	市级
115	亳州新皖派篆刻	传统美术	亳州印社	市级
116	葫芦雕刻技艺	传统美术	蒙城县	市级
117	糖画	传统美术	蒙城县	市级
118	展沟九曲黄河灯阵	传统技艺	利辛县	市级
119	涡阳苔干制作技艺	传统技艺	涡阳县	市级
120	老子家酒酿造技艺	传统技艺	涡阳县	市级
121	腌汤制作技艺	传统技艺	蒙城县	市级
122	薛家油酥烧饼制作技艺	传统技艺	蒙城县	市级
123	卢家笙制作技艺	传统技艺	蒙城县	市级
124	高公糖蒜	传统技艺	涡阳县	市级
125	龙山老队长扒鸡	传统技艺	涡阳县	市级
126	石弓"石雕"	传统技艺	涡阳县	市级
127	王魁知麻花	传统技艺	谯城区	市级
128	阚疃大块板鸡	传统技艺	利辛县	市级
129	手工锡包壶	传统技艺	蒙城县	市级
130	利辛展沟大烧饼	传统技艺	利辛县	市级
131	金不换酒传统酿造技艺	传统技艺	亳州市	市级
132	亳州笙制作技艺（冷家）	传统技艺	谯城区	市级
133	铜关粉皮	传统技艺	谯城区	市级
134	阿福兔肉	传统技艺	谯城区	市级

(续表)

序号	项目名称	项目类别	申报地区或单位	项目级别
135	亳州牛肉馍制作技艺（谯城李氏）	传统技艺	谯城区	市级
136	彩曲原酒手工酿造技艺	传统技艺	谯城区	市级
137	一闻香糕点制作技艺	传统技艺	亳州市	市级
138	刘醜酥肉制作技艺	传统技艺	谯城区	市级
139	亳州制鼓技艺	传统技艺	亳州市、谯城区	市级
140	亳州打铜技艺	传统技艺	谯城区	市级
141	亳州斗鸡驯养技艺	传统技艺	谯城区	市级
142	肘子制作技艺（涡阳王颖）	传统技艺	涡阳县	市级
143	杨氏勒木橱制作技艺	传统技艺	蒙城县	市级
144	李氏打铁技艺	传统技艺	蒙城县	市级
145	阚疃梁氏起汤面	传统技艺	利辛县	市级
146	绿能粉皮	传统技艺	谯城区	市级
147	曹操贡酒酿造技艺	传统技艺	谯城区	市级
148	店小二酒酿造技艺	传统技艺	谯城区	市级
149	亳州韩氏焦虾传统制作技艺	传统技艺	谯城区	市级
150	汤王酒传统酿造技艺	传统技艺	谯城区	市级
151	义门大将羊肉汤	传统技艺	涡阳县	市级
152	装裱修复技艺	传统技艺	利辛县	市级
153	逍遥道芝麻香型酒酿造技艺	传统技艺	蒙城县	市级
154	庄子酒酿造技艺	传统技艺	蒙城县	市级
155	亳州合碗传统制作技艺	传统技艺	亳州市谯膳楼食品有限公司	市级
156	亳州拓片技艺	传统技艺	亳州市博物馆、亳州市文化馆	市级

(续表)

序号	项目名称	项目类别	申报地区或单位	项目级别
157	蒙城狼山黑陶传统制作技艺	传统技艺	蒙城县	市级
158	亳州红陶制作技艺	传统技艺	谯城区	市级
159	华佗医药（夹脊穴针灸法）	传统医药	亳州市	市级
160	承庆堂中药膏方炮制技艺	传统医药	亳州市	市级
161	涡阳李氏传统黑膏药	传统医药	涡阳县	市级
162	田氏喉科	传统医药	蒙城县	市级
163	平衡医学	传统医药	蒙城县	市级
164	夏氏摸骨诊疗法	传统医药	利辛县	市级
165	黄家内八针	传统医药	涡阳县	市级
166	张氏传统黑膏药	传统医药	涡阳县	市级
167	长七寸内八针诊疗法	传统医药	蒙城县	市级
168	亳州朱氏膏药传统炮制技艺	传统医药	谯城区	市级
169	中药炮制技艺（中正中药炮制技艺）	传统医药	亳州市中正中药材饮片有限公司	市级
170	龚氏凝敷传统炮制技艺	传统医药	谯城区	市级
171	铜火罐诊疗法	传统医药	亳州高新区恒康按摩职业培训学校	市级
172	中药炮制技艺（承庆堂九蒸九晒炮制技艺）	传统医药	安徽承庆堂国药股份有限公司	市级
173	中医正骨疗法（潘氏正骨推拿法）	传统医药	利辛县	市级
174	中医正骨疗法（箅膏接骨正骨术）	传统医药	吴氏骨伤研究院（谯城吴国正外科）	市级
175	中医正骨疗法（马氏骨伤疗法）	传统医药	蒙城县	市级

(续表)

序号	项目名称	项目类别	申报地区或单位	项目级别
176	庄子祭祀大典	民俗	蒙城县	市级
177	泰山宫庙会	民俗	利辛县	市级
178	亳州社火（利辛）	民俗	利辛县	市级
179	亳州药市	民俗	谯城区	市级
180	涡阳老子庙会	民俗	涡阳县	市级

四、宿州市市级以上非物质文化遗产代表性项目

序号	项目名称	项目类别	申报地区或单位	项目级别
1	砀山唢呐	传统音乐	砀山县	国家级
2	灵璧菠林喇叭	传统音乐	灵璧县	国家级
3	泗州戏	传统戏剧	宿州市	国家级
4	花鼓戏	传统戏剧	宿州市	国家级
5	坠子戏	传统戏剧	宿州市	国家级
6	淮北梆子戏	传统戏剧	萧县	国家级
7	四平调	传统戏剧	砀山县	国家级
8	渔鼓道情	曲艺	萧县	国家级
9	马戏（埇桥马戏）	传统体育、游艺与杂技	埇桥区	国家级
10	鞭打芦花	民间文学	萧县	省级
11	皇藏峪的传说	民间文学	萧县	省级
12	垓下民间传说	民间文学	灵璧县	省级
13	埇桥十番锣鼓	传统音乐	埇桥区	省级
14	灵璧皮影戏	传统戏剧	灵璧县	省级
15	淮北花鼓戏	传统戏剧	埇桥区	省级
16	坠子戏	传统戏剧	宿州市	省级
17	泗州戏	传统戏剧	宿州市	省级
18	淮北梆子戏	传统戏剧	宿州市	省级
19	砀山四平调	传统戏剧	砀山县	省级
20	泗县瑶剧	传统戏剧	泗县	省级
21	花腔渔鼓	曲艺	萧县	省级
22	萧县坠子	曲艺	萧县	省级
23	灵璧琴书	曲艺	灵璧县	省级
24	灵璧大鼓	曲艺	灵璧县	省级
25	民间杂技马戏	传统体育、游艺与杂技	埇桥区	省级
26	灵璧钟馗画	传统美术	灵璧县	省级

(续表)

序号	项目名称	项目类别	申报地区或单位	项目级别
27	萧县农民画	传统美术	萧县	省级
28	萧县石刻	传统美术	萧县	省级
29	砀山年画	传统美术	砀山县	省级
30	灵璧磬石雕刻	传统美术	灵璧县	省级
31	蝶翅画	传统美术	宿州市	省级
32	砀山烙画	传统美术	砀山县	省级
33	剪纸（萧县剪纸）	传统美术	萧县	省级
34	灵璧剪纸钟馗	传统美术	灵璧县	省级
35	宿州乐石砚制作技艺	传统技艺	宿州市	省级
36	符离集烧鸡制作技艺	传统技艺	埇桥区	省级
37	泗县药物布鞋制作技艺	传统技艺	泗县	省级
38	砀山毛笔制作技艺	传统技艺	砀山县	省级
39	埇桥唢呐制作技艺	传统技艺	埇桥区	省级
40	砀山兰花印染技艺	传统技艺	砀山县	省级
41	宿州脽汤制作技艺	传统技艺	宿州市	省级
42	栏杆牛肉制作技艺	传统技艺	宿州市	省级
43	砀山梨膏糖制作技艺	传统技艺	砀山县	省级
44	砀山王集王氏接骨膏药	传统医药	砀山县	省级
45	灵璧古庙会	民俗	灵璧县	省级
46	萧县伏羊宴习俗	民俗	萧县	省级
47	小白龙探母的传说	民间文学	灵璧县	市级
48	皇藏峪的传说	民间文学	萧县	市级
49	朱买臣和泗县朱山的传说	民间文学	泗县文化馆	市级
50	水母娘娘沉泗州的传说	民间文学	泗县文化馆	市级
51	灵璧民谣	民间文学	灵璧文化馆	市级
52	闵子骞的传说	民间文学	宿州市孝文化研究会	市级
53	白居易和符离的传说	民间文学	宿州市文化艺术中心	市级

(续表)

序号	项目名称	项目类别	申报地区或单位	项目级别
54	宿州童谣	民间文学	宿州市作协	市级
55	鞭打芦花	民间文学	萧县	市级
56	马皇后的传说	民间文学	埇桥区	市级
57	泗县霸王城的传说	民间文学	泗县	市级
58	萧县唢呐	传统音乐	萧县文化馆	市级
59	埇桥唢呐	传统音乐	埇桥文化馆	市级
60	埇桥锣鼓	传统音乐	埇桥区	市级
61	灵璧菠林喇叭	传统音乐	灵璧县	市级
62	唢呐	传统音乐	砀山县	市级
63	宿州软弓京胡（埇桥软弓京胡、砀山软弓京胡）	传统音乐	埇桥区、砀山县	市级
64	灵璧磬石乐艺术	传统音乐	灵璧县	市级
65	大魏狮子舞	传统舞蹈	灵璧县	市级
66	灵璧旱船	传统舞蹈	灵璧县	市级
67	萧县高跷	传统舞蹈	萧县	市级
68	马灯舞	传统舞蹈	灵璧县	市级
69	泗县钱杆舞	传统舞蹈	泗县文化馆	市级
70	萧县梆子戏	传统戏剧	萧县	市级
71	埇桥皮影戏	传统戏剧	埇桥区	市级
72	秦氏皮影戏	传统戏剧	泗县文化馆	市级
73	砀山柳琴戏	传统戏剧	砀山柳琴戏剧团	市级
74	萧县花鼓戏	传统戏剧	萧县文化馆	市级
75	砀山梆子戏	传统戏剧	砀山县雷海演艺有限公司	市级
76	泗州戏	传统戏剧	泗县文化馆	市级
77	泗州戏	传统戏剧	宿州市	市级
78	坠子戏	传统戏剧	宿州市	市级
79	淮北花鼓戏	传统戏剧	埇桥区	市级

(续表)

序号	项目名称	项目类别	申报地区或单位	项目级别
80	四平调	传统戏剧	砀山县	市级
81	皮影戏	传统戏剧	灵璧县	市级
82	瑶剧	传统戏剧	泗县	市级
83	淮北梆子戏	传统戏剧	宿州市	市级
84	灵璧大鼓	曲艺	灵璧县	市级
85	陶殿贵拉洋片	曲艺	泗县文化馆	市级
86	泗州渔鼓	曲艺	泗县文化馆	市级
87	泗州大鼓	曲艺	泗县文化馆	市级
88	泗州琴书	曲艺	泗县文化馆	市级
89	萧县大鼓	曲艺	萧县文化馆	市级
90	萧县评书	曲艺	萧县文化馆	市级
91	宿县大鼓	曲艺	埇桥区文化馆	市级
92	琴书	曲艺	灵璧县	市级
93	花腔渔鼓	曲艺	萧县	市级
94	坠子	曲艺	萧县	市级
95	泗州唱挂轴	曲艺	泗县	市级
96	砀山刘氏心意六合拳	传统体育、游艺与杂技	砀山县伊斯兰武术学校	市级
97	埇桥马戏	传统体育、游艺与杂技	埇桥区	市级
98	砀山中原斗鸡	传统体育、游艺与杂技	砀山县	市级
99	砀山年画	传统美术	砀山县	市级
100	砀山梅花篆字	传统美术	砀山县	市级
101	灵璧磬石雕刻	传统美术	灵璧县	市级
102	灵璧剪纸钟馗	传统美术	灵璧县	市级
103	梅花篆字	传统美术	宿州市	市级
104	埇桥剪纸	传统美术	埇桥区	市级
105	萧县炭精画	传统美术	萧县	市级
106	砀山蝌蚪文	传统美术	砀山县	市级
107	烙画	传统美术	砀山县	市级

(续表)

序号	项目名称	项目类别	申报地区或单位	项目级别
108	灵璧赏石艺术	传统美术	灵璧县观赏石协会	市级
109	萧县泥人	传统美术	萧县文化馆	市级
110	橄榄核雕	传统美术	埇桥文化馆	市级
111	戏剧盔头制作技艺	传统美术	宿州市工艺美术协会	市级
112	蝶翅画	传统美术	安徽省竹笔蝶画艺术馆有限公司	市级
113	民间书画	传统美术	萧县	市级
114	剪纸	传统美术	萧县	市级
115	钟馗画	传统美术	灵璧县	市级
116	宿州刺绣（砀山刺绣）（萧县刺绣）	传统美术	砀山县、萧县	市级
117	宿州面塑（砀山齐氏面塑）（灵璧面塑）（埇桥面塑）	传统美术	砀山县、灵璧县、埇桥区	市级
118	宿州泥塑（埇桥泥塑）	传统美术	埇桥区	市级
119	砀山梨画	传统美术	砀山县	市级
120	灵璧金属雕刻	传统美术	灵璧县	市级
121	灵璧白灵石雕刻	传统美术	灵璧县	市级
122	宿州剪纸（泗州剪纸）（砀山剪纸）	传统美术	泗县、砀山县	市级
123	宿州根雕（泗州古运河根雕技艺）（萧县根雕）	传统美术	泗县、萧县	市级
124	萧县玉石雕刻	传统美术	萧县	市级
125	宿州瓷画	传统美术	宿州市工艺美术家协会	市级
126	砀山曹庄桶子鸡制作技艺	传统技艺	砀山县	市级
127	砀山兰花印染制作技艺	传统技艺	砀山县	市级

（续表）

序号	项目名称	项目类别	申报地区或单位	项目级别
128	砀山毛家狗肉制作技艺	传统技艺	砀山县	市级
129	砀山毛笔制作技艺	传统技艺	砀山县	市级
130	泗县药物布鞋制作技艺	传统技艺	泗县	市级
131	萧县伏羊宴加工技艺	传统技艺	萧县	市级
132	埇桥唢呐制作技艺	传统技艺	埇桥区	市级
133	"忆中味"酱香鸭制作技艺	传统技艺	灵璧县	市级
134	泗县大路口粉丝制作技艺	传统技艺	泗县文化馆	市级
135	泗县大庄豆瓣酱制作技艺	传统技艺	泗县文化馆	市级
136	游集月饼制作技艺	传统技艺	灵璧县文化馆	市级
137	栏杆牛肉制作技艺	传统技艺	埇桥文化馆	市级
138	药闫粉丝制作技艺	传统技艺	埇桥文化馆	市级
139	砀山羊肉澈汤制作技艺	传统技艺	砀山县餐饮协会	市级
140	砀山梨膏糖制作技艺	传统技艺	安徽省砀山兴达罐业食品有限公司	市级
141	有源斋酱菜加工技艺	传统技艺	宿州市有源斋酱园	市级
142	王枣子制作技艺	传统技艺	宿州绿源中医药有限公司	市级
143	宿州乐石砚	传统技艺	宿州市	市级
144	符离集烧鸡	传统技艺	埇桥区	市级
145	石刻	传统技艺	萧县	市级
146	灵璧鸬鹚捕鱼	传统技艺	灵璧县	市级
147	萧县盘扣制作技艺	传统技艺	萧县	市级
148	老宿县羊汤制作技艺	传统技艺	埇桥区	市级
149	八大扣碗席面制作技艺	传统技艺	埇桥区	市级
150	宿州羊澈汤制作技艺	传统技艺	埇桥区	市级
151	王爪子香方制作技艺	传统技艺	埇桥区	市级
152	砀山"梨解"紫砂烤梨	传统技艺	砀山县	市级

(续表)

序号	项目名称	项目类别	申报地区或单位	项目级别
153	泗州传统乐器制作技艺	传统技艺	泗县	市级
154	泗州甜油制作技艺	传统技艺	泗县	市级
155	宿州面食制作技艺（泗州绿豆饼制作技艺）（泗县朝牌）（草沟烧饼）（埇桥缸贴）（刘圩大饼）	传统技艺	泗县、埇桥区、萧县	市级
156	萧县金石传拓技艺	传统技艺	萧县	市级
157	王二嫂子茶制作技艺	传统技艺	萧县	市级
158	萧县五香驴肉制作技艺	传统技艺	萧县	市级
159	鱼羊宴制作技艺	传统技艺	宿州市酒店餐饮协会	市级
160	砀山王集王氏接骨膏药	传统医药	砀山县	市级
161	砀山王老太太膏药	传统医药	砀山县	市级
162	砀山屈楼汪氏喉科	传统医药	砀山县	市级
163	李氏鼻咽粉	传统医药	萧县	市级
164	王氏骨伤	传统医药	萧县	市级
165	皇藏汉方中医针灸	传统医药	萧县	市级
166	埇桥区刘志启传承膏药	传统医药	埇桥区	市级
167	单氏中医针灸	传统医药	泗县	市级
168	泗州杨氏膏药	传统医药	泗县	市级
169	灵璧五月二十八古会	民俗	灵璧县	市级
170	白龙庙会	民俗	灵璧县	市级
171	泗县蟠龙山庙会	民俗	泗县文化馆	市级
172	辉山庙会	民俗	灵璧文化馆	市级
173	张桥庙会	民俗	灵璧文化馆	市级
174	宿州面灯习俗	民俗	埇桥区	市级
175	泗州龙舟赛	民俗	泗县	市级

五、蚌埠市市级以上非物质文化遗产代表性项目

序号	项目名称	项目类别	申报地区或单位	项目级别
1	五河民歌	传统音乐	五河县	国家级
2	蚌埠花鼓灯	传统舞蹈	蚌埠市	国家级
3	泗州戏	传统戏剧	蚌埠市	国家级
4	涂山大禹传说	民间文学	怀远县	省级
5	垓下民间传说	民间文学	固镇县	省级
6	卫调花鼓	传统舞蹈	龙子湖区	省级
7	临北狮子舞	传统舞蹈	五河县	省级
8	钱杆舞	传统舞蹈	五河县	省级
9	旱船舞	传统舞蹈	五河县	省级
10	独杆轿	传统舞蹈	固镇县	省级
11	五河打铁舞	传统舞蹈	五河县	省级
12	余家皮影戏	传统戏剧	蚌埠市	省级
13	淮河琴书	曲艺	蚌埠市	省级
14	端公腔	曲艺	怀远县	省级
15	蚌山心意六合拳	传统体育、游艺与杂技	蚌山区	省级
16	陈氏太极拳	传统体育、游艺与杂技	蚌山区	省级
17	胡门少林大洪拳	传统体育、游艺与杂技	禹会区	省级
18	赛龙舟	传统体育、游艺与杂技	五河县	省级
19	杨氏微雕	传统美术	蚌埠市	省级
20	浅绛彩瓷画	传统美术	蚌埠市	省级
21	蚌埠玉器加工技艺	传统技艺	蚌埠市	省级
22	涂山禹王庙会	民俗	怀远县	省级
23	清明庙会	民俗	五河县	省级
24	怀远民间故事	民间文学	怀远县	市级
25	朱元璋传说	民间文学	龙子湖区	市级
26	古琴艺术	传统音乐	龙子湖区文化馆	市级

(续表)

序号	项目名称	项目类别	申报地区或单位	项目级别
27	花挑舞	传统舞蹈	五河县	市级
28	钱杆舞	传统舞蹈	五河县	市级
29	陈式太极拳	传统体育、游艺与杂技	蚌山区	市级
30	万胜苗刀	传统体育、游艺与杂技	蚌山区	市级
31	胡门少林大洪拳	传统体育、游艺与杂技	禹会区	市级
32	杂技、魔术	传统体育、游艺与杂技	禹会区	市级
33	南山内功拳	传统体育、游艺与杂技	蚌山区文化馆	市级
34	临北毽球	传统体育、游艺与杂技	五河县文化馆	市级
35	杨氏微雕	传统美术	蚌埠市	市级
36	匾额雕刻技艺	传统美术	淮上区文化馆	市级
37	烙画	传统美术	蚌山区文化馆	市级
38	留青竹刻	传统美术	淮上区文化馆	市级
39	尹派凤画	传统美术	蚌山区文化馆	市级
40	面塑（固镇县、禹会区）	传统美术	固镇县文化馆、禹会区文化馆	市级
41	立体铁画盆景技艺	传统技艺	蚌山区	市级
42	珠城老字号：雪园小吃	传统技艺	蚌山区	市级
43	扎彩龙	传统技艺	怀远县	市级
44	锣鼓架制作	传统技艺	怀远县	市级
45	花鼓灯道具鞋制作工艺	传统技艺	怀远县	市级
46	草编	传统技艺	禹会区	市级
47	"老石家"百草梨膏糖	传统技艺	蚌埠梨膏堂有限公司	市级
48	中式盘扣技艺	传统技艺	怀远县文化馆	市级
49	布艺老虎	传统技艺	禹会区文化馆	市级
50	笛膜制作技艺	传统技艺	五河县文化馆	市级
51	青铜工艺	传统技艺	淮上区文化馆	市级
52	老淮滨传统菜品	传统技艺	淮滨小吃淮河路店	市级

(续表)

序号	项目名称	项目类别	申报地区或单位	项目级别
53	白家清真炒货技艺	传统技艺	蚌埠市白根柱清真炒货厂	市级
54	怀远烧全鸡技艺	传统技艺	怀远县文化馆	市级
55	卢氏膏方	传统医药	禹会区	市级
56	长淮卫庙会	民俗	龙子湖区	市级
57	赛龙舟	民俗	五河县	市级
58	清明庙会	民俗	五河县	市级

六、阜阳市市级以上非物质文化遗产代表性项目

序号	项目名称	项目类别	申报地区或单位	项目级别
1	颍上花鼓灯	传统舞蹈	颍上县	国家级
2	嗨子戏	传统戏剧	阜南县	国家级
3	淮北梆子戏	传统戏剧	阜阳市	国家级
4	临泉杂技	传统体育、游艺与杂技	临泉县	国家级
5	黄岗柳编	传统美术	阜南县	国家级
6	阜阳剪纸	传统美术	阜阳市	国家级
7	杜氏刻铜	传统美术	阜阳市	国家级
8	界首彩陶烧制技艺	传统技艺	界首市	国家级
9	界首书会	民俗	界首市	国家级
10	肘阁抬阁	民俗	临泉县	国家级
11	管仲的传说	民间文学	颍上县	省级
12	坟台唢呐	传统音乐	太和县	省级
13	淮河锣鼓	传统音乐	颍上县	省级
14	红灯舞	传统舞蹈	阜南县	省级
15	太和狮子灯	传统舞蹈	太和县	省级
16	皖北曲剧	传统戏剧	阜阳市	省级
17	推剧	传统戏剧	颍上县	省级
18	淮河琴书	曲艺	阜南县	省级
19	渔鼓	曲艺	界首市	省级
20	扁担戏	曲艺	界首市	省级
21	清音	曲艺	太和县	省级
22	颍上大鼓书	曲艺	颍上县	省级
23	颍上琴书	曲艺	颍上县	省级
24	五音八卦拳	传统体育、游艺与杂技	阜南县	省级
25	铜城火叉、火鞭	传统体育、游艺与杂技	临泉县	省级
26	太和武当太极拳	传统体育、游艺与杂技	太和县	省级

(续表)

序号	项目名称	项目类别	申报地区或单位	项目级别
27	临泉葫芦烙画	传统美术	临泉县	省级
28	界首木板年画	传统美术	界首市	省级
29	张氏玉印篆刻	传统美术	颍州区	省级
30	竹编（界首竹编）	传统美术	界首市	省级
31	阜阳刺绣（界首）	传统技艺	界首市	省级
32	金裕皖酒酿造技艺	传统技艺	界首市	省级
33	临泉毛笔制作技艺	传统技艺	临泉县	省级
34	文王贡酒酿造技艺	传统技艺	临泉县	省级
35	醉三秋酒传统酿造技艺	传统技艺	阜阳市	省级
36	阜阳刺绣（细阳）	传统技艺	太和县	省级
37	颍州枕头馍制作技艺	传统技艺	颍州区	省级
38	李良成熏鸡制作技艺	传统技艺	界首市	省级
39	水晶羊蹄制作技艺	传统技艺	临泉县	省级
40	太和贡椿制作技艺	传统技艺	太和县	省级
41	大黄庙会	民俗	界首市	省级
42	张家祠堂祭祀活动	民俗	临泉县	省级
43	肘阁	民俗	颍州区	省级
44	甘罗的传说	民间文学	颍上县	市级
45	文王贡酒的传说	民间文学	临泉县	市级
46	姜子牙的传说	民间文学	临泉县	市级
47	刘伶一醉三秋的传说	民间文学	阜阳市	市级
48	细阳锣鼓	传统音乐	太和县	市级
49	三仙会	传统舞蹈	阜南县	市级
50	狮子灯	传统舞蹈	颍东区	市级
51	赶犟驴	传统舞蹈	颍东区	市级
52	龙舞	传统舞蹈	颍东区	市级
53	三仙会	传统舞蹈	颍州区	市级
54	花挑	传统舞蹈	阜南县	市级
55	临泉梆剧	传统戏剧	临泉县	市级

(续表)

序号	项目名称	项目类别	申报地区或单位	项目级别
56	阜南淮词	曲艺	阜南县	市级
57	颍州淮词	曲艺	颍州区	市级
58	临泉大鼓书	曲艺	临泉县	市级
59	大鼓书	曲艺	阜南县	市级
60	淮词	曲艺	阜阳市	市级
61	颍州大鼓书	曲艺	颍州区	市级
62	界首方棋	传统体育、游艺与杂技	界首市	市级
63	阴阳八劲捶	传统体育、游艺与杂技	颍州区	市级
64	张家拳	传统体育、游艺与杂技	颍州区	市级
65	两仪拳	传统体育、游艺与杂技	临泉县	市级
66	两仪拳	传统体育、游艺与杂技	界首市	市级
67	王氏逍遥无极球十三丹功气功绝技	传统体育、游艺与杂技	颍州区	市级
68	界首竹编	传统美术	界首市	市级
69	界首剪纸	传统美术	界首市	市级
70	界首木雕	传统美术	界首市	市级
71	临泉面塑	传统美术	临泉县	市级
72	阜阳彩塑	传统美术	阜阳市	市级
73	太和剪纸	传统美术	太和县	市级
74	民间剪纸	传统美术	颍东区	市级
75	北照古陶	传统美术	颍东区	市级
76	阜阳烙画	传统美术	颍东区	市级
77	颍上剪纸	传统美术	颍上县	市级
78	沙书技艺	传统美术	临泉县	市级
79	蛋雕技艺	传统美术	临泉县	市级
80	木板年画	传统美术	界首市	市级
81	界首鱼拓	传统美术	界首市	市级
82	玉印篆刻技艺	传统美术	颍州区	市级
83	王国清微雕篆刻艺术	传统美术	颍州区	市级

(续表)

序号	项目名称	项目类别	申报地区或单位	项目级别
84	微雕技艺	传统美术	颍泉区	市级
85	葫芦烙烫	传统美术	颍泉区	市级
86	高庙砂礓制作技艺	传统美术	太和县	市级
87	大庙葫芦烙画制作技艺	传统美术	太和县	市级
88	阜南道道黑陶	传统技艺	阜南县	市级
89	方集馓子手工技艺	传统技艺	阜南县	市级
90	吕长明红烧牛肉制作技艺	传统技艺	界首市	市级
91	木雕制作技艺	传统技艺	临泉县	市级
92	高塘白梅豆加工流程	传统技艺	临泉县	市级
93	银铃口酥制作技艺	传统技艺	临泉县	市级
94	猫头鞋制作技艺	传统技艺	颍泉区	市级
95	李老庄卤猪蹄加工技艺	传统技艺	临泉县	市级
96	阜阳焦馍	传统技艺	颍州区	市级
97	黎金陵字画装裱	传统技艺	颍州区	市级
98	掩龙贡油传统生产工艺	传统技艺	颍州区	市级
99	王海生古字画修复	传统技艺	颍州区	市级
100	杆秤制作	传统技艺	阜南县	市级
101	界首壮馍	传统技艺	界首市	市级
102	三槐堂粉丝手工技艺	传统技艺	界首市	市级
103	春峰驴肉制作技艺	传统技艺	界首市	市级
104	皖北芥菜制作技艺	传统技艺	临泉县	市级
105	水晶羊蹄制作技艺	传统技艺	临泉县	市级
106	传拓技艺	传统技艺	临泉县	市级
107	太和坟台元子制作技艺	传统技艺	太和县	市级
108	黑熬子酒酿造技艺	传统技艺	界首市	市级
109	乾元斋毛笔制作技艺	传统技艺	界首市	市级
110	肘子将·爅肉	传统技艺	颍东区	市级
111	李良成熏鸡制作技艺	传统技艺	界首市	市级
112	界首纺花织布技艺	传统技艺	界首市	市级

(续表)

序号	项目名称	项目类别	申报地区或单位	项目级别
113	陈氏粉皮手工技艺	传统技艺	界首市	市级
114	秦氏烫伤药方剂	传统医药	临泉县	市级
115	武氏手诊手疗医术	传统医药	颍东区	市级
116	珍珠牛黄散药方剂	传统医药	临泉县	市级
117	万寿堂中药炮制技艺	传统医药	阜南县	市级
118	颍南书会	民俗	界首市	市级
119	临泉瓦店斗羊	民俗	临泉县	市级

七、淮南市市级以上非物质文化遗产代表性项目

序号	项目名称	项目类别	申报地区或单位	项目级别
1	凤台花鼓灯	传统舞蹈	凤台县	国家级
2	火老虎	传统舞蹈	凤台县	国家级
3	肘阁抬阁	传统舞蹈	寿县	国家级
4	豆腐传统制作技艺	传统技艺	淮南市、寿县	国家级
5	安丰塘的传说	民间文学	寿县	省级
6	寿州锣鼓	传统音乐	寿县	省级
7	谢郢锣鼓	传统音乐	凤台县	省级
8	马戏灯	传统舞蹈	毛集区	省级
9	采莲灯	传统舞蹈	潘集区	省级
10	藤牌对马	传统舞蹈	田家庵区	省级
11	将兵摔跤	传统舞蹈	潘集区	省级
12	推剧	传统戏剧	凤台县	省级
13	寿州大鼓	曲艺	寿县	省级
14	淮词	曲艺	寿县	省级
15	淮河大鼓	曲艺	凤台县	省级
16	永京拳	传统体育、游艺与杂技	淮南市	省级
17	吴翼翚华岳心意六合八法拳	传统体育、游艺与杂技	淮南市	省级
18	六洲棋	传统体育、游艺与杂技	淮南市	省级
19	淮南紫金印雕刻	传统美术	谢家集区	省级
20	紫金砚制作技艺	传统技艺	淮南市、寿县	省级
21	大救驾制作工艺	传统技艺	寿县	省级
22	寿州窑陶瓷制作技艺	传统技艺	八公山区、大通区	省级
23	淮南牛肉汤制作技艺	传统技艺	淮南市	省级
24	四顶山庙会	民俗	寿县	省级
25	二十四节气	民俗	寿县	省级

(续表)

序号	项目名称	项目类别	申报地区或单位	项目级别
26	保义二月二龙灯会	民俗	寿县	省级
27	舜耕山传奇	民间文学	田家庵区、大通区	市级
28	时苗留犊	民间文学	寿县	市级
29	邱氏民间吹打乐	传统音乐	毛集实验区	市级
30	独竿轿	传统舞蹈	凤台县	市级
31	淮河大鼓	曲艺	毛集实验区	市级
32	六洲棋	传统体育、游艺与杂技	淮南市六洲棋俱乐部	市级
33	淮南剪纸	传统美术	田家庵区	市级
34	石刻艺术	传统美术	寿县	市级
35	顾桥陈醋酿造技艺	传统技艺	凤台县	市级
36	泥老虎制作技艺	传统技艺	潘集区	市级
37	芦集绿豆圆子制作技艺	传统技艺	潘集区	市级
38	隐贤花炮制作技艺	传统技艺	寿县	市级
39	寿州香草传统制作技艺	传统技艺	寿县	市级
40	宋氏古艺	传统技艺	凤台县	市级
41	传统民间彩灯"走马灯"	传统技艺	潘集区	市级
42	淮南紫金石线刻	传统技艺	田家庵区	市级
43	蜂腐养胃汤（散）	传统医药	潘集区	市级
44	赖山集膏药	传统医药	谢家集区	市级
45	茅仙洞庙会	民俗	凤台县	市级
46	尹氏宗祠祭祖大典	民俗	田家庵区	市级
47	曹集茶饮	民俗	毛集实验区	市级
48	芦集清风岭庙会	民俗	潘集区	市级

八、滁州市市级以上非物质文化遗产代表性项目

序号	项目名称	项目类别	申报地区或单位	项目级别
1	凤阳民歌	传统音乐	滁州市	国家级
2	凤阳花鼓	曲艺	凤阳县	国家级
3	凉亭锣鼓	传统音乐	定远县	省级
4	楼西回民锣鼓	传统音乐	凤阳县	省级
5	丰收锣鼓	传统音乐	明光市	省级
6	全椒民歌	传统音乐	全椒县	省级
7	凤阳唢呐	传统音乐	凤阳县	省级
8	南谯民歌	传统音乐	南谯区	省级
9	二龙戏蛛	传统舞蹈	定远县	省级
10	手狮灯	传统舞蹈	来安县	省级
11	秧歌灯	传统舞蹈	来安县	省级
12	流星赶月	传统舞蹈	明光市	省级
13	八朵云	传统舞蹈	全椒县	省级
14	手狮灯	传统舞蹈	全椒县	省级
15	雷官戏曲马灯	传统舞蹈	来安县	省级
16	洪山戏	传统戏剧	来安县	省级
17	白曲	曲艺	来安县	省级
18	端鼓	曲艺	明光市	省级
19	凤画	传统美术	凤阳县	省级
20	天官画	传统美术	天长市	省级
21	剪纸（滁州剪纸）	传统美术	滁州市	省级
22	滁菊制作技艺	传统技艺	南谯区	省级
23	甘露饼制作技艺	传统技艺	天长市	省级
24	老明光酒酿造技艺	传统技艺	明光市	省级
25	马厂羊肉面制作技艺	传统技艺	全椒县	省级
26	马岗烧伤疗法	传统医药	明光市	省级

(续表)

序号	项目名称	项目类别	申报地区或单位	项目级别
27	琅琊山初九庙会	民俗	琅琊区	省级
28	南谯二郎庙会	民俗	南谯区	省级
29	走太平	民俗	全椒县	省级
30	天长孝文化	民俗	天长市	省级
31	乌盆记	民间文学	定远县	市级
32	天长方言	民间文学	天长市文化馆	市级
33	定远民歌	传统音乐	定远县	市级
34	九梓锣鼓	传统音乐	定远县	市级
35	连江民间唢呐	传统音乐	定远县	市级
36	民间吹打乐	传统音乐	凤阳县	市级
37	明光民歌	传统音乐	明光市	市级
38	南谯民歌	传统音乐	南谯区	市级
39	章广吹打乐	传统音乐	南谯区	市级
40	锣苏	传统音乐	天长市	市级
41	水口十番锣鼓	传统音乐	来安县文化馆	市级
42	潘村农庄庆丰锣鼓	传统音乐	明光市文化馆	市级
43	天长民歌	传统音乐	天长市文化馆	市级
44	定远兰花灯	传统舞蹈	定远县	市级
45	钱杆子	传统舞蹈	定远县	市级
46	南曹双龙	传统舞蹈	明光市	市级
47	双龙舞	传统舞蹈	全椒县	市级
48	五马破曹	传统舞蹈	全椒县	市级
49	老汉推车	传统舞蹈	全椒县	市级
50	六镇高跷	传统舞蹈	全椒县	市级
51	打对子	传统舞蹈	天长市	市级
52	珠龙九狮一犼	传统舞蹈	南谯区文化馆	市级
53	雷官戏曲马灯	传统舞蹈	来安县文化馆	市级
54	全椒荷花灯	传统舞蹈	全椒县文化馆	市级

(续表)

序号	项目名称	项目类别	申报地区或单位	项目级别
55	柳巷钱杆子	传统舞蹈	明光市非遗保护中心	市级
56	泗州戏	传统戏剧	凤阳县	市级
57	庐剧	传统戏剧	全椒县	市级
58	扬剧	传统戏剧	天长市	市级
59	权拉机	曲艺	凤阳县	市级
60	门歌	曲艺	全椒县文化馆	市级
61	淮河大鼓	曲艺	凤阳县文化馆	市级
62	马叉	传统体育、游艺与杂技	凤阳县	市级
63	滁州撂石锁	传统体育、游艺与杂技	琅琊区文化馆	市级
64	剪纸	传统美术	明光市	市级
65	定远剪纸	传统美术	定远县非遗保护中心	市级
66	濠州剪纸	传统美术	凤阳县文化馆	市级
67	桥尾制作技艺	传统技艺	定远县	市级
68	三和千张制作技艺	传统技艺	定远县	市级
69	雪片糕制作技艺	传统技艺	定远县	市级
70	大救驾制作技艺	传统技艺	定远县	市级
71	酿豆腐制作技艺	传统技艺	凤阳县	市级
72	雷官板鸭制作技艺	传统技艺	来安县	市级
73	琅琊酥糖制作技艺	传统技艺	琅琊区	市级
74	镂雕工艺	传统技艺	明光市	市级
75	木杆秤工艺	传统技艺	明光市	市级
76	绿茶制作技艺	传统技艺	南谯区	市级
77	管坝牛肉制作技艺	传统技艺	全椒县	市级
78	酥笏牌制作技艺	传统技艺	全椒县	市级
79	儒林根雕工艺	传统技艺	全椒县	市级
80	秦栏卤鹅制作技艺	传统技艺	天长市	市级

(续表)

序号	项目名称	项目类别	申报地区或单位	项目级别
81	小磨麻油制作工艺	传统技艺	定远县池河光德小磨麻油厂、滁州市张浦郢小磨麻油厂	市级
82	木榨油制作工艺	传统技艺	滁州尹氏油脂有限公司、安徽省凤阳县御膳油脂有限公司	市级
83	马厂羊肉面制作工艺	传统技艺	全椒县马厂老字号羊肉面有限公司	市级
84	千秋宴制作技艺	传统技艺	天长市葛氏百姓人家酒店	市级
85	铜城月饼制作技艺	传统技艺	天长市铜城镇团圆食品厂	市级
86	定远卤鹅制作技艺	传统技艺	定远县朱马王氏卤鹅厂	市级
87	龙兴御液酿造工艺	传统技艺	凤阳酿酒有限责任公司	市级
88	老明光酿酒技艺	传统技艺	安徽明光酒业有限公司	市级
89	凤阳糖画制作技艺	传统技艺	凤阳县文化馆	市级
90	中医诊疗法	传统医药	天长市	市级
91	明光魏氏艾草制品制作技艺	传统医药	安徽清山艾草制品有限公司	市级
92	马岗烫伤专治	传统医药	明光市明西街道马岗村联合卫生室	市级
93	令狐塔庙会	民俗	定远县	市级
94	传代	民俗	明光市	市级
95	二月二龙抬头	民俗	全椒县	市级

(续表)

序号	项目名称	项目类别	申报地区或单位	项目级别
96	神山寺庙会	民俗	全椒县	市级
97	龙山庙会	民俗	全椒县	市级

九、六安市市级以上非物质文化遗产代表性项目

序号	项目名称	项目类别	申报地区或单位	项目级别
1	大别山民歌	传统音乐	六安市	国家级
2	庐剧	传统戏剧	六安市	国家级
3	竹编（舒席）	传统美术	舒城县	国家级
4	柳编（霍邱柳编）	传统美术	霍邱县	国家级
5	绿茶制作技艺（六安瓜片）	传统技艺	裕安区	国家级
6	梁山伯与祝英台的传说	民间文学	舒城县	省级
7	金寨古碑丝弦锣鼓	传统音乐	金寨县	省级
8	思帝乡锣鼓	传统音乐	金寨县	省级
9	六安灯歌	传统音乐	金安区	省级
10	锣鼓书	曲艺	金安区	省级
11	小调胡琴书	曲艺	舒城县	省级
12	四弦书	曲艺	霍山县	省级
13	翁墩剪纸	传统美术	金安区	省级
14	大别山盆景技艺	传统美术	裕安区	省级
15	临淮泥塑	传统美术	霍邱县	省级
16	绿茶制作技艺（霍山黄芽）	传统技艺	霍山县	省级
17	绿茶制作技艺（舒城小兰花）	传统技艺	舒城县	省级
18	绿茶制作技艺（六安瓜片）	传统技艺	裕安区	省级
19	迎驾酒传统酿造技艺	传统技艺	霍山县	省级
20	石斛泡制技艺	传统技艺	霍山县	省级
21	叶集木榨油技艺	传统技艺	叶集区	省级
22	一品斋毛笔制作技艺	传统技艺	金安区	省级

(续表)

序号	项目名称	项目类别	申报地区或单位	项目级别
23	大红袍油纸伞制作技艺	传统技艺	金安区	省级
24	六安黄大茶制作技艺	传统技艺	金安区	省级
25	徐集花生糖制作技艺	传统技艺	裕安区	省级
26	浔衡钝斋医学	传统医药	霍山县	省级
27	邀大岭	民俗	金安区	省级
28	皋陶祭典	民俗	六安市	省级
29	六安鲍氏慈孝文化	民俗	裕安区	省级
30	周瑜故事	民间文学	舒城县	市级
31	六安谚语	民间文学	金安区	市级
32	舒城民歌	传统音乐	舒城县	市级
33	六安大鼓书	曲艺	裕安区	市级
34	鸪鹩理窝舞	传统舞蹈	裕安区、金安区	市级
35	十把小扇	传统舞蹈	裕安区	市级
36	霍邱花鼓灯	传统舞蹈	霍邱县	市级
37	霍邱龙灯	传统舞蹈	霍邱县	市级
38	霍邱打五扇	传统舞蹈	霍邱县	市级
39	长集皮影戏	传统戏剧	霍邱县	市级
40	皖西推剧	传统戏剧	霍邱县	市级
41	显杨冲叉	传统体育、游艺与杂技	舒城县	市级
42	张玉柱剪纸撕纸艺术	传统美术	霍邱县	市级
43	六安竹编	传统美术	裕安区	市级
44	葫芦烙画	传统美术	霍山县	市级
45	霍山剪纸	传统美术	霍山县	市级
46	侯氏吹糖人	传统美术	裕安区	市级
47	手工空心挂面制作技艺	传统技艺	叶集区	市级
48	晓天橡栎食品制作工艺	传统技艺	舒城县	市级
49	晓天蒲扇制作技艺	传统技艺	舒城县	市级
50	霍山根艺书法	传统技艺	霍山县	市级
51	六安烙画制作技艺	传统技艺	金安区	市级

(续表)

序号	项目名称	项目类别	申报地区或单位	项目级别
52	徐集花生糖制作技艺	传统技艺	裕安区	市级
53	传统刻字技艺	传统技艺	霍邱县	市级
54	六安蒿子粑粑制作技艺	传统技艺	裕安区	市级
55	六安漆艺（舒城山漆）	传统技艺	舒城县	市级
56	六安漆艺（金寨推光漆）	传统技艺	金寨县	市级
57	临水酒酿造技艺	传统技艺	霍邱县	市级
58	小吊酒制作技艺	传统技艺	金寨县	市级
59	手工挂面制作技艺	传统技艺	金寨县	市级
60	红烧肉制作技艺	传统技艺	金寨县	市级
61	缸窑粗陶制作技艺	传统技艺	舒城县	市级
62	六安黄大茶制作技艺	传统技艺	霍山县、金安区	市级
63	六安瓜片制作技艺	传统技艺	金寨县	市级
64	潘氏荣全烫伤药水秘方	传统医药	霍邱县	市级
65	太平张氏中医正骨	传统医药	霍山县	市级
66	六安婚俗	民俗	金安区	市级
67	六安鲍氏慈孝文化	民俗	裕安区	市级
68	皋陶祭典	民俗	六安市	市级
69	三流集肘阁	民俗	霍邱县	市级
70	天堂寨天贶节	民俗	金寨县	市级

十、马鞍山市市级以上非物质文化遗产代表性项目

序号	项目名称	项目类别	申报地区或单位	项目级别
1	当涂民歌	传统音乐	马鞍山市	国家级
2	庐剧（东路庐剧）	传统戏剧	和县	国家级
3	伍子胥过昭关的传说	民间文学	含山县	省级
4	和县民歌	传统音乐	和县	省级
5	三圣傩舞	传统舞蹈	当涂县	省级
6	莲湘舞（和县打莲湘）	传统舞蹈	和县	省级
7	采石跳和合	传统舞蹈	雨山区	省级
8	新市滚龙	传统舞蹈	博望区	省级
9	含弓戏	传统戏剧	含山县	省级
10	湖阳打水浒	传统体育、游艺与杂技	当涂县	省级
11	民间扎彩（含山）	传统美术	含山县	省级
12	羽毛画	传统美术	和县	省级
13	和县剪纸	传统美术	和县	省级
14	花山剪纸	传统美术	花山区	省级
15	博望打铁工艺	传统技艺	当涂县	省级
16	横望山米酒酿造技艺	传统技艺	博望区	省级
17	太平府铜壶制作技艺	传统技艺	当涂县	省级
18	含山封扁鱼制作技艺	传统技艺	含山县	省级
19	运酒传统酿造技艺	传统技艺	含山县	省级
20	乌江霸王酥制作技艺	传统技艺	和县	省级
21	采石矶茶干制作技艺	传统技艺	雨山区	省级
22	姑孰菜烹饪技艺	传统技艺	当涂县	省级
23	鲍义兴早点制作技艺	传统技艺	含山县	省级
24	戴氏正骨法	传统医药	含山县	省级
25	霸王祠三月三庙会	民俗	和县	省级
26	跳五猖（湖阳跳五猖）	民俗	当涂县	省级

(续表)

序号	项目名称	项目类别	申报地区或单位	项目级别
27	夏庄七夕水灯	民俗	当涂县	省级
28	七仙女与董永	民间文学	博望区	市级
29	千字文	民间文学	当涂县	市级
30	李之仪与杨姝的爱情故事	民间文学	当涂县	市级
31	当涂的由来	民间文学	当涂县	市级
32	姑孰的传说	民间文学	当涂县	市级
33	黄山塔的传说	民间文学	当涂县	市级
34	苍山小白龙传说	民间文学	含山县	市级
35	华阳童子闹官堂	民间文学	含山县	市级
36	霸王庙神钟传说	民间文学	和县	市级
37	半枝梅的传说	民间文学	和县	市级
38	马鞍山的传说	民间文学	花山区	市级
39	慈姥山传说	民间文学	花山区	市级
40	霍里公鸡山	民间文学	花山区	市级
41	翠螺山的传说	民间文学	雨山区	市级
42	采石矶的传说	民间文学	雨山区	市级
43	小九华的传说	民间文学	雨山区	市级
44	李白跳江捉月	民间文学	雨山区	市级
45	新市釜山板龙	传统舞蹈	博望区	市级
46	湖阳跳五猖	传统舞蹈	当涂县	市级
47	白纻歌舞	传统舞蹈	当涂县	市级
48	含山狮子舞	传统舞蹈	含山县	市级
49	和县民间舞龙	传统舞蹈	和县	市级
50	霍里皮老虎	传统舞蹈	花山区	市级
51	银塘傩舞	传统舞蹈	雨山区	市级
52	黄陂龙灯	传统舞蹈	雨山区	市级
53	塔桥街"三圣傩舞"	传统舞蹈	当涂县	市级
54	当涂采茶灯	传统戏剧	当涂县	市级

(续表)

序号	项目名称	项目类别	申报地区或单位	项目级别
55	含山龙舟	传统体育、游艺与杂技	含山县	市级
56	形意八卦掌	传统体育、游艺与杂技	花山区	市级
57	博望剪纸	传统美术	博望区	市级
58	姑孰画派	传统美术	当涂县	市级
59	佳山石雕	传统美术	雨山区	市级
60	博望马尹酒酿造工艺	传统技艺	博望区	市级
61	薛津馄饨	传统技艺	博望区	市级
62	新市刘山豆腐传统制作技艺	传统技艺	博望区	市级
63	林春和酥糖制作技艺	传统技艺	博望区	市级
64	薛津臭豆腐干制作技艺	传统技艺	博望区	市级
65	姑孰菜系制作技艺	传统技艺	当涂县	市级
66	运漕早点制作技艺	传统技艺	含山县	市级
67	含山三口塘老鹅汤制作技艺	传统技艺	含山县	市级
68	鲍义兴早点传统手工制作技艺	传统技艺	含山县	市级
69	含山仙踪六衖垒石技艺	传统技艺	含山县	市级
70	运漕松枝烤鸭制作技艺	传统技艺	含山县	市级
71	运漕套饼制作技艺	传统技艺	含山县	市级
72	陶厂计家牛肉制作技艺	传统技艺	含山县	市级
73	炸牛肉制作技艺	传统技艺	和县	市级
74	霍里羊羔制作技艺	传统技艺	花山区	市级
75	赵大胡麦芽糖制作技艺	传统技艺	雨山区	市级
76	唐氏中医妇科	传统医药	博望区	市级
77	邵氏中医喉科	传统医药	含山县	市级
78	谷氏百草仙膏膏药	传统医药	含山县	市级
79	乌饭节	民俗	当涂县	市级
80	绰庙"三月三虞姬庙会"	民俗	和县	市级

(续表)

序号	项目名称	项目类别	申报地区或单位	项目级别
81	向山踩高跷	民俗	雨山区	市级
82	夏庄七夕水灯	民俗	当涂县	市级

十一、芜湖市市级以上非物质文化遗产代表性项目

序号	项目名称	项目类别	申报地区或单位	项目级别
1	无为鱼灯	传统舞蹈	无为市	国家级
2	南陵目连戏	传统戏剧	南陵县	国家级
3	芜湖铁画锻制技艺	传统技艺	芜湖市	国家级
4	米芾传说	民间文学	无为市	省级
5	张孝祥与镜湖的故事	民间文学	镜湖区	省级
6	繁昌民歌	传统音乐	繁昌区	省级
7	无为民歌	传统音乐	无为市	省级
8	十兽灯	传统舞蹈	南陵县	省级
9	无为市谢家元巷五彩红灯	传统舞蹈	无为市	省级
10	梨簧戏	传统戏剧	芜湖市	省级
11	无为剔墨纱灯技艺	传统技艺	无为市	省级
12	大王冲佛香制作技艺	传统技艺	南陵县	省级
13	耿福兴传统小吃制作技艺	传统技艺	镜湖区	省级
14	无为板鸭制作技艺	传统技艺	无为市	省级
15	丫山藕糖制作技艺	传统技艺	南陵县	省级
16	荻港香菜制作技艺	传统技艺	繁昌区	省级
17	五香居传统卤菜制作技艺	传统技艺	镜湖区	省级
18	弋农古琴斫制工艺	传统技艺	湾沚区	省级
19	无为横步桥木榨油制作技艺	传统技艺	无为市	省级
20	四季春传统小吃制作技艺	传统技艺	镜湖区	省级
21	皖南木榨油技艺（芜湖木榨油）	传统技艺	湾沚区	省级
22	张恒春中医药文化	传统医药	镜湖区	省级
23	许氏整脉饮	传统医药	鸠江区	省级

(续表)

序号	项目名称	项目类别	申报地区或单位	项目级别
24	李少白中医疑难病症诊治法	传统医药	镜湖区	省级
25	戴氏正骨法	传统医药	镜湖区	省级
26	陡岗板龙灯	民俗	无为市	省级
27	繁昌县中分村徐姓祭祖习俗	民俗	繁昌区	省级
28	八社神灯	民俗	湾沚区	省级
29	九连麒麟神灯	民俗	繁昌区	省级
30	广济寺庙会	民俗	镜湖区	省级
31	群龙朝神山	民俗	繁昌区	省级
32	送春	民俗	南陵县	省级
33	九十殿庙会	民俗	湾沚区	省级
34	张孝祥与镜湖的故事	民间文学	镜湖区文化馆	市级
35	白马山三圣古寺的传说	民间文学	弋江区文化馆	市级
36	李白和南陵的故事	民间文学	南陵县	市级
37	大桥民歌	传统音乐	龙山街道文化站	市级
38	千军村秧歌灯	传统舞蹈	峨山镇文化站	市级
39	花桥渡采茶灯	传统舞蹈	湾沚区花桥镇综合文化站	市级
40	河东孙村神龙灯	传统舞蹈	湾沚区	市级
41	陶辛骆村马灯	传统舞蹈	湾沚区	市级
42	八都苏子孙马灯	传统舞蹈	湾沚区	市级
43	老村街张氏马灯	传统舞蹈	湾沚区	市级
44	许镇马灯	传统舞蹈	南陵县	市级
45	南陵板龙灯	传统舞蹈	南陵县	市级
46	湖阴曲	传统戏剧	镜湖区	市级
47	帮腔花鼓戏	传统戏剧	湾沚区	市级
48	无为庐剧	传统戏剧	无为市	市级
49	孙村镇龙舟赛	传统体育、游艺与杂技	孙村镇文化站	市级

（续表）

序号	项目名称	项目类别	申报地区或单位	项目级别
50	芜湖麦秸画	传统美术	镜湖区文化馆	市级
51	芜湖通草画	传统美术	镜湖区	市级
52	弋江面塑	传统美术	南陵县	市级
53	王少华梨膏糖制作技艺	传统技艺	镜湖区	市级
54	芜湖县木榨油制作技艺	传统技艺	湾沚区文化馆	市级
55	芜湖菜刀制作技艺	传统技艺	弋江区	市级
56	澛港鱼钩制作技艺	传统技艺	弋江区	市级
57	孙村镇戴亭石雕工艺	传统技艺	繁昌区	市级
58	荻港镇墨玉石雕刻工艺	传统技艺	繁昌区	市级
59	雍家镇一品玉带糕技艺	传统技艺	鸠江区沈巷镇	市级
60	木老爷木榨油技艺	传统技艺	无为市	市级
61	"寿记"糕点制作技艺	传统技艺	湾沚区	市级
62	烟墩"老鼠包"药贴	传统医药	南陵县	市级
63	平铺镇五华庙会	民俗	平铺镇文化站	市级
64	方村吃新	民俗	镜湖区文化馆	市级
65	白马山庙会	民俗	弋江区文化馆	市级
66	二坝龙舟赛	民俗	无为市	市级
67	官陡门大集	民俗	鸠江区	市级
68	港东村荷叶灯	民俗	湾沚区	市级
69	葛村山板龙灯	民俗	湾沚区	市级
70	荻港镇滚龙灯	民俗	繁昌区	市级
71	平铺马灯	民俗	繁昌区	市级

十二、宣城市省级以上非物质文化遗产代表性项目

序号	项目名称	项目类别	申报地区或单位	项目级别
1	龙舞（手龙舞）	传统舞蹈	绩溪县	国家级
2	傩舞（跳五猖）	传统舞蹈	郎溪县	国家级
3	花鼓戏	传统戏剧	宣城市	国家级
4	宣纸制作技艺	传统技艺	泾县	国家级
5	宣笔制作技艺	传统技艺	宣城市	国家级
6	徽墨制作技艺	传统技艺	绩溪县	国家级
7	制扇技艺（王氏制扇）	传统技艺	广德市	国家级
8	祠山张渤传说	民间文学	广德市	省级
9	绩溪民歌民谣	民间文学	绩溪县	省级
10	广德民歌	传统音乐	广德市	省级
11	云梯畲族民歌	传统音乐	宁国市	省级
12	大小锣鼓	传统音乐	郎溪县	省级
13	磡头老鼓	传统音乐	绩溪县	省级
14	火狮灯	传统舞蹈	广德市	省级
15	西坞马灯	传统舞蹈	广德市	省级
16	舞回	传统舞蹈	绩溪县	省级
17	火狮舞	传统舞蹈	绩溪县	省级
18	火马舞	传统舞蹈	绩溪县	省级
19	绩溪草龙舞	传统舞蹈	绩溪县	省级
20	云舞	传统舞蹈	郎溪县	省级
21	徽戏童子班	传统戏剧	绩溪县	省级
22	皖南皮影戏	传统戏剧	宣州区	省级
23	游龙舟、抬五帝、跳旗	传统体育、游艺与杂技	绩溪县	省级
24	皖南根雕	传统美术	广德市	省级
25	皖南竹刻	传统美术	广德市	省级
26	高峰唐氏竹编	传统美术	广德市	省级

(续表)

序号	项目名称	项目类别	申报地区或单位	项目级别
27	徽州墙头画	传统美术	绩溪县	省级
28	徽州三雕	传统美术	绩溪县	省级
29	墨模雕刻	传统美术	绩溪县	省级
30	旌德漆画	传统美术	旌德县	省级
31	皖南剪纸	传统美术	宣州区	省级
32	皖南木雕	传统美术	宣州区	省级
33	溪口堆木画	传统美术	宣州区	省级
34	泾县木壶	传统美术	泾县	省级
35	梅渚傩面具	传统美术	郎溪县	省级
36	皖南砖雕	传统美术	广德市	省级
37	宁国龙窑制陶技艺	传统技艺	宁国市	省级
38	水东蜜枣制作技艺	传统技艺	宣州区	省级
39	益寿堂古法印泥制作技艺	传统技艺	绩溪县	省级
40	绩溪挞粿制作技艺	传统技艺	绩溪县	省级
41	宣纸制作技艺	传统技艺	泾县	省级
42	花砖制作技艺	传统技艺	泾县	省级
43	宣纸制品加工技艺	传统技艺	泾县	省级
44	后山剪刀制作技艺	传统技艺	泾县	省级
45	榔桥木梳制作技艺	传统技艺	泾县	省级
46	泾县油布伞制作技艺	传统技艺	泾县	省级
47	琴鱼干制作技艺	传统技艺	泾县	省级
48	正兴隆酱菜制作技艺	传统技艺	泾县	省级
49	宣纸帘制作技艺	传统技艺	泾县	省级
50	绿茶制作技艺 （涌溪火青、金山时雨、瑞草魁、塔泉云雾）	传统技艺	泾县、绩溪县、郎溪县、宣州区	省级
51	徽墨制作技艺 （古法油烟墨制作技艺）	传统技艺	旌德县	省级
52	宣砚制作技艺	传统技艺	旌德县	省级

(续表)

序号	项目名称	项目类别	申报地区或单位	项目级别
53	古南丰徽派本坊小缸酿造技艺	传统技艺	郎溪县	省级
54	姚村闷酱制作技艺	传统技艺	郎溪县	省级
55	红曲酒酿造技艺	传统技艺	宁国市	省级
56	宣酒纪氏古法酿造技艺	传统技艺	宣城市	省级
57	水阳鸭脚包制作技艺	传统技艺	宣州区	省级
58	泾县龙窑制陶技艺	传统技艺	泾县	省级
59	徽州小曲酒酿造技艺	传统技艺	绩溪县	省级
60	旌德版书木活字印刷术	传统技艺	旌德县	省级
61	旌德古艺印泥制作技艺	传统技艺	旌德县	省级
62	宣州窑陶瓷制作技艺	传统技艺	宁国市	省级
63	皖南紫砂壶制作技艺	传统技艺	广德市	省级
64	高庙米酒酿造技艺	传统技艺	广德市	省级
65	宣砚制作技艺	传统技艺	郎溪县	省级
66	绿茶制作技艺（泾县兰香）	传统技艺	泾县	省级
67	皖南木榨油技艺	传统技艺	宣州区	省级
68	明德折扇制作技艺	传统技艺	广德市	省级
69	髹漆技艺	传统技艺	绩溪县	省级
70	附骨疽中医疗法	传统医药	宣州区	省级
71	徽菜	民俗	绩溪县	省级
72	安苗节	民俗	绩溪县	省级
73	赛琼碗	民俗	绩溪县	省级
74	花车转阁	民俗	绩溪县	省级
75	祭社	民俗	绩溪县	省级
76	打棍求雨习俗	民俗	旌德县	省级
77	小马灯	民俗	郎溪县	省级
78	畲族婚嫁习俗	民俗	宁国市	省级
79	降福会	民俗	宣城市	省级

(续表)

序号	项目名称	项目类别	申报地区或单位	项目级别
80	湖村抬阁	民俗	绩溪县	省级
81	朱桥板龙灯	民俗	宣州区	省级

十三、铜陵市市级以上非物质文化遗产代表性项目

序号	项目名称	项目类别	申报地区或单位	项目级别
1	浮山传说	民间文学	枞阳县	省级
2	铜陵牛歌	传统音乐	义安区	省级
3	枞阳民歌	传统音乐	枞阳县	省级
4	竹马灯	传统舞蹈	义安区	省级
5	枞阳腔（吹腔）	传统戏剧	铜陵市	省级
6	东乡武术	传统体育、游艺与杂技	枞阳县	省级
7	中国传统失蜡法	传统技艺	铜陵市	省级
8	铜陵白姜制作技艺	传统技艺	郊区	省级
9	铜陵凤丹制作技艺	传统技艺	义安区	省级
10	中国古代青铜焚失法铸造技艺	传统技艺	铜陵市	省级
11	钱铺木榨油制作技艺	传统技艺	枞阳县	省级
12	汤沟茶干制作技艺	传统技艺	枞阳县	省级
13	大通小磨麻油制作技艺	传统技艺	郊区	省级
14	顺安酥糖制作技艺	传统技艺	义安区	省级
15	鹊江龙舟赛	民俗	郊区	省级
16	陆家湾老龙灯会	民俗	枞阳县	省级
17	鹊江水上龙灯	民俗	郊区	省级
18	铜陵八宝民谣	民间文学	义安区	市级
19	故事《射蛟台》《金鸡洞》《江百万》	民间文学	枞阳县	市级
20	飞剑斩妖	民间文学	枞阳县	市级
21	智退洋军舰	民间文学	枞阳县	市级
22	枞阳大萝卜	民间文学	枞阳县	市级

(续表)

序号	项目名称	项目类别	申报地区或单位	项目级别
23	惊梦（歌谣）	民间文学	枞阳县	市级
24	菖蒲与艾草（歌谣）	民间文学	枞阳县	市级
25	灯花女（歌谣）	民间文学	枞阳县	市级
26	铜陵石涧耆民间故事	民间文学	义安区	市级
27	铜陵民歌17首等	传统音乐	义安区	市级
28	枞阳胡琴书	曲艺	枞阳县	市级
29	大鼓书	曲艺	枞阳县	市级
30	大通剪纸	传统美术	郊区	市级
31	义津纸扎	传统美术	枞阳县文化馆	市级
32	义津米面制作技艺	传统技艺	枞阳县	市级
33	项铺生腐制作技艺	传统技艺	枞阳县	市级
34	大通木杆秤制作技艺	传统技艺	郊区	市级
35	大通茶干制作技艺	传统技艺	郊区	市级
36	金榔木榨榨油制作技艺	传统技艺	义安区	市级
37	太平臭干制作技艺	传统技艺	义安区	市级
38	太平烧饼制作技艺	传统技艺	义安区	市级
39	铜陵野雀舌茶制作技艺	传统技艺	铜官区	市级
40	五松糖画制作技艺	传统技艺	义安区	市级
41	杨湾挂面制作技艺	传统技艺	枞阳县	市级
42	老洲古砖瓦制作技艺	传统技艺	郊区	市级
43	灰包咸鸭蛋制作技艺	传统技艺	郊区	市级
44	大山淌面制作技艺	传统技艺	郊区	市级
45	顺安三月三庙会	民俗	义安区	市级
46	横塘板龙灯	民俗	铜官区	市级
47	农林板龙灯	民俗	铜官区	市级

(续表)

序号	项目名称	项目类别	申报地区或单位	项目级别
48	大士阁香会	民俗	郊区	市级
49	颓尾滚龙	民俗	义安区	市级
50	板龙	民俗	义安区	市级
51	盛瑶龙灯	民俗	义安区	市级

十四、池州市市级以上非物质文化遗产代表性项目

序号	项目名称	项目类别	申报地区或单位	项目级别
1	东至花灯舞	传统舞蹈	东至县	国家级
2	傩戏（池州傩戏）	传统戏剧	池州市	国家级
3	青阳腔	传统戏剧	青阳县	国家级
4	九华山庙会	民俗	池州市 九华山风景区	国家级
5	贵池民歌	传统音乐	贵池区	省级
6	九华山佛教音乐	传统音乐	池州市 九华山风景区	省级
7	石台唱曲	传统音乐	石台县	省级
8	九华民歌	传统音乐	池州市九华山风景区、青阳县	省级
9	石台民歌	传统音乐	石台县	省级
10	官港民歌	传统音乐	东至县	省级
11	杜村十番锣鼓	传统音乐	青阳县	省级
12	白笏章氏吟诵	传统音乐	东至县	省级
13	平安草龙灯	传统舞蹈	东至县	省级
14	东至花灯	传统舞蹈	东至县	省级
15	文南词	传统戏剧	东至县	省级
16	鸡公调	传统戏剧	东至县	省级
17	石台目连戏	传统戏剧	石台县	省级
18	梅街目连戏	传统戏剧	贵池区	省级
19	西华唱经锣鼓	曲艺	青阳县	省级
20	青阳农民画	传统美术	青阳县	省级
21	何氏泥塑	传统美术	东至县	省级
22	葛公红茶制作技艺	传统技艺	东至县	省级
23	大九华水磨玉骨绢扇制作技艺	传统技艺	青阳县	省级

(续表)

序号	项目名称	项目类别	申报地区或单位	项目级别
24	石台油坊榨制技艺	传统技艺	石台县	省级
25	九华布鞋制作技艺	传统技艺	青阳县	省级
26	九华黄精制作技艺	传统技艺	青阳县	省级
27	东堡石磨麻油制作技艺	传统技艺	青阳县	省级
28	青阳生漆夹纻技艺	传统技艺	青阳县	省级
29	石台雾里青绿茶制作技艺	传统技艺	石台县	省级
30	福主庙会	民俗	东至县	省级
31	茅坦杜祭茅镰	民俗	贵池区	省级
32	青阳民间歌谣	传统音乐	青阳县	市级
33	木镇武圣拼字龙灯舞	传统舞蹈	青阳县	市级
34	杜村目连戏	传统戏剧	青阳县	市级
35	新河龙船调	传统戏剧	青阳县	市级
36	张溪龙网捕鱼技艺	传统技艺	东至县	市级
37	葛公豆腐制作技艺	传统技艺	东至县	市级
38	昭潭土菜	传统技艺	东至县	市级
39	霄坑茶叶制作技艺	传统技艺	贵池区	市级
40	西山焦枣制作技艺	传统技艺	贵池区	市级
41	陵阳锅制作技艺	传统技艺	青阳县	市级
42	东至豆丝制作技艺	传统技艺	东至县	市级
43	蛤蟆酥制作技艺	传统技艺	青阳县	市级
44	高路亭酒曲制作技艺	传统技艺	石台县	市级
45	石台一品锅制作技艺	传统技艺	石台县	市级
46	七都臭豆腐干制作技艺	传统技艺	石台县	市级
47	严家古香制作技艺	传统技艺	石台县	市级
48	池州傩面具雕刻技艺	传统技艺	青阳县	市级
49	九华山荤年素年	民俗	池州市九华山风景区	市级

十五、安庆市市级以上非物质文化遗产代表性项目

序号	项目名称	项目类别	申报地区或单位	项目级别
1	孔雀东南飞传说	民间文学	潜山市、怀宁县	国家级
2	桐城歌	民间文学	桐城市	国家级
3	文南词	传统戏剧	宿松县	国家级
4	高腔（岳西高腔）	传统戏剧	岳西县	国家级
5	黄梅戏	传统戏剧	安庆市	国家级
6	挑花（望江挑花）	传统美术	望江县	国家级
7	桑皮纸制技艺	传统技艺	潜山市、岳西县	国家级
8	陶器烧制技艺（痘姆陶器烧制技艺）	传统技艺	潜山市	国家级
9	二乔传说	民间文学	潜山市	省级
10	小孤山传说	民间文学	宿松县	省级
11	九井沟传说	民间文学	宿松县	省级
12	裁襟励子	民间文学	桐城市	省级
13	六尺巷传说	民间文学	桐城市	省级
14	潜山弹腔	传统音乐	潜山市	省级
15	春富贵	传统音乐	岳西县	省级
16	断丝弦锣鼓	传统音乐	宿松县	省级
17	宿松民歌	传统音乐	宿松县	省级
18	十二月花神	传统舞蹈	潜山市	省级
19	花梆舞	传统舞蹈	太湖县	省级
20	罗汉除柳	传统舞蹈	太湖县	省级
21	莲湘舞	传统舞蹈	望江县	省级
22	木偶戏	传统戏剧	潜山市	省级
23	曲子戏	传统戏剧	太湖县	省级
24	黄梅戏（怀腔）	传统戏剧	怀宁县	省级
25	程岭大鼓书	曲艺	宿松县	省级

(续表)

序号	项目名称	项目类别	申报地区或单位	项目级别
26	岳西鼓书	曲艺	岳西县	省级
27	王河舒席	传统美术	潜山市	省级
28	胡玉美蚕豆辣酱制作技艺	传统技艺	安庆市	省级
29	余良卿鲫鱼膏药制作技艺	传统技艺	安庆市	省级
30	宿松香芽制作技艺	传统技艺	宿松县	省级
31	桐城小花制作技艺	传统技艺	桐城市	省级
32	秋石制作技艺	传统技艺	桐城市	省级
33	铸胎掐丝珐琅制作技艺	传统技艺	桐城市、宜秀区	省级
34	岳西翠兰制作技艺	传统技艺	岳西县	省级
35	软底保健布鞋制作技艺	传统技艺	岳西县	省级
36	顶雪贡糕制作技艺	传统技艺	怀宁县	省级
37	封缸酒酿造技艺	传统技艺	潜山市	省级
38	天柱山瓜蒌籽制作技艺	传统技艺	潜山市	省级
39	汪协泰食品制作技艺	传统技艺	太湖县	省级
40	大关水碗制作技艺	传统技艺	桐城市	省级
41	绿茶制作技艺（天柱山茶）	传统技艺	潜山市	省级
42	怀宁中医骨伤疗法	传统医药	安庆市怀宁县	省级
43	许岭灯会	民俗	宿松县	省级
44	王圩灯会	民俗	桐城市	省级
45	花园胡氏龙灯	民俗	宜秀区	省级
46	岳西灯会	民俗	岳西县	省级
47	三合龙舟会	民俗	桐城市	省级
48	刘若宰传说	民间文学	怀宁县	市级
49	雷池典故	民间文学	望江县	市级
50	司空山的传说	民间文学	岳西县	市级
51	鹿儿城传说	民间文学	桐城市	市级
52	桐城谚语	民间文学	桐城市	市级
53	十番锣鼓	传统音乐	桐城市、潜山市	市级

(续表)

序号	项目名称	项目类别	申报地区或单位	项目级别
54	望江山歌	传统音乐	望江县	市级
55	安庆民歌	传统音乐	安庆市	市级
56	小市民歌	传统音乐	怀宁县	市级
57	潜山民歌	传统音乐	潜山市	市级
58	岳西采茶调	传统音乐	岳西县	市级
59	岳西民歌	传统音乐	岳西县	市级
60	狮舞	传统舞蹈	岳西县	市级
61	牛灯戏	传统戏剧	怀宁县	市级
62	龙腔	传统戏剧	望江县	市级
63	岳西木偶戏	传统戏剧	岳西县	市级
64	岳西弹腔	传统戏剧	岳西县	市级
65	鼓书（怀宁打鼓书、太湖大鼓、潜山鼓书）	曲艺	怀宁县、太湖县、潜山市	市级
66	柔术滚杯	传统体育、游艺与杂技	安庆市	市级
67	怀宁谢家棍	传统体育、游艺与杂技	安庆市	市级
68	怀宁石雕	传统美术	怀宁县	市级
69	潜山根雕	传统美术	潜山市	市级
70	桐城玉雕	传统美术	桐城市	市级
71	岳西木雕	传统美术	岳西县	市级
72	方氏微刻	传统美术	安庆市	市级
73	桐城剪纸	传统美术	桐城市	市级
74	太湖根雕画	传统美术	太湖县	市级
75	传拓技艺	传统技艺	安庆市	市级
76	柏兆记清真食品制作技艺	传统技艺	安庆市	市级
77	江毛水饺制作技艺	传统技艺	安庆市	市级
78	虎头鞋制作技艺	传统技艺	安庆市	市级
79	顶雪贡糕	传统技艺	怀宁县	市级

(续表)

序号	项目名称	项目类别	申报地区或单位	项目级别
80	挂面制作技艺（龙凤贡面制作工艺、手工挂面制作技艺）	传统技艺	怀宁县、潜山市	市级
81	戏剧帽盔制作技艺	传统技艺	潜山市	市级
82	痘姆龙窑柴烧技艺	传统技艺	潜山市	市级
83	弥陀参条	传统技艺	太湖县	市级
84	李杜茶干	传统技艺	太湖县	市级
85	大关水碗	传统技艺	桐城市	市级
86	丰糕	传统技艺	桐城市	市级
87	孔城米饺	传统技艺	桐城市	市级
88	民俗器具仿真微缩	传统技艺	桐城市	市级
89	岳西豆粑	传统技艺	岳西县	市级
90	岳西黄大茶	传统技艺	岳西县	市级
91	皖国窑古典建材烧制技艺	传统技艺	潜山市	市级
92	源潭刷子制作技艺	传统技艺	潜山市	市级
93	磞情腊鱼食品制作技艺	传统技艺	太湖县	市级
94	岳西炒青制作技艺	传统技艺	岳西县	市级
95	工艺被加工技艺	传统技艺	岳西县	市级
96	竹木加工技艺	传统技艺	岳西县	市级
97	五猖戏（三桥五猖戏、戏五猖）	民俗	怀宁县、岳西县	市级
98	三合龙舟会	民俗	桐城市	市级
99	白泽红庙双龙	民俗	宜秀区	市级

十六、黄山市省级以上非物质文化遗产代表性项目

序号	项目名称	项目类别	申报地区或单位	项目级别
1	徽州民歌	传统音乐	黄山市	国家级
2	齐云山道场音乐	传统音乐	休宁县	国家级
3	徽州板凳龙	传统舞蹈	休宁县	国家级
4	祁门傩舞	传统舞蹈	祁门县	国家级
5	徽剧	传统戏剧	黄山市	国家级
6	徽州目连戏	传统戏剧	祁门县	国家级
7	徽州三雕	传统美术	黄山市	国家级
8	徽派盆景技艺	传统美术	歙县	国家级
9	竹刻（徽州竹雕）	传统美术	徽州区	国家级
10	万安罗盘制作技艺	传统技艺	休宁县	国家级
11	徽墨制作技艺	传统技艺	屯溪区、歙县	国家级
12	歙砚制作技艺	传统技艺	歙县	国家级
13	徽州漆器髹饰技艺	传统技艺	屯溪区	国家级
14	绿茶制作技艺（黄山毛峰、太平猴魁）	传统技艺	徽州区、黄山区	国家级
15	祁门红茶制作技艺	传统技艺	祁门县	国家级
16	徽派传统民居营造技艺	传统技艺	黄山市	国家级
17	毛笔制作技艺（徽笔制作技艺）	传统技艺	屯溪区	国家级
18	中医诊疗法（张一帖内科疗法）	传统医药	黄山市	国家级
19	中医诊疗法（西园喉科医术）	传统医药	黄山市	国家级
20	祁门蛇伤疗法	传统医药	祁门县	国家级
21	程大位珠算法	民俗	屯溪区	国家级

(续表)

序号	项目名称	项目类别	申报地区或单位	项目级别
22	祭祖习俗（徽州祠祭）	民俗	祁门县	国家级
23	徽州民谣	民间文学	黄山市	省级
24	徽州楹联匾额	民间文学	黄山市	省级
25	美溪唢呐	传统音乐	黟县	省级
26	黎阳仗鼓	传统舞蹈	屯溪区	省级
27	祁门傩舞	传统舞蹈	祁门县	省级
28	采茶扑蝶舞	传统舞蹈	祁门县	省级
29	跳钟馗	传统舞蹈	徽州区	省级
30	跳钟馗	传统舞蹈	歙县	省级
31	休宁得胜鼓	传统舞蹈	休宁县	省级
32	黟县傩舞	传统舞蹈	黟县	省级
33	雉山凤舞	传统舞蹈	黟县	省级
34	跳竹马	传统舞蹈	黄山区	省级
35	徽州目连戏（歙县目连戏）	传统戏剧	歙县	省级
36	叶村叠罗汉	传统体育、游艺与杂技	歙县	省级
37	三阳打秋千	传统体育、游艺与杂技	歙县	省级
38	徽州武术	传统体育、游艺与杂技	黄山市	省级
39	徽州剪纸	传统美术	歙县	省级
40	徽派版画	传统美术	歙县	省级
41	徽州篆刻	传统美术	黟县	省级
42	徽州竹编	传统美术	屯溪区、黄山区	省级
43	徽州根雕	传统美术	黄山市	省级
44	黟县彩绘壁画	传统美术	黟县	省级
45	徽州墙头画	传统美术	歙县	省级
46	墨模雕刻（徽墨墨模雕刻）	传统美术	屯溪区	省级
47	绿茶制作技艺（屯溪绿茶、松萝茶）	传统技艺	屯溪区、休宁县	省级

（续表）

序号	项目名称	项目类别	申报地区或单位	项目级别
48	顶谷大方制作技艺	传统技艺	歙县	省级
49	观音豆腐制作技艺	传统技艺	歙县	省级
50	五城米酒酿造技艺	传统技艺	休宁县	省级
51	五城豆腐干制作技艺	传统技艺	休宁县	省级
52	兰花火腿、汤口火腿制作技艺	传统技艺	休宁县、黄山区	省级
53	利源手工制麻技艺	传统技艺	黟县	省级
54	余香石笛制作技艺	传统技艺	黟县	省级
55	皖南木榨油技艺	传统技艺	歙县、休宁县	省级
56	徽州楹联匾额传统制作技艺	传统技艺	黟县	省级
57	徽州顶市酥制作技艺	传统技艺	屯溪区	省级
58	徽作家具制作技艺	传统技艺	徽州区	省级
59	太平曹氏纸制作技艺	传统技艺	黄山区	省级
60	黄山玉雕刻技艺	传统技艺	黄山区	省级
61	徽州手工瓷制作技艺	传统技艺	祁门县	省级
62	安茶制作技艺	传统技艺	祁门县	省级
63	吴鲁衡日晷制作技艺	传统技艺	休宁县	省级
64	徽州烧饼制作技艺	传统技艺	黄山市	省级
65	黄山贡菊制作技艺	传统技艺	歙县	省级
66	珠兰花茶制作技艺	传统技艺	歙县	省级
67	黟县石墨茶制作技艺	传统技艺	黟县	省级
68	徽州漆砂砚制作技艺	传统技艺	屯溪区	省级
69	徽州古建砖瓦制作技艺	传统技艺	徽州区	省级
70	嵌字豆糖制作技艺	传统技艺	祁门县	省级
71	徽州臭鳜鱼制作技艺	传统技艺	黄山市	省级
72	深渡打土墙技艺	传统技艺	歙县	省级
73	徽州皮纸制作技艺	传统技艺	休宁县	省级
74	徽州毛豆腐制作技艺	传统技艺	徽州区	省级

(续表)

序号	项目名称	项目类别	申报地区或单位	项目级别
75	灵山酒酿制作技艺	传统技艺	徽州区	省级
76	祁门中和汤制作技艺	传统技艺	祁门县	省级
77	黟县泗溪贡榧制作技艺	传统技艺	黟县	省级
78	绿茶制作技艺（黄山云雾茶）	传统技艺	黄山区	省级
79	绿茶制作技艺（紫霞贡茶）	传统技艺	徽州区	省级
80	徽菜烹饪技艺（徽府菜）	传统技艺	歙县	省级
81	新安医学	传统医药	黄山市	省级
82	野鸡坞外科	传统医药	黄山市	省级
83	祁门胡氏骨伤科	传统医药	祁门县	省级
84	吴山铺伤科	传统医药	歙县	省级
85	沛隆堂程氏内科	传统医药	休宁县	省级
86	许氏正骨术	传统医药	黄山区	省级
87	新安歙县黄氏妇科	传统医药	歙县	省级
88	屏山润生堂烫伤灵制作技艺	传统医药	黟县	省级
89	徽州祠祭	民俗	祁门县、黟县	省级
90	轩辕车会	民俗	黄山区	省级
91	上九庙会	民俗	徽州区	省级
92	婆溪河灯	民俗	黄山区	省级
93	齐云山道场表演	民俗	休宁县	省级
94	五福神会	民俗	黄山区	省级
95	郭村周王会	民俗	黄山区	省级
96	许村大刀灯	民俗	歙县	省级
97	游太阳习俗	民俗	祁门县	省级
98	汪满田鱼灯	民俗	歙县	省级
99	徽菜	民俗	黄山市	省级
100	抬阁（隆阜抬阁）	民俗	屯溪区	省级

十七、其他申报的省级以上非物质文化遗产代表性项目

序号	项目名称	项目类别	申报地区或单位	项目级别
1	徽剧	传统戏剧	安徽省	国家级
2	黄梅戏	传统戏剧	安徽省黄梅戏剧院	国家级
3	徽菜烹饪技艺	传统技艺	安徽省	国家级
4	刘门古琴艺术	传统音乐	安徽梅庵琴社	省级
5	皖北柳琴	传统音乐	安徽省民族管弦乐学会	省级
6	童寿记木版年画	传统美术	安徽省书画研究院	省级
7	庐州篆刻	传统美术	安徽艺术学院	省级
8	徽派插花艺术	传统美术	安徽省风景园林行业协会	省级
9	青铜器修复技艺	传统技艺	安徽博物院	省级
10	季氏古籍修复技艺	传统技艺	安徽新华发行集团	省级
11	安徽古字画装裱修复技艺	传统技艺	安徽博物院	省级
12	贺氏针灸器械制作技艺	传统技艺	安徽中医药大学第二附属医院（安徽省针灸医院）	省级
13	新安王氏医学	传统医药	安徽中医药大学	省级
14	新安南园喉科医术	传统医药	安徽中医药大学	省级
15	庐江徐氏妇科	传统医药	安徽中医药大学第一附属医院（安徽省中医院）	省级

后　记

这是一本被"逼"出来的书，它虽然最终完成了，但是我既如释重负又五味杂陈。安徽非遗是一部大书，厚重且精深，并时刻都在发展变化着。为了偿还这次"笔债"，我着实吃了不少苦头，我为自己的自负与不自量力付出了较大代价。在即将交稿的冲刺阶段（最后三个月），我不但要忍受着夏日酷暑的煎熬，夜以继日地工作，而且要成天和自己的慵懒作斗争；既要与时间赛跑，又要保有一定的写作效率，同时不敢过分透支身体。总之，本书的写作过程一点都不轻松。然而我也并不后悔，因为苦和甘总是一对孪生兄弟。写作过程中我也有怡然自得的快乐、偶然所获的欣喜以及那战胜自我后的快慰。

本书能够最终完稿并付梓，离不开下述单位和个人的帮助与厚爱，特此致谢。

感谢安徽省教育厅，安徽省文化和旅游厅，安徽省非物质文化遗产保护中心，安徽省各市、县非遗保护中心，安徽博物院，安徽大学徽学研究中心，安徽师范大学皖南历史文化研究中心，马鞍山市文化馆，歙县文化馆，安徽中国徽州文化博物馆。尤其要感谢安徽省教育厅、安徽省非物质文化遗产保护中心的有关领导，谢谢你们在科研资金以及研究资料上所给予的大力支持。在课题组最需要帮助的时候，安徽省非物质文化遗产保护中心研究部主任胡迟女士向我们伸出了援助之手，没有她的帮助与厚爱，完成此课题的难度是不可想象的。

感谢周美洪、曹阶铭、郑寒、吴水森、吴兆光、方新中、王金生、葛庭友、洪建华、郭春林、刘扣锁等非遗大师的指点与相助，谢谢你们在非遗知识的解答、图文资料的馈赠以及人生阅历的分享等方面所给予的无私帮助。

感谢各位师友的厚爱与关怀。他们是安徽大学徽学研究中心主任周晓光教授，华东师范大学大夏书院院长沐涛教授，北京大学国际关系学院李安山教授，安徽师范大学马克思主义学院张燕华副教授，安徽师范大学历史学院王世华教授、徐彬教授、刘道胜教授、韩家炳教授、孙华莹副教授、康健研究员，安徽师范大学图书馆董家魁馆员以及安徽师范大学科研处的戴忠朝、杜凤两位老师。语言难以表达我此刻的感激之情。

感谢安徽教育出版社的王宗琦主任、尤梦婷编辑，黄山书社的章锐华编辑。感谢课题组成员梁仁志教授、林燕副教授、孙黎丽博士与孙升博士。

感谢2009级文化产业管理专业的本科生：里辰辰、蔡秀、邓侃、高孟然、马薇、吴愿颖、梁婉露、王震、徐军君、苏娜。我的研究生李叶同学在采访录音整理方面出力甚多，在此一并感谢。

最后，我要感谢我的家人和亲友，谢谢你们对我工作的理解与支持。

由于本人才疏学浅，加之书稿工作量较大，因而图书的部分内容难免无文无识，甚至错讹多出，敬请有关专家批评、斧正。

沈喜彭

2019年10月4日　于文津花园一砚斋

2022年1月30日修订